三澤勝衛著作集

風土の発見と創造

1

地域個性と地域力の探求

農文協

三澤勝衛（1885〈明治 18〉～ 1937〈昭和 12〉年）

「地表現象」の例

三澤勝衛は、地域性とは形なく眼に見えないものであり、「地理学的地域景観」として表現されており，地域景観は「地表現象」によって成り立っているとし、地表現象の選択と調査を「地域個性」「地域力」＝「地域性」＝「風土性」発見の基本にすえた。地域の自然が反映されずに人間の意志だけでつくられたもの（たとえば神社、仏閣など）は、「文化現象」として地表現象とは区別した。

「穴倉」と呼ばれているわら細工小屋（母屋の左）：長野県八ケ岳西山麓の農村では、冬に共同で屋敷の日向側に穴を掘ってわらで屋根を葺いた「穴倉」と呼ぶ小屋をつくり、その中でわら細工をした。わら細工に適した、適度な湿度が保たれている（本文 84 ～ 85 ページ）。(1927〈昭和 2〉年 3 月 25 日撮影、長野県諏訪郡豊平村〔現・茅野市〕下古田)

重吹除《しぶきよけ》のある民家：長野県天竜川沿いなど強い風の吹く地方の民家に見られる、建物の側面につくられた防風雨のための壁状の建築物で、重要な地表現象の一つである。写真は、奥から、檜の生垣、トタン、板製と３種類見られるが、粗朶《そだ》やわら、よしずを編んだものなど地域にあるさまざまな素材が使われている (本文 90 ページ)。(長野県上伊那郡西春近村〔現・伊那市〕)

平石で葺かれた屋根：板状節理のある安山岩を加工した平石（鉄平石）を利用。平石だけで葺いた屋根（写真中央）と、平石と屋根板とを組み合わせて葺いた屋根（写真左と右）とがある。石切場に近い地域ほど多く、地域自然の活用であり地表現象である (本文 93 ～ 94 ページ)。(1931〈昭和 6〉年 8 月 3 日撮影、長野県上諏訪町〔現・諏訪市〕)

強風地帯の耕作風景

（写真上、中）

すいか畑の風除けとねぎ：東西の小麦の畦の間にすいかが植えられ、さらに風除けとして豆の茎が立てられている。注目されるのは、ねぎが植わっていることで、三澤は触れていないが、麦が風除けになるとともにアブラムシの飛び込みを防ぎ、ねぎが連作障害対策に利用されていたと思われる。本文92ページ参照。（1931〈昭和6〉年7月1日撮影、長野県埴科郡寺尾村〔現・長野市〕）

ごぼう畑の風除け：種をまくとき小麦稈を埋めて風除けにしている。畦の方向はほぼ東西（本文92ページ）。（1931〈昭和6〉年7月16日撮影、長野県埴科郡清野村〔現・長野市〕）

砂質湿地での甘藷、小麦栽培：湿害を避けるため高畦にして両側に小麦をまき（秋）、その間（畦の中央）に甘藷を植える（春）。甘藷が小さいうちに小麦を収穫し、その後甘藷が生長して秋に収穫する。写真は小麦の収穫。

諏訪製糸工場の発達
(釜口橋付近のようす)

(本文 369 ページ)

1877 (明治10年) ころ。工場はなく農業集落であった。

1926 (大正15) 年の様子。農業地帯は見られず、工業地帯が広がっている。(8月31日撮影)

1907 (明治40年) ころ。工場ができてはいるが、手前や川べりから少しはいったところは農業地帯である。

座繰《ざぐり》製糸：江戸時代後半には、写真のような座繰器を使って各家庭で製糸が行なわれるようになっていた。その後しだいに機械化が進んだが、昭和初期まで年寄りや子持ちで工場に出られない婦人によって続けられ、国用製糸を支えてきた (372ページ、用語解説参照)。

凡例

一　三澤勝衛は、『郷土地理の観方―地域性とその認識―』（一九三一〈昭和六〉年　古今書院）、『新地理教育論―地方振興とその教化―』（一九三七〈昭和十二〉年　古今書院）の単行本二点の刊行と、一二〇余の論文を発表している。本著作集には二点の単行本を中心に、論文十数点ならびに講演速記録一点を収録した（「巻構成と各巻の収録著作・論文」参照）。収録に当たっては改題を行なった。

第四巻には、「三澤『風土学』私はこう読む」と題した各分野の方々からの寄稿、ならびに「三澤勝衛の生涯と教え」のコーナーを設けた。

第一、三巻には、それぞれの巻の主題についての著者の問題意識が明快に読み取れる論文を「ガイダンス論文」として冒頭に収録した。

二　本第一巻には次の単行本と論文を底本に、改題・収録した。

〈ガイダンス論文〉

●「地方振興と地理学」（『南信日日新聞』一九二八〈昭和三〉年九月九日）

●「農村の地理学的研究」（『郷土教育』第二四号　一九三二〈昭和七〉年一〇月号　郷土教育連盟）

〈主要著作〉

●単行本『郷土地理の観方―地域性とその認識―』（一九三一〈昭和六〉年　古今書院）

〈関連論文〉

●「八ケ岳火山山麓の景観型」（『地理学評論』第五巻九・一〇号　一九二九〈昭和四〉年　日本地理学会）

●「諏訪製糸業発達の地理学的意義」（『地理学評論』第二巻一〇・一一号　一九二六〈大正十五〉年　日本地理学会）

三　表記は常用漢字・現代仮名づかいを用いた。また、原文を生かすことを基本にしたが、文意のくみ取りにくいところについては、原文の意味を損なわない範囲で編集し、ルビも適宜付けた。明確な誤字・脱字は訂正した。

四　読者がより理解しやすいよう、かつ著者の論旨を損なわない配慮をしながら、本著作集の企画・編集者（後出）の判断で、新たに見出しをつけるとともに、原文にあった見出しについても変更した。なお、対比できるように、目次に原文の見出しを併記した。

五　意味がくみ取りにくい用語については、三つの方法で注記した。①本文中のその用語の後の〔　〕内に記載した。現在の地名・市町村名についても同様の方法で注記した。②解説が長くなるものについては巻末に「用語解説」として記載した。③長くなるが本文に近いところにあるほうが適切と判断したものについては、（＊）を付け、その段落の後に〈編注〉として記載した。なお、本文中の（　）内は著者の注記である。

六　各巻の巻頭に口絵を付けた。口絵の写真は原本に掲載されている写真（掲載ページ数、巻数など表示したもの）、ならびに「三澤勝衛先生記念文庫」（後出）に保存されている写真（ページ数、巻数など表示していないもの）を使用した。

七　各巻の巻末に「度量衡換算表」を付けた。

八　以上、原文に対する内容の変更・追加についての責任は発行者が負う。

九　本著作集の企画・編集は、木村信夫氏（フリー編集者、農・食・食農教育分野で活動、諏訪清陵高校出身）と農文協「三澤勝衛著作集編集室」が行なった。また、企画・編集に当たっては「三澤勝衛先生記念文庫」（長野県諏訪清陵高校内）から多大なご協力をいただいた。記して御礼申し上げます。

巻構成と各巻の収録著作・論文（著作・論文は改題して掲載）

第一巻　地域個性と地域力の探求（凡例二のとおり）

第二巻　地域からの教育創造

●『新地理教育論—地方振興とその教化—』「序」「緒論　地方振興とその急務」「前編　学校における地理教育論」（一九三七〈昭和十二〉年、古今書院）

第三巻　風土産業

〈ガイダンス論文〉

●『三澤先生講演速記　風土産業について』（長野県下伊那郡松尾村〈現・飯田市松尾〉での講演の速記録一九三七〈昭和十二〉年）

●「農業と気象との交渉」（『天気と気象』第一巻第二号　一九三四〈昭和九〉年）

〈主要著作〉

●『新地理教育論—地方振興とその教化—』「後編　社会を対象としての地理的教化」第一章〜第三章（一九三七〈昭和十二〉年　古今書院）

第四巻　暮らしと景観／三澤「風土学」私はこう読む

〈収録論文〉

●「自力と他力―風土生活―」（『新地理教育論』後編　第四章）（一九三七〈昭和十二〉年　古今書院）

●「地方開発と郷土的意識」（『信濃』第三巻一二号、第四巻一号　一九三三、一九三四〈昭和八、九〉年）

●「南信地方の民家風景―特に天竜川流域について―」（『山小屋』第五六号　一九三六〈昭和十一〉年）

●「諏訪地方の温泉―温泉地諏訪建設の提唱―」（『信濃衛生』第三二五号　一九三三〈昭和八〉年）

●「坂城の地理的観察―農村経営と地理学との交渉―」（『坂城青年会報』第四七号　一九三四〈昭和九〉年）

●「鬼無里の渓谷」（鬼無里村小学校　一九三三〈昭和八〉年）

●「農村計画の制定とその提唱」（『信濃』第二号　一九三二〈昭和七〉年）

三澤「風土学」私はこう読む

三澤勝衛の生涯と教え

目次

原著・論文 目次

「地方振興と地理学」

「農村の地理学的研究」

一

二

三

四

五

第三節　景観の構成　その一
（1）主たる地表現象
（2）副たる地表現象
第四節　景観の構成　その二
A　分布図の意義
B　分布図の調整
C　分布図の系統化
D　類似関係の観察

関連論文

産業を飛躍的に発展させる「地域の力」の解明

付録……371

解説

生涯をかけた「風土」による地域づくりと教育

第二次大戦前、旧制諏訪中学校教師の三澤勝衛は地方の現場にあって、地理研究・地理教育に生涯をかけ、寸暇を惜しむ野外調査と思索、学問研鑽のなかから、独自な「風土」の思想と観方を構築した。三澤の「風土」とは、大地の表面と大気の底面が触れあって生じる接触面のことで、それは場所によって個性的・多種多様であり、地域性すなわち「地域の個性」、「地域の力」の根源をなすものである。

三澤は地域社会に向けては、風土を濃密におり込んだ産業、生活、地域振興、すなわち「風土産業」を提案し、指導した。同時に、教育に対しては、生活の根底に風土の力がはたらいていることを、郷土人の努力や知恵とともに探求する「風土探求の教育」を提起し、実践した。風土の探求とは、自ら野外に立って観察し科学的知識も駆使して思索を重ねながら、かけがえのない地域とそこに生きる自分を発見する過程である。その体験こそ「真の体験」「真の知育」であり、やがて、個性的な地域がつながりあって成り立つ日本、アジア、地球のあり方と、そのもとでの生き方を、自ら主体となって探求し続ける「生涯稽古」、すなわち生涯学習につながるものである。

本著作集では、風土探求の教育を第二巻『地域からの教育創造』に、風土産業を第三巻『風土産業』にそれぞれ収録した。どちらも主要な原著は三澤の代表著書『新地理教育論』で、第二巻にその前編、第三巻にその後編（第四章は第四巻）を収めた。

『新地理教育論』前編の地理教育の内容は、一九三五（昭和十）年に胃癌の手術を受けたあとから、五二歳で世を去る一九三七年にかけて、学会誌『地理学』に発表したものである。いっぽう、後編の風土産業は、同じ時期に地域からひんぱんに招かれて行なった講演の記録をもとに、死期迫る病床で豊富な野外調査の成果、および地理学と周辺科学の知見を加えて書き下ろし、また同志や協力者にぎりぎりまで調査・撮影を依頼してまとめあげた。まさに、最晩年のアピールであり、生涯をかけた地理研究と地理教育、そして風土産業による地域振興への集大成であった。

「地域の力」の探求が原点――一九二〇年代の活動

それに対し、この第一巻は『地域個性と地域力の探求』と題して、三澤の比較的前期の著作と論文を収録した。古いものからあげると、次のとおりである。

○一九二六（大正十五）年「諏訪製糸業発達の地理学的意義」

産業発展の原動力となる地域の個性、地域の力を明らかにした。地域力の源泉である地域自然と産業発展史との関係を実態的、数量的に捉えた記念碑的研究である。

○一九二八（昭和三）年「地方振興と地理学」

一般地域住民に向けて地元新聞紙上で、地域の自然力、地域の個性を生かした地域振興、集落づくりを訴えた。

○一九二九（昭和四）年「八ケ岳火山山麓の景観型」

「地域の真相」の究明をめざす三澤地理研究の理念と方法（地表現象の選択とその調査、分布図作成による変化と統一性の検討、そして地域景観の構成による地域像の形成）がみごとに結実した研究報告。

○一九三一年（昭和六）年『郷土地理の観方――地域性とその認識――』

三澤の活動前期における地理研究と教育の集大成ともいうべき代表著書。地理学の使命として地域・地域性の認識を掲げ、その究明の手順を詳述。教育における「地域観念」「地域認識能力」の養成の重要性と、その教育方法および地域探求の教材例を多数あげている。

○一九三二（昭和七）年「農村の地理学的研究」

教育者や研究者に向けて、地域性認識の重要性とその探求の醍醐味を事例とともに説いた。

これをみると、大正末期から昭和のごく初期（一九二〇年代後半から三〇年代中頃）にかけてすでに、冒頭で述べたような「風土」による産業、生活、地域、教育づくり、すなわち地域自然と産業、文化とが濃密に交渉するあり方＝「風土産業」「風土探求の教育」の原型が完成していたといえる。

教育学の修養から地理学の修養へ

三澤にとってどういう時期であったのか。没年一九三七（昭和十二年）年の三月に、つぎのように振り返っている。「過去五〇年、その間少なくとも三十余年、この私の生活はまったく教壇を中心に推移してきた。そして、その前半は小学校で、後半は中等学校での生活であった。教職の傍ら、小学校時代の大半はもっぱら教育学を中心に、中等学校時代のほとんど全部は、地理学を中心にその教養に努めてきた」（『新地理教育論』序文、本著作集第二巻に収録）。

尋常高等小学校卒業後、自家の農業に従事した三澤が、学問・研究への情熱から、父を説得して生地長野県更級郡更府村（現・長野市信更町）の更府尋常高等小学校の代用教員となったのは、一九〇二（明治三十五）年、一七歳のときであった。その後尋常科と本科の准教員、正教員の検定に次々と合格し、東筑摩郡島内、南佐久郡臼田、上高井郡須坂、松本市松本、更級郡中津の各尋常高等小学校に勤務した。

この小学校勤務時代（約一五年間）に修養に努めた教育学の真髄は、よく引かれる三澤の言葉「由来教育というものは、教えるのではなく学ばせるのである。その学び方を指導するのである……既成のものを注ぎ込むのではない。構成させるのである。否、創造させるのである……理解の真底には体得がなければならないのである。それがその人格に溶け込んで、人格化されていくところのものでなければならないのである…」(『新地理教育論』前編「学校における教育論」第一章、本著作集第二巻に収録)に表われている。諏訪中学で生徒たちに、知識暗記的な学び方を厳しく廃し、自分の眼で見て自分の頭で考える学びを要求したことが示すように(本著作集第二巻解説参照)、それは〝子どもが主体となる教育〟である。

三澤は、一九一五(大正四)年、文検(独学で師範学校、中学校、高等学校の教員免許を取ろうとする者に対して文部省が行なった検定試験)に合格し、師範学校、中等学校、高等女学校の地理科教員の免許を得た。一九一八年(大正七)に松本商業学校(現・松商学園高校)の教諭となり、一九二〇(大正九)年に諏訪中学校(現・諏訪清陵高校)に移り、死去する一九三七(昭和十二)年まで地理科教師として勤務した。

この中等学校勤務時代(約二〇年間)に本格的に地理学を修養し現地研究を行ない、数年で独自な地理研究方法を得て、前記のような教育思想と方法をつなぎあわせて、地域社会への提案・指導と、自らの教育実践と提言を展開した。四十歳代の仕事である。

地理学の使命は「地域の真相」を知ること

この時期、三澤はまだ「風土」という概念を使っていない。「風土」が全面的に出てくるのは、一九三三(昭和八)年あたりからである(本著作集第三巻解説参照)。それ以前は、「風土」にあたるもの、すなわち大地と大気の接触面を「地域」「地理学的地域」としていた。

『郷土地理の観方』第一編「地理学の本質」(本巻「地域性とその究明――地理学の本質」)第一章によって概説す

ると、地理学は地球表面を研究対象とし、その使命は「地域」の認識、「地域の真相」を知ることにある。多種多様な大地表面に多種多様な大気底面が接触してできる「地域」は当然多種多様である。それぞれが中心をもった「統一的完全体」として存在するから、その統一性（地域性・地域個性）を認識することが課題となる。

さらに、地域の対象範囲は、広くはアジア大陸、日本列島というレベルから、中央高地、千曲川流域、その支流の谷筋、さらにその中の一谷壁集落、そのうちの一軒の屋敷、その一室という狭いレベルまで、地理学的地域となしうるから、対象の設定によって、統一性も変わってくる。そして各段階の地域は、それぞれ統一性を内在させつつも、お互いに関連して全地球に拡がった一大固体の一部をなしている。

そのような存在としてある「地域」「地域性」を探求し認識することが、地理研究の基本目標である。三澤は「風土」は実体であり、「風土性」はその性質であるとしているから、「地域」は実体、「地域性」はその性質である。実体とは、物体的には捉えられないものであり、ものごとの奥深くにあってはたらきかけてくる存在、地域性、地域個性、地域力さらには地域的愛着、アイデンティティを生み出す根源的な存在ということになろう。

アカデミーの世界での地理研究と教育改革の動向

三澤が地域・地域性の探求と認識を地理学の課題として掲げ、実践を展開した時代、アカデミーの地理学と地理教育の状況はどうであったか？

近代地理学は、大航海時代以降、欧州先進国が世界に進出するにあたり海外状況把握の必要という背景もともなって発展したとされる。訪問者や進出者の立場から、地勢や資源、産物、民情などを把握し記述するという性格があったといえる。いっぽう地理学には、地球上における自然と人間とのかかわりを中心課題とし、人間の生き方までを追求する総合科学という重要な役割も託されていた。そして、自然・環境が人間文化に与える影響を追求する環境決定論的立場や、いっぽう人間の活動を重視する人文地理的な立場などが登場したとされる。

日本での地理教育も、明治時代までは、地名や産業、産物を羅列して教えることが主流であった。地理教育は暗記の教育であった。子どもたちは、地理的知見を教えられる対象であり、三澤がめざしたような「学ぶ主体」ではなかった。

こうしたなかで、地理学の先駆の二人、小川琢治が京都帝国大学に、山崎直方が東京帝国大学に地理学科をつくり、それぞれ教授になった一九一〇年代初めから、学問として発展していった。そして一九二〇年代になると、山崎の影響を受けた田中啓爾（東京高等師範、東京文理科大学）や内田寛一（文部省、東京高等師範、東京文理科大学）などが、地理学を自然と人間の相互関係を研究する学問と位置づけ、現地調査にもとづいて人文と自然との相互関係を解明する研究方法を確立していった。また、山崎のあと東京帝大教授になり、山崎とともに日本地理学会の創設に尽力した辻村太郎は、地形学からの地理学を構築し、さらに「景観」の概念をわが国ではじめて用い、地理学に導入することをすすめた。

田中らは、教え込む暗記教育からの転換に向けて、分布図やグラフ、写真を用いて比較させせながら、自然と人間の関係を考えさせる教育方法を提起し、また生活の場で学ぶ郷土教育の動きを重視した。被教育者が「学ぶ主体」となる教育への転換が始まった。

というように、第一巻に収録した研究、教育、社会的提案を三澤が展開していた一九二〇年代から三〇年代はじめにかけて、アカデミーの世界では同世代の研究者たちが、活発に地理研究と地理教育の変革・発展に取り組んでいた。田中は三澤と同じ一八八五年生まれ、辻村は一八九〇年生まれである。

学者との活発な交流と、地方での精力的な現地調査

三澤は、こうした研究者と積極的に交流して学ぶべきを学び取っている。地理学、天文学をはじめ多くの学問分野の研究者との交流はすばらしく広く、学者たちの信州地方への調査・講演には多くの機会に立ち会っている。こうした点についてくわしくは、本著作集第四巻の「三澤勝衛の生涯と教え」に収録されている吉野正敏氏の論文をごらんいただきたい。

ここでは、本巻収録の「八ケ岳火山山麓の景観型」のあとがきで、「本文の起稿に際し不断の激励を賜った田中啓爾、辻村太郎の両助教授に対して、厚く御礼を申し上げたいと思う。ことに辻村助教授にはその各種地表現象の選択ならびにその図学的表現等についてまでも、格別のご教示を得たこと……」と謝辞を記していることを指摘しておきたい。辻村が専門とする「地形」は、三澤の「地域」「風土」を構成する重要な要因であり、また「景観」は三澤においては地域性を解明し地域像を描く課程の重要な概念として位置づけられる（地理学的景観の構成）。田中は、自然と人間の相互関係を解明する地理研究と地理教育をつないだ先駆者であり、かつ地理学の究極の目的を「地域性を闡明《せんめい》すること」としている。

アカデミーの世界と交流して教唆を得て、内外の文献（交換も多い）に学ぶいっぽう、三澤は土曜、日曜、さらには二泊三日の地域・風土調査に出かけている。また、宮田村（上伊那郡）の向山雅重氏や下諏訪町の小林茂樹氏といった地元研究者の同志や協力者をはじめ県内の多数の人びとが調査に協力している。さらには、信濃教育会各地支部、小中学校の教職員と児童・生徒、農会、商工会などの団体に、地域・風土を表現する「地表現象」のさまざまな調査を依頼して、膨大な地理的資料を集めていく。これらは悲願に終わった「信濃地理」集大成のためであり、本巻収録の『郷土地理の観方』はその第一集に位置づけるものであった。

都市追随でなく、「地域個性」「地域力」による地域振興

こうした精力的な地域での活動を背景に、内外の学問成果や概念を吸収し再構成して、地域社会と教育の現場に立ち向かう地理学と地理教育をつくりあげていったといえる。ガイダンス論文「『自然の偉力』『地域の力』による地域振興を」（原題「地方振興と地理学」南信日日新聞〈現・長野日報〉一九二八年九月九日）に、そのスタンスと意味がじつにわかりやすく書かれているので、要約しておこう。

地域振興において、都市が先導するように考え、都市にモデルがあるとするような風潮は誤りである。農村、都市それぞれに使命があり、その使命は「地域の個性」「地域の力」によって決まる。地域の力を発揮することで世界にひとつだけの地域として活躍でき、それがさらに広い地域、世界の活躍につながり、相互発展の関係ができる。

そのさいの地理学の役割は、もっとも肝心な「地域の個性」「地域の力」を見出すことである。しかし、個性とか力は無形なものであるので、これを科学的に究明し認識するために、地理学的な手法を駆使する。

「地域の力」とは「自然力」のひとつである。従来の地域振興策は人為に過ぎており、自然力を基調として打ち立てなければならない（風土のもつ「無価格ながら偉大な価値」を生かそうという主張である。本著作集第三巻解説参照）。科学の役割は、「大自然の偉力を礼賛し……巧みに大自然に調和し……まったくそれに合致して活動するべき点にある」。

そして三澤は、世界の首位にまでなった諏訪製糸業の発展は諏訪・岡谷人の勤勉努力の賜物だと人為的要因を強調する観方に対して、この地域にはたらく「地域の力」「大自然の偉力」を指摘（本巻収録「諏訪製糸業の発達の地理学的意義」参照）して、それを研究する「新地理学」の発達に大きな期待をかけている。

地域が「主体」となって活躍するための地域研究

このように、「地域の個性」「地域の力」を解明しようとする三澤の地理学は、地域が「主体」となることをめざすものであるといえる。

地域・地域性の探求の目的は、それぞれの地域が中心であり統一性を内在した「主体」となって活躍するような社会を、地域人自らがつくり出していくことにある。教育における子ども、すなわち被教育者が主人公（主体）となって学ぶ道と、地域と地域人が主人公（主体）となって活躍する道とは、互いに支えあうものだったといえる。

ガイダンス論文の二本目「豊かな地域個性の発見と探求」（原題「農村の地理的研究」『郷土教育』一九三二年十月号）では、そのような地域と地域人の活躍で生まれる「地域個性」「地域力」の探求例をあげている。そのひとつが、菅谷《すげや》長野県上水内郡鬼無里村《きなさ》（現・長野市）の鬼無里小学校、大久保武雄校長らの助力でおこなった現地調査での、菅谷《すげや》地《ち》集落の水車屋の観察である。

ここはまだ浸食がさほど進んでいない若い谷間である。水車は、輪の直径にくらべて幅が狭く、心棒は著しく細いという特徴がある。それは、若い谷で沢が小さく、ごく少ない水量に対応する構造である。同時に、輪や後光（放射状の支え）にトタン材や鉄材が使われているが、これは、木材だと水がしみて重さの不均一が生じ、水量のとくに少ない渇水期には回転が円滑でなくなるのを避けるためであり、かつ冬季に氷結しても日射とともにはがれ落ちやすくするなど多面的な効果をもつ工夫であり、さらには水車小屋の向きや水車の回転方向までも、若い谷間で寒冷というこの地域によく対応している。

また、水車屋に設けられている臼の種類は、ここの谷間集落の土地利用（作目内容）に対応して、精米用、小麦粉などの製粉用、わら打ち用の三つがある。それらの配置をみると、比較的湿気が必要なわら打ちの臼を水車にもっとも近い位置に、湿気があってはこまる製粉臼をもっとも遠い位置においている。

草葺きの板壁造りで小さい水車屋に、地域性が複層的に盛り込まれている。三澤はこれを「この一小地域のもつ地域性を表現して寸分の遺憾もない。真にみごとな地理学的文化景観の存在で、この地方人士の誇りとなすべきひとつであろうと確信している」と称賛している。

しかし、こうした地域性の活躍は、水車の構造や小屋の向きなど外見的なことは訪問者・調査者でもわかるが、回転方向や臼の配置とその意味などは、長い年月ここで苦心して暮らしをつくりあげてきた郷土人でなければわからない。地域の認識とは、郷土人によってなしうることであり、調査者自身が郷土人化すること、少なくとも郷土人から信用を得るような関係をつくることが必要である、と三澤は指摘する。

そして、郷土人にとっても、この地域認識の調査に参加することは、ふだん何気なく見ている水車屋、「人様に見せられるものではない」と謙遜するもののなかに、豊かな地域・地域性の存在と、それを生かす先人の知恵を見出す機会となった。三澤の地域調査は、郷土人と調査者との互いの学びあいであり、郷土人にとって地域発見であり自己発見であった。地域と地域人が主体＝主人公になる地理研究＝地域認識＝地域個性・地域力の探求である。それだけに、「信濃地理」集大成に向けての調査依頼に対し、ものすごく多くの人や団体が協力した。

眼に見えない「総合体」の地域・地域力を科学的に究明

地域認識、地域個性・地域力探求の理念と実際手順を集大成したのが、『郷土地理の観方』第一編「地理学の本質」（本巻第一編「地域性とその究明——地理学の本質」と改題）である。

前述のように、地域は多種多様であり、それぞれが中心をもつ個性的な「統一的完全体」として、それでいて広い地域・地球の一員として存在する。

それをどう認識するか。三澤のキーワードは「地表現象」と「景観（地理学的景観）の構成」にあるといえる。地域（大地と大気の接触面）や地域性（接触面の性質）は目に見えない。これを究明・認識するには、地域・地域性の表現形態である「景観」によらねばならないが、その景観自体、上記の水車屋ひとつとってみてもじつに豊富な内容をもっているように、「複雑性に富んだ総合的固体」である。

総合的なものを総合的に認識するために、まず地域・地域性をよく表現している「地表現象」を選びだすことが重要になる。同じように曲がり屋でも、馬を飼って宿駅を営むための間取りというように地域性（高原、低温、野草資源など）が反映している場合は貴重な地表現象であり、旧家であって役人をもてなす上座敷を設けた間取りという場合は地表現象でない。このような、権力関係とか、政策・制度、流行など人為的なものは、地理学的資料として価値が低く採用できない。あとあとの分布図の調製においても同じであるが、地域・地域性を表現する現象を選ぶことや、表現できる数値処理と作図を施すことなど、「地理学的純化」につねにこころがけねばならないとする。

そして、「景観の構成」である。地域・地域性をよく表現するいくつかの地表現象を、たとえば、水車屋に加えて、土地利用（作目分布）、生産とその成績、集落、人口密度、地形、地質、寒暖、乾湿、風向などを選んで調査する。地表現象には、主たるものと、副たるものがあり、副たるものにはさらに地域特殊的なものと普遍的なもの（共通であってそのなかに地域差が生じる）があり、これらを組み合わせる。

調査結果に有効な数値処理をして、ドットや方眼、等値線などの分布図を作成して、分布形態のなかに「変化」と「統一」を読み取り、「系統」を発見する。三澤は、系統が見出せたものを「水車屋景」「耕作景」「集落景」、さらには山神・氏神の位置など「宗教景」などと呼ぶ。景観とは見える風景そのままをいうのでなく、地域・地域性のはたらきを捉えられたものを指しているといえる。

さらに、複数の図の分布形態の系統に類似性を読み取り、全分布図の類似関係の「当然性」（当然な合理的関係をもつ生態的関係）を確立して、「調和現象」を認識する。これをもって、対象に設定した地域（その範囲）を改めて決定する。

「景観の構成」とは、「景観」を研究対象として分析するというだけでなく、いったんそれ自体総合的な地表現象に分解して、地理学的純化を加えながら地域の活躍を明らかにし、さらに複合的に調和する総合体としての地域を描き出すという「総合」「創造」の仕事であるといえる。三澤はこれを「一大事業」であるという。

科学を駆使しつつも、細分化された断片的知見に終わるのではなく、地域にとって貴重な現象を探求して、眼に見えない総合的な地域像まで描き出すこと。「地域」の探求には、科学主義を超えた科学のあり方があるといえる。地域人にとって「地域」を知ることは、大きな喜び、励みであり、誇りにつながることは前記のとおりである。

生涯教育の出発——子どもたちを地域力と出合わせる

『郷土地理の観方』第二編「地理教育」（本巻「地域個性と地域力探求の学習」と改題）では、いよいよ、子どもたち（被教育者）を、地域力探求の「一大事業」に参加させることになる。郷土地理教育——日本地理教育——外国地理教育の体系は、『新地理教育論』後編（本著作集第二巻収録）にまとめられている。こちら第一巻は、原題が示すように郷土地理の教育である。

三澤は目的を「地域観念の養成」におく。あたかも人間の自由意志であるかにみえる経済、生活、文化も地域（風土）に生かされてあることを知り、地域・大自然に調和し合致して生きなければならないという観念を養うこと、生涯教育の原点となる体験をさせることである。

そのために教育は、地域・地域性の認識能力の養成に進まねばならない。子ども自身が主体となって「観察」「構成」「創造」する体験を積ませるのである。そこで必要なのが、児童・生徒の段階にあわせた教材（探求する地域）の選択と配列である。三章ではその系統化に向けて、二三もの事例が紹介されている。

ここで三澤は、大きく、1. 地点性的実例、2. 地域性的実例の二つに分け、2. をさらに集落、滑走斜面、各種地域の三つに分けている。この配列は、狭い地域範囲から広い地域範囲へ、比較的簡単なものから複雑なものへ、さらには地域間比較や、歴史的経過を読み取れるものへと、発展段階的になっている。また、河川流域、渓谷、扇状地、山麓・山腹、駅前市街などおもな形態を取り上げて、援用できるようにしている。

1. 地点性的実例　水車二例、製材所、製糸工場、文房具店

2. 地域性的実例　集落（屋敷三例を含む）七例、滑走斜面四例、各種地域七例

「地域の本質」を知るための教材の蒐集と系統化

集落例の一つ、上諏訪町（現・諏訪市）諏訪湖畔の渋崎部落は、隣り合って湖にそそぐ宮川と六斗川の作用で湖上にできた三角州上の新しい集落。細長いデルタに、家屋や野菜畑などが一列に並び、漁場であり交通路でもある川と家との間は、水の確保や洗濯、漁獲物貯蔵など重要な生活の場となり、両者をつなぐ川道を設けて連絡を密にしている。また、湖畔を吹く冬の寒風に備えるため、河原の葭《よし》などでつくった風籠垣をもち、デルタ地下の堆積物から湧く天然ガスを燃料にするなど、盆地中央のデルタ地域河畔という地域性をみごとに表現している。

この渋崎部落について三澤は、「信濃教育会諏訪部会の郷土地理細目及資料」として「渋崎の地理」をまとめている。ここではまず地形、河川周辺の植物、魚貝類や野鳥などの分布・生息状況をあげて、これら自然景相が河川と湖沼という二大自然力の接触からできてきたもので、相互に密接な関係をもって存在していることを示す。そのうえで、上記のような生産と生活のあり方=文化景相を説明して、自然景相と文化景相にわたって「二つの河川によって養われつつある」「河川化している」と結論する。子どもたちに、体験を通じてそのことを理解させようとしたのである。

二十一世紀の今日、保全すべき課題となる水辺、里山、里海などの自然も、三澤は「地域」として、自然景相と文化景相のつながった全体を育む存在として捉えた。「渋崎の地理」は一九二六年（大正十五）年六月で、きわめて早い時期の論文である。

三澤にとって悲願の「信濃地理」の集大成は、そのような地域探求のための教材の体系化、系統化をねらったものでもあったといえる。第三章で「われらはさらに読者とともに、より多方面の形態の蒐集に努め、かつその間に適当な順序に対する検討を加え、他日、ひとつの系統ある地理的教授資料の完成を念願してやまないものである」という。

地域個性・地域力を探求する教材づくりの共同プロジェクトのアピールとして、現代に引き受けたい言葉である。

ふるさとを豊かに語る「名前」をもつこと

地域事例をあげるさい三澤は、前記の盆地中央のデルタ地域河畔というように、傍点つきで説明している。南面している山麓斜面（西筑摩郡吾妻村字赤坂平）、高原地集落隣接部の小渓谷（諏訪郡湖南村後山字上手の窪）、千曲川下流氾濫滑走斜面（下水内郡豊井村上今井）などである（傍点のないケースもある）。これらは、地域性の探求を通じて地域の認識にたどりつくさいの、地域の呼び方であるといえる。

自分の子どもに思いを込めて命名するように、名づけること、あるいは名前の由来を知ることは、その本質に触れることである。人は、自分の故郷を語るさい、名勝旧跡や有名な出身者、舞台となったドラマをあげて「〇〇の……」と紹介することが多い。それはわかりやすい。しかし、何か浅い。上記の呼び方は、ややむずかしいが、郷土の誇りにもつながる地域性探求のなかから浮かび上がる呼び方である。三澤は、そのとき得られた地域認識を確定的なものとはしないで、次代の人びとのさらなる探求に託す立場をとる（第二巻解説参照）。

各地域で、「地域の本質」を探求して、それを豊かに表わし語れる名前を追い求めすることが、地域個性・地域力によるふるさとづくりと教育を活気づけることになろう。これも、教材づくりとともに、三澤の現代へのアドバイスと受け止めたい。

地域・地球で多くの人口を養えること

三澤が地域性を探求するさいに重視する地表現象のひとつに、人口密度がある。「八ケ岳火山山麓の景観型」では、集落と人口密度の分布からはいり、土地利用、地質・地形、灌漑水系、気温や風などの気象、農業（稲作と養蚕）と地力維持、防風・防寒対策、家の副業などの地表現象の分布図を重ねていく。そして「冷涼な高原山麓の穀桑式農業地域」としての地域性の活躍を明らかにし、「きわめて美しい」「相当に高級な地理学的景観を構成している」と称賛する。

美しい、高級とするのは、人口密度にかかわる。耕地が標高一一〇〇～一二〇〇メートルにまで分布し、冬季マイナス一〇～二〇度の朝も珍しくないこの寒冷地でありながら、農耕地帯の人口密度は全国でも中密度の上位にある。この高い人口扶養力を成り立たせている「地域の力」と、それを発揮させる地域人の営みを、種々の地表現象を重ねて捉えたわけである。人口密度は地域性探求の指標としてだけでなく、探求の目的でもあった。

第三巻冒頭に収録した講演記録「風土産業について」で、風土に応じて地形を二段、三段と立体的に利用している外国の例をあげ、「日本の国も三段にすれば、人口が三倍になっても困らない……満州まで行かなくてもよい」ということを述べている。

地域、さらには地球上でどれだけの人が生きていけるか。どのようにして食料が確保できるか、資源・環境を永続的に利用できるか、あるいは雇用の場が創出できるか。それを考える大本が「地域」「風土」の探求であった。

この第一巻『地域個性と地域力の探求』は、自然科学と人文科学の両域にわたる科学を結集・駆使して、地球上の「地域」を対象に、自然と人間の関係を解明し、人の生き方まで追究するという「地理学」「地理教育」の理念を、現場で受け止め実践を重ねて築きあげた三澤勝衛の前期の取組みであり、第二巻以降の「風土」からの教育と地域づくりの基礎をなすものと位置づけられる。

（木村信夫）

ガイダンス論文

「自然の偉力」「地域の力」による地域振興を

（「地方振興と地理学」南信日日新聞、一九二八〈昭和三〉年九月九日）

都市優位論の誤り

近年、都市の発達とか農村の振興とかいう問題が各所に起こってきているが、もちろんこれはまことに意義のある問題でもあり、またきわめて貴い作業でもある。

しかしここに遺憾の一事として注意しておきたいことはその発達振興についての考察が往々にして、単に各自の所属、または対象とされている特別の都市とか村落の発展振興策にのみ急であって、ほとんど他を顧みられていないような点のあることである。たとえばある都市計画の書物には、その都市至上論という一節の中に「今日の文明はすべてこれみな都市によってつくられたものであり、今日田舎の疲弊してきたのはその都市のつくった文明を田舎が十分消化し得ないからである」とかまた、かつては都市はその発達のために田舎を重宝がっていた時代もあったが、今日ではかえって田舎は都市の発達を阻害しつつある事実があるというような記事が記載されている。

このように、都市の発達のために田舎そのものを無視している意見があるかと思えば、また都市同士間においても甲の都市の発達はかえって乙の都市の衰微の原因と思われるような事実もあり、その結果やがて両都市間の提携はおろか反目さえも引き起こすに至った実例を私どもはいくつも見せつけられている。ときどき学校、官衙《かんが》［官庁］、交通機関などの設置の際に現われてくる、いわゆる運動とかいう現象はすなわちその一つではないでしょうか。そうしてまた、しだいに有機的に合理的に形成されるべく進む今後の経済社会においては、共存共栄こそ真に永久にかつもっとも大きく互いに発達する主要な道程ではないかとまで考えられているのに、いかにも逆行的な現象ではないでしょうか。

都市には都市、村には村の使命がある

要するにこれは、各都市または村落が各自その集落のもっている真の使命というものを十分にきわめずして、ただいたずらに模倣的に雷同的に計画されている結果である。したがってわれらはこれを真の振興策として賛意を表することはできないのである。しからばその都市なり村落なりの使命というものをどのように決定するかという問題が当然起こってくるのであるが、私はこの点についてややくわしく愚見を述べさせていただき、そして読者諸賢のご高教をあおぎたいとの一念から、今回の記念号の特別出版にさいし寄稿すべく案内を受けたのをさいわいに、ここにこの拙文を草することにしたのである。

都市なり村落なりすなわちそれら各集落には、一般にわれら各個人と同様におのおのそれぞれ一つの個性ともみるべき大切な力そのものを具備している。そしてその力はちょうど各個人の個性そのものが社会的に活動するさい、その個人の使命を決定するうえできわめて大切な役割を演じているように、それら集落が世界的なり国家的なり、とにかくその集落の関係地域内において存在し活動するにさいし、その根底ともなるべきもので、まことに重要性の高いものである。私はその力そのものこそその集落の

使命を決定する第一線的のものであると考えている。

使命を決めるのは「地域」の個性と力

しからばその使命を決定する力そのものはなにに基づいて起こってくるかというと、まったくそれはその集落の成立しているところの地域、およびその地域の制約を受けて現われてきている文化現象そのものによるもので、結局はその存在している地域そのものがその根底をつくっていると考えてよかろうかと思う。これを私は「地域の力」と呼んでいる。要するにその地域の力こそ真に集落の使命を決定する最大要素ともみるべきものである。

各個人が互いにその個性に基づいた使命を自覚して活動してこそ初めてそこにその社会の発達や進歩があり、それと同時に一方で各個人の真の活躍と幸福とがもたらされるように、各集落がその地域の力に基づいたところのいわゆる使命を自覚し、それによってその町是なり村是なりを確立しそれに基づいて進められていってこそ、それら多数集落全体の発展もありまた各個集落の真の振興もあることと信ずる。

地域個性の自覚と発揮で共存共栄

今その一例をこの近くに求めて述べることにしよう。岡谷・下諏訪・上諏訪などの各集落は等しくこの諏訪盆地のうちに存する都市ではあるが、さらにこれらを仔細に観察すれば、それぞれまたその盆地内におけるその占居の地域を異にし、したがってだいたいにおいて互いにその地域に即した活躍をしているものと認めてよい。このことは、今かりにこれら三都市のもっているそれぞれの機能が互いにその占居の地域をかえてはまったくそれを果たし得ないことによっても明らかであろう。されば、これら三都市の計画が、その地域に即した使命を十分自覚して立たれたならば、やがては岡谷・下諏訪の発展は上諏訪の発展となり、また上諏訪の発達は下諏訪・岡谷の発達ともなり、そしてこの美しい共存共栄の結果はさらにこの諏訪盆地そのものの活躍ともなり発展ともなり、ついには、日本、否、世界全体に対する使命をも果たし得るまでに発展していくことができ、かつまた帝国および全世界もこれによって非常なる利益と幸福とを受けていくことができるであろう。

しかるにこれに反して、上諏訪の発達が下諏訪・茅野などの発達を阻害し、下諏訪・茅野などの発展が上諏訪の発展に多少でも悪影響をおよぼすようなことがあったとすれば、それは互いに真の使命すなわちその地域の力にもとづいた合理的な活動をしていない結果で、まことに憂慮すべき現象といわなくてはならない。

世界に一つしかない「地域」の力で地方振興を

地球の表面そのものはそれぞれ各小単元の地域が合理的に結合され、それが完全な個体として統一されたところのものである。したがってわれらはこの地球の表面上にまったく同一の二つの単位地域を見出すことができないことは明らかであるが、その結果はまた同様にまったく等質等量の力をもつところの単位地域を見出すことのできないことも明らかである。これが私が各地域にそれぞれその個性の存在を認めている理由である。また地域がその個性に基づいて活動することが、さらに大なる地域の活躍となると同時にその小単位地域の真の発展ともなり、互いにあいまってまことに意義のある活躍をなし得る点において、それをその地域の使命であると主張するゆえんである。

そしてその使命のもとづく地域の力を見出すべく、すなわちそれを究極の職能として立っている学問、それが「新地理学」そのものである。この点において地方振興策上、地理学はきわめて重要な地位を占めている学問の一つといいたいのである。

もともと地理学は、その起源こそはきわめて古い学問であるが、その性質上、最近まで真に確固たるその職能を立て得なかったことはまことに遺憾なことであった。その結果はその道の学者間においてさえこの学問に対し互いにその意見を異にし、したがって現在においても一般社会からは相当に誤解もされていることはむりのないことではあるが、きわめて残念なことである。私は今ここではあまりに専門に偏するから地理学そのものの本問についての評論は遠慮したほうがよいとは思うが、さらにこのさき地方振興と地理学との関係についての吟味をすすめていく順序として、きわめてその大略を述べておく必要があろうと思う。

地理学の役割は「地域の力」を明らかにすること

そもそも地理学なるものはもちろん前述のごとく「地域の力」を見出すのがその終局の職能ではある。一般に力そのものは無形なもので、したがってそれを科学的に研究するためには、その力によって起こってくる現象そのものによるべきであることはほかの科学とまったく同様である。がしかし、従来多くの人から考えられているように、ただ単に地理学なるものはその地方の地形とか地質とか気候とかまたはその地方の生物・人類さてはそれら人類の政治・経済・宗教などの諸活動や名勝・旧蹟を漫然と蒐集羅列することをもって能事としているものではない。必ずしもその地方の産業・産物全部を研究する産業的な学問でもなければ、またその地方の人類の生活様式全部を研究する人類学や土俗学でもない。それらの産業のうちあるいは人類生活現象のうちとくにその地域の制約を受けて現われてきているもの、すなわち地表現象のみを選び出し、しかもそれらが互いに調和し総合して一個体を形成しているその総合現象を調査し、さらに進んでその総合体を形成している総合力・統一力すなわち地域の力そのものを認識しようとする学問であるということを申し上げておきたい。

このようにして見出されたその地域の力をさらに他の地域の力と比較考察し、初めてそこに真にその地域の使命を明らかにすることができ、そうしてその地域上に占居している集落はそれにもとづいてその町是なり村是なりを確立し、それにしたがって計画されたものが真に意義ある地方振興策であると考えていることは前記のごとくである。

「地域の力」の源は「自然力」

そしてまた私がここで地域の力といっているものは、もちろんそれは「自然力」の一つである、あるいはそこの地域に即して全自然力の総合ともみることができるのであるが、私は従来の地方振興策なるものがあまりに人為に過ぎたかの感を深くもち、かつそれを遺憾としているものである。私は真の地方振興策なるものは自然力そのものを基調としてその上に打ち立てるべきであることを強調しようとするものである。

昨今、一般科学がしだいに発達するにしたがい、一つの憂慮すべき現象は単に地方振興策に対してのみのことではないが、すべてのことをあまりに人為的に押し通さんとする傾向が日一日と濃厚となっていきつつあるということである。もちろんこれは、その一つの弊害としての現われではあるが、要するところは、多数の人びとが科学そのものに対しての真の理解を欠いている結果であることは明らかである。

科学とは自然を礼賛し合致するためにある

私は科学なるものはなにも自然を征服するために起こったものとは考えていない。科学の職能は自然を理解し、自然の真相をきわめ、その自然の偉力を礼賛しわれら人類はそのすべてをあげてそれをその大自然の中に投げ込み、巧みにその大自然に調和し巧みにその大自然を背景とし、否、まったくそれに合致して活動するべき点にあると信じている。自然はそれら士人のために想像されているがごとくわれら人類に征服され得るようなさように微力なものではない、またわれら人類は大自然を向こうに回して戦い得るようなそんなだいそれた偉力をもっているものでもない。向こうに回さないまでも、それを無視しては人類がその活動の能率を十分にあげることはまったく不可能である。たとえば大気の温度が年平均においてわずかに五～六度の変化をきたしただけでもわれらの生活はどんなに大きな脅異を受けることであろうか。もしまた、さらに大気の成分にいたっては、それがきわめて微妙な変化であったとしてもその成分のいかんによってはまったく人類の全滅さえ考えられないことはない、ごく一地方に起こった現象ではあるが、火山の活動などにさいしすでにこの事実が私どもに示されている。

勤勉努力の前に「地域の力」が

岡谷は今日その製糸工業都市として世界の首位を占めていることはまことに明らかな事実であるが、これがともすればそのすべてが岡谷人士の勤勉努力のみの賜物であるかのごとく考えられている。それはわれらがときどき見聞する議論であるが、われら地理学徒の眼から見ればことにその発達の初期において、きわめて偉大にその地域の力が陰に働いていたことを認めざるを得ない〔本巻327ページ「諏訪製糸業発達の地理学的意義」参照〕。そしてまた、その勤勉努力そのものにおいても、じつはそれがこの地方地域の力によるとまで考えられないこともない。また諏訪湖は本邦における湖沼中でもその面積にくらべては、その水産額がもっとも多い一つであると聞いているが、これも単に諏訪人の努力だけをもって説明しようとしたならば、あまりに非科学的な、乱暴な、わがままな解釈といわなくてはならない。

私どもはこの諏訪人の努力を認めるほかに、さらにこの諏訪湖そのものが海抜七五〇メートルという高地に存在することにその注意を向けなければならない。一般的には土地はその高さを増すにしたがい太陽からの紫外線の量が豊富になり、そしてその紫外線の豊富なことは、その湖沼中に棲息しているその物の生育に非常に有効であることは、近年しだいに各方面において実験証明されつつある事実である。しかもここへ注ぐ河川は、さらに数千メートルの高所に発し、いっそう豊富な紫外線を吸収している飼料を運びつつあることを考えてみると、この諏訪湖の水産額がその割合に大きいことも、その根元をこの湖沼の存在している地域の力によるものと考えなくてはならない。そしてさらにまたこの地方住民が、地域にこのような力のあることを自覚されてその計画を進められたならば、なおいっそうの成績をおさめ得て真にこの地方振興の一助となり得ることと信じるものである。

たんに岡谷といわず諏訪湖といわず各地域にはその地域相当の力があり、そのうえに生活するわれら人類が巧みにその力を利用することによって、十分にその地域の活躍を示すことができ、真に意義ある地方の振興を尽くすことができるものと信じるものである。このような意味において私はきわめて大略かつ不備のものではあったが、われらの生活と地理学とがきわめて密接な関係のあることを述べ、なおまたその地方振興策の建設にあたっては、より以上にこの方面の研究調査にその努力をささげて下さる方の多からんことを強調した考えである。終わりにのぞんで私はこの新地理学がますます発達し、その結果、地方の振興についても真にその使命を果たし得る日の一日も早からんことを祈って筆をおくことにする。（一九二八、九、一）

豊かな地域個性の発見と探求
――求められる観察眼と実際

（「農村の地理学的研究」『郷土教育』第二四号、一九三二〈昭和七〉年一〇月号、郷土教育連盟）

一、地域個性とその誇りの復権を

郷土の地域性への認識不足

私が昨今各地の農村地理調査のさい、もっとも痛切に感じさせられる一つは、農村の人たちが毎日従事している農業に対する理解の不十分なことでもあるが、それにもましていっそう驚くのは、農村立地すなわち郷土の地域性に対する認識のあまりにも不足していることである。もちろんこれは交通発達の結果、関係範囲が著しく拡張されたことや、しかもその拡張された範囲内での物質移動の円滑化に連れて商業的操作が旺盛となり、その結果、世界が一般に著しく商業化され、したがって「人と人との関係」すなわち人的関係への関心がとくに濃厚となり、これに反して地理関係への関心がしだいに薄らいだことが大きな原因であると考えられる。もっともこれは農村の人びとにのみ限られた現象ではなく、一般人士の共通現象で、なかにはある種の評論者のごとくついには「今日われわれの生活には郷土がない」

とさえ強調するものをみるようにまでなっている点からも明らかである。

なるほど今日われわれの生活は明らかに世界にかかわっている。しかしけっして私はそれだからといって、われわれの生活から郷土がなくなったとは思わない。ただ「郷土が世界にまで広がった」までのことであると考えている。したがって、今日の文明に浴している諸人士のいずれもがみなその生活が世界にかかわっているとはいうものの、その中心点や方向、そしてまたその様相にはみなそれぞれ異なった立場をもっているべきはずである。ことに土地的生産を第一原理として立っている農家の生活では、いっそうそれがはっきりとしているべきである。

しかるにもかかわらず、今日農民の心理はあまりにもそれが商業化し、きわめて卑近な例ではあるが生産にさいしても「いかにそれを安く生産しようかと考えるよりも、いたずらにいかに高くそれを売ろうか」と焦慮するとか、あるいはまた直接生産に従事しておりながらも、日常の生活に向かってはすべてそれが「買ったものすなわち一度商人の手を経たものでなければ承知できない」といったような思想があまりに旺盛である。私どもがなにかそこの地域にふさわしいと思う作物を勧めればたちどころに、「そのような作物をつくっても高く売れるでしょうか」との反問を受けたことは、けっして珍しくはなかった。このような思想が今日農村の行き詰まりをもたらしてきている有力な原因の一つであることは、わが八ケ岳火山の高原山麓の某村が、従来キャベツの栽培地として、しかもみごとな成績をあげていたその農村が、近年供給過多の結果、その対策として、昨年度は、こともあろうに、にわかにトマトの栽培へと転換したところ、成績不良でかえって大失敗を招いたという不幸な事実がある。もともと冷涼性を好むキャベツの適地に好温暖性のトマトを、しかも大規模に栽培しようとすることは、地域性を無視することもまたはなはだしいといわなくてはならない。

地域性との調和こそ真の生活

ひとり生産に限らず、衣・食・住その他一般の生活にしても、すべてそれが、そこの立地のもつその地域性と調和してこそ真に意義ある生活というべく、ことに定住性の強い農村生活では格別にそうでなくてはならない。『農業経済研究』第八巻第一号誌上の会報欄に発表されている池本喜三夫氏のフランス農村および農民生活の実情に関する講演要旨の中に(1)「フランスはほかの国に比して古くから非常に地方色豊かな国であり、地理的影響を多分に受けている。現に一度都市をたって農村に旅するときは、ごくわずかな旅においてもその軒輊《けんち》なる差異に打ち驚く云々」と語られているが、今日新興地理学の旺盛をきわめているのもさすがはと思われ、一種の羨望を感じないでもなかったが、それにもまして、私はこの種の事実を広く日本の農村の人びとに知らせたくてならなかった。

もっとも日本の農村といえどもけっして地方色がないではない。今なおきわめてみごとな地方色を保持している村も少なくはない。ただしかしそれが真にそこの地域性に即したいわゆる地理的景観としていかにもみごとなものであり、それだけそれがその農村のもつ貴い一つのプライドであるというような明らかな認識を、そこの農村の人たちがもっておられないことである。したがってそれらのものが惜し気もなくそこの人たちから見捨てられ、しだいに廃頽していきつつあることである。しかもそれが、一年や半年で取返しのつく人工物ならまだしものこと、百数十年もの星霜を経た樹木などの年一年と切り倒されていくのをみては、まことに惜しんでもなおかつ惜しみきれない。もちろん、これも不況という大きな経済波の襲来によることではあるが。

さらに、その根底には農村立地のその地域性に関する認識不足という重大な原因の潜在していることを見のがしてはならない。したがってこの地域性の認識涵養、すなわちその農村立地の地理学的研究ということは真に急務中の急務である。ことに将来交通が発達すればするほど、それにつれてその重要性はますます高まっていくべきである。そしてまた、これが今日の農村を救済する有力な因子の一つでもある。

二、臨地〔野外〕調査の重要性と観察眼

さて、農村立地の地理学的研究の急務については以上にその大略を述べたが、しからばその地理学的研究の方法、とくにその要諦いかんという問題が引き続いて台頭してくる。

もちろん地理学的研究はそれが地表の研究であり、したがって空間的広がりの研究であり、そしてまた、その広がりの変化とその変化の統一性とを発見し、それによってそこの地域性を究明しようとする研究である。

しかもその対象がわれらの外界に展開している地表そのものであるからには、その研究にはまず、なにをおいてもその身を親しく野外に立たせなければならない。すなわち臨地調査を試みなければならない。

それにもかかわらず、今なおまれには読書をもって唯一の地理学的研究とでも心得ているかに思われる学者のないでもない。しかし多数の地理学徒はしだいに臨地調査を重要視し、努めてこれを試みつつあるかの傾向はまことに慶賀に堪えない。

ただしかし、せっかくその試みられた臨地調査も、その調査の結果がようやく五万分の一の地形図て

いどのものであったり、一〇〇〇メートル内外の高度から撮った飛行機写真ていどのものであったり、または官庁からの回答による統計ていどのものであったのでは、私どもの今ここに要求している農村立地の地域性の究明およびその認識に対してはたいした仕事にはならない。したがってそれではせっかくの臨地調査もほとんどむだである。それは六銭（往復の郵便料）ないし一三銭（五万分の一地形図一枚の代価）ていどの作業であるからというだけではなく、いやしくも地理学的研究という操作が前にも述べたようにその対象地域のもつ広がり的変化の統一を通して、そこの地域性を明らかにしていくべきであるが、しかるに一般農村のもつ立地は比較的狭く、したがってそのあいだに一つの統一ある変化を発見するためには、特殊の、しかも犀利〔英敏〕な観察眼に待たなければならないからである。

三、地域個性探求の実際①——扇状地の湧泉集落の地域性との調和

湧泉のまわりにできた集落

たとえばわが信州各地のうち、下流の各盆地にはそこの盆地の四周に開口している各谷口に、みごとに展開した大小それぞれの扇状地をもち、しかもそれら扇状地の扇端は、ときにそれがその盆地を縦貫している主流の側浸蝕によってつくられた扇端崖をもち、かつまたそこには、その扇状地の伏流として発達してきている湧泉をみせている。その結果、その扇端崖を境として、その扇央部へ続いた高地は畑地とくに桑園として開拓され、それに反した低いほうの平坦地はその地形と湧泉とが有力な因子となって水田地として利用されている。なおまたその扇端崖に臨んだ崖上の地区には、乾湿両耕地への交通や、

ことに崖下の湧泉を飲料水として利用することの便などが原因で一つの集落が発達しているのがふつうである。しかしこの程度の観察調査は、なにもそれが、臨地調査というような大袈裟な時日と費用とを投ぜずとも、五万分の一程度以上の地形図上にはいずれも明瞭に描き出されている（五万分の一地形図須坂、中野などの図幅参照）。しかし真にその扇端崖上の集落が、そしてその集落がどの程度まで扇端崖上の集落としての特相をその集落構成の上に発揮しているかは、とうてい五万分の一ていどの地形図上では、よし拡大鏡を用いたとしても見出すことはできない。また飛行機写真でも不可能である。必ず真剣にしてかつ精緻な臨地調査を試みなければならない。

今これを前記五万分の一地形図、中野図幅の南端に当たる小河原部落、しかもその北半部大字北小河原についてその一部を述べてみることにしたいと思う。

そもそも大字北小河原というのは、松川扇状地の扇端崖上に発達している五六戸の農家と三戸の寺院とからなり、水田三分、畑七分をその経営の基調として立っている純粋の農村集落である。それがまた前記五万分の一の地形図でも明らかなごとく南北の二小部落に分かれており、北を小字別府（農家二一戸、寺院二）、南を小字北小河原（農家三五戸、寺院一）と呼んでいる。すでにこの扇端崖上の集落が南北の二小単元に分かれている地理的原因については、五万分の一の地形図上では十分にそれを確かめることは困難であるが、これもその臨地調査においては、別府には九個の湧泉をもち、南の北小河原では一〇個の湧泉をもっているのに、その両集落の中間に当たる崖下には、きわめて少量の湧泉が数口あることはあるが、それらがそれぞれ一戸の農家の日常の飲料および洗い物用としては十分でもなく、かつその湧泉地点に接する水田部が、ほかの場所にくらべて泥湿で格別にもその使用を困難にしていることに注意することができるであろう。しかもまたこの地点が、五万分の一の地形図上に現われるほどではないが、現地では大略そのあたりを変換点として北半の別府地籍は北へ、そして南半の北小河原地籍は南へ傾斜していることも見受けられる。その結果、その湧泉の分布もまことにそこの扇端崖にふさわしい現象であり、したがってまた、これら両集落の分布の形態もここに即した現象としてうなずくこともできるであろう。

しかもそれを、これら集落のもつ各戸について、その湧泉とここの民家との関係を調査すれば、それ

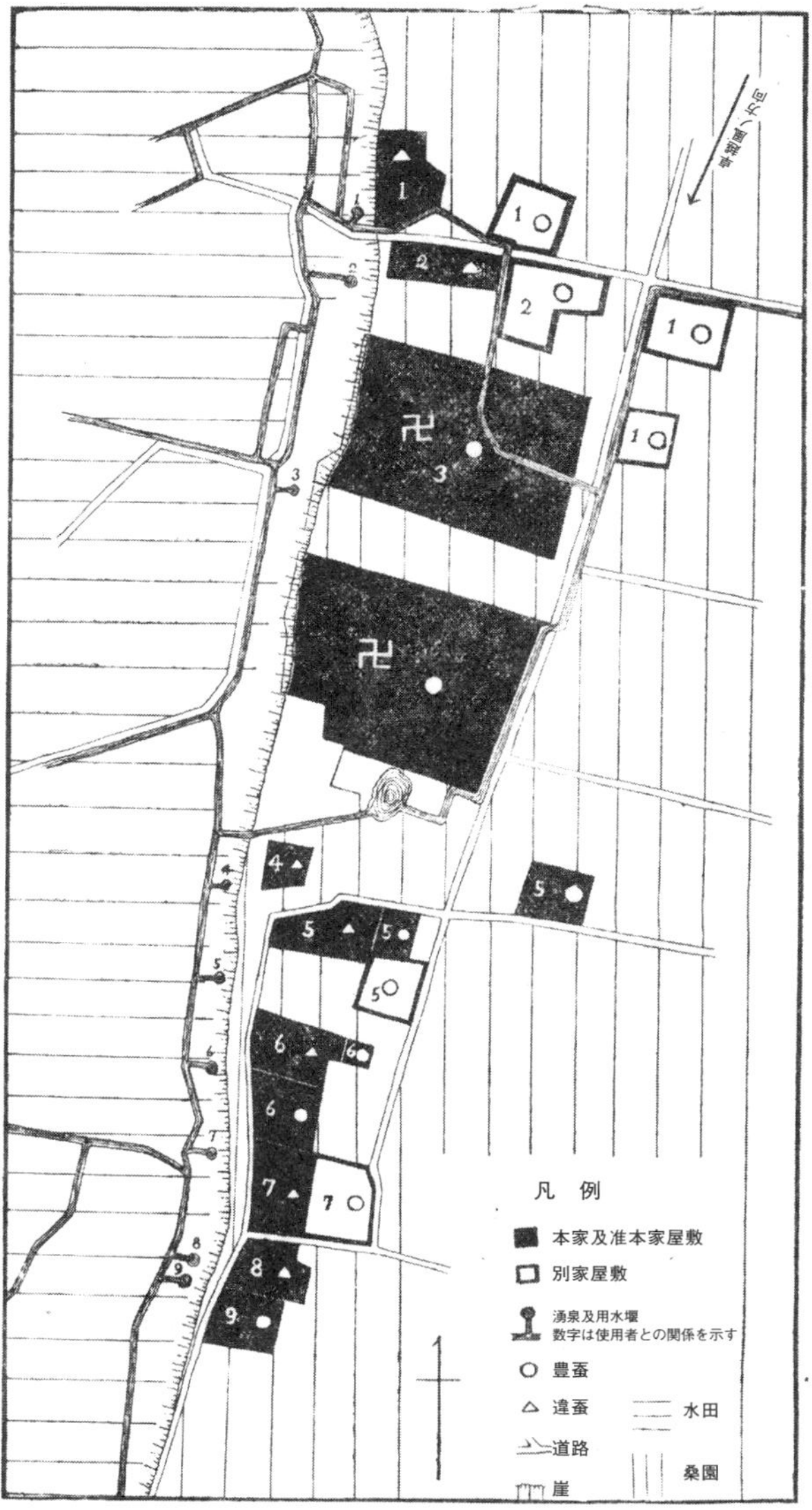

第１図　長野県上高井郡豊州村〔現・須坂市〕小字別府部落図
湧泉と屋敷と農地の配置および養蚕の成績を示す

が第1図にも明らかなように、かつしかも相互の密度の上にまで正の関係をみせ、ますますもってその関係の密接さが了解できる。ことに、北小河原のもつ一つの寺院がその湧泉中もっとも良質な湧泉の近くにその位置を占拠していることは、別府のもつ二つの寺院が、それが寺院に限ってとくに用水堰をもっていることとともにまことに思いあたるふしがないでもない。さらに北小河原部落のもつ一〇個の湧泉中たまたまその中の一個の悪質の湧泉がまったく一戸の民家ももち得ないのにくらべてきわめて興味を深からしめる。しかしその泉質の良否や寒暖などまではいかに精細な地図や写真でもそれを描き出すことは困難であろう。

水に生かされ水とともにある暮らし

さらにすすんで、この集落のもつ本家・別家の区別、あるいはまだ別家をもつまでにはいたらないが、比較的古い准本家ともみるべき民家やあるいはそれに相当する寺院などの屋敷の位置を調査してみれば、第1図にも明らかなごとくほとんど湧泉地帯に接した本家および准本家地帯と、さらにその東側に接した別家地帯とをみせ、扇端崖集落としての発祥までがますます明瞭となってくる。しかもそれを、さらにこの集落の各戸についてその屋敷の地割、とくにその母屋の間割にまでも入って観察してみると、その家の勝手をはじめ、流し場、湯殿などのとくに水に関係の深い場所が、いずれも西方すなわち湧泉地に近いほうに取られており、それよりしだいに東方へ居間と座敷とが配されている。第2図はその中の一軒田子氏の屋敷の地割および間割図である。私どもはこれによって、この集落立地のもつ特質がただ単なる外形のみではなく、その内容にまで充実してきていることをたしかめることができるであろう。

しかるにそれをさらに今一歩すすめて、その湧泉地の所有権について調査するに、いずれもそれがその湧泉地へ続いた崖上の隣地を屋敷としているもの、すなわち本家または准本家のものがそこを所有しているのではあるが、ときに分家したばあいにはその分家のものも共同で使用することになっている。しかしその距離の遠いことだけはなんとしても一つのハンディキャップである。しかもここに注意すべきは、たまたまその湧泉地が他人に売り渡されたときには、その湧泉もいっしょに他人の手に移るのではあるが、しかしその売却者がその湧泉を使用する範囲内に住居しているばあいには、依然としてその後もその湧泉の使用だけは継続している。このような事実がすでに二つまで存在している。おそらくこれは武田判事の論じられた継続利用による利用権発生(2)の一例でもあろうが、これによってここの立地のもつ湧泉的地域性がひいてはその上の習慣にまでも織り込まれ、ますますその集落の生存上いかに重要であるかの認識をいちだんと高めることができるであろう。

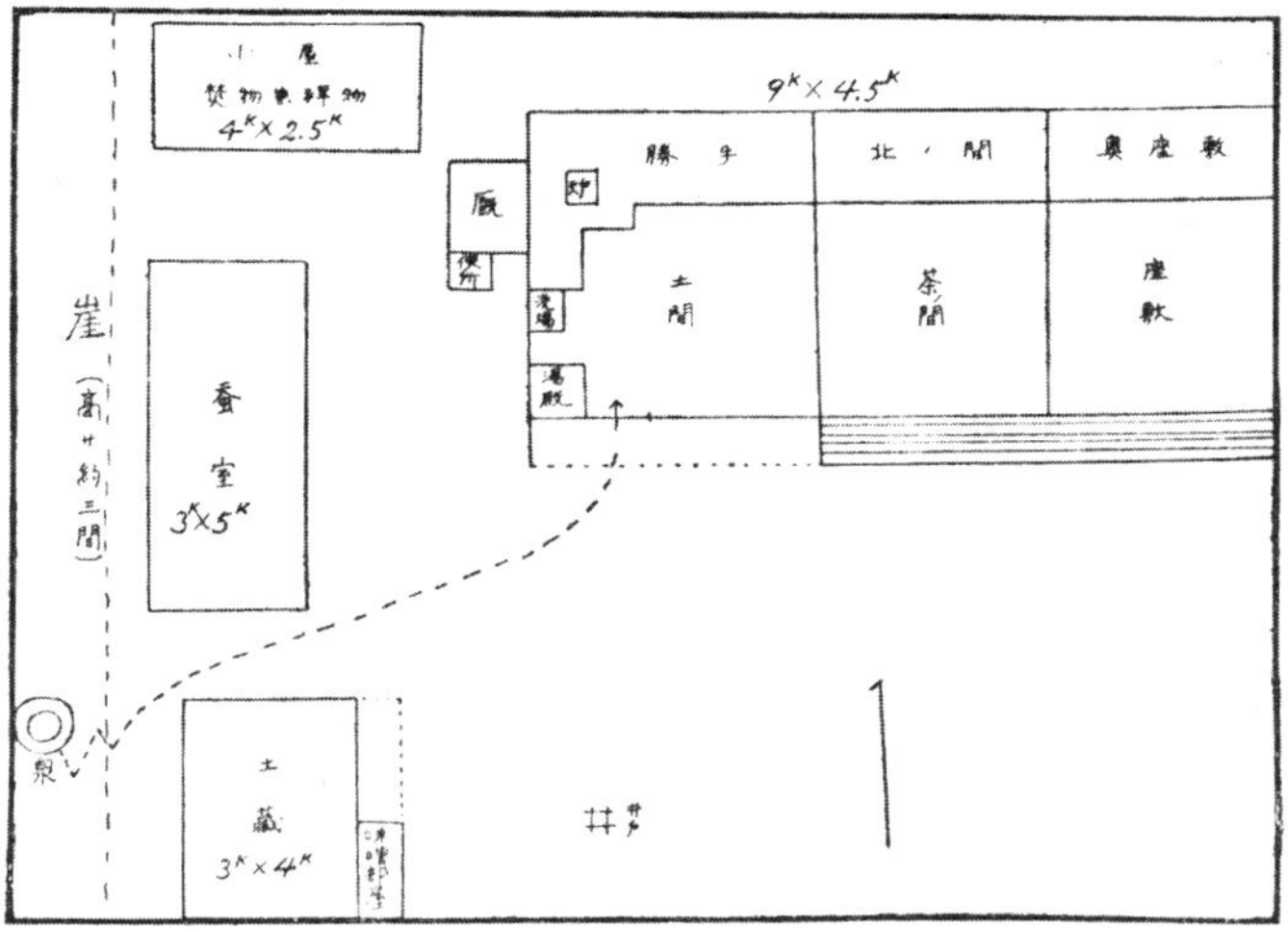

第２図　別府部落の民家屋敷の地割および母屋の間割図

　しかもそれが五～六メートルの高さをもつ崖下の湧泉を汲み上げての生活である関係上、たまたま風呂の入浴などにさいし、ここではよほどのばあいでなくては、その温度を低めるためにうめるべく依頼することを遠慮しているとのことである。もちろんこれはふつうどこにもありがちのことではあるが、ここではとくにそれを戒めあって注意しているとのことである。ますますもって崖下湧泉地の活躍ぶりの微妙さに驚かされずにはいられないのである。しかしこのような心理現象に至っては、地図や写真はおろか、とうてい短日の臨地調査ではおそらく探しだすことは不可能であろう。

よしまた相当長時間にわたっての調査であったとしても、その調査ぶりが万一「外来者の探訪的態度や官庁の調査的態度」ではとうてい果たし得ないことで、「ここの集落の住民」少なくとも「調査者そのものが真にその集落に深い同情と強い愛着とをもってして」初めて達し得ることであろう。もっともこれはひとり心理的方面のみならず、経済的方面でも、また日常生活中とくに飲食方面などについても、われら学徒の多くがつねに苦い経験をもっている点で、「探訪的、調査的態度を捨てて、まったくその集落人になりきっての精察」ということのきわめて大切なゆえんがここに存するのである。

地域の風・水・土と調和して

記事が、たまたま経済的方面にふれてきたから、ついでにこの集落のもつその方面の一端について述べることにしよう。

ここの集落が畑七分、水田三分をその経済生活の基調としていることは前にも述べたが、その過半数を占めている畑七分というのは、多くはそれが桑園として利用され、したがってここは立派な一つの養蚕集落でもある。しかるにそれが去る昭和二〜三年頃の夏秋蚕の全国的な違蚕の当時における成績を調査するに、一般的には北側の別府部落のほうが南側の北小河原部落にくらべて、成績がよかったことである。そしてこれは北偏の卓越風の発達しているこの扇状地で、きわめてわずかではあるがいくぶんなりとも北傾きをもっている小字別府部落と南傾きをもっている小字小河原部落との地域性の働きの一端のひらめきともみることができる。それにもまして、さらに明瞭でありかつ興味ある事実は、その各戸のもつ成績分布の形態についてである（各戸についての成績いかんの調査はきわめて至難で、とくに部落の人びとの理解をまたなくては不可能であることはいうまでもない）。ことにそれが北傾斜の別府においてであるが、それが第1図にも明らかなようにその豊作地区がほぼこの集落のもつ分家地区と一致することである。おそらくこれは一つにはその屋敷四周の開闊度が湧泉地区に接する本家および准本家地区より勝っており、その結果、当時の高温に対する風通しの比較的良好であったことがあずかっていることは十分に察せられる。[3] ことに等しく湧泉地区に接した地区内でも、両寺のごとく比較的広い屋敷をもっていたものの好成績からみても確からしい。してみると、このような分布形態は、ここの湧泉地が南北に配列しており、そしてこれに制約されて発祥し発達してきたその集落のもつ構造が、たまたまここの地域のもつ卓越風の方向へ伸びていた関係上、ひいてはそれが風通しの良否にまでも影響したものとみるべきである。さらに今いっそう注意を要すべきは、一般にこの地方におけるその当時の高温性はかなりの程度にまでおよび（隣接須坂管内観測所における平年七～八月の最高気温約セ氏三〇度）、したがってあるいは単に風通しだけでは十分に蚕児の健康を維持することが困難であったかもしれない。おそらくそのためにはさらに午後の日射をさえぎることが要求されたことであったであろう。[4]

この日遮の有無が夏秋蚕の豊凶に影響する事実は、この地方の各所において認められていることではあるが、ここにはその詳述を割愛することにする。しかるにこの点からも新旧二列から構成されているこの集落では、その旧集落すなわち本家および准本家地区内のものは、ますます不利な位置を占めていることになる。とくに湧泉に恵まれた本家および准本家地区は、ついに夏秋蚕業方面においてはかえって不幸の位置に当たることになるのである。じじつ、この集落は今でこそ明らかに養蚕集落ではあるが、明治の初年頃までは、その東方へ続いた現在桑園地となっている広い扇状地面は下方からしだいに扇央部へ、最下方の壌質〔土中部より粘土が多く含まれており、保水力や保肥力も高い〕かつ肥沃地の綿および菜種地帯から大麦、小麦、大豆、あわなどの雑穀地帯を経て、さらに上方の河床にも等しい大礫に富む礫質のそば地帯へと移化していた普通畑地で、したがってこの集落がその発生当時からの養蚕地でなかったことは明らかである。そしてまたこのような過去の事実になるといかに精巧な写真術でもまったくその用をなさなくなってくることを注意しておきたい。しかしこの不幸も幸いにも、その崖がこの集落の西側に存在していることであり、かつ卓越風が北偏である結果、その壁面上に日遮林を仕立てることによって、卓越風の流通とも調和し、さらにそれに扇央部にもつ桑葉の運搬の便なども加わって将来理想に近い夏秋蚕の豊作集落として生長し得る可能性は十分にある。

このほかその崖端に接した低地の水田部は、その崖のもつ防風的効果および湧泉との協力によって、三分の水田をもつこの集落に、付近一帯を苗代田として提供している。かつまた崖部のうち、そこの陽斜面の一部あるいは湧泉地に続いた一部には、局部的ではあるがすでにうどやせりの栽培区をさえもち、ますますもって扇端崖の特相を著しく濃厚ならしめ、これらの両集落が扇端崖およびそこの湧泉を核として結晶している含湧泉扇端崖集落であることをまことに明らかにしている。これを要するに、上述の成果は、きわめて丹念なそしてほとんどそこの集落人化した態度に基づく臨地調査の結果である。

ここに述べた資料はこの秋筆者のきわめて短時間にわたる臨地調査に加えて、その後、前記のような要目を選択し、この地方在住の畏友今井誠太郎氏に依頼し、同氏が多大の日数を費やして、ようやく蒐集していただいたもので、まったく同氏の努力の賜物というべきである。ここに明記して謹んで感謝の意を表したいと思う。

そして地域性の究明に当たっては、そこの地域性に即して表現されてきている各種現象の広がり、およびその広がり内に含まれている変化、そしてさらにその変化のもつ統一によるいわゆる分布形態を通して行なうことをもって正道と、筆者は考えている。そのため、対象地域が狭ければ狭いほど、さらに微細な現象にその注意をさし向けなければならず、ますます精緻な観察を必要とし、たとえ、よしそれが臨地調査であったとしても、単なる路上一片の通りすがり的の観察ではとうていその目的をはたすことができない。

四、地域個性探求の実際②
——小渓谷の水車屋はみごとな地理学的文化景観

小さな流れを生かす水車の仕組み

これまた昨秋の採集ではあるが、信州戸隠の高原から鬼無里の谷へ越す、その峠のほとんど頂上付近で発見した一小水車小屋地域についてのことであるが、ここではそれを例として述べてみることにしよう。

この峠は海抜高度約一〇五〇メートルで、その頂上には菅谷地《すげやち》という一小農業部落をもっている。水車屋のあるのはこの部落の東方、峠の頂上部からわずか下がった路傍で、そこには、またその西北わずかに一〇〇〇メートルほどの距離をその水源としているきわめてささやかな渓流と、それに前記菅谷地

第1表　水車の構造

部位等	寸法等
輪の直径	360cm
同　幅	30cm
心棒の太さ径	24cm
後光の数	8対

水量(平時)　約1440mm^3

部落方面からのさらに小さい沢川との合流からなる細流をもっている。要するにその道路と小さい流れとの接触地点付近が、たまたまこの部落の水車屋地域として働いているのである。しかしただこれだけでは水車屋地域としてはもっとも普遍的な現象で、なにもとくにとりたてて注意するほどのものでもない。

しかるに一度、今この水車屋のもつ水車の構造を観察すると、それが第1表のように、⑴一見してまずその輪の直径にくらべてその幅の著しく狭いことと、かつその心棒のいかにも細いことに驚かされる。

しかしこれも、その水源の浅い、ことにようやく滲出水をもってその水源としていて、わずかに一四〇〇～一五〇〇ミリ立方の水量を動力としている水車としては、その支・力・重三点の関係上まことに当然の現象とうなずくことができる。

しかもさらに、⑵その輪や後光〔心棒から放射状に伸びて輪を支える「くも手」〕の材料に注意してみると、その輪がすべてトタンで、また後光はすべて鉄材からできている。さいわい、たまたまそこに来合わせた経営者の一人にそれを質《ただ》してみると、一つにはこれらが木材ならば、水の滲透程度の不等によって重量が不均一になり、それが渇水期になると、その重い部分が下に行けば容易に回らなくなり、それに反して上に行けば急速に回転するといったように、円滑な回転ができなくなる。また、心棒をできるだけ細くし、支点と重点との距離を小さくする必要なども加わって、それらに対する工夫からでもある。さらにもう一つの理由としては、ここが高地でありしたがって寒地である関係上、冬季ごとに一月上旬頃から三月中旬頃の結氷期に際しては、ときに氷結することがあっても、それが日射にともなって容易に剥落し得るための用意でもあるとのことで、ますますもって興味を深めさせられた。

地域の仕事をまるごと受けとめる構造と機能

こうしてみるとさらにわれらの注意を引きつけるものは、(3)その水車小屋は東面に建てられ、かつ水車がその南側面に配され、いかにもその日射に対する機能を遺憾なからしめていることであった。しかし一つの不可解は(4)その水車の回転の方向が、すなおに動力用水堰のもつ方向にしたがって水車屋の前のほうに回転せずに、わざわざ後のほうへ回転するようにできていることである。ところが、これも一度この水車小屋のもつ内部の構造を観察することによって、まことにきわめて容易にそのわけを理解することができる。すなわちそれはこうであった。そもそもこの水車屋には、米搗《っ》き臼のほか、わら搗き臼と、さ

第3図　長野県上水内郡鬼無里村［現・長野市］字菅谷地部落の水車小屋（南側より写す）

らにもう一つ粉碾《ひ》き臼という三つの機械が据え付けられてあるが、その粉碾き臼の回転には、水車のもつ垂直的回転を水平に転換させるために歯車装置が施されている。また臼に付属している杵を入口側に設け、それに対する作業の便利や、歯車を入口の方向に回転させ、作業のさいくいこまれる危険の心配をまったく除去するための、まことに周到な用意がなされている結果であった。

そしてこれは、直接にはその入口の方向によって決定されたものではある。しかしさらに根本的には、その西方から東方へ走っている狭い谷底にある水車地域のまことに当然な制約の結果でもある。

しかもさらに興味のあることは、(5)それら三つの臼のこの水車小屋内での配置で、その工程に比較的多量の湿気を要求するわら搗き臼をもっとも水車側に近く、そして少量な湿気を必要とする粉碾き臼を最遠の場所に配してあることである。

もちろんこのような分布の形態は、もっぱら水車の位置によって決められ、そしてその水車の位置が、前記(3)項において検討したごとくここの地形や気候にしたがった結果であってみれば、またけっして見のがすことのできない大切な地表現象でもある。

このほかさらに細部にわたって観察すればあるいは(6)その壁体にあるいは(7)その屋根材になおいくたの地表現象を所持してはいるものの、われらは前記の五項によってここの小水車屋地域のもつ、地域性の究明にはすでに十分であり、かえってこれ以上の記述はその明瞭化のためにも、いかがかとも思われるのでさし控えることにする。

わずかに間口二間一尺に奥行二間の草葺き板壁で、建設費一五〇円内外、そして一〇戸の共同からなる一小水車屋ではあるが、じつにこの一小地域のもつ地域性を表現して寸分の遺憾もない。真にみごとな地理学的文化景観の存在で、この地方人士の誇りとなすべき一つであろうと確信している。

第４図　菅谷地部落水車小屋の内部景（表側より写す）

探訪者でなく郷土人になって

そしてこのみごとな地理的存在の発見も、かつまたこれを通して当然されるこの地方人士の郷土の地理学的認識も、この調査の過程として試みた第(1)項から第(3)項までならば、あるいは通りすがりの観察からでもつかみ得るかもしれない。しかし、ことに最後の二項、十分には最初の三項も、その水車小屋内部の観察とそして実際経営者のこの地域に即しての長いあいだの苦心や、体験を並用するのでなければとうていそれを明らかにすることは不可能であろう。要するに郷土の調査にあたっては、地方人士の真の体験を十分会得することが要諦である。そのためには、調査者自身が、まずそこの郷土人化することが根本問題かもしれない。少なくともそこの郷土人士の知己としての信用を得ることが要求されることであろう。

第3、第4の両図は水車小屋の外景と内景とを示したものである。その撮影および各種の調査に対しては、鬼無里小学校長、大久保武雄氏をはじめ同校職員各位の多大なるご助力によるものである。なおまた同地視察のさい、東道の労〔世話、案内〕をとっていただいた柵小学校長松木幾市氏に対し、併せてここに厚く感謝の意を表しておくことにする。

五、他地域との比較でさらに深くとらえる

以上の二例はいずれも真の郷土的愛着をもって、しかも、きわめて精細周到なる調査の必要を強調したものではある。しかしいかに精細周到な調査といえども、単にその一小地域内だけでの調査であっては、真にその現象が地表現象としてどれほど有意義のものであるかを決定することは困難であり、したがってまたそれを通して達せられる郷土のもつ地域性の認識も不徹底に終わらざるを得ない。さればその郷土を中心に、すすんではその四近〔周囲〕はもちろん、許されるならばさらにいっそう広い地方にまでもわたっての調査が必要である。これも、地理学的にそこの地域性を究明するためには、これまで何回となく繰り返して述べてきたように、その地表現象の広がりと、かつその広がり内のもつ変化とその統一とから結果させようとする持論の上から当然である。

雪と民家の形さまざま

たとえば松本平の北部、安曇平の北端あたりからさらにその北へ続いた姫川上流部に出現している主として土蔵などの建物の周囲に設けられている「鞘」という防雪用の施設についてであるが、それがこの鞘地域の南部、木崎湖畔から北部四ケ庄《しかしょう》盆地付近では、第5図にも現われているように、単に柱と貫《ぬき》とからできており、冬季はそれにわら束を掛け、それによって防雪の用を果たさせているのである。ところがさらにその北方、小谷《おたり》の谷の谷壁の中腹比高一〇〇メートル付近に発達している南小谷村伊折部落や中土村の太田部落では、第6図にも現われているように、単なる柱と貫とだけではなく、とくに

第５図　長野県北安曇郡〔現・大町市〕木崎湖畔稲尾部落土蔵の鞘

主風の方向に面した一面あるいは二面のうち、その上半部がさらに板で囲まれ、防風に対する機能までも果たし得るようにできている。

しかもこれを、さらにその上方の高地、同じく南小谷村真木《まき》部落（姫川谷の底部からの比高四〇〇メートル）のものについて調査すると、その上半部が板囲いにできていることはもちろん、さらにその上方約三分の一の部分がていねいにも土壁で塗り囲まれ、単に板囲いのみではときに強風のさいに吹き飛ばされる心配があるので、それへの予防上土で重みをつけてあるのが、まことによく理解できる（第７図参照）。

建築物のもつ地表現象と文化現象

もともと各地の民家のもつ建築物は、等しくそこの住民の生活様式の中でも、とくにそこの地域性の表現として優位のものであることは、伊東工学博士が「建築はその国の国土及国民から産出される。土地を母とし、国民を父として産れ出るのである[5]」といわれている点からも

第６図　長野県北安曇郡南小谷村〔現・小谷村〕字伊折部落土蔵の鞘

まことに明らかではある。しかしその一半が国民を父として産まれ出ている以上、この点をよく吟味しないと、母たるその地域性よりも、父たる国民性がかえって優勢に表現され、地表現象というよりもむしろそこの社会現象としての意義の深いものも少なくない。かつて関野工学博士の発表された支那〔現・中国〕の瓦塼〔かわら〕に関する論文中に、かの塼でつくった支那の民家が、黄河の流域では、そこの地質や気候または植生に即したまことにみごとな地理的産物であるが、揚子江流域のものは、そこの自然性とは相容れず、ただまったく対盗難予防的なものであると述べられ[6]、一種の社会的現象であることが明らかであり、まことに注意すべきことというべきである。

　要するに建築方面のものにはまことに貴重な地理学的資料も存在するが、しかしそれを地理学的資料として活用するためには、さらに十分なる地理学的検討を加えたうえでしかるべき

第７図　長野県北安曇郡南小谷村真木部落土蔵の鞘

であることが要求されるのである。しかるに建築相は、もともとあまりに狭い地域ではそれほどに著しい変化を示していない。したがってやや広い範囲にまでわたって調査するのでなくては、せっかくの資料も有効化することができない。前記「鞘」のごときも第7図、真木部落のものなどは、あるいは単にそれだけではいたずらにただその異常な様相に驚くだけのことであろうが、それをその土地の高低にくらべて調査をすすめてみれば、その間にまことに整然とした美しい系統をもち、多雪で、ときに強風をもつ渓谷または盆地の表現としてまことに見のがし得ない貴重資料として決定することができるであろう。そうであれば、われらはある狭い農村の地理学的調査についても、深いそこの郷土の愛着を基に、狭く細かい観察とともに、つねにその対象農村の立地を中心としてのさらに広範囲にわたる観察を怠ってはならないことを強調して筆を擱《お》くことにする。

擱筆にさいし右鞘建築の研究調査にあたり格別の便宜を計っていただいたこの地方教育支会ならびに、前掲写真の撮影等についてとくに高配を辱した畏友相沢誠二氏、小林茂樹氏等の各位に対し衷心感謝の意を表しておきたい。

（注）

（1）池本喜三夫氏講演「仏国農村及農民生活の実情」『農業経済研究』第八巻、第一号　二一四〜二一六ページ

（2）武田軍治氏著「地下水利用権論」『法学協会雑誌』第四九巻、第一一号　八九〜九〇ページ

（3）拙著「夏秋蚕違作の地理学的考察」『長野県農会報』第三〇巻、第五号　二〜九ページ

（4）同上

（5）伊東忠太博士講演「建築の理想と実際」『啓明会第十一回講演集』一〇ページ

（6）関野貞博士講演「支那の瓦塼」『啓明会第四十三回講演集』三〇〜三六ページ

地域個性と地域力の探求

『郷土地理の観方——地域性とその認識』

序

最近における地理学ならびに地理教育の発達・普及にはまことに顕著なものがある。とくにこの地理学と地理教育は実在的・経験的性質をもち、研究の対象としてその在住地、いわゆる郷土が選ばれることになる。その結果、郷土の地理学的研究もまたまことに著しい隆盛をみせつつある。

われらが今ここに企てているこの信濃地理研究もまたまったくその必要に立脚したもので、そしてそれは学術的にはこの信州地域のもつ地域性の究明に、そして教育的には地域性の認識ならびにその能力の養成を主眼としている。

しかしこの種の事業はまことに必要でもあるが、またきわめて困難でもあり、とうていわれら数人で成しとげ得る程度のものではない。そこでここでは最近の地理学ならびに地理教育の趨勢にしたがって、まず郷土の地理学的観方の大要を略述することによって今後の調査・研究に資することにした。

もっともこの種の類書の出版はとくに最近きわめて多数にのぼり、今改めて本書を上梓する必要もないほどではあるが、しかし科学としての確立上、またそれへの教養上、もっとも主要なものの一つと考えられているその資料の純粋化と明瞭化、そして対象の本質を究明するうえでとくに大切なその統一化などについては、今なお少なからざる余地が残されているようでもある。したがって本書ではとくにその点に主力を傾注し、地理的実在の表現に関する検討に記述の大半を費やすことにした。この種の研究はきわめて初期にあるだけに、本書の著者にとってもまた格別に困難な作業であった。したがって意あって力足らずの感がとくに深い。ことにそれらの説明に対する実例としては、もっぱらわが長野県内に求めることにもした。そしてそれは一つには本書の立場からでもあるが、もう一つにはすべてはそれを著者の観察範囲内から選んだためでもあった。しかしさいわいにもその実例中から、そこに一貫させようと努めてきた地理的実在の表現のためのいわゆる地理学的調査とその整理に関する問題の一端なりとも見出していただくことができればと念願している。

しかしその実例が、信州各地に万遍なくいきわたっていないことはなんとしてもまぬがれ得ない大きな不備の一つであろう。もっともその一部は引き続いて出版されることになっている『信濃地理概論』中において多少補うことができると考えている。

終わりに、この種の専門的諸論文を広く閲読する時と力と機会とをもたない著者は、本書の執筆にあたってもっぱら自分のわずかな体験と狭い思索とによってつくり上げた点がはなはだ多い。したがってきわめて小冊子ではあるが、不知不識のあいだにいくたの欠陥と誤謬とをもっているであろうことを恐れている。さいわい識者によって忌憚のない批判と篤き教示とをあおぐことができ得たならばと切願している。

なお、本書の著述に対して多大なる後援をたまわった信濃教育会、およびその間つねに鞭撻していただいた同会幹事守屋喜七先生、ならびに本文の試作に際し多大の助力をたまわった、三村親太郎学士をはじめ臼田福七氏、高木賢一郎氏、一志茂樹氏、瀧澤昌雄氏、小原清英氏、小松三郎氏など、同会信濃地理編纂委員の各位、そのほか県内各地在住の畏友諸賢、図版などの調製にあたって専門的立場から終始格別の高配をたまわった当院主橋本福松氏など多数の各位に対し、とくにここに明記して謹んで感謝の意を表しておきたい。

昭和六年八月

諏訪湖畔にて

著者識す

第一編　地域性とその究明——地理学の本質

第一章　究明すべき「地域」とはなにか

大地と大気の接触面にできる完全体

その進歩・発達が質的方面にまでもおよんでいるのが最近の地理学の趨勢であるならば、ここでまずその本質についての考察を試みることは必ずしも蛇足ではあるまい。

地理学そのものが地球の表面をその対象としている点についてはすでに古くから認められていたことではある。しかしその地球の表面という概念の中には、地理学の方面からさらにいろいろの内容を含ませて考えなくてはならない。すなわち地球の表面というのはたんに岩圏と水圏とでできているいわゆる大地の表面だけではなく、じつはさらにその上を厚くおおっている気圏の底面をも考え、しかも正しくはこの大地と大気の接触面を中心として、それを地理学上での地球の表面と考えたい。ところが、その一方の要素である大地の表面は各地各様であるとともに、もう一方の要素である大気の底面もその性質がまた各地必ずしも等質ではない。したがってこの両者の接触からなる接触面は、等しく地球の表面とはいうもののさらにいっそう多種多様なものであるべきことも想像にかたくはない。しかしその多種多様であるそれぞれの接触面は、それが単なる接触面であるというだけではなく、その広狭のいずれを問わず必ずそこには一つの中心をもち、それが統一的完全体としての存在であることに注意しなくてはならない。この関係はさながらかの植物や動物が等しく植物であり動物であるといっても、そこには木もあれば草もあり鳥もいれば虫もあり、そしてまたそれらがそれぞれ個々の生命をもつそれぞれの個体からなっているのと似ている。

したがって地理学の研究にあたっては、それが等しく一続きのいわゆる地球の表面ではあるが、それを個々の完全体に適当に区分し、その区分されたものを対象単位として研究をすすめていくということが要求される。したがってその区分された接触面に対しては、その接触面のもつ統一性ということを根本的重要要素として内在させていることはいうまでもないが、その統一性の認識についてはその接触面のもつ統一ある表現形態によるべきことも当然である。そしてこの統一ある表現形態を一般に地理学的景観と呼び、その景観をもつ接触面を地理学的単位地域と呼ぶ。要するに等しく一続きのいわゆる地球の表面ではあるが、研究上それをそれぞれの単位地域に区分し、その単位地域を対象として研究をすすめていくべきものである。この点からは地理学の研究対象を地域、くわしくは地理学的地域であるということもできる。しかしその地域の範囲の広狭についてはその統一点の置き方いかんによって恐ろしく異なってくる。

一軒の屋敷も一つの地域

たとえば広くアジア大陸を対象地域とすることもできるであろうし、またその中の日本群島だけをとくに対象地域として選定することもできるであろう。なお、その中の中央高地を一単元として採用することも必ずしもむりでなく、さらにまたその中のいっそう狭いこの信州だけを対象とすることも十分可能である。さらにその一部分である千曲川流域だけでも、なおまたさらにいっそう狭いその一小支流である関屋川の谷でも、あるいはさらにその一小部分である字水舟入《みずぶねいり》の谷壁地域でも、そして極端にはきわめて狭いそこのわずかにただ一軒の屋敷でも、ときにはその一軒のただの一室でも、立派に地理学的地域として採用することができるはずである。

しかしこのばあいきわめて大切な問題は、その選定された地域とその広狭によって、そこに発見される内容すなわちそこから統一されてくる内容に著しい相違が存在することである。つまりその地域の広狭によって、まったくそこから発見されるその地域のもつ統一性というものが著しく異なることである。この点は科学として立つべき地理学にとってまことに当然なことであろう。しかしあまりにその統一性に無関心であった旧地理学では、不幸にしてこの点の検討がはなはだ不十分であった。さらに注意すべきは、選定された広狭各種の地域は、じつはそれが内的にも外的にも互いに相関連して全地球にまで広がった一大個体の一部分でもあるから、それぞれ一つの統一を内在しているとはいうものの、必ずしも理想的な純完全体でもなく、またけっして純孤立体でもないことである。この点はもちろん地理学にのみにある難関ではなく、おそらく区分という過程をもつ各種科学の共通事情でもあろうが、いずれにしてもきわめて大切な事項の一つである。

地域性の四大要素

しかし、さらにここで吟味を要することは、その対象地域の所在やその広狭などによって、そのもつ景観形態はきわめて多種多様であるが、またこれをほかの一方から見れば、等しくそれが大地と大気の接触面すなわち地域に即するものである以上、必ずそのあいだにある種の共通概念が存在することも忘れてはならない。そしてその(1)としては、それが大地と大気の接触による接触面としての現象であることはいうまでもないが、しかもそれが(2)接触面のもつ現象である以上必ず一種の広がりある存在であるべきであり、かつまたその(3)一つの統一体としての存在である以上、明瞭な形態をもつものであることも当然である。またそれが(4)一つの統一体であるからには、いきおいなんらかの一つの機能があることも肯定されることであろう。われわれはこれらの四項を地理学の対象である地域に対し、その地域性の四大要素としてここに特筆しておくことにする。

第二章　地域性究明の方法
——地理学的景観とそのとらえ方

第一節　地域個性を表現するもの——地理学的景観

第一章ではもっぱら地理学の対象が地域であることと、その地域性の概念についての検討を試みた。したがってある地の地理学的研究にさいしては、まずその個体としての単位地域の決定に十分な考慮をはらわなければならない。しかしその困難はとうてい動植物学などにおける個体決定の比ではない。しかし個体は個性の表現形態である以上、その個体すなわち単位地域の決定においても、その地域のもつ個性の表現形態、いわゆる地理学的景観によるべきものであることはいうまでもない。

ただしかし地理学的景観そのものは、もちろんわれわれの外界に存在する客観的事象ではあるが、必ずしもそれが単純な姿で、そこの地表に出現しているとは限らない。むしろ多くの非地理学的現象が混在しているのがふつうである。しかもさらに重大な問題は、その地理学的景観といわれる形態が単一の個体ではなく、きわめて複雑性に富んだ総合的個体である点である。したがってその個体の認識には、われわれの感覚的作用以外に理性の働く領域が過分に含まれてくるので、ますます困難化を深めていることである。昨今この地理学的景観に関する問題が地理学界の重点ででもあるかのような観さえ示しているがそれは理由のあることであろう。その結果は当然として、われわれはここに第二の問題として、その地理学的景観の構成に関する考察を試みなければならない。

第二節　地域性究明の素材――地表現象

一、地表現象と文化現象の違い

そもそも地理学的景観は前にも述べたように一つの総合的表現形態である。しかもその表現はそこの地域のもつ性質に基づく表現、すなわちそこの地域に即した表現に限定されている点に注意しなければならない。いわゆる地表現象または地上現象といわれているそのものを要素として構成されているものでなければならないのである。もっともこれも、気候方面とか地形方面、または土地的、生物的などの自然性の豊富な方面では別にたいした問題が起こらないだろう。しかしそれが、われわれ人類の生活と交渉をもった栽培あるいは飼育による生物になると、そこには、ずいぶんわれわれ人類の自由意志が濃厚に織り込まれ、その結果、それが一種の目的現象化されている。したがって、それが地表現象として、そしてまた地理学的景観を構成する素材として採用するためには、その点について十二分な検討が試みられたうえでなくてはならない。とくに建築や土木などの人工的なものについては、格別慎重な態度に出なければならない。すなわち、神社仏閣をはじめ民家そのものについても、その位置はもちろん建築相などについても、そのほとんどがそこの住民の自由意志の結果による純粋な文化現象とする以外には考えられないようなものが少なくない。しかしその自由意志なるものも、一度それが、そこの地域のもつ力の刺激あるいは制約によって発動したものと考えられるばあいには、明らかにそれは美しい地表現象の一つである。この概論を少し実例をあげて具体的に述べてみよう。

二、納屋・民家は貴重な地表現象

まずその一つとして、諏訪地方、ことに八ケ岳山麓の集落に、主として冬季間に限って出現するいわゆる穴倉と呼ばれているわら細工小屋（古くはわら細工以外に婦女子の糸紡小屋としても利用され、今もまれにはそれにも利用されている）について考えてみよう。この穴倉というのは、屋敷の一部に二坪内外の広さで深さ二～三尺の穴を掘り、その上に三本の丸太で南向きに小屋組みをつくり、その東西の両面は土とわらとを交互に重ねて屋根を葺いたものである。南面には二本の小障子をはめて出入口兼採光窓とする。わずか一日工程でつくるきわめて素朴な一見天地《てんち》根元《こんげん》造《づく》りそのままのような建物で、従来、歴史家のあいだで珍重されてきたものである。そしてこれを、たんに経済的文化的方面から取るにたりない農村集落に残存された古代建築型の一つと見てしまえば、明らかにそれは純文化現象として取り扱われるべきものであろう。しかしこれを、山麓高原、とくに準内陸に位置をしめた農村集落の、しかも冬季の繊維加工業の季節的工場と観ると状況は一変する。この地域の、しかも繊維加工業の性質からは、寒気に対する保温、乾燥に対する保湿（ことに繊維工業においては適当な湿度がその要件となる）をはじめ、季節的・一時的な建物として経済上からも、この地域の農村集落にとってきわめて合理的な建物としてそれを賞賛しないわけにはいかないだろう。こうしてこの原始的で素朴な建物も、この地域の研究にとってはまことに貴重な地表現象の一つとして肯定せざるを得ないのである（第1図および第1表参照）。

これにきわめてよく似た例で、千曲川の下流、飯山盆地の辺縁部地方の民家の納屋で（まれには母屋にまで）つくられている、いわゆる「たてのぼせ式」といわれている一種の建築相がある。それは間口三間、奥行二間くらいの大きさで草葺き、切妻《きりつま》の屋根をもった平入《ひらいり》式の建物である。その側面すなわち

第１図　穴倉　八ケ岳山麓　諏訪郡豊平村〔現・茅野市〕下古田

第１表　穴倉の内と外とにおける湿度比較

場所＼時刻	7	9	11	13	15	17
穴倉外	87	70	49	61	50	65
穴倉内	85	79	74	73	69	81

昭和６年２月６日から10日に至る５日間の平均値
観測地　諏訪郡　泉野村〔現・茅野市〕
観測者　戸田武久氏

第2図　たてのぼせ造り
下水内郡常盤村〔現・飯山市〕

切妻側の柱のうち、中央部の柱はほかの柱のように梁《はり》のところで終わらずに、さらにその上方の棟木《むなぎ》のところまで延びて直接棟木を受けている。そのため梁は前後二つに分かれ、一見神宮造り〔宮造り〕に近いような形相を示している。しかしこれも、信州の辺縁盆地しかもその辺縁地方に残された古い建築相の残存景として観てしまえば、地理学の素材としての性質はきわめて薄くなってしまう。しかしこれも、冬季この地方のもつ気候性、すなわち一夜に四~五尺にもおよぶ降雪が珍しくないという特殊条件に対し、その積雪の重量に耐えるための特殊な建築相の一つであることに注目するならば、明らかにこれは、多雪性をもつこの地域の産んだみごとな地表現象として尊重しなければならない。この地域内において、「非たてのぼせ式」の納屋の小屋組がすでに一方に傾いているものがあるのを見受けては、ほとんどそこに寸分の疑いをさしはさむ余地がないほどになる。

しかしそれも、まだ欲をいえばその耐積雪様式が、この地域の多数各種の建造物の中でたんに納屋にのみ現われているだけでは、この地域の地理学的景観構成への素材としては必ずしも満足できない。

ところがそれが、同じく飯山盆地の北縁太田村から岡山村方面にかけては、民家の入口にさらに一つの玄関風の特別に出っ張ったところが営造されている。そしてそれが一見鎌倉、室町時代の武人の邸宅ででもあるかのような感さえある。しかもこの地方では一般にそれを「ちょうもん」（おそらく中門の意か）と呼んでいるのでますますその感を深める。これも積雪の深いこの地方では、ほとんど埋もれん

第３図　中門構えの民家　下水内郡岡山村〔現・飯山市〕温井部落

写真の左端と右端の２軒のものがもっとも明瞭に現われている

ばかりの家々への出入口の設備として、必ずなくてはならない大切なものである。ときに常設的にできていない家でも、冬季間だけ板またはむしろなどでそれに類似のものが設けられることによってその意味がますますはっきりとしてくる。すなわちこのような特殊で古雅な住宅型がたんにこの地方住民の趣味によってつくられているものでもなく、また文化移動から取り残されたものでもない。まったくそれは多雪地域のもつ住宅の機能として当然そこに現われてきた、みごとな地域性表現の建築相で、しかもそれは前記の「たてのぼせ式」の納屋とともに互いにその地理学的景観構成の素材としての価値を高めている。

このほかこの地方の民家は、梁の用法や草葺き屋根の葺き方、さらに各母屋の周囲に冬季間特設される冬囲いなどの特殊景のほとんどそのすべてが耐積雪施設といえ、明らかにこれらが歴史的残存物ではないことを立証している。

三、地表現象でないものとの区別

これに反して同じく民家の建築相といっても松本平を中心とし諏訪、伊那地方の集落の各所に散見される板葺き切妻式の屋根で、しかも妻入りで、かつ正方形に近いプランをもったいわゆる本棟《ほんむね》造りとか破風《はふ》屋とか呼ばれている民家は、いまのところわれわれにはこれをその地域性と関係づけて説明することができない。それが一般にその部落の旧家に多く、この地方の人びとにたずねてもそれがいちだんと格式をもった家の特殊相であるかのようにもいっている。おそらくは純文化現象に近いものとみるのが至当であるかもしれない。また同じ八ケ岳南麓の農村部落の民家でありながら、それが諏訪郡に属する部落のものは草葺き寄棟式のものであるのに、一度甲州北巨摩郡〔現・北杜市〕側の部落にはいれば、にわかにそれが草葺き入母屋式のものに変わる。いかにも急激な建築相の変化であるが、われわれはこれも今のところ地理的すなわちそこの地域性に即して説明する能力をもたない。おそらくこれは、かの封建時代における諏訪藩と甲州側との藩政の相違に帰するよりほかに途はあるまいと考えている。したがってまことに著しい現象ではあるが、遺憾ながら地理学の材料には役立てることができない。

しかし、外形上ではまことに類似の建築相をみせているものでも、その内部の間取りの具合や建物の所在地のいかんによっては、それが地理的材料ともなれば、非地理的材料ともなり、必ずしも千編一律にいかないばあいも少なくない。たとえばかの曲家《まがりや》と呼ばれている民家もその該当する一つである。それが軽井沢高原の一部、北佐久郡古宿《ふるじく》にあるものは、曲げられた一方が全部厩《うまや》として使用され、五～六頭の馬がいれられるようにできている。しかもこの家は、かつてこの部落が中仙道の駅宿として活躍した当時の馬宿であった。したがってそれが高原で低温なこの部落の、しかも駅宿という職能の建築への表現であり、そうとうに貴重な地理的資料の一つというべきものであろう。

これに反して、諏訪郡〔現・茅野市〕柏原部落の某旧家のもつ曲家は、曲がった側の凸出した一室が上座敷となっており、この家がかつて名主役を勤めた当時、藩からの役人を接待するために設けられたものだといわれている。したがって地理的にはなんらの意味も発見できない。また小県《ちいさがた》郡岩清水部落でもふるくはかなりたくさんの曲家があった。それが屋根の保存上不経済という点で、その後しだいに数が減り今ではわずかに五～六戸を残すだけである。それらはその曲げられた突出部がいずれも座敷の一部となっており、しかもほかの室よりはいちだんと高く床が張られ、そして現にこの家に住んでいる人びとの経験上からも、その生活にはまことに不便であるといわれている。この部落は烏帽子火山の山腹にあり、烏帽子火山から押し出された溶岩台地の上に位置を占め、古くは一大伽藍の所在地であった。今なお三十いくつかのその当時の堂の跡もあり、五輪の塔の破片がいたるところに散在し、五輪窪の地名さえ残っており、ここが一つの宗教的集落で、そしてそれが溶岩台地という特殊な地形の刺激によって発生したものと考えられる事情を過分にもっている。しかし、もしこの集落がこのような特別の集落として発生したものとすれば、あるいはあの曲家風の特殊な建築相も、必ずしも地理的に説明し得ないこともなかろうが、しかしさらにここに一つの難関がある。それはこれと類似の曲家がひとりこの部落だけでなく、付近の低地の部落にも散見することである。したがって曲家をこの地域の地理学的景観を構成する資料として使用するためには、さらにいちだんの検討をすすめたうえでなくてはならない。

もっとも中には、多雪地である北安曇郡木崎湖畔〔現・大町市〕の民家の母屋や、その付属建物の周囲に設けられている雪鞘《ゆきざや》と呼ばれている柱と貫《ぬき》とでできている防雪用の施設、また上伊那郡天竜川谷の民家やその付属建物のもつ重吹除《しぶきよけ》と呼ばれる、その建物の両側すなわちこの谷の主風向に対し、その建物の壁面に接近しかつ並行して、しかもほとんど等大・等形に板やトタンやときにひのきの生垣などで設けられた、一種の壁状の付属建設物などは、その名称はもちろん、その目的までが、それぞれ防雪または防風雨用としてまことにはっきりとしている。このように、ほとんど考察の余地なく地理学的景観

第４図　雪ざや　北安曇郡木崎湖畔

第５図　しぶきよけ　上伊那郡西春近村〔現・伊那市〕，原

写真には向かって道路の左側で最遠のひのきの「しぶきよけ」から始まってトタン，および板と各種の「しぶきよけ」を見せている

を構成する地表現象とすべきものも少なくはない。

以上は例を主として建築相にとり、その地表現象としての判定におよんだものであるが、それが日常什器のようなものについては格別に警戒を要するものが多くなってくる。たとえば同じはきものであっても、飯山地方に広く発達しているわらぐつ〔わらを編んでつくったくつ〕は、飯山地方が多雪地帯であり、また米産地でもあり、しかも冬季が長い地方でもあるという、その地方のもついくつかの自然的要因とそれに基づく経済的要因が重なって産み出した現象で、明らかに地表現象とみるべきものである。これに引きかえて、昨今、山地といわず平地といわず各地に広く普及しているゴムぐつはまことに純粋に文化的流行現象であって、そこの地表現象としてはなんらの価値ももたないものである。

四、地表現象は相対的なものでもある

産業も同様で、とくに商工業の中には一見きわめて大規模にみえているものでありながらしだいにその地域との関係が薄らぎ、その運命を経済的機構の上にのみ寄りかかっているまことに不安定なものも少なくない。したがってそこの地理学的景観構成の資料としては、必ずしも産額の多少や規模の大小で、簡単に決めつけていくわけにはいかない。

また、それらにくらべてかなり地域性の豊かな牧畜業などについて考えてみても同様である。最近都会の近郊などでさかんに発達しつつある乳牛飼育や養鶏などもっぱら飼料を他地方からの購入によって充たされているものと、今なお山間部の純農村において営まれている牛馬飼育のように、もっぱら飼料をその地域付近の草刈場に求めているものとでは、その地表現象としての価値に非常に相違がある。も

ちろん近郊の牧畜業でも、それが都市の中心部の土地利用のきわめて集約的な商工業区に対し、比較的粗放な都市辺縁地区の一つの地表現象として十分役立つばあいがないわけではないが、その地域性の濃厚さにおいてはとうてい農村の比ではない。

この例によっても明らかなようにその地表現象というものは必ずしも絶対的なものではなく、対象地

第6図　防風施設をもつすいか畑の耕作風景　埴科《はにしな》郡清野村〔現・長野市〕　(7月中旬)

各すいかの北側へ桟俵《さんだわら》を棒に差しそれを立てて風除けとしている

第7図　防風施設をもつごぼう畑の耕作風景　埴科郡清野村　(7月中旬)

播種のさい小麦の稈をうめたてて風除けとする。右端に見える建物はすいか畑の番小屋

域の位置や広狭によって変化するということに相対的なものでもある。いずれこの点については、後節の臨地調査の部においてさらに詳述することではあろうが、要はそこの大地と大気の接触現象として受け取ることができるものでなくてはならない。念のため地表現象のもう一つの実例として、善光寺平千曲川河畔の砂質あるいは砂礫質地で、しかも強風地帯に出現している耕作景の写真二葉を載せておくことにする。第6、7の両図がそれである。

五、地表現象の分布と広がりの重要性

しかしそれら諸現象が地表現象としてどれだけの確実性を備えているかを決定するためにはまずその第一条件として、それら諸現象の分布形態の調査と研究をあげざるを得ない。すなわちそれは、地域そのものがすでに広がりというきわめて重要な性質を内在しており、それに即した地表現象である以上、当然それにふさわしい分布形態をもっているはずのものであるからである。

まずその一例として、諏訪地方の民家や土蔵の屋根に現われている平石屋根という特殊の景相について考えてみることにしよう。平石屋根というのは、きわめてみごとな板状節理をもつ複輝石安山岩を適当な厚さと大きさとに切り取ったものを原料にして葺く。ときには平石だけで葺くばあいもあるが、多くは板葺き屋根に一定の間隔をおいて葺き込んでいくので、建築上からもふつうの石置屋根にくらべて合理的なものである。また趣きから見ても、とくに農家の屋根としてはまことにふさわしい一種の雅致に富んだものでもある。この平石屋根をもつ建築物の分布を調査すると、鉄道の中央線に沿って東南は小淵沢駅付近、西北は塩尻駅付近にその限界がある。その範囲内における密度分布をみると、その中央

第８図　平石屋根　上諏訪町〔現・諏訪市〕，北沢付近

写真の中央部のものが平石の菱葺き，その手前で左右のものが平石混りの板葺き屋根

部に近づくほど密度を高めていく傾向をみせている。しかもとくに注意すべき点は、その中央部付近にかつて原料となる平石の石切場が存在していることである。すなわち平石屋根の密度分布形態が、その原料産地からの距離的変化とのあいだにきわめて密接な関係をみせているのである。

さらにいっそう注意すべきは、西方の上平出付近を中心に、もう一つの副中心をもっていることである。そしてあまり良質ではないが同じくこの付近にも原料平石の産地があり、じじつそれを使用しているもののあることである。これによって、初めてわれわれはこの平石屋根の現象を安心して一つの地表現象として肯定することができるであろう。

このほか前記八ケ岳西麓でつくられているような穴倉は、わずかではあるが八ケ岳東麓の南佐久郡側にも存在すること、また飯山地方に存在する「たてのぼせ式」の建物が同じく多雪地の木曽地方滝越部落（御岳火山の南麓）においても存在し、かつここでは民家の母屋のしかも片側のみにあること、さらにいわゆる「ちょうもん」と呼ぶ玄関風の入口をもった民家が、高田市の近郊はもちろん信州でも姫川中流の越後境の民家にも現われていることによって、このような分布形態からそれらの地表現象としての確実性がいっそう高められていくことであろう。もっとも「たてのぼせ造り」は千曲川の上流、南佐久郡切原村〔現・佐久市〕字湯原部落のきわめて小規模な納屋にも現われているが、ここは前記の地方のような多雪地ではない。しかしここでも建築材料が脆弱な割に建物の堅牢度が高いためであると認め

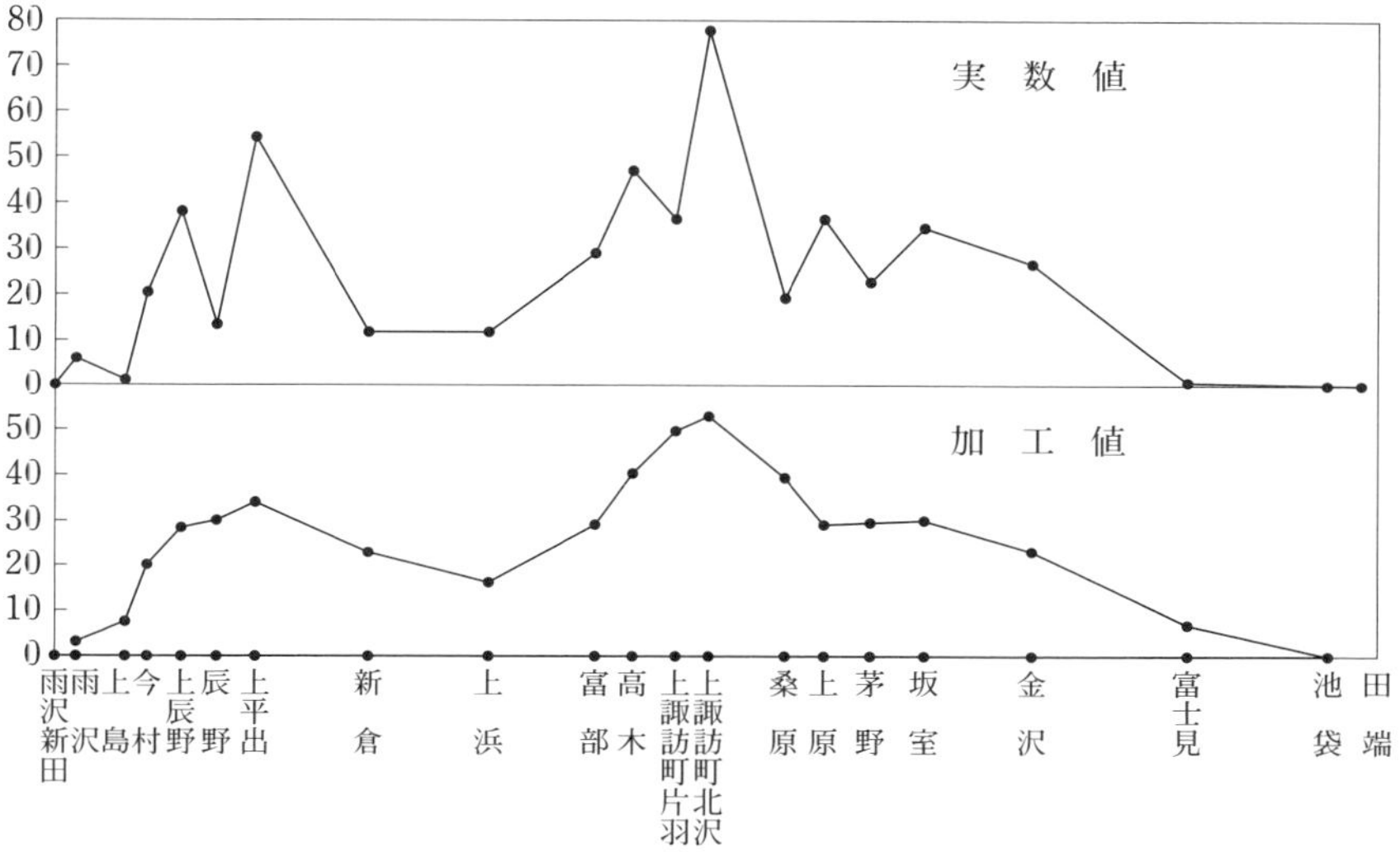

部落名	雨沢新田	雨沢	上島	今村	上辰野	辰野	上平出	新倉	上浜	富部	高木	上諏訪片羽	上諏訪北沢	桑原	上原	茅野	坂室	金沢	富士見	池ノ袋	田端
実数%	0	6	1	20	38	14	54	12	12	29	47	37	78	20	37	23	35	27	1	0	0
加工値		3	7	20	28	30	34	23	16	29	40	50	53	39	29	30	30	23	7	0	

第9図　諏訪地方の平石置屋根の密度分布

ている。したがってその規模の大小から分類を加えることによって、さらに前記の耐積雪性を立証することにもなるであろう。

要するに人文現象においては、それがそこの地表現象であるか否かについてその多くはきわめて慎重な吟味を要するもので、多大の労力を費やしたうえでなければ決定し得ないばあいが少なくない。しかしながらそれが、いったん地表現象として決定されたあかつきには、その現象自身の多くは、ほかの多数の地表現象の総合に相当する一種の結晶ともみることができるものだけに、地理学的景観構成上まことに貴重な資料となるのである。かつ人文現象そのものには、その多少にかかわらずそこには人類の自由意志が織り込まれてきている関係から、見方によってはほかの自然科学における実験的操作にも相当し、その様式がそこの生活への便不便などの経験は、一方でその地域の性質を吟味するうえで格別にその重要性を高めている。

大地と人間との相関をもって地理学の使命と考えたり、ときには、人類の生活様式を研究するのが地理学の目的ででもあるかのように主張したりする学者が存在するのも、おそらくはその主要原因をここにもっているためではなかろうかとさえ考えられる。しかしわれわれはその興味の中心をけっして地域性の究明そのものから離れてはならない。

六、科学としての地域探求に欠かせないもの

いずれにしても、われわれはそこの地域性を究明するため、そこの地域によって産み出されかつ育まれている真の地表現象だけからなる純粋の地理学的景観を構成すべきであることは、たとえそれがひい

ては普遍性の確立に帰すべき科学であるにもせよ、まずその前提として、そこの個性の明瞭な記述に努力すべき地理学にとっては、ちょうどそれが化学の研究にさいし、あるいは再結晶によりあるいは昇華によりあるいは蒸留によって、まず純粋な精製品をつくることがその第一の操作となっているように、さらにまた、一般科学の研究がたんに精密な観察だけにとどまらずすすんでは正確な実験を加味しているように、等しく科学として立つべき地理学にとってまことに重要な操作といわなくてはならない。

にもかかわらずこの点に関しても、従来の地理学はきわめて大きな欠陥をもっていた。あるいは従来の地理学は、いたずらにそこの地域の上に存在するあらゆる現象を記述し、統一どころかかえって一大混合物をつくり上げたかの感さえあった。これは従来の地理学が、ある一派の人びとからはその科学性の存否をさえ疑われた有力な原因の一つであって、まことに当然なことというべきであろう。

以上は単位地域の決定にあたってその主役となる地理学的景観を構成すべく、まずその元素すなわちその素材として、純粋な地表現象の蒐集選択に努めることの大切な点ならびにその方法について述べてきたが、いよいよこれからは、その精選された多数の地表現象を素材として、いかにその地域のもつ地理学的景観を構成していくべきかについて述べることにする。

第三節　地表現象とその選択——景観の構成　その一

一、地表現象への分解と結合

さて今ここで景観の構成というのは、いわゆる組立ておよびその組立て方についてという意味である。すなわち、その地表現象をいかなる順序、いかなる方法で組み立てて景観として統一のある真の一個体を明らかにすべきであるかということであり、その過程についての考察を試みようとするものである。

この点はあの絵画や彫刻における構図、音楽における作曲、文学における構想、哲学における構成などの過程にも相当するものである。絵画や彫刻に従事する芸術家の人びとが、それによって美的効果を表現しようと努力するのと同じ態度で、われわれはその地域のもつ各種の地表現象を巧みにしかも合理的に結合し、地理学的に純化された、すなわち地域的親和力によって結合された統一ある一個体を明らかにし、それによってその地理学的効果を高めるべく努力しなければならない。このようにして構成された成果がわれらのもつ理性に満足を与えることは、あの絵画や彫刻がわれらの美的感情に満足を与えるのと同様である。この点についても従来の地理学はきわめて大きな欠陥をもっていた。由来いずれの科学であるかを問わずその対象の実在を明らかにするためには、そこで用いられた各素材間の関係について一種のまとまった、すなわち統一のある説明を試みることが必要であり、その統一ということを十分に了解するためには、ひとまずそれを個々の素材に分解して考察し、さらに再びその素材を元どおりにつなぎ合わせ、すなわち還元して思索したものでなければならない。すなわち分析と総合との二過程を経たものでなければならない。そしてまた、実在あるいは実体、すなわち統一体のないところになんらの生命も力も見出すことができないことはいうまでもなく、したがって科学が成立する可能性も少ない。

地理学の対象は地域であり、その地域のもつ景観形態をとおしてその地域性のもとづく実在を明らかにするものである。そしてその景観形態というものが一種の総合的表現形態であることは前にも述べたが、この意味においてわれわれはその大なる総合への前提として、ひとまずそれを分析し、その構成要素である各地表現象間相互の関係について吟味することにする。

さて、その構成要素である地表現象については、その個々の性質上からこれを(1)地形的(2)地質的(3)気候的(4)土壌的(5)生物的(6)人文的の六部門に大別することができるであろう。またそれを相互の関係からみれば、(1)から(3)までは主として接触面構成の基礎的素材であり、(4)(5)(6)の三つはもっぱら接触面のもつ接触現象、考えようによってはそれがある意味の接触面に該当する要素としてみることができる。

さらにいっそう主観的に、すなわち研究者の統一的観点からは、また次のように区分し整理することもできるであろう。

二、主たる地表現象

主たる地表現象はその地域のもつ景観の大勢を決定するものである。したがって、ほかの地表現象の出現・消長にあたり甚大な限定を与えるものである。たとえば島か海か、大洋か大陸か、あるいは平地か高地か、山地か渓谷か、高原か盆地か、または寒地か暖地か、多雨地か寡雨地か、森林地か草地か、ないしは都市か村落か、人口の稠密地か希薄地か、交通や経済の中心地か末梢地か、といったような現象の一個またはそれらの数個の結合体がそれに該当するのである。

三、副たる地表現象

これはさらに（A）特殊的地表現象と、（B）普遍的地表現象との二つに区分する。そしてその（A）はさらにまた、

（Ⅰ）その地域だけの地表現象
（Ⅱ）その地域外ではまれな地表現象
（Ⅲ）その密度がその地域にとくに密であるかまたはとくに疎であるか、の三つに小区分する。

これはその地域の景観を特徴づけるうえでまことに大切な地表現象である。したがって万一この要素を欠いたものでは、その地域の個性の表現形態としての景観としては、ほとんどその態をなさないことにもなってしまう。

最後に（B）の普遍的地表現象というのは、その地域に限らず広くどの地域にも存在している現象である。しかしそれといえども必ずしも地球の全表面にわたる各地共通というほどのものではない。そしてまた全表面にわたっての共通現象のようなもの、たとえば地表の載積量的現象のようなものは、それが経済学上の研究としては大切な資料ではあろうが、地理学上ではたいした意味のないものである。しかし東洋方面での米作業とか、欧米方面での麦作業とかいう現象については、とくにその中の日本列島とかイベリヤ半島という単位地域を論ずるばあいにはまことに欠くことのできない貴重資料である。これはかえって、その地域の経済形態の基調をなすばあいが多く、したがって二の主要な地表現象とあいまってそこの特殊地表現象の出現に重大な関係をもつからである。そしてそれはたんに今ここにあげたような経済的現象に限ったものではなく、地形的、気候的、生物的など、その他いずれの現象にも存在するものであることはいうまでもない。

そしてまた、これら主・副などの区分は、それが相対的なものである以上、必ずしも限定的なものではないことも明らかである。したがって対象地域のいかんによっては、その同一資料も主ともなれば副ともなり、またときにはその特殊的現象としてきわめて貴重な資料も、ばあいによっては、その景観の構成上擬似的混合物としてかえって削除しなければならないばあいもけっして少なくないことになるのは当然である。この点はかの麦畑に自生した豆類がときに雑草とし取り扱われ、水田にできたひえが障害物として除去されるのと同様である。ばあいによってはそれらが主作物として大切に栽培されているのに。

四、主・副の地表現象の実際例——松本平を例に

今その実例の一つを松本平にとって述べることにしよう。

まず松本平の主な地表現象としては、ここが海抜約六〇〇メートルを基調としている準内陸盆地であることである。そしてその東方では二〇〇〇メートル以下八〇〇メートル内外の中山性および低山性の山地あるいは丘陵地をもっているにすぎないが、西方には海抜約三〇〇〇メートル内外の高山性の山地をもっている。その関係から、その高地帯から流れ出してくる各河川の谷口には、まことにみごとでかつ相当雄大な扇状地が形づくられ、しかもそれらの多数の各扇状地が互いに連結してさらに一大結合扇状地となって完全にこの盆地の底を埋めている。すなわち、一大結合扇状地からなる準内陸高原盆地であると観るのである。したがってこの結合扇状地であること、しかもそれが準内陸高原盆地であるということが、ほかのすべての地表現象の出現やその関係に大きな制約力と統制力とをもつことになる。またいやしくもこの地域の景観を明らかにしようとするならば、その制約力と統制力とを明瞭にするために、必要にして十分な地表現象の選択とその配列とに渾心の努力を注がなければならない。もっともこのさい、この松本平の主たる地表現象として、今私がここに決定したように「一大結合扇状地からなる準内陸的高原盆地」であると観ずに、さらに別の方面にそれを見出したばあいには（もしあるとすれば）、当然それに応じて選択すべきほかの地表現象もそしてまたその配列も異なってくるべきであることはいうまでもない。

次にその副たる地表現象のなかの普遍的現象としてもっとも有力なものは、産業とくに（A）米作・

（B）養蚕・（C）林業の三者をあげなくてはならない。このうち（A）と（C）とはわが国各地共通なもので、（B）は信州各地で普遍の現象である。そしてこれらが前記主たる地表現象とも密接な関係をもち、かつ次に述べるこの地域の特殊地表現象とも深い関係をもつのである。

最後にこの地域のもつ特殊地表現象としては、その有力な一つとして、まず等しく養蚕地域ではあるが、その飼育成績が信州のほかの地域にくらべて優良であること、とくにそれが夏秋蚕について格別にも目立っていること、さらにまたこの地域がすでに慶応年間において秋蚕種の発明地域となり、はやくから全国に率先して秋蚕業の本場として名をなしていたことをあげなければならない。そしてこれが、

第２表　夏秋蚕の作柄成績表

	順位＼区	Ⅰ	Ⅱ	Ⅲ	Ⅳ
夏蚕	1	6	2	1	1
	2	3	4	3	0
	3	0	4	6	0
	4	1	0	0	9
秋蚕	1	5	2	3	0
	2	4	2	3	1
	3	0	5	1	4
	4	1	1	3	5
晩秋蚕	1	9	3	0	0
	2	3	5	3	1
	3	0	4	5	3
	4	0	0	4	8
合計	1	20	7	4	1
	2	10	11	9	2
	3	0	13	12	7
	4	2	1	7	22

＊　長野県蚕業試験場は大正 11 年から昭和 3 年に至る 7 年間にわたって本支場のほか県下 20 ～ 40 ヵ所の養蚕家または蚕種家に依頼して蚕作試験を施行した。それを便宜上 4 地方に分けその各試験者の減蚕歩合の上からその各地方の平均値を算出し，それにもとづいて各地方の作柄の優劣を決定し順位を定め，その順位を占めた回数によってその地方の成績を示した。区画はすべて郡単位の行政区による。（すべて酒井文三郎技師の厚意による）

第Ⅰ区　東筑摩，西筑摩，南安曇，北安曇
第Ⅱ区　南佐久，北佐久，小県
第Ⅲ区　上伊那，下伊那，諏訪
第Ⅳ区　上高井，下高井，上水内，下水内，更級，埴科

その準内陸的高原と密接な関係をもつここの気候の比較的乾燥でかつ冷涼な結果である。したがって、前記の主要な地表現象とのあいだにきわめて深い関係をもった表現であると認めざるを得ない。

次に、さらにこの地域の特殊地表現象として、わさび田の耕作景と、松本市の都市景とをあげることができるであろう。そしてこれらがそれぞれ、この盆地のもつ結合扇状地の二つの焦点を中心として発生していること、またそれらの発生、発達上その結合扇状地のしかもその結合地点付近がきわめて大きな要因であることからみて、これまたこの地域表現のみごとな特殊地表現象であることがわかる。詳細は第二編松本平の部にゆずる。

最後に、さらにこの地域の地表現象として、われわれはここにこの地域のもつ漁業、とくにさけおよびますが、等しく信州地域における信濃川水系中、その漁獲高の密度からみてその有力な産地として活躍している点をあげなければならない。そしてこれが、その豊富な水源を結合扇状地の伏流によるこの地域河川の水温にもとづく点が多い。したがってその漁獲地の中心が、その伏流がことに集中する前記結合扇状地の二焦点付近にあることも当然ではある。そのことが、ますますその主要地表現象との関係を強めさせている。

このほか、近年この盆地の各所に出現しつつある果樹栽培景、ことにぶどうやりんごのそれについても、これが有力な特殊地表現象として採用される時期も遠くはないだろうが、ただ、現在のところはその普及の程度がまだ過渡期にある関係上（あるいは著者の調査不十分な関係か）、十分それを有力な地表現象として利用することをゆるさない。もちろんこれは、その対象地域を松本平としてのうえのことであって、それが高瀬川埋積扇状地とか、梓川渓谷とかいうようにさらにこの平野の一小地域を対象としたばあいには、また著しくその素材や関係が異なってくることはいうまでもない。しかもこれら特殊な養蚕事情はもちろんのこと、そのわさび栽培にしても漁業にしても、それがこの地域のもつ穀桑式農業すなわち前記の普遍的地表現象に対する副業的地位を占め、また松本市そのものも、それが城下町として発生したものであり、かつまた現在はほとんど完全にこの盆地全体がそのもっとも有力なヒンターランド〔後背地〕として発達している点をあわせ考えれば、ますますこれら主副各種の地表現象間のみごとな調和があざやかになる。その結果、一完体としての景観が描き出され、ひいてはそれによってこの地域の地理学的実在も明らかにすることができるであろう。

以上はもっぱら地理学的景観の構成にさいし、その要素の選択と配列に関するいわゆる組立ての前半について述べたものであるが、ここではさらにすすんで、その後半すなわち研究方法の特質について詳論することにしたい。

第四節　地域性究明の手順――景観の構成　その二

一、分布図の重要性

いずれの科学においても同様であるが、その特定の対象とそれに対する特定の方法とは、その科学が成立するために相互に決定的なもので、対象は方法の目的であり方法は対象への通達である。したがって対象の中にすでにその方法が発見されるはずである。

地理学においてその対象が地域であり、そしてその地域なるものが前にも述べたように四つの内容を具備しているもの〔78～79ページ〕であってみれば、それへの通達の役割をもつその研究方法としては、観察し調査された各種の地表現象なりあるいはそれらの総合である景観なりが、必ずそれが広がりとして形態化されたものでなくてはならない。すなわち分布図として整理されたものでなければならない。そしてこれはただ、たんに便宜のためのものではなく、地理学としては必然的特定的のもので、地理学の独立上きわめて大切な条件である。したがってこの点がほかの諸学科と著しく相違するところである。もちろんほかの諸学科においても、その研究にさいしそれが地表への広がりを論ずるばあいにおいては、そこに地理学的という冠詞をさえ用いているほどである。たとえば地理的植物学、地理的動物学というようにである。しかしそれは植物地理学とか動物地理学というものとはまた著しく相違しているのであるから、けっしてそれと混同してはならない。

またその景観構成についても、その要素である各地表現象をそれぞれ一つずつの分布図として調整し、その各分布形態の系統をとおして、まずその分布形態間の関係を吟味することから出発するのが正道であろう。もっともほかの学問においても甲乙両現象の因果または相関を論ずるばあいにおいて、その内容が空間的なばあいはもちろんのこと、ときには時間的なようなばあいにまでも、便宜上それを空間化しすなわち一つのグラフとしてその両現象の関係を論ずるばあいが少なくない。ところがわがこの地理学においては、その空間性がまったく本質的なものなのである。したがって、いやしくもそれが地理学として成立されていくばあいはもちろん、地理的記述であるばあいでも、そこには必ず分布図を用いるべきである。万一地理学または地理的記述で、それに連関した分布図がないことは、あたかも音楽において音響を欠き、絵画において線と色彩を欠き、文学において文字と文章を欠いているにも等しく、まったくその態をなさないものというべきである。

最近、地理学や地理的諸論文にしだいに精巧な分布図が用いられてきていることは、この学の発達上まことに喜ぶべきことであるが、ときにはなお一枚の分布図もなく、あるいはいたずらに写真の蒐集に腐心し、まれには航空写真をもって、もちろん貴重物ではあるが、それが唯一の貴重物として考えられているかにさえ思われるものがあることは、この学の普及・発達上おおいにいましめるべき一つといわなくてはならない。

二、地域性を表現する分布図の調整

(1) 分布図に求められる三つの条件

地理学の研究上、分布図が絶対に必要なものであることが上述のようであるとすれば、分布図のないところに地理学は成立しないといいきることが当然で、したがって各種分布図の調整はこの学の進歩・発達上、まことに急務というべきである。

そしてその調整に対しては、その調整された分布図が⑴正確で、⑵明瞭で、かつ⑶典雅であるという三条件を、しかもこの順序で備えているべきである。

分布図は科学研究の資料として生まれてきたものである以上、それが正確性をもつべきことはあまりにも明らかなことで説明の必要はあるまいが、しかしたんに正確なだけでは不十分である。われわれはさらにその分布図をとおして、そこにその分布形態の系統を発見しなければならないが、しかもまた、前にも述べたように現実の分布そのままが必ずしも純地理学的なものだけとは限らない。ことにそれが人文現象にわたれば格別にも不純になる。否、不純であるのが一般であるかもしれない。したがって、そのままの分布ではいかにそれが正確であったとしても地理学的の資料としてはまだ不完全なものである。すなわち地理学的には説明のできない分布現象をみせているのである。そこでそれをすなおに地理学的に説明のできるような分布形態、換言すれば、純地理学化するための加工、すなわちそれを地理学的に明瞭にする必要が起こってくる。

しかもその地理学化された分布図から、さらにわれわれはその分布形態のもつ系統を発見していかなければならないのである。これがまたなかなかの至難であり、したがって時間も要するばあいが多い。しかも景観の構成にあたっては、何回となくそれが展開され、理性とともにわれわれの情操にも働きかけてくるのであるから、そこにまた典雅性の豊かなことが要求されてくることもむりもない。

ではこの分布図がもつべき三要素を満たすためには、そこにどのような工夫がはらわれるべきものであろうか。まずそれを同じく以上の順序で述べることにする。

(2) 正確な分布図

科学である以上、調査した現象を整理化するばあいが多いこともであるが、なおかつ地理学である以上、その現象の存在する地点の正確さについても細心の注意をはらわなくてはならない。しかし正確といっても相対的なもので、そのばあいにおけるわれわれの力の許す範囲以上に出ることはできない。また要求する以上の正確さもむだである。したがって、まずその調査の正確さに応じて現わし得る基図の大きさということが問題となってくる。すなわち広い地域をおおまかに調査したものを図示するばあいにはごく縮尺の小さいものでもよいが、それに反して狭い範囲を細かく調査したものを、しかも正確に図示するためには大きな縮尺のものが必要であることはいうまでもない。このばあい、またその逆も成立する。そしてその適当に選ばれた基図の上にその地点またはその単位範囲(郡とか村とか部落とかの意)で調査し得た事象またはその数量を、その地点またはその範囲へ文字なり数字なりを記入すればよいのである。また正確としてはこれ以上いたし方ないのであるが、しかしかくしてつくられたその分布図もまだその明瞭性はまことに乏しいものである。

（3）明瞭な分布図

ドットマップによる分布図

われわれが分布図に対してもつ最後の要求はその現象の分布形態である。調査した事象の質的または量的分布の形態である。分布の明瞭というのは、まずそれをその必要最小限度に単純化してしまうことがその第一条件である。たとえばある地域の家屋の数量的分布を調査したとすれば、その各家屋の屋根の構造や家の大きさはこのさいまったく問題外である。したがってそれを図示するにあたっては、またそれがいかに正確であったとしても、その屋根の様式や家の形相を、いちいち写真でであるかのように記入したとすればまったくそれは失敗である。たんにその地点だけを示せばよいのであって、もっとも単純にしかも明瞭に示すものはおそらく適当な大きさの点をその地点に記入したもの以上のものはあるまい（単なる郷土調査としての資料の蒐集というようなばあいは格別）。いわゆるドットマップといわれているのがこれである。しかしこのドットマップも、さらにそれを地理学的という点から考えると必ずしも明瞭なものとは限らない。

たとえばある地域の家屋の所在地点そのものについては、その分布の大勢においては、そこの地域性の現われとして説明することはできるであろうか、現在われらの眼前に展開されているその所在地点の一つ一つについては、そこにかなりの非地理的事情が混入されていることは前にも述べたが、われわれは再びそれを純地理的分布化すべき操作を試みなければならない。そしてその一つは、まずその点のもつウエートの問題である。かりにごく狭い地域に対してきわめて精密にそこの人口を調査したとして、その調査した人口を一人一点の割合で、基図の上へしかも正確に点記したとする。しかし、その結果でき上がった点の密度の変化が、どれだけその地域のもつ変化性を表現していることであろうか。まったく思いもよらないきわめて非地理的事情の表現が成果されてきてしまうことがふつうであろう。したがって地理的明瞭化のためには、その調査地域の広狭によって、また縮尺の大小によって、もちろん統計学的に十分考慮すべきではあるが、いずれにもせよ、その記号単位を五〇人一点とか一〇〇人一点とかにしてそのあいだの変化を取り去ることが必要である。そしてそれを、その在住の中心的位置に点記するほうがよりいっそう地理的成果が得られることになる。

またその記号は必ずしも点と定まっているわけでもない。耕地や草地のように、それ自身すでに相当の面積をもっている存在であるばあいには、その調査の数量を、そしてまたその記号単位のウエートを、その縮尺の大きさに相当する大きさの方形で現わされていくほうがより明瞭化されることもあろう。また単に数量だけでなく、方向までも現わす必要があるようなばあいにはその地点を表現する点だけでなく、かえって矢印でその地点とともに方向までも表現するような工夫も試みなければならない。さらにまたそれが、ベクトル的のものであれば、矢の形式なり大きさなりにも相当の工夫をはらわなくてはならないであろう。

しかしこのようにして、それを相当位置に点記したからといって、それだけではまだその明瞭化までには相当のへだたりがある。かつまた、一点で五〇人なり一〇〇人なり、あるいは五〇町歩なりの人口や耕地がそこに出現しているということは、たんにその地点に即してだけでなく、さらにそれがその周囲のある範囲の地区とも密接な関係をもっているはずであるから、その記号を、そこに記されたその地点だけの観点から考察しようとすることはずいぶんむりでもある。かつまた、われわれがめざしている分布図調整の目的が、その分布図によって、地表現象のその地域における分布形態の系統を発見しようとするためであってみれば、この点から考えても、いわゆるこのドットマップなるものが、そのままではそれに役立てるためにけっして明瞭なものでないことは明らかである。そしてこれに対する一つの方法として工夫されたものに方眼法とでも呼ぶべきものがある。

方眼法、等値線による分布図

その方眼法にもいろいろあるが、そのなかのもっとも簡単な一つとしては、まず前記のようにして調整されたドットマップの上に適当な大きさの方眼紙をかぶせ、その単位方眼中の点数を数え、その数をその方眼の中心に記入し、その中心点と数字とを基準として等値線を描くことである。あたかも地形図において、各観測（実測・目測）地点を基準として等高線が描かれ、気温分布図において、各観測地点の温度を基準として等温線図が描かれていくのと同じ方法である。そしてその方眼の大きさについては、その地表現象にして非地理的事情が混在する程度に応じて、またその分布図上からいかなる程度の内容を現わす分布形態を獲得しようとするかによって、また調査した資料がどの程度の正確さのものであるかなどによって別々に考案されるべきもので、必ずしも一定のものではない。おそらくは多数の経験の結果によって決定されることであろう。第10図（*）は長野県における人口分布の形態を描き出すべく、二〇万分の一の基図に、一点二五〇人のウエートをもつ径一ミリの点を打ち、さらにそれを一辺一五ミリの方眼でおおって調整したものである。

〈編注〉＊　第10図：この図は原著ではカラーであり、また色について128～129ページで解説されているが、本著作集では印刷技術上の問題から一色で印刷した。ご了承願います。

さらにまた、ほかの一つの方法としては、基準方眼の大きさは比較的小さくとっておき、その甲乙二隣接の方眼に含まれる点の平均値をその両方眼の境界線上の中央に記入し、それを基準として等値線を

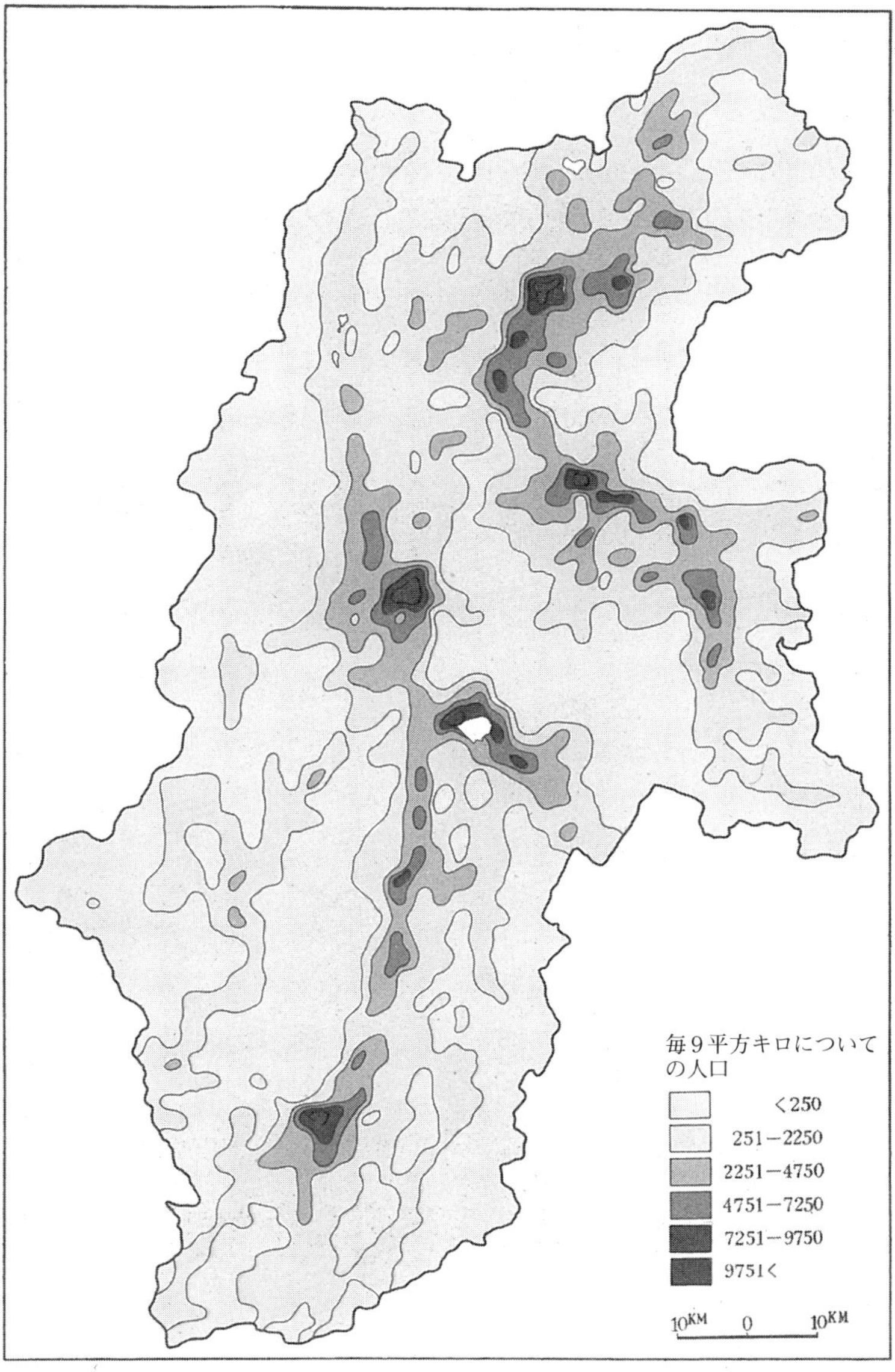

第10図　長野県の人口分布形態図

その1

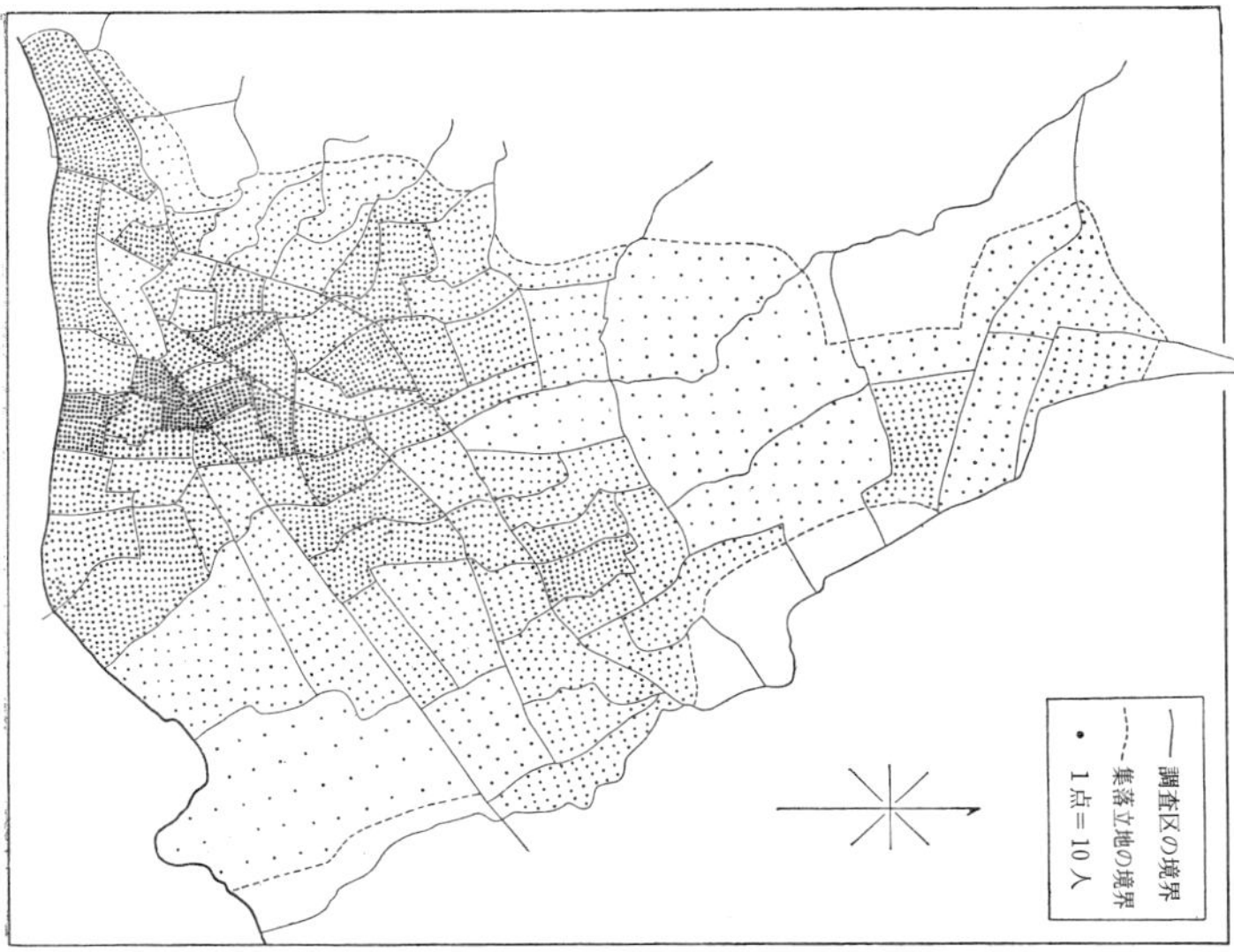

その2（実数値）

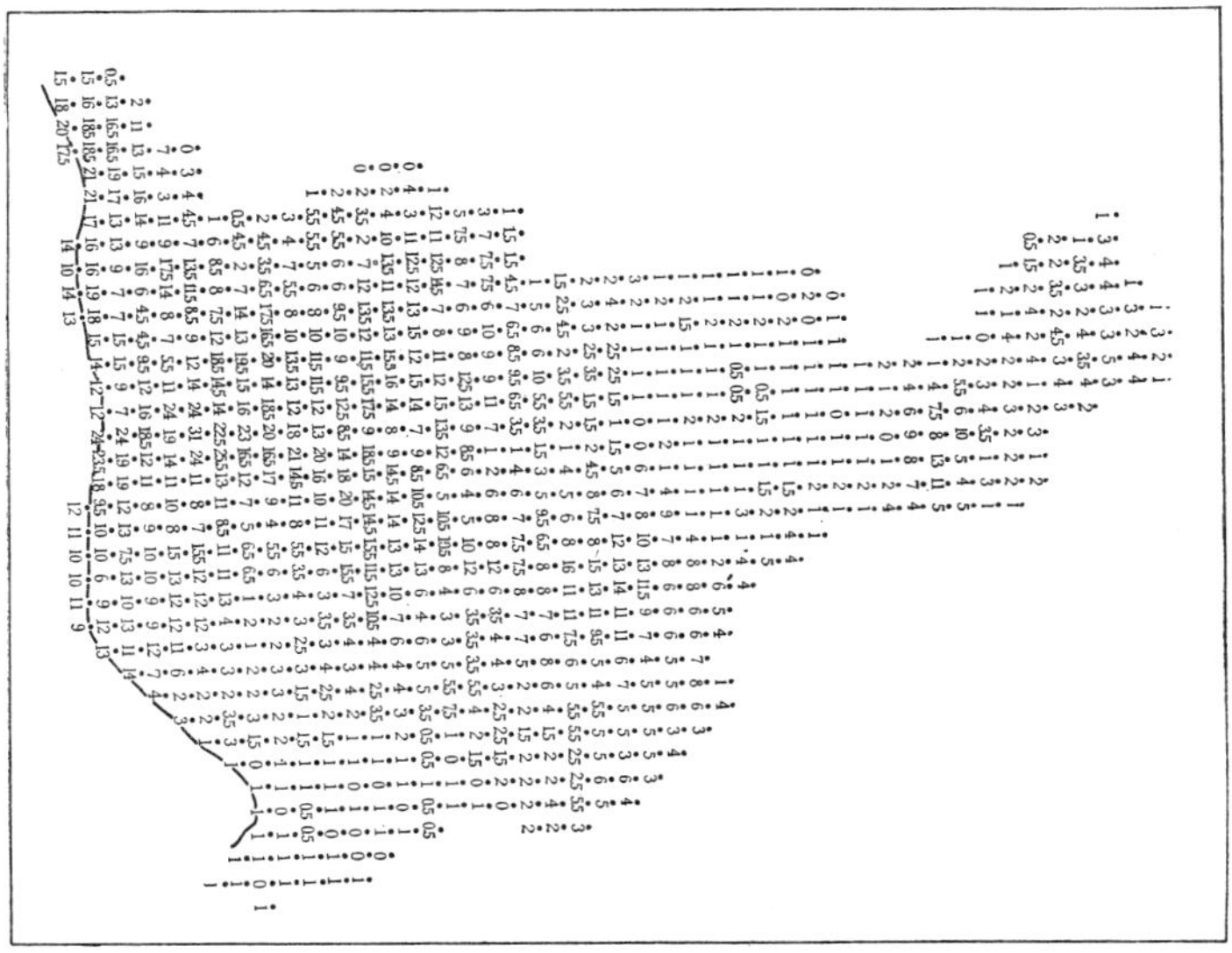

その3（加工値）

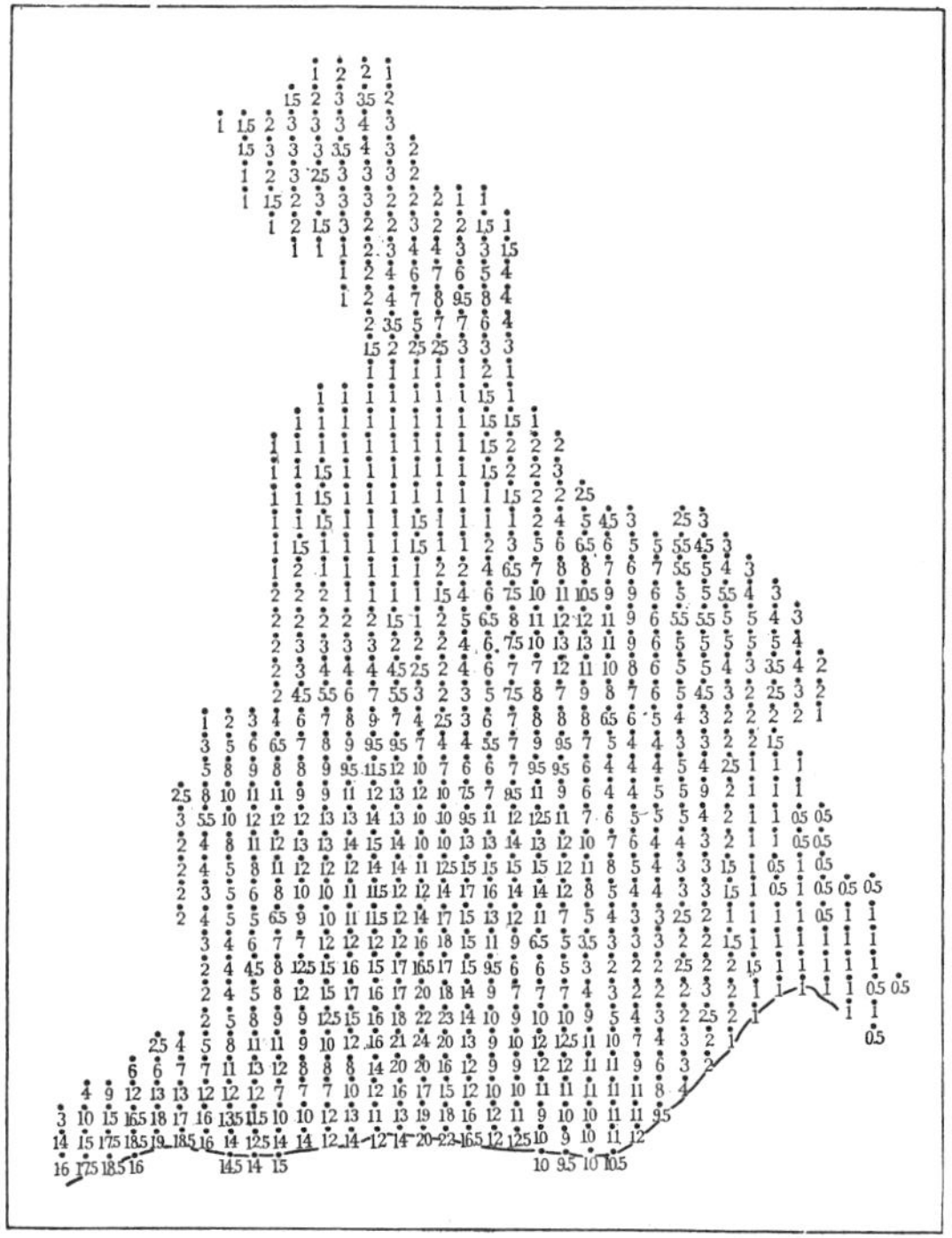

その4

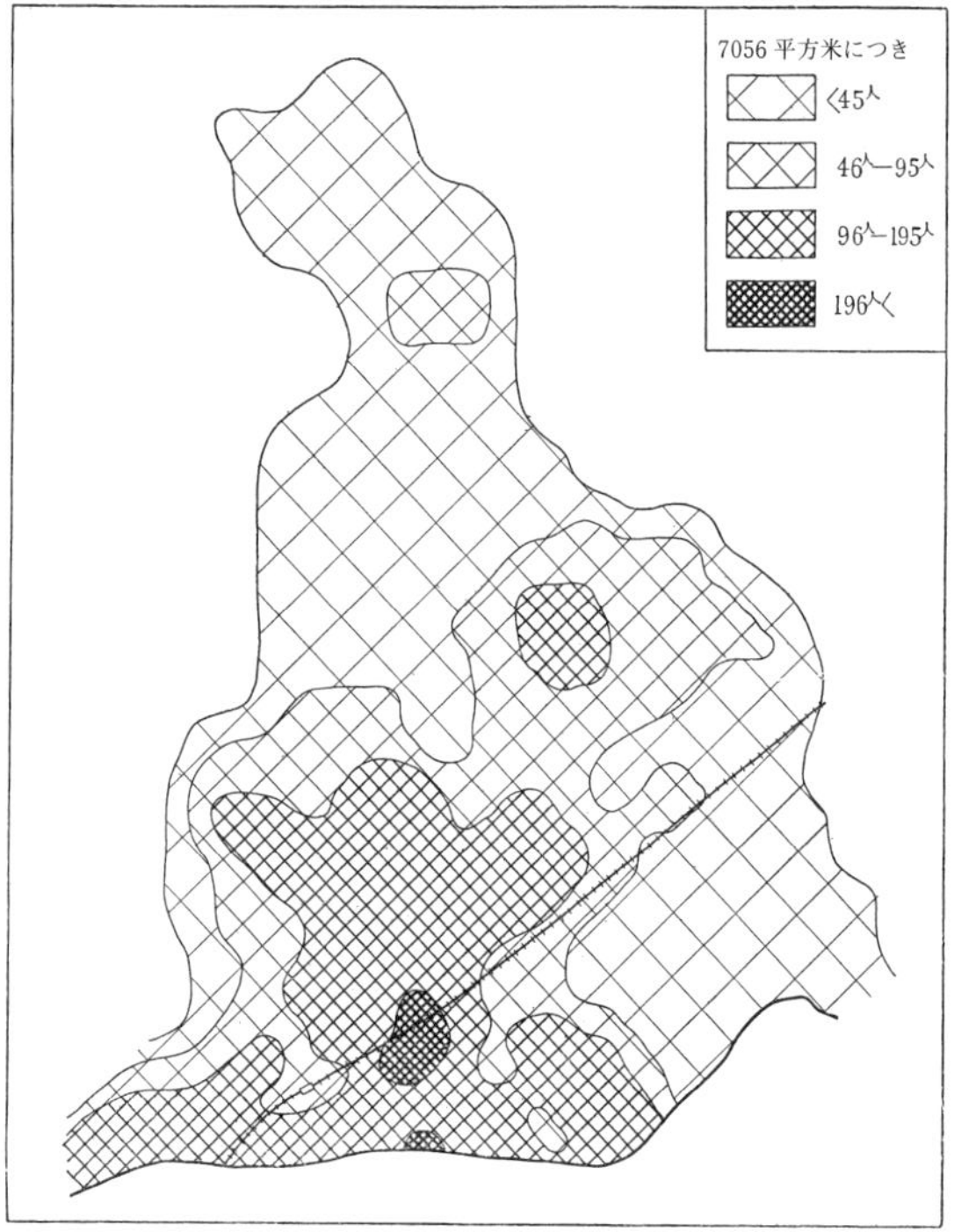

第11図　製糸工業地岡谷市街の人口分布形態図

岡谷市街は地形的には諏訪湖の西北湖畔から天竜川の落口へかけて発達している塚間川扇状地上に，経済的には製糸工場を基調として成立しているものであるが，そこの人口分布の形態が，ほぼ三層の累三角形からなり，かつまた主要工場の分布が稠密度第2級に属する96～195人の中に包含される。しかも主要な最稠密区が，その三角形の重心部に現われていることは，まことに地理学的に意義のある形態である。したがってこの成果に到達し得た分布図調整の過程に対しても相当の関心をもち得るものと考えられる描くとか、または甲乙丙三隣接方眼の平均値をもってその中間方眼の価としてそこに記入し、それを等値線の基準にするとかのばあいもある。またその基準数値をつくるばあいに単なる三等分法によらず、乙すなわち中央の方眼の原数を二倍し、それにその両隣接の甲丙両原数を加えた和を四等分し、それを乙の加工値として等値線を描く方法もある。この方法はその加工値を決定する地区にとくに一つのウエートをもたせることになり、地理学的にはかえって意義のある操作とみるべきものである。もっともこれは谷とか、河川、道路などとかのばあいに応用するので、四方に広がりをもった平地などのばあいには、単にその横との隣接を考慮するほか、縦の隣接や斜め横の隣接のものも加味して、その方眼内の価を決定するのに、その該当方眼内の数値の四倍にその隣接八方眼内の数値を加えた合計を十二分し、その商を該当方眼内の新しい数値とし、それを基準とし等値線を描くことが望ましいばあいもある。この方法にしたがえば、ある意味においてはかぶせる方眼が初めの九倍の広さに拡張されたことにもなるが、しかしたんに九倍の方眼を使っただけではその方眼があまりに大きすぎ、したがってそのなかでの変化がまったく打ち消されてしまう。しかしここに紹介した方法にしたがえば、一方ではその関係範囲を広めたと同時に、もう一方では中心方眼内の数値がとくに四倍されている関係上、あるていどまでその中心部の方眼によっておおわれている地区のもつ個性も認めたことになり、また一方では相当にその広い範囲内の関係も現わし得ることにもなる。今までの経験では、五万～六万人程度までの人口をもつ都市の人口分布図の調整のようなばあいに、この方法を採用してあるていどの成績をあげている。

前記第10図長野県の人口分布図はそのもっとも簡単な方法にしたがって、単に方眼内に含まれた点数そのままを使って描き出したものである。また第11図平野村いわゆる製糸業岡谷市街の人口分布図はやや複雑なその十二分法を使って描いたものである。もっともこのほかに、決定しようとする該当方眼内の点数の四倍にその周囲八隣接の方眼内の点数の合計の二倍と、さらにその外側十六隣接方眼内の点数の合計を加え、その総計を三十六分し、それをその中心方眼の値とするいっそう複雑な方法も考えられる。

以上は方眼法の一部を述べたものであるが、要は一つにはその分布形態の系統を明らかにするためであり、かつもう一つはそこの非地理的現象を削除し、その分布の内容を純粋化するための加工でもあった。この点は、かのチューネンがその孤立国において純経済的な農業形態の分布系統を明らかにするために、その出現地域として、全地域にわたって平坦なそしてきわめて肥沃なかつ気候の温和な、要するにそこの自然環境としてまったく等方等性の地域を仮定し、まことにみごとな科学研究の方法をわれわれに示しているが、われわれの研究はまったくこれと同じ趣旨で、しかもこれとまったく反対の経路をたどらなければならない。われわれの目的はどこまでもその地域性の究明にある。したがってそこに描き出されるものは、その純地域性に即した表現の分布形態でなくてはならない。もちろんそれはいくたの人文現象をとおして行なわれるのではあるが、しかしその成果はけっしてそこの経済や政治や土俗やあるいはそれらの混合物であってはならない。この点についても従来の地理学はあまりそれにふれていないが、今後研究を要する問題の一つであろう。

分布図の調整は、必ずしも方眼法に限ったものでもない。たとえばその分布現象が前にも述べたようにある一定の線上近くに分布しているようなばあいに、その線上での分布形態を明らかにしようとするようなばあいには、必ずしもそれに方眼をかぶせる必要はない。ただちにその線上に配列している各地点での観測数値を基とし、互いに隣接している三区の価を一組とし、その両端の各数値に中央の数値の二倍を加えて合計し、その合計を四除し、それをその中央区の数値とするという方法もあるだろう（第

9図、平石置屋根参照〔95ページ〕）。また、これに反してその調査の各区が広く四方に広がりをもっているようなばあいでは、そしてその各調査単位地点の分布が相当ばらばらであるばあいには、かえって方眼法ではよい結果が得られない。このようなばあいにある調査単位地点の加工値を求めるためには、その調査単位地点の周囲に相当するほかの調査単位地点を選定し、その周辺調査地点の数値の総和に、

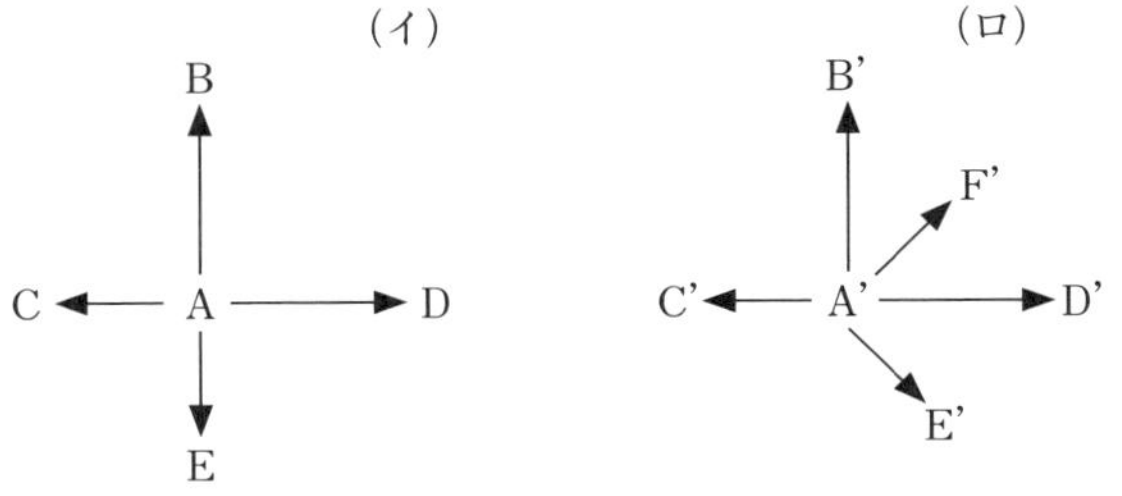

（イ）　$\dfrac{4A + B + C + D + E}{8}$ ＝ A 区の加工値

（ロ）　$\dfrac{5A' + B' + C' + D' + E' + F'}{10}$ ＝ A'区の加工値

中央地点の数値をその選定周辺調査地点の数だけ乗じた積を加え、その合計を周辺調査地点数の二倍で除するようにする。たとえば上図のようなばあいでは（イ）では8で割り（ロ）では10で割るのである。そしてそれを基準として等値線を描くことがより好結果に達するようである。

またこの方眼法は必ずしもその基礎をドットマップにおくと限ったわけでもない。あるいはそれをただちに例の五万分の一の地形図のようなものにかぶせ、その各単位方眼中に含まれる耕地あるいは水田または畑などの面積を求め、さらにそれらの面積の単位方眼面積に対する割合を計算し、その数値を基として加工値を算出し、すすんで等値線を描く方法もあるだろう。その方眼面積の計算の困難を取り除くためには、単位方眼内にさらにいくつかの経緯線を設け、それを前記の地形図様のものの

上にかぶせ、その経緯線の交差点あるいはその小方眼の中心点に該当する地物を調査し、その地物の数を基としてそのまま等値線を描き出すこともできるであろう。

要するにこれらの方法はいずれもその基礎を一種の相対図法にもとづいているものであり、そしてその相対図法は今までにもすでに各方面で採用されたものではある。しかし従来広く使用されてきた多くの相対図法は、その基本単位としてそこの郡・県あるいは村などの行政区が利用され、その結果、そこに調整された分布図がたんにその対象としている地表現象の分布を示すだけでなく、必ずそこに利用された行政区のその分布までも混在することとなる。たとえばそれが人口分布図であれば、一方ではそれが人口分布図のようでもあり、また一方では行政分布図のようでもある一つの不純なものができてしまう。そしてまたそのままではその分布形態の明瞭さにおいてもいたって不十分である。これはまことに当然なことではあるが、これにくらべると方眼法はその単位区が行政区のような個性をもたないだけ、普遍化され概念化されて成果されるはずである。

明瞭化の基本は「数値」の有効度

次にわれわれは、その明瞭化についてさらにその根本に立ち入って考えてみたい。そしてそれは、以上の検討だけではその明瞭化について、きわめて大切な一項が取り残されているからである。すなわちそれはその分布図の調整にあたりある数値を用いる前に、まずその調査資料の中からどのような資料をどう組み合わせてその数値をつくれば、それが地理学的な、すなわち地域性の豊富な分布図となるか、また同じ地域性の表現であったとしても、とくにそれが要求する地域性の表現であるようになり得るかについては、さらにもういちだんの工夫が必要となるからである。

よくありふれた分布図のように、一点が何町歩とかまたは何石とかに相当する点をただむぞうさに打ってつくったものでは、その多大な努力はさておき、そこにつくり出された分布図が、せっかくの地域性を表現し得ないばあいが少なくない。もっともそれが、地理学以外の研究のためならばまた別問題である。たとえばここに昭和四年に行なわれた農業調査の報告書にもとづいて、諏訪郡内の水田発達の分布図を調整するのに、一つは各町村のもつ水田面積の実数をただそのまま一点一〇町歩の割合で、その当該町村の主な耕地と集落地区内にほぼ等間隔に点記することにする（第12図A）。もう一つはその町村のもつ水田面積の、その町村のもつ全耕地面積に対する百分比を計算し、その百分比の系列から四つの階級を発見し（第13図）、それぞれに適当な記号をつけ、そして各町村のもつ主要耕地ならびに集落地区をそれに相当する記号で描いたものである（第12図B）。どちらもその単位面積として行政区を

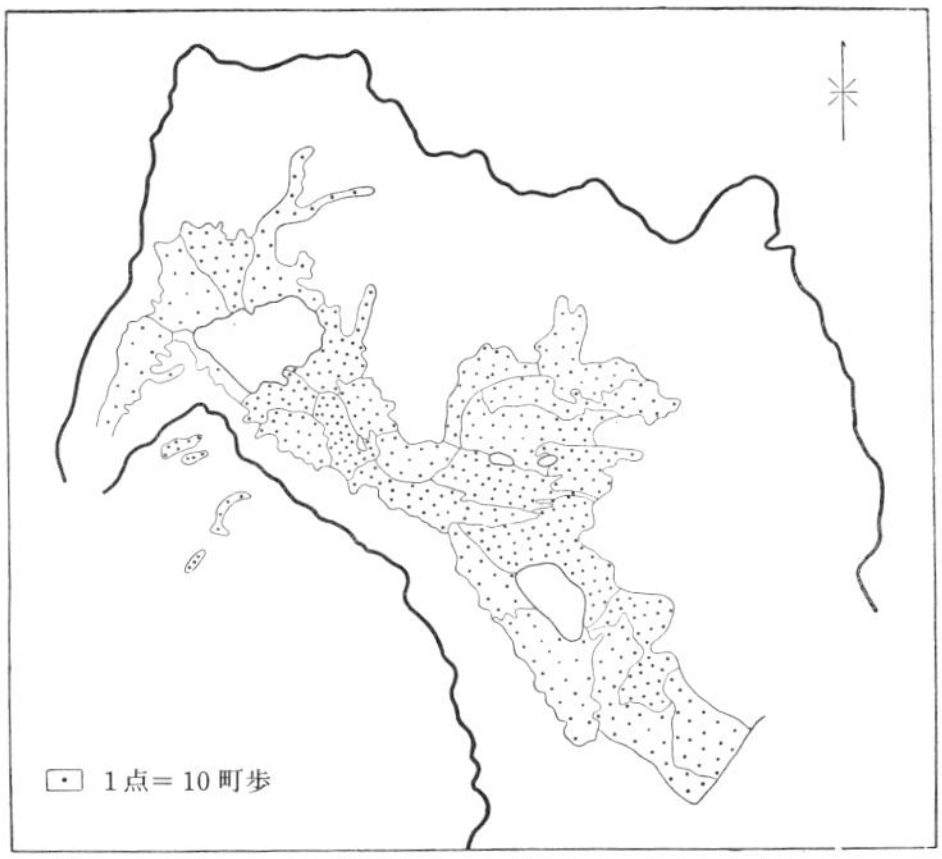

第12図A　諏訪地方の水田密度分布図

周りの太線は分水界

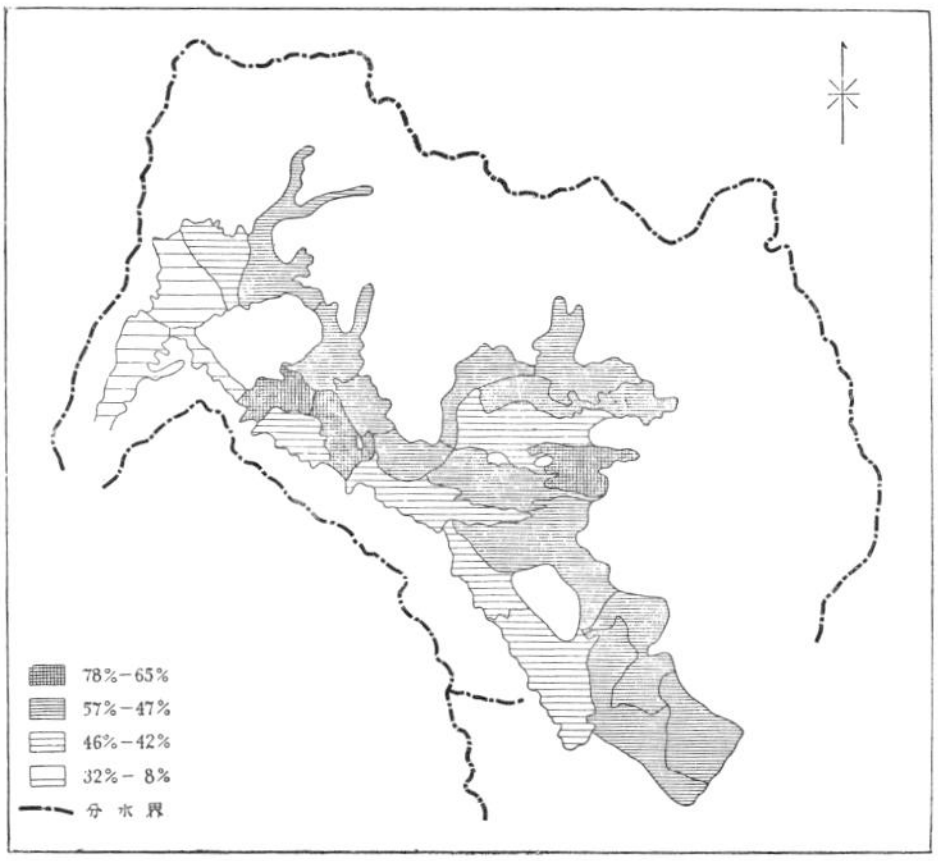

第12図B　諏訪地方の水田密度分布形態図

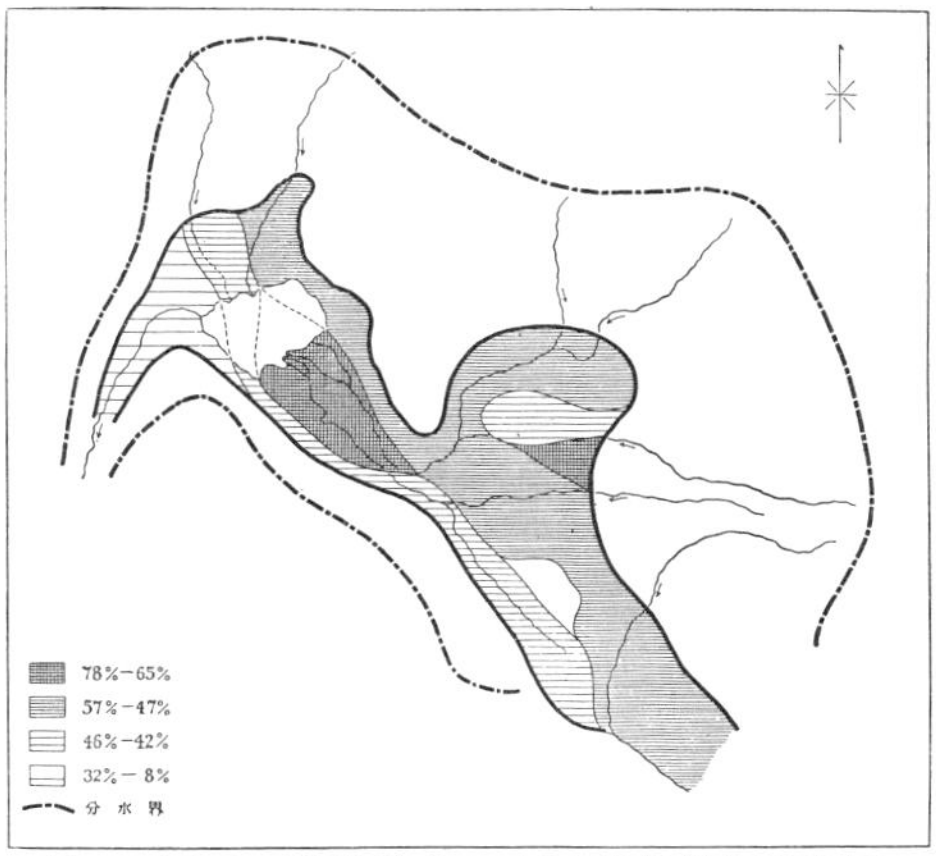

第12図C　諏訪地方の水田密度分布形態図

採用したことはきわめて遺憾ではあるが、すでにその資料の出所が町村単位なのでやむを得ない。したがってB図にさらに多少の加工を試み同C図の分布図を調整し、その分布形態の系統をいっそう明瞭化すべく努めた。

しかし今ここでは、もっぱらそのAとBとの比較考察にその観点を向けることにする。

地域性を表現するものしないもの

まずAの分布図を見ると、その点の密度分布に著しい変化もなく、多少盆地底部に相当する湖南平野の中央部、中洲村の部分がやや稠密であり、湊・川岸・平野・下諏訪・永明などの町村が比較的まばらになってはいるが、これらの町村はいずれもこの諏訪地方の主要な商工業的集落の所在地である。その結果はおそらくこの地域における建築物密度の分布を表現しているようであり、しかもそれがこの地方の有力な商工業的集落をもつ上諏訪町の地区に、それほどはっきりとした成果を現わしてこないのは、この地区が一方でその盆地底の平坦部に相当広い耕地をもち、それと相殺された結果なのであろう。したがってこの分布図ではその変化がはっきりしないこと、そしてそのために系統化が困難なこともその欠点の一つでもあるが、さらにそのかろうじて見出し得た変化が、一つはそれでも地形という地域性の一分子ではあったものの、一つは建築物密度というまったく経済方面のものであったり、あるいはその混合であったりして、まことに地域性の表現形態としてはその価値がいたって薄いものといわなくてはならない。

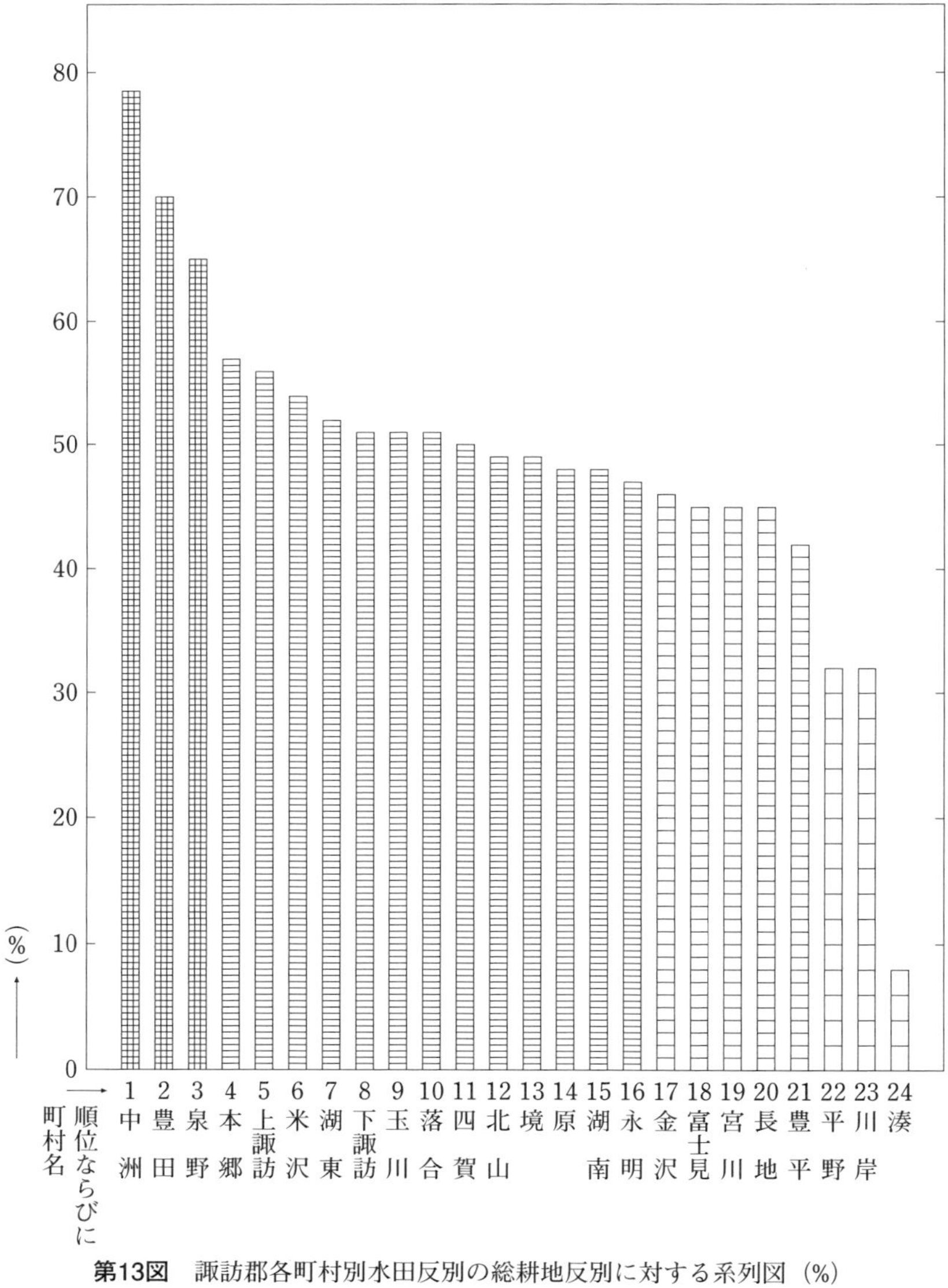

第13図　諏訪郡各町村別水田反別の総耕地反別に対する系列図（%）

これに反してBではその四階級の分布が相当はっきりとしており、その盆地底の中央に相当する中洲・豊田の二ヵ村が超稠密地帯として表われている。そしてその東北から東南にかけ、すなわち八ケ岳火山群の山麓にあたる下諏訪から境・落合の村々へ連なった、すなわちこの地方の東半部が稠密帯区域となっている。これに反してその西側一帯、すなわち釜無山麓に位置している富士見・金沢・宮川の諸村が疎帯区域となっている。

そしてその西北へ続く湖南村も、実際には一部は平坦部の超稠密帯に、ほかの一部は山麓部の疎帯に属しているのであるが、この図に採用した単位区域の不備から、平均の普通密帯として表われてしまったものである。したがって、その山麓疎帯をさらに北方湖南村から豊田村の一部の区域まで引き延ばすことができるであろう。そしてこれらに対する極疎帯としてはこの地方の西方の一角に相当する湊・川岸・平野の三村があり、また前記の東方密帯でも、その北端において長地村の疎帯を経て西方平野村の極疎帯へ漸移している。もっともこのほか、東方の密帯中にも泉野村の超稠密区と豊平村の疎薄区との特殊区が存在しているが、これについては後に述べることにする（第12図C）。

今この水田密度の分布形態のもつ系統を考察すると、それがまったく、それら町村を灌漑する水系の分水嶺からの距離の長短とのあいだにきわめて密接な関係をもち、比較的遠い分水嶺をもつ東部地方から盆地の中央部へかけての地方が稠密で、近い分水嶺をもつ西部釜無山麓が疎になっている。そしてそのもっとも近い分水嶺をもつ西北隅の三村が極疎帯となっており、そのあいだにきわめて統制のある分布形態を示している。そしてまた、東方密帯中の前記の二ヵ村も、じつはそれがこの地方の特殊な灌漑水系にもとづく結果で、超稠密区に属する泉野村は、もっぱらそこの村を貫流している鳴岩川の掛りで、したがって豊富な灌漑水をもっている。それに対して豊平村の大部は蓼科山に水源をもつ滝の湯川の上

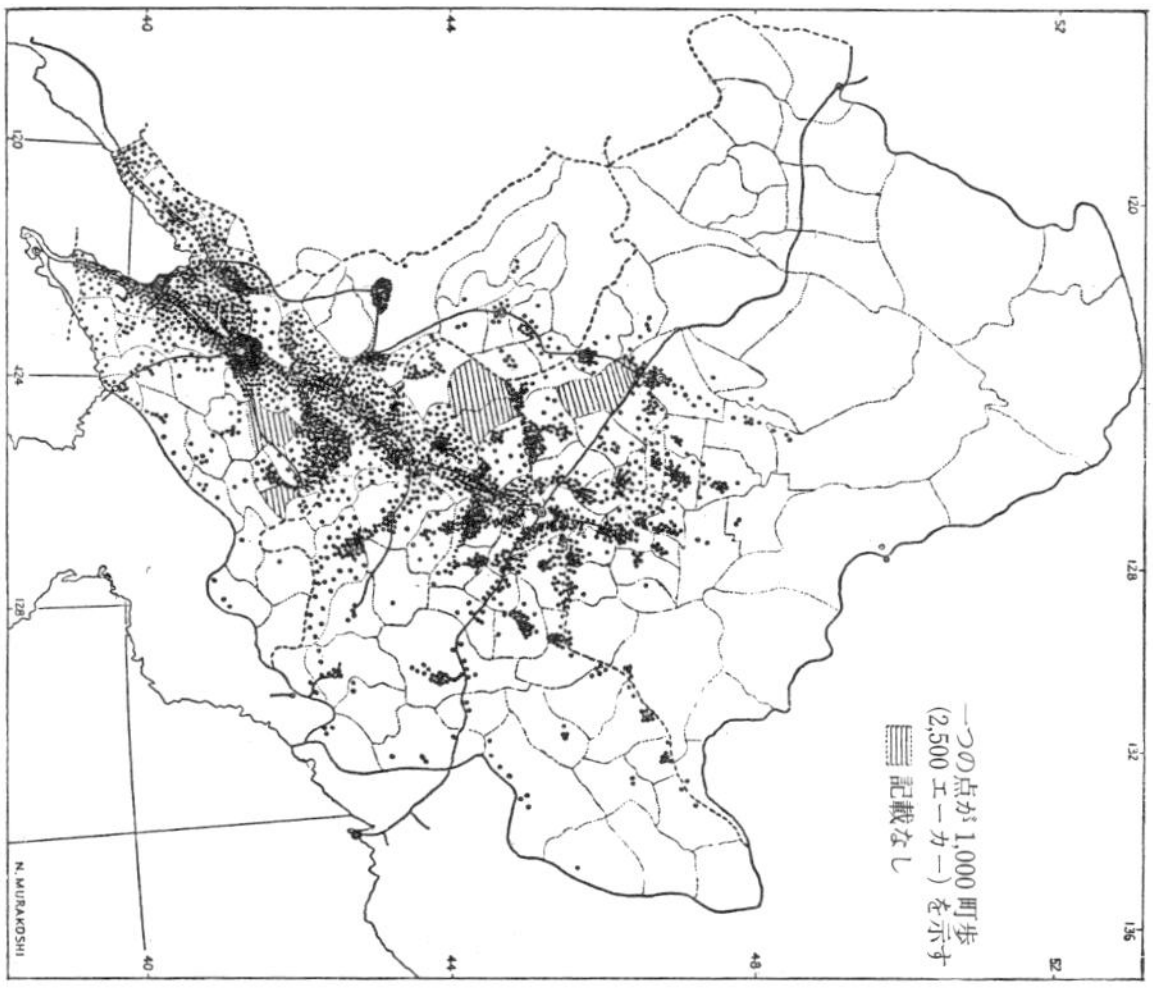

第14図A 満州における大豆作付反別分布図
(村越信夫氏とグレンデートレワルター氏による)

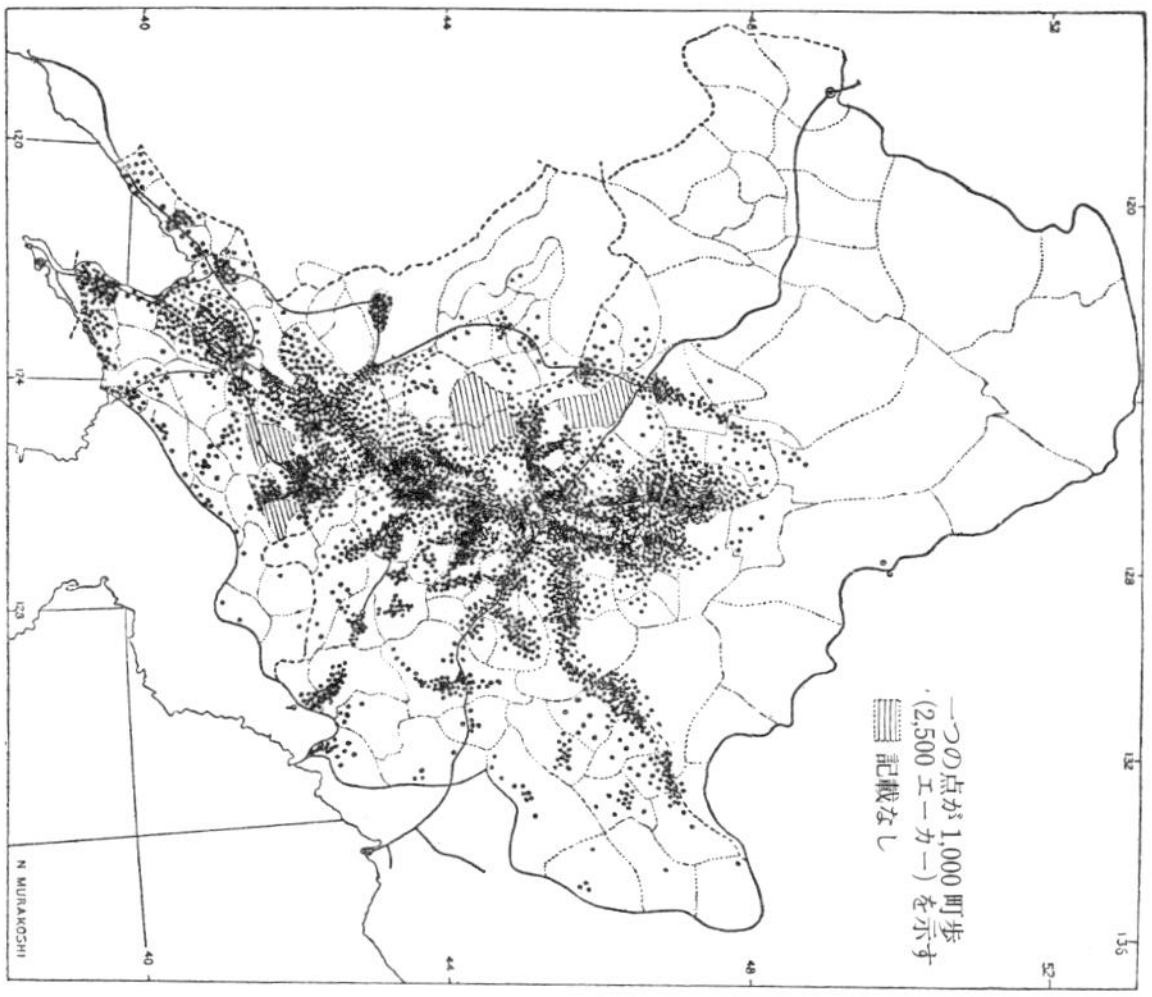

第14図B 満州におけるコウリャン作付反別分布図
(村越氏とグレンデートレワルター氏による)

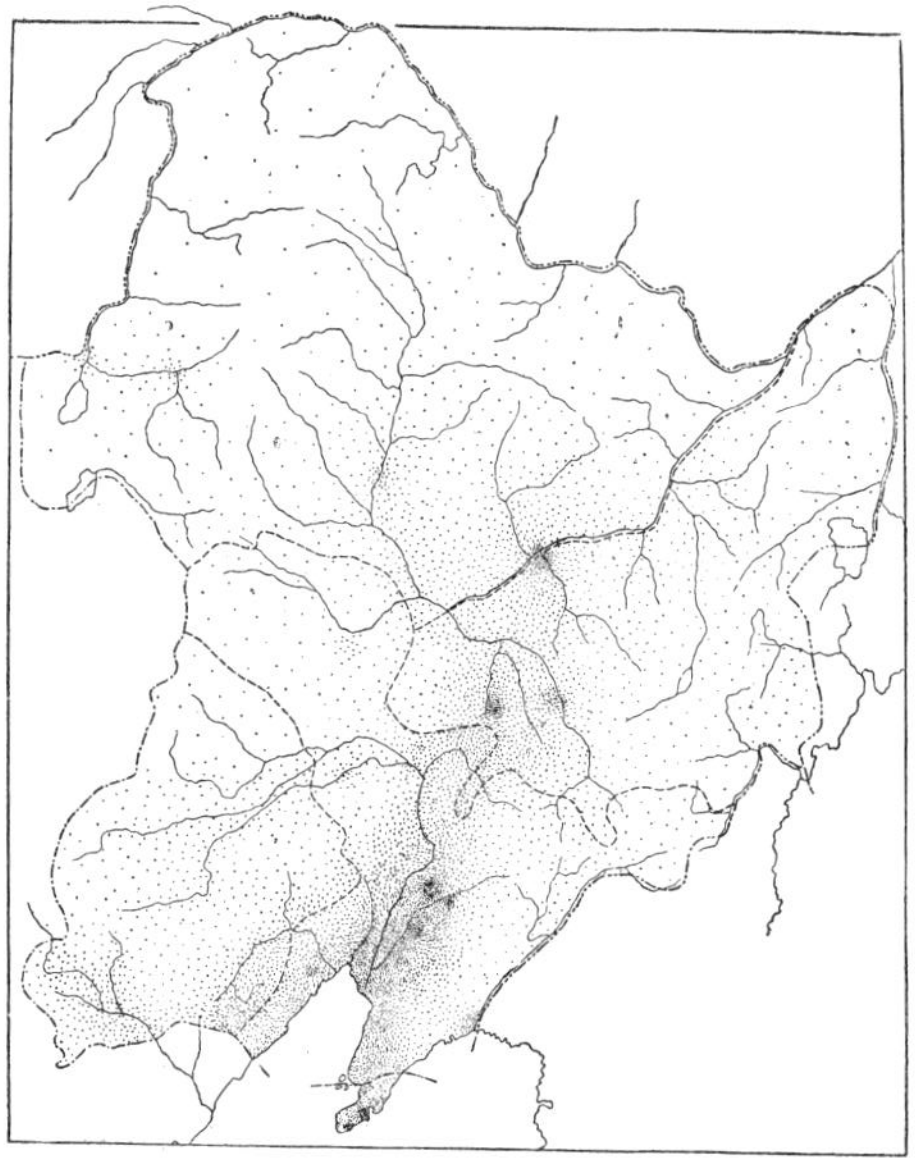

第14図C　満州および東部内蒙古の人口密度図

（田中秀作氏による）

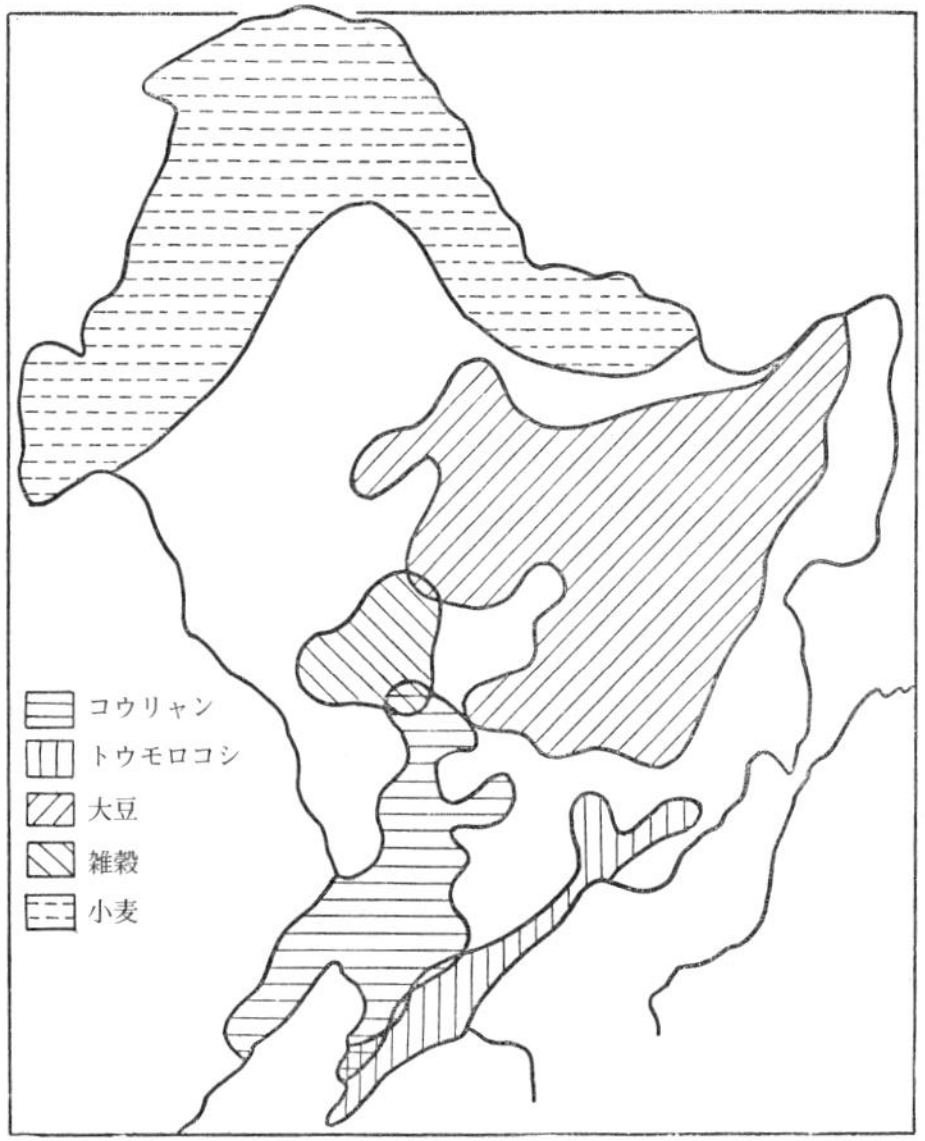

第14図D　満州における主要作物の主要作付地域分布図

（総耕地面積に対する主要作物作付反別の40％以上の核心地域を含む30％以上の地域）（資料はもっぱら村越氏およびグレンテートレワルター氏による）

流から引き揚げてきている下堰によるもので、しかもその最末流部の灌域にあたり、したがって水量もけっして豊富ではない。

このようにみてみれば、この地域の水田密度の分布形態は、その水田の特殊の耕作形態と栽培上きわめて密接な関係をもつ灌漑水の涵養に対し、根本的要因である流域の広狭、すなわち分水嶺との距離によって決定されていることとなる。そしてそれはまことに妥当な関係であるとともに、またきわめて濃厚な地域性の表現でもあることになるのである。

このほかにも、これに類した関係、すなわち絶対的な水田面積のドットと、その総耕地面積に対する百分比という相対的な方法との優劣については少し範囲が広くはなるが、それをわれわれは日本列島や朝鮮半島における水田分布図の一つにおいてもみることができるであろう。たとえば縮尺五〇〇万〜六〇〇万分の一の地図に一点四〇〇〇〜五〇〇〇石を代表する点で示した生産分布図と、同縮尺で一点二〇〇〇〜三〇〇〇人を代表する点で図示された人口分布図とをつくり、両者の分布形態を比較観察すれば、きわめてその分布形態が類似しているのに驚かされることであろう。そしてこれによってわれわれ学徒のつかみ得るもっともその直接の関係は、米作が日本列島あるいは朝鮮半島住民の主要産業であるという一事だけであろう。

このような関係は、満州〔中国東北地方の旧称〕地方の産業図からは、さらに興味深く考察することができるであろう。第14図A、Bは、一点を一〇〇〇町歩を代表するていどの点で、その耕地が存在する中心点付近に点記してつくられたこの地方の大豆畑とコウリャン畑の分布図である。どちらもそれがほぼ同様の分布形態をもち、北はハルビンの北方から南は遼東湾の沿岸へと続いた、南北に細長い地帯に凝集しているような形を見せている。そしてそれが、この地方の主要耕作地帯の分布形態とよく一致し、かつまたこの地方の人口密帯の分布形態（第14図C）とも一致している。したがってわれわれはこの大豆畑やコウリャン畑の分布図からもまた、これらの作物が、ともにこの地方の主要作物であるという経済事情よりほかに知ることができない。

それを、その各地方について、総耕地面積に対する大豆やコウリャンの作付面積の割合を調査し、各三〇％以上の主要地区を描き出してみたのが、第14図Dである。大豆では、北方の松花江下流の北緯四四度から四八度のあいだに集中し、コウリャンでは、南方の遼東湾の沿岸から遼河の下流に沿ったほぼ北緯四四度以南のあいだに集中し、明らかにそこに大豆地域とコウリャン地域との二地域を表現している。しかも、コウリャンが十分に生育するためには、最少限度の無霜日数一五〇日以上の土地であることを要求するのに対し、大豆はコウリャンより無霜日数が短く、比較的冷涼な気候で成熟する性能をもち、かつ緯度が高くなるにしたがって油分の含有量が増加するといわれている点から考えて、きわめてこの地域の気候特性に即した分布形態を表現し得たものというべきであろう。

これを要するに、地表現象の種類により、また同種類でも使用方法により、あるいはその基準単位面積の広狭によって、表われてくる分布形態には著しい変化が結果されるものではあるが、求めるのは、そこの地域性の究明に役立つ、すなわち地理化されたものでなくてはならないことを心掛け、十分な注意と考慮とを払わなければならない。

（4）典雅な分布図

さて、こうして地理化されてきた分布図も、さらにその描写にあたっては、線の太さや文字の大小、形状などをはじめ、記号や色彩などについても、分布図としての機能を有効化すべく、十分な注意を払わなければならない。ここでもっとも注意すべきは、それらの操作の結果、万一にも、前記の明瞭性を傷つけるようなことがあってはならないことである。たとえばある地形図に色彩を加えるばあいにおいて、その地域のもつ地形の性質にしたがって、湖水を藍色に平野を緑色に、そして山地を褐色にというような互いに不連続の色彩を用いて塗り分けていくことは、すでにその地形そのものが、あるていどまで不連続性のものである関係上妥当な工夫であるばかりでなく、前記の明瞭性をさらに高めることになり、まことに巧妙な操作とみるべきである。ところがたまたま、単純に等高線だけにしたがって、たとえば、六〇〇メートル以下を緑色に、六〇〇メートル以上一二〇〇メートル以下を褐色、一二〇〇メートル以上を紫色というように着色することは、地形の変換点が必ずしもそれらの海抜高度にあるとは限らないのに、その色彩によってこのような三つの相互に不連続的関係ができた結果、そこに特別の目的があるばあいはさておき、一般にはその高度地点になんらかの不連続点の存在を誤想させて、意外な失態を招くことがある。したがってそれが、いかにその分布図を典雅化するとしても、おおいに慎まなくてはならないことである。

そのほか密度分布図について、その疎密の各域に対して相応の色をつけることも十分考慮すべきである。とくにそれが、各地表現象を組み合わせて、一つの相当複雑な景観図を描き出すばあいは、そのどの地表現象をどのような記号あるいは色彩で表わすかについては、絶対的にも相対的にも、特別の注意を払わなければならない。たとえば、色の種類によって暖感色もあれば冷感色もあり、湿潤を思わせる色もあれば乾燥を思わせる色もある。色の種類や濃淡によっては疎密の感じも異なるであろう。こうしたことは気温や降水量をはじめ、その他各種の密度分布図の調整に際して注意すべきである。とくにある種の産業分布図のように赤（商）、緑（農）、黄（工）などの色を混用するばあい、あるいは人口密度図で赤（密）、緑（疎）などを混用するばあい、それがいかに妥当であっても、たまたまそれが教授用など公衆的なものであるばあいには、色盲等の人に対する考慮を払うことも必要である。前掲第10図、長野県の人口分布図の調整に使用した色彩はもちろんきわめて不備なものではあるが、それらの点を多少考慮したものである。すなわちその分布の疎密に関する六分階は必ずしも不連続的なものではなく、まったく人為的なものであるから、まずその色彩としてはスペクトルの七階級の順序をそのまま採用した。さいわいこの図に使用する色が六階級であったため、一方の端の紅色を省き、もっともよくある紅緑色盲に対していくぶんの注意を払うこともした。

以上は、地理学的景観の構成にあたって、その選択された各地表現象の分布図としての調整についての一例を述べたものである。いよいよここからはその調整された各種の分布図を要素として、いかにそれを組み合わせて、一大総合体である地理学的景観を明らかにすべきかの最後の操作について述べるべき段階に達したのである。

三、分布形態に「系統」を発見——変化と統一を読みとる

まず調整された各分布図から、その分布形態のもつ系統を見出すことである。そもそも分布図である以上その分布図には必ず一つの変化をもち、かつその変化には一つの統一ある、いわゆる系統が含まれているべきである。万一その分布図になんの変化もなく、またあったとしてもその変化に統一性が含まれていないとすれば、それはすでに対象地域の決定において、あるいはその決定された対象地域の景観構成のために選定された地表現象の選定において不合理であったことを証明しているのである。また、

じつは決定された地域で選定された地表現象が、確実に統一のある分布形態をもっているにもかかわらず、調整された分布図上でそれを発見することができないのは、その分布図の調整に欠陥があるか、ないしは研究者の読図能力に欠陥があるかのいずれかである。

もともと地理学会で一般に分布図と呼ばれているものは、われわれはそれを厳密には分布形態と呼びたいのである。したがって、すでにそこには統一性の存在を第一要件としているのであるが、前記分布図の調整の項でも述べておいたように、分布図の明瞭化、典雅化ということは、その一半は、地理的純化という点にもあるが、ほかの有力な一半としては、系統発見という読図上の便宜のためでもあった。

読図という言葉はかなり以前からいい古され使い馴らされてきた言葉ではあるが、しかしそれを、分布図からの形態発見というように考えている人はなおあまり多くはないようである。しかし、ただ単に分布図について、山の高さや川の長さを計り、都会の所在や名称、さては気温の高低などを探っただけでは、いわゆるまったくの素読であって熟読とか達読とかいう領域には少しも達していない。この点については絵画の観方、音楽の聴き方と同じで、そのためには相当の努力と修養とを要することはいうまでもない。

科学の研究はもちろんまずわれわれの五官をとおして行なわれるものにはちがいないが、しかしただそこにとどまっているような簡易なものではない。地理学における読図の操作もまったくそれと同様で、たんに肉眼に写る分布の形態をみるだけでなく、さらにすすんでその分布の下に潜み、しかももっとも根強く働いている、すなわち心眼の助けを借りなければ見出し得ないその基準的分布形態を発見しなければならない。

たとえば松本平の産業分布形態が、米作などのきわめて濃厚な核域を中心として、しだいに外圏に向かって、普通米作域から養蚕域、養蜂域そして林業域と同心円状の構造をもつこと、また松本市周辺の交通分布形態が、松本市街を中心とする美しい放射状構造をみせていること、千曲川上流部佐久地方の産業分布形態が、その下流平坦部の米作業地域を中心核域とし、さらにその上流、ならびに支流部の養蚕業地域を経て、さらにその上流部の無産業地域へと、多内切円的構造を示して漸移していること、また、一方この地域の主要集落の分布形態が、その下流部の小諸町からしだいに上流部へ、岩村田・野沢および中込・臼田および三反田・高野町および羽黒下・小海および馬流・海ノ口・原といずれも甲州街道に沿って、それらが互いに一種の連鎖構造をみせているとみることなどはその一例である（第15図）。

しかもそれら各集落のもつ人口の系列が、下流部の小諸町から上流部の原部落へいくにしたがって対数曲線的にしだいに低下しており、それらがたんに外形的連鎖のみでなく、本末のある内容的にも相互に関係をもつ一群図であることを示しているがごとき、また松本市の駅前集落において、駅を中心として東北に展開している集落の一部を五つの同心円状に区分し、その各区における駅前的建物の密度分布をみると、それらもまた互いに対数曲線的関係をもっているがごとき（216〜219ページ、当該部参照）である。要するに読図のためには、図形を取り扱う関係上われわれはより深く数学的思考、とくに幾何学的方面の教養をもたなくてはならない。

四、複数の分布図間に類似性を読む——類似関係の観察

次は統計化した各分布図を互いに比較対照することによって、分布形態上の積極的または消極的な類似関係を明らかにすることである。

しかもこのばあい、その類似関係がたんに甲乙両分布形態を比較するだけで容易に見出し得るばあいもあるが、必ずしもそのようなものばかりとは限らない。むしろ乙図に丙図を組み合わせて、乙丙両図の結合によってできる第二の新形態が、甲図の形態との類似関係をみせてくるばあいのほうが多いかもしれない。たとえば前掲第12図、諏訪地方の水田密度分布形態図Cで、その密度分布と分水嶺の距離との関係は前者に相当するものである。これに対して続刊予定の第二集『信濃地理概論』中に挿入するはずになっている犀川丘陵地における傾斜分布図と積雪量分布図とが結合されたものは、初めてここの麦作分布図とのあいだに類似をみせ、さらにまたそれがたばこと麻の栽培分布図とのあいだにも類似をもっているがごときは後者に属するものである。

五、地域のもつ「調和現象」に到達——景観構成の完了

こうして、すべての分布図間にそれぞれ類似関係を見出すことができたら、さらにその類似関係の当然性の確立に努めなければならない。すなわちその分布形態の類似がたんなる偶然の外形的類似の現象であるのか、それともその類似が、そのあいだに当然な合理的関係をもつ生態的関係の結果の現象であるかを吟味することである。

たとえば、今これを前例佐久地方のばあいについて、産業分布の形態と主要な都市的集落分布の形態との相関について考えてみると、五層からなる産業の多内接円的構造の分布形態に対し、主要都市的集落の連鎖状構造の連鎖の軸は、あたかもその内切円の台にも相当し、そこに一種の放物的共軸円群を構成している。かつその連鎖線上の各都市の多くは、その台とそれら各層の円との交点またはその中間に

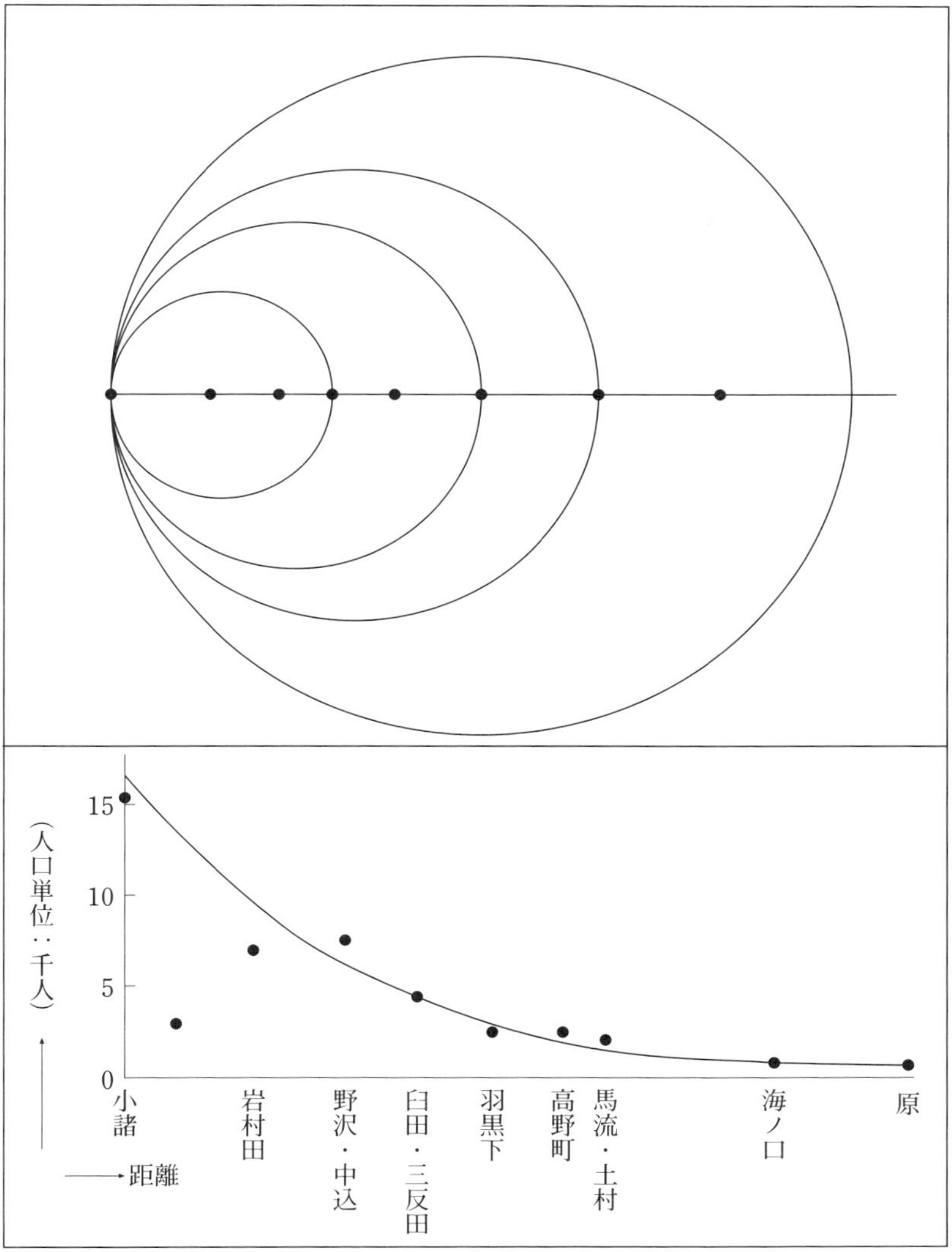

第15図　佐久地方（千曲川上流部）における産業および都市人口分布の基準的形態および都市人口分布曲線

（第18図長野県の産業分布形態図を参照）

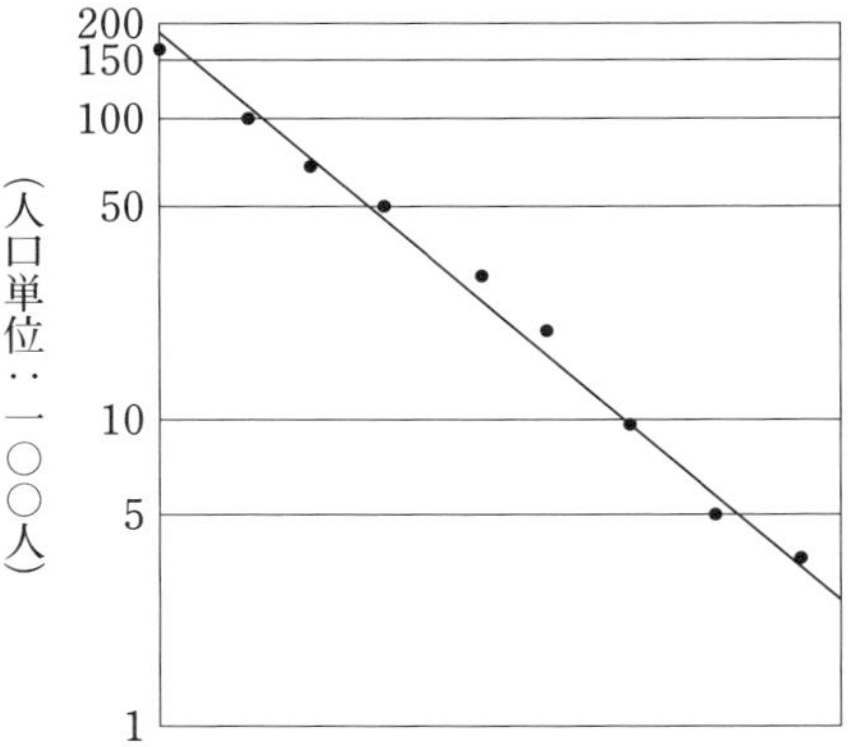

第16図　佐久地方の都市人口分布曲線
（半対数グラフ）

相当している。ことにその諸都市的集落群中、ばつぐんに多数の人口を包容し、かつこの全佐久地域に対する経済上の咽喉的地位をもっている小諸町がとくにその切点付近に位置している。また同じ交点上の都市でも、その農業圏と養蚕圏の境界線にあたる臼田町は比較的養蚕業的内容を過分にもつ。養蚕圏と牧畜圏との境界線付近にあたる小海部落が牧畜的内容を、そして牧畜圏と林業圏の境界線付近にあたる海ノ口部落が林業的内容を、それぞれその部落の職能としていずれも過分に生かしている。

以上のことは、たんにこの地域がそれら両種の形態の上に美しい統制をみせているだけではなく、内容的方面においてもきわめて密接な関係をもち、その円束と台との離れ得ない関係のように、ここの産業累圏と集落連鎖とはほとんど不離の関係におかれ、そこに明らかな統一性をもつ調和現象を展開しているともみるべきであろう。かつまた、農業圏内における岩村田および野沢・中込の二商業集落の存在は、その利用濃度のもっとも高いここの平坦部の包容力の発露でもあるが、さらにまたそれが、この平坦部の地形ならびに地質上、ここが千曲川によって南北二部に区分され、その南半がもっぱら千曲川本流による沖積平原であるのに対し、北半は浅間山の南麓に展開している一大泥流からなる火山の裾野で、自然的にもすでに明らかな二小単元からなり、それに行政上の関係なども加味されて、各単元に一つずつ中心をもつようになったものと考えられる。しかもそれらが、その農業圏に対して内切最大双円的構造を示していることもまたこの地域のもつ調和現象の一つとみるべきでもある。

以上はきわめて簡単な一例にすぎない。とにかくその生態的関係の吟味にさいしては、その両者または三者、あるいはそれ以上のもののあいだの生態的関係については、それをまったくほかの諸科学の研究に待たなくてはならない。たとえば繊維手工業の穴倉〔84～85ページ〕の分布に対しては繊維工業そのものについて、また多雪地に現われてくる建築の諸相に対しては建築学について、米作・養蚕・養鯉などの産業分布の取扱いに対しては農業・水産・林産などの各専門学科について、しかもきわめて高度の知識を必要とするものである。万一地理学の学徒にしてこの方面の修養が不十分であるばあいにおいては、その景観の構成にあたって、すなわちその説明が、いたずらに独断的に流れ、きわめて非科学的なものとなり、「九仞《じん》の功を一簣《き》にして虧《か》く」というようなばあいがけっして少なくない。まことに注意すべきことである。しかしながらこれはまた難中の難であることもいうまでもない。こうしてその類似現象間に当然性を究めることができたときに、初めてわれわれはそれを調和現象と認め、景観構成上の貴重素材として取り扱うようになるのである。

こうして、その景観構成への素材が整ったならば、最後に、それらのあいだに、前にも述べたように主・副ならびに普遍・特殊の分類を試み、ときには、さらにその中の主要なものを用いて一枚の景観形態図をつくり上げる。これによって初めて景観構成という大事業が一段落を告げたことになり、同時に地理学研究の対象である地域そのものも確定することになるのである。

六、地域の決定

したがって地域の決定というものは、最初からキッパリとその境界を決定することのできないばあいが少なくない。このようなさいには、始めはただボンヤリとおおよその範囲を定めてかかるか、またはある顕著な地表現象をもつ範囲を調査研究の中心として出発するよりほかにいたし方のないばあいもある。しかし、とにかく適当にその地域を決定するということは、地理学研究上の成功不成功について、大きな鍵を握っているもので、地理学は区分の学であるという命題さえあるほどであってみれば、いかにそれが重要性をもっているかは察するに余りあることと思う。いたずらに「われらが村」とか「わが郡」とかいうような行政上の境界をもって、ただちにそれを地理学的研究の対象単元としてその調査をすすめても、それがほかに別の目的をもってのうえならばいいが、それによって地理学の目的である一つの統一ある地理学的景観形態を明らかにし、さらにそこに内在する地域性までも究めることができるとは夢にも思われない。

第三章　野外（臨地）調査の方針と方法

第一節　野外調査の意義

以上は、地理学の研究対象が地理学的地域であるという点から出発し、途中いくたの難問題を経てようやくその決勝点へたどりついたのである。しかし、地理学研究の順序としては、おおよその研究の対象地域が決定したら、そこの景観構成の素材である地表現象を蒐集するために、その身を野外へ運ばなければならない。これを一般に野外調査とか臨地調査と呼んでいる。ただ地理学では、その対象地域の確立ならびにその適不適が、やがてそこの景観構成の成功不成功に大きな影響をもっており、そしてその地域の決定はもっぱら独立した景観があるかないかによって定まるものである。またその臨地調査に際しては、自分が今調査しつつあることがやがていかなる形に整理されていくべきものであるかを承知していることが、その調査にむだを省きかついっそう有効に行なうことができるのであるから前述の順序をとることにした。

いずれの経験科学でもそれが経験科学である以上、一度その対象が決定されたあかつきには、まずその対象に直接向かいあい親しく観察し、調査するのが一般の順序である。そしてその観察・調査が精密であり正確であればあるほど、その成果の学術的価値も高まっていくものである。同じ経験科学の一分科である従来の地理学において、この点への関心が少なかったことは、これまたまことに大きな一つの欠陥であった。これからの新地理学においては、この点にも過分の努力をはらわなければならない。そして今われわれがここにめざしているこの信州地理学の構成も、まったくそれと同様の態度をもってすすむことを念願している。

第二節　野外調査のすすめ方

さて同じ観察・調査といっても、地理学のいわゆる臨地調査にはまた特殊な心掛けすなわち要諦がある。今そのもっとも必要な事項を順を追って述べることにする。

一、地域性を表わす地表現象の予想

まずその調査地域に立つのに先だち、一つの予想をもっていることである。ことにその地域のもつ主要な地表現象と特殊な地表現象とを予想し、かつそれにともなう調査の方法までも予定して取りかかることは、その観察・調査の精密・正確という点からまことに大切なことである。そしてそのためには、その地域に対する従来の文献（必ずしも地理的な文献と限らない。否、地理というような名前をもたないもののほうが、かえって有益なばあいが多いことがふつうである）、各種の地図などを集めるほか、その地域に対する経験をもっている者の談話などによるのが便利であろう。

二、予想と実際との比較

いよいよ現地に臨んだら、まずその実際と予想との比較調査を試みる。もし予想に反したばあい（と

かくありがちなことであるが）にはさらに大きな疑いをもって調査をすすめ、その予想に反した理由を明らかにすべきである。そしてそれがその地域のもつ真の個性を発見する手がかりとなるばあいが多く、けっしてむげに捨て去ってはならないことである。

三、地表現象の分布的調査

主要または特殊な地表現象を決定したら、まずそのおおまかな分布範囲を調査することである。しかもこれはすべての地表現象が決定されるまで待つ必要はない。否、必要な地表現象というものは、調査につれて次から次へとしだいに気づいてくるのがふつうである。

最初ある一つの現象がその地点（地域ではない）と密接な関係のあることに気づいたら、まずその分布の概略、ことにその範囲（密度ではなく）に注意し、それがまずだいたいいかなる分布形態をもつかを予察すべきである。そしてさらにそれを真の地表現象として成立させるためには、さらにほかの地表現象の分布調査が必要となり、次から次へと調査事項が生まれてくるものであるが、それに応じてそれぞれの分布状態を調製する準備をすべきである。

たとえば、上高井郡松川下流における小布施地方の栗林のばあいも、まず初めにその栗林の分布形態を調査すれば、それが松川の下流に展開している扇状地の地形と一種の関係をもった形態が現われてくる。しかしそれは、扇状地そのままの形ではない。すなわちそれが西北向きの斜面にかたより、しかもその基脚部と末端部とには分布していない。したがってこれに類似した分布形態を発見するために、われわれは当然そこの地質調査の必要を思い浮かべることであろう。しかし地質調査といっても、扇状地である関係上一般に砂礫質の堆積からなっているので、ふつうの地質調査ではこの扇状地の中にさらにその変化を明らかにすることはできない。しかし、この扇状地内の各所耕地の畦畔などで、そこにある礫の中で直径のもっとも大きなものを測定し、それを標準に等径礫線とでもいうような等値線をこの扇状地の上につくってみると、そこに初めて類似現象が現われてくる〔第17図〕。この扇状地上の栗林の分布形態が、ここの扇状地のもつその礫の大きさと関係をもって決定されていることが明らかになる。

またもしその調査のさい、それらの分布形態の上にいわゆる類似の形態が現われてこないときは、さらにその調査事項を適当に細分し、その各項について別々の分布図をつくるようにすればよい。

たとえば佐久地方の養鯉業についてみれば、この地方の養鯉業は今日ではかなり一般に普及しており、ただたんに養鯉を行なう地域としては中央の平坦部をはじめさらに山麓部にまでも広がり、その分布形態上なんの特質も見出すことができないが、もしそれを市場に供給するか否かによって区別すれば、その供給地域として千曲川本流の沖積地である野沢平のみが現われてく

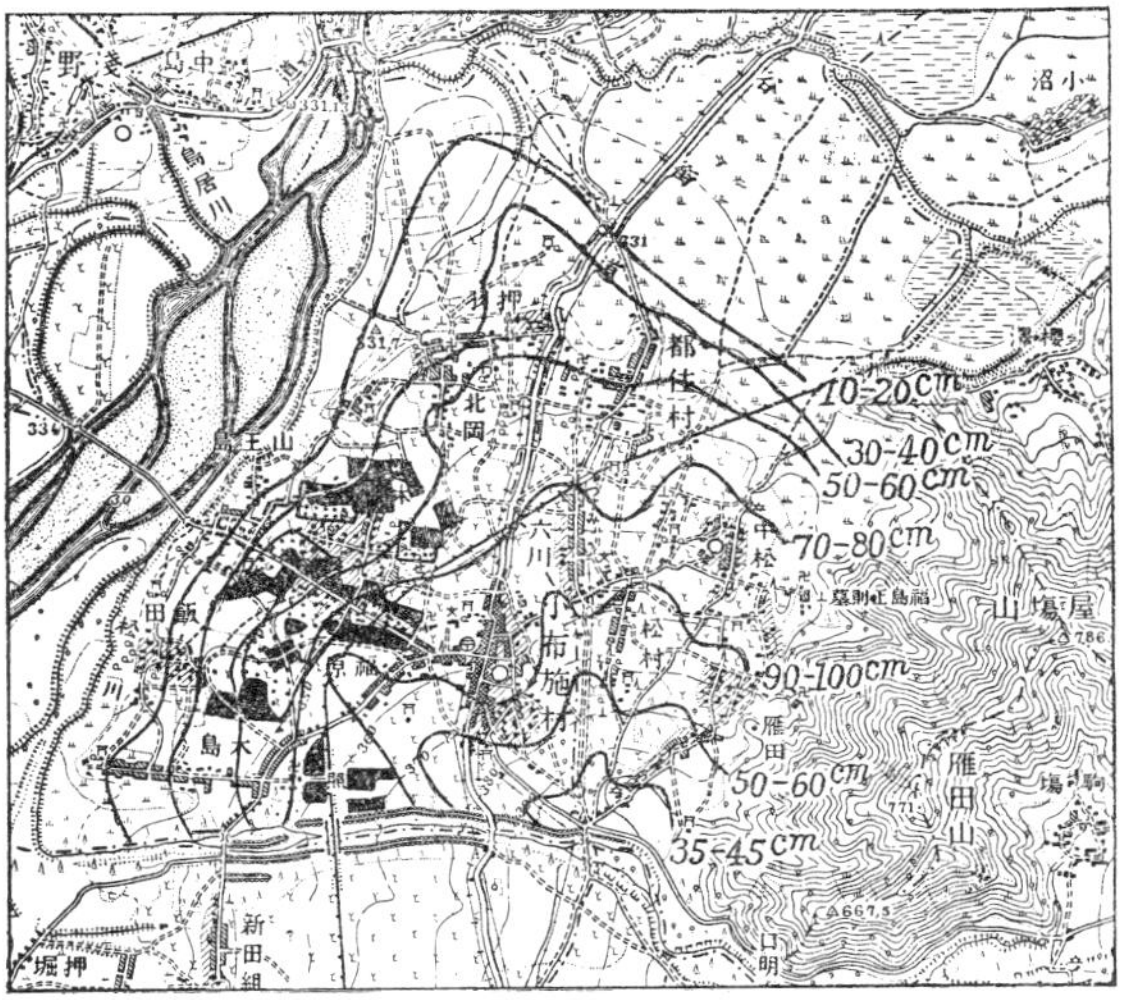

現在の栗林
明治初年当時の栗林
等径礫線

第17図　上高井郡小布施地方の栗林の分布図

1：75,000

（山県獅子，内山善雄両氏の助力による）

る。あるいはまた長野県下における子牛と子馬の飼育にしても、それがそのままでは、都市といわず農村といわず、また山地と平地の差別もなく、ほとんどどの地にも散在して飼育されており、とくに意義ある分布形態を示していない。しかし、それを一度前にもちょっと述べたように、飼料としての牧草供給の有無によって区別し、とくにその飼料をもっぱらその地方産の牧草によるものだけの分布を調査すれば、山麓から山間にかけての、いわゆる地形的にも経済的にもその辺縁部に相当する地帯にそれが現われてくる。もっともこのさい牛馬の別はかえって設けないほうがよりいっそう明瞭になる。また水田などでも、ことに普遍的作物であるからふつうではその分布に形態を示さないが、しかしこれもその単位面積当たり収量などによって適当に区分すれば、相当変化に富んだ分布形態が出てくる。普通畑にしてもその作物の種類、または品種などによって区別すれば、相当意義ある変化を見出すことができるものである。たばこなどのようにその生育については風土に対してほとんど無頓着な作物でも、その品質の方面ではきわめてそこの風土の性状を鋭敏に表現するものであるといわれているが、このばあいにはその品質上の分類を採用することによって成功することもある。

さらに一般の生物には適応性があってそれが同一種であっても、その生息場である環境の影響を受けて、地方的にその体形や色彩などの外見から習性まで著しい違いが生まれるものであるといわれているが、そうだとすれば、その外見や習性は動物学上の分類としてはさておき、地理学上からはまことに貴重な現象である。たとえば、木曽川の上流部ではますの一種である「やまめ」をさらにその形態上から「たなびら」「しまめ」「おぼそ」と区別して呼んでいるが、これによって同じ渓谷性である木曽地方にも、少なくとも三つの区分を描き出すことができるであろう。なおそれらの二〜三の例については、後編「地理教育」の部の実例欄で述べることにするが、要は、地理学的に意義のある区分ができるかどう

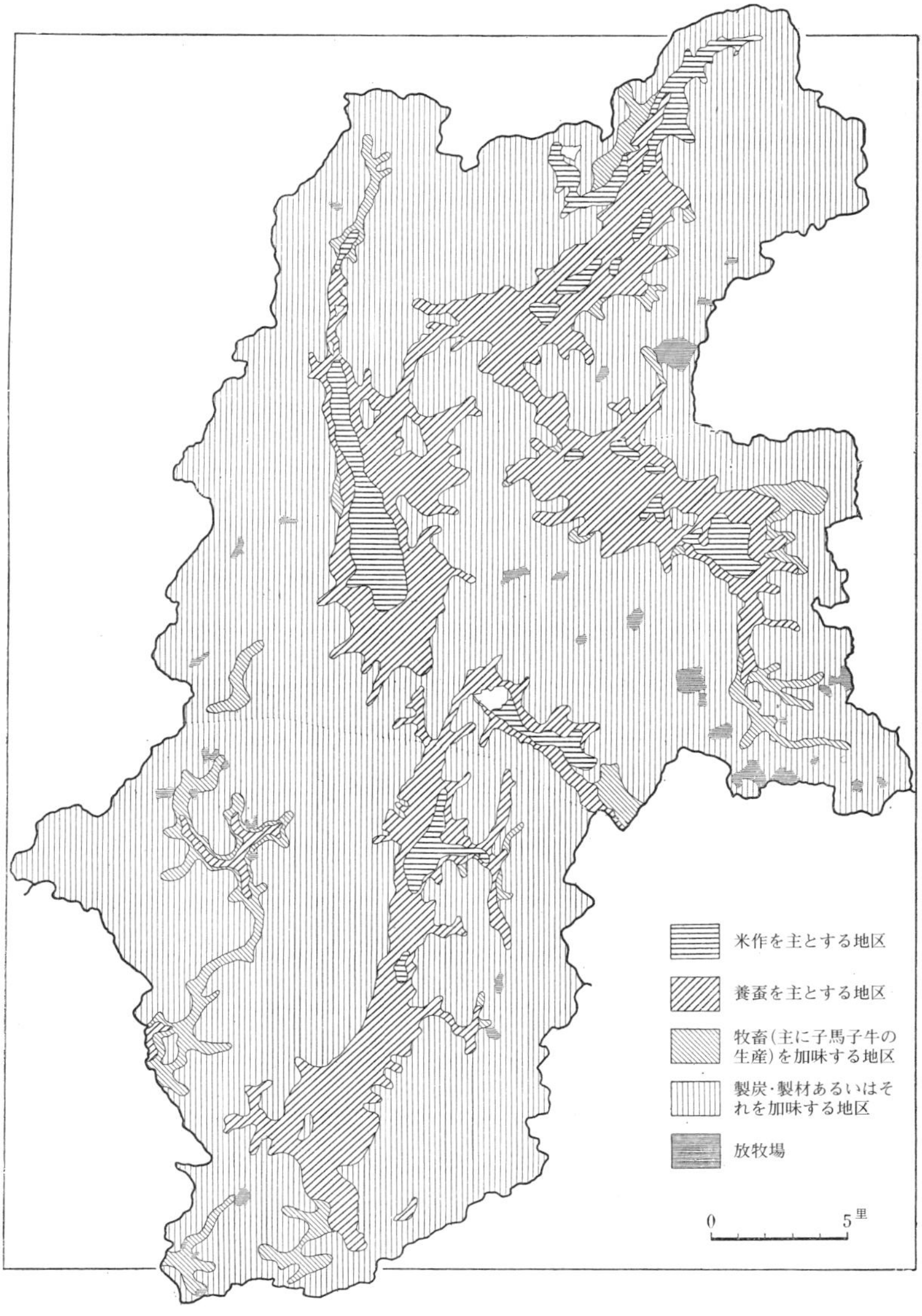

第18図　長野県の産業分布形態図

かがその成功不成功の分かれ目となるばあいが多いものである。したがって地理学では生物の系統的特徴にもとづく分類よりも、よりいっそう適応的特徴にもとづく分類を重視するばあいが少なくない（第18図　長野県の産業分布形態図参照）。

四、郷土人からの現地聴取

もちろんこれらの予察的な仕事は、まずはじめに、その地方在住の実際家・篤農家・または経験家につき、直接その現場に立って話を聞きながらすすめることを基本とすべきである。実際に話を聞くときに、現場で聞くのでなければ理解が困難であるばかりでなく、さらに地理学的に有効な質問を試みることもできないものである。そしてまた実際家の話を受動的に聞くだけでは、地理学的にはあまり有効な結果は収められないものである。また聞くときには、つねにその質問の中心を地点ならびに地域との関係におくようにすべきである。すなわちその現象がどこに存在しているか、そしてその理由はなにかというように。しかもそれをその現場と照応しながら説明してもらうことはきわめて有益なことである。

なおそのさい注意すべきことは、その現象がどのように特徴づけられているかという点を聞き落とさないように心がけなくてはならない。とかく篤農家の話の中には、何々の産業はどこの誰がどこそこから伝来したものであるなどと、よく話されるものである。そのようなときにはすかさず、そうであればその栽培法などについて伝来先とここことでちがう点はないか、そしてなぜか、というようにして、それに相当の理由があるようであったなら、その栽培様式をそこの一つの地表現象と仮定してその分布図をつくってみるように調査をすすめるのである。

五、風俗習慣の中の地表現象

この方面で地表現象として意義のあるものの採集は、あまりその住民は自覚していないものであるから、調査者の格別に鋭敏な観察眼に待つことが多い。そしてそのためには広く各地にわたって観察しておくということが大切な武器の一つである。ことに昨今交通が発達した結果、各地住民の使用している主衣・主食などの方面では著しくそれが一般化され、地方色の明瞭なものを見出すことが相当に困難にはなったが、それでも副装品や副食物の方面では、今なお地域性を表現する、いわゆる地表現象として認め得るものが残っている。第19図は千曲川の上流部甲武信岳山地へくいこんだ川上村の梓山・秋山な

第19図 ショイズカリ
千曲川の上流部川上村地方で使用されつつあるもの

第20図 スゲミノ
木曽川上流部末川地方で使用されているもの

どの部落で使用されているいわゆる「ショイズカリ」と呼ばれるものである。この地方の山地の渓谷に生育しているすげ草を原料としてつくったリュックサックそのままのものである。第20図は木曽川の一支流末川の上流部小野原部落付近で広く使用されている「スゲミノ」であるが、これもまたその原料はその付近山地の森林中の渓谷に繁茂しているすげ草である。両者ともそれがその地方の生物に関係をもち、ことに前者ではさらに地形とも関係をもつまことに有効な地表現象の一つである。もっとも後者もそこが高地でありかつ寒地である関係上、ふつうのみの原料であるわらが得がたいこととも関係しており、けっして見のがしてはならない資料ではある。

六、産業と豊凶の調査

産業などでは過去におけるその豊凶の有無、その年柄などを調査することは、これによってその地域における気候との関係方面を明らかにすることができてまことに有効なものである。

七、地表現象の辺縁部、漸移地帯の調査

ある地表現象とそこの地形・地質・気候などとの関係のおおまかな見当がついたならば、その現象分布の辺縁部、すなわちほかの地表現象との漸移地帯の調査をすることはきわめて有効である。たとえば犀川丘陵地の麻の栽培地域がこの丘陵地のうち、おおよそそれが冬季の多雪地区とほぼ一致し、かつその南方はしだいに麦作地へ漸移していることに気づいたら、ただちにその南方限界にあたる上水内郡津

和村〔現・信州新町〕付近の麻畑の分布調査を試みる。

そしてこの東西に通っている晩幼年期的な谷間における畑の分布を調査すると、それが、ここの北側に面した斜面とその谷底、すなわち冬季の長積雪地区が麻畑となり、南向きの斜面が完全に麦畑となっていたことが明らかとなる。もっとも近年ではその麻畑の多くは桑園地と変わってしまってはいるが、今なお確実にその調査をとげることができる。そしてこの北向き斜面が桑園地となり、南向き斜面が麦畑地となっている傾向は、さらにその南方で、そこがしだいに谷間が広くなり水もいくらか豊富になって、水田がしだいに現われてくるようになる地方にまで広がっている。その一部の北安曇郡陸郷村〔現・安曇野市〕付近では、「三朔日《さんついたち》雪があればその年は麦の凶年」ということわざがある。これは、一月、二月、三月のあいだ積雪で埋もれているような年は麦の凶年であるということで、いかに積雪と麦作とが相いれないか、すなわち負の分布的相関関係をもつ現象の一つのよい資料となる。

八、四季にわたる調査の必要性

臨地調査はその対象地域に対し、少なくとも年四回、各季節ごとに試みるべきものである。これはほとんど説明を要しないほど明らかなことで、前にも述べたように、その地方の経験者の話を聞くにしても、その現場で聞くことを本体としている以上まことに当然なことである。風俗や習慣の中には季節によってはまったく意味のないものがあったり、または取りはらわれてしまうものがあったりする。また産業の中にも夏とか冬とかある特殊の季節でなくてはまったく行なわれていないものがある。しかも冬季雪の上で実際に行なわれているところをみるのでなければ、いかにするどい観察眼をもっていてもと

第21図　風籠垣　諏訪湖畔渋崎部落

写真中近いほうの二つはわらで最遠のものは（やや不明瞭だが）よしでつくられている

うてい十分な考察をとげられないようなものも少なくない。

たとえば諏訪地方で冬季の西北の寒風を防ぐために設けられるいわゆる風籠垣〔第21図〕と呼ばれているものは、多くは前年の十二月の初め頃から翌年三月末頃までで、それ以外の季節にはほとんどその痕跡さえ見られない。これに対して、飯山地方で広く普及している「すがき」は春から初冬のあいだだけ設けられ、冬は取りはらわれてしまう。しかしいっぽう同地方でさかんに行なわれ、そしてそれが純家庭的小工業であるにもかかわらず、大規模な工場工業に対抗し、なんらの遜色も見せずに発展しつつある製紙業は、その製造期である冬季、しかも積雪の上で行なわれている原料の雪晒《ゆきさらし》の情況や、かつ清浄な河川によって営まれている節取り加工の光景を直接見るのでなくては十分な理解はできない。またこれに反して、千曲・天竜両河川の中流部に発達している「うぐい」（信州では一般に赤魚と呼んでいる）漁業、とくにその中流地域がうぐい漁場として提供されている地理的事情の研究に関しては、四～五月頃の産卵期を選び、詳しく漁場を調査するのでなくては、水温はもちろん瀬の速さと礫の大きさとの関係などからみた、その漁場地域としての真の意義を発見することはおそらくきわめて至難のことであるかもしれない。

理想をいうならば、自分自身そこに住み込んで、しかも直接かつ長くその業に携わることが要求される。郷土地理の研究の存在の真意も、じつはここに根ざしているのかもしれない。しかもそれは一方では、それらの風俗・習慣・産業などと、そこの地域性との関係を究明しようとする期待と方法との所持者でなければならない。したがって実際上では容易に望めないことであり、そのためあるいは前にも述べたように、その地方在住の篤志家と地理学者との連絡がもっとも実現性が高いということになるのかもしれない。また、地方人士の地理学的教養すなわち地理教育の肝要点も一つはここにあるのであろう。しかしその調査者は、いずれにしても、要は現地で現物に直面しながら調査することを基本とすべきである。そうでなければ実在的科学の資料としては、精密さにおいても正確さにおいてもまことに薄弱なものになる。

九、ほかの地域との比較観察

ある対象地域の調査にあたって、その地域の精密な調査が必要なことはいうまでもないが、その調査がたんにその地域だけにとどまっていてはけっして十分とはいえない。さらにほかの地域との比較調査が必要である。それは、単に甲乙両地表現象の相互関係を立証するためばかりではなく、さらに新しい地表現象を見出すためにもまことに大切な作業である。

たとえば前にも述べた北方の飯山地方の製紙業の調査にあたって、そこの低温や積雪と製紙業とのあいだに密接な関係があることを確かめようとすると、それとともに、南方の下伊那郡の製紙業地を訪問すべきである。すなわちそこは飯山地方にくらべて温度が高く積雪もきわめて少なく、かつその期間も短い。しかもその漉場《すきば》も、飯山地方ではすべてが南向きでかつ暖房装置を備えているのに、ここでは北向きに設けたものさえあることが新たに目につく。そして下伊那郡での製紙業の困難をくわしく調査することによって、ますます飯山地方が製紙業地として恵まれていることが明らかになる。しかも前両地にくらべてきわめて小規模であるが、この両地方の中間地域にあたる北安曇郡広津村の日野という、犀川丘陵地内の一小渓谷で、その南面の中腹にある小製紙業部落を調査すれば、ここでは、谷底の渓流と、その渓流に沿って冬季間つねに積雪がある狭い谷底水田部とが、製紙原料の水浸および晒場となり、南面の集落立地の中腹斜面部が漉場および乾燥場として働いている。そして、相当良質の紙が製造され、さすがの工場製紙にも圧倒されず活躍している点は飯山地方にも似ており、ますます製紙業地としての飯山地方のもつその特性がはっきりとしてくる。したがって、この製紙業という産業が、飯山地方の地理学的景観を構成するうえで大切な素材であることが立証されるわけである。

一〇、過去における地表現象の調査

その地域性の活躍、とくに文化現象としての活躍になると、格別にその当時の時代とのあいだに密接な関係をもつ。したがって、時代の進展は一日としてとどまっていないから、たんに現在だけの現象で、そこの地域性を明らかにしようとすることはかなりむりである。この意味からその地域性の真相を究めるために、われわれはその地域の過去の地表現象を明らかにすることが要求され、そしてこれはまことに大きな作業の一つである。世間一般には、ともすれば地理学の役割は現在および将来にのみかかわ

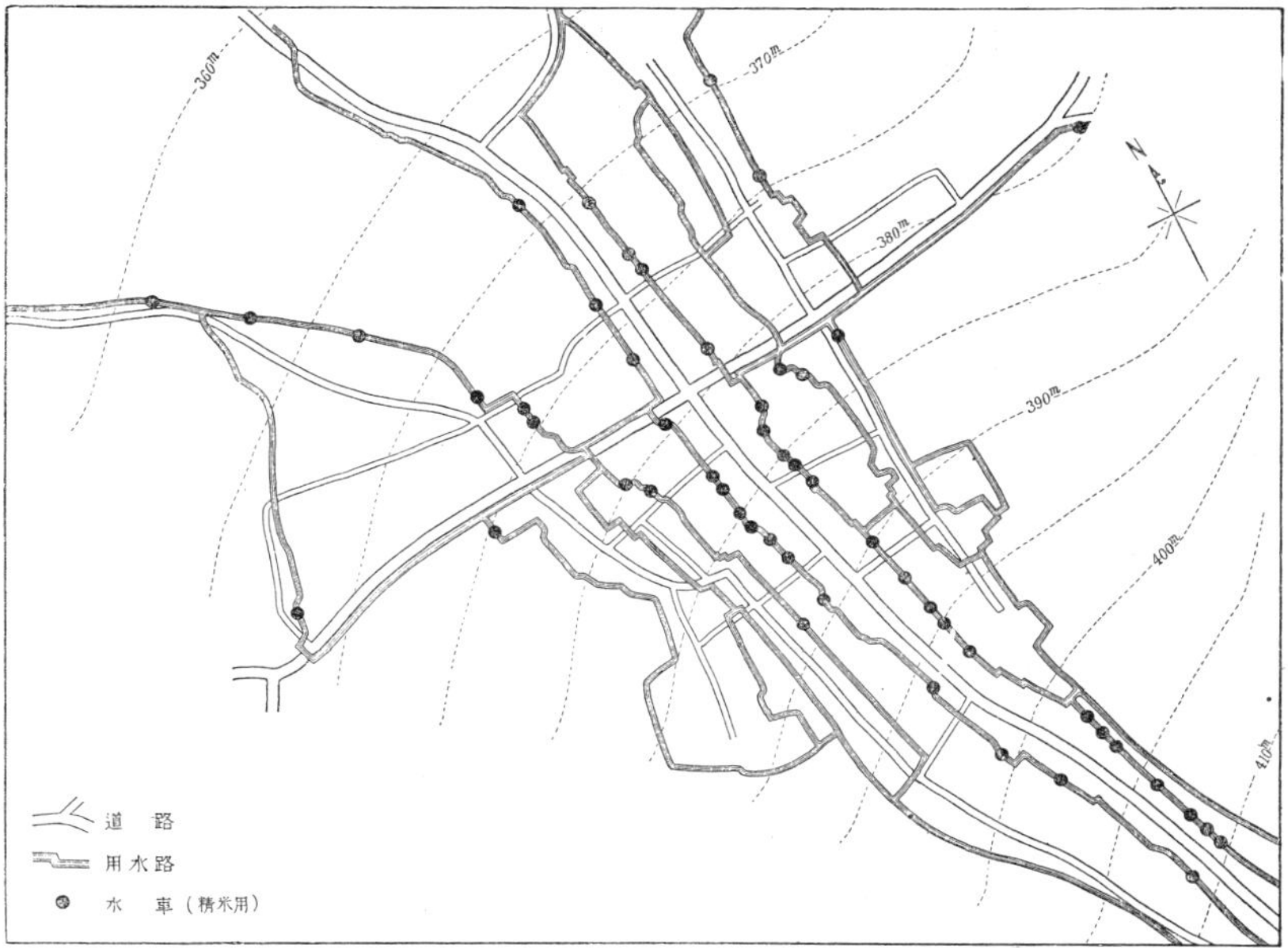

第22図　須坂における穀用水車の分布形態図（安政3年より慶応末年まで）
（今井誠太郎氏の研究による）

るかのように考えられ、いたずらに新しい、しかもときにそれがまだその地域の生産物として発育したものでなく、ただたんなる文化力の洪水的現象によって氾濫したようなものの蒐集に奔走するような態度のものがいることは、われわれが今ここで考えている地理学とは、かなりへだたりが大きいというべきである。のみならず、真に純粋なそこの地表現象、すなわち地域性に即した現象を決定しようとすれば、そのためにはその地域上に展開された諸現象の中から、当時の文化的、経済的などの非地理的影響を引き去らなくてはならない。その一つとしては、各時代においてその地域に起こった諸現象を比較調査することによって、各時代にわたっての共通あるいは類似の現象を選択する方法を試みなくてはならない。たとえ全時代にわたることが困難である

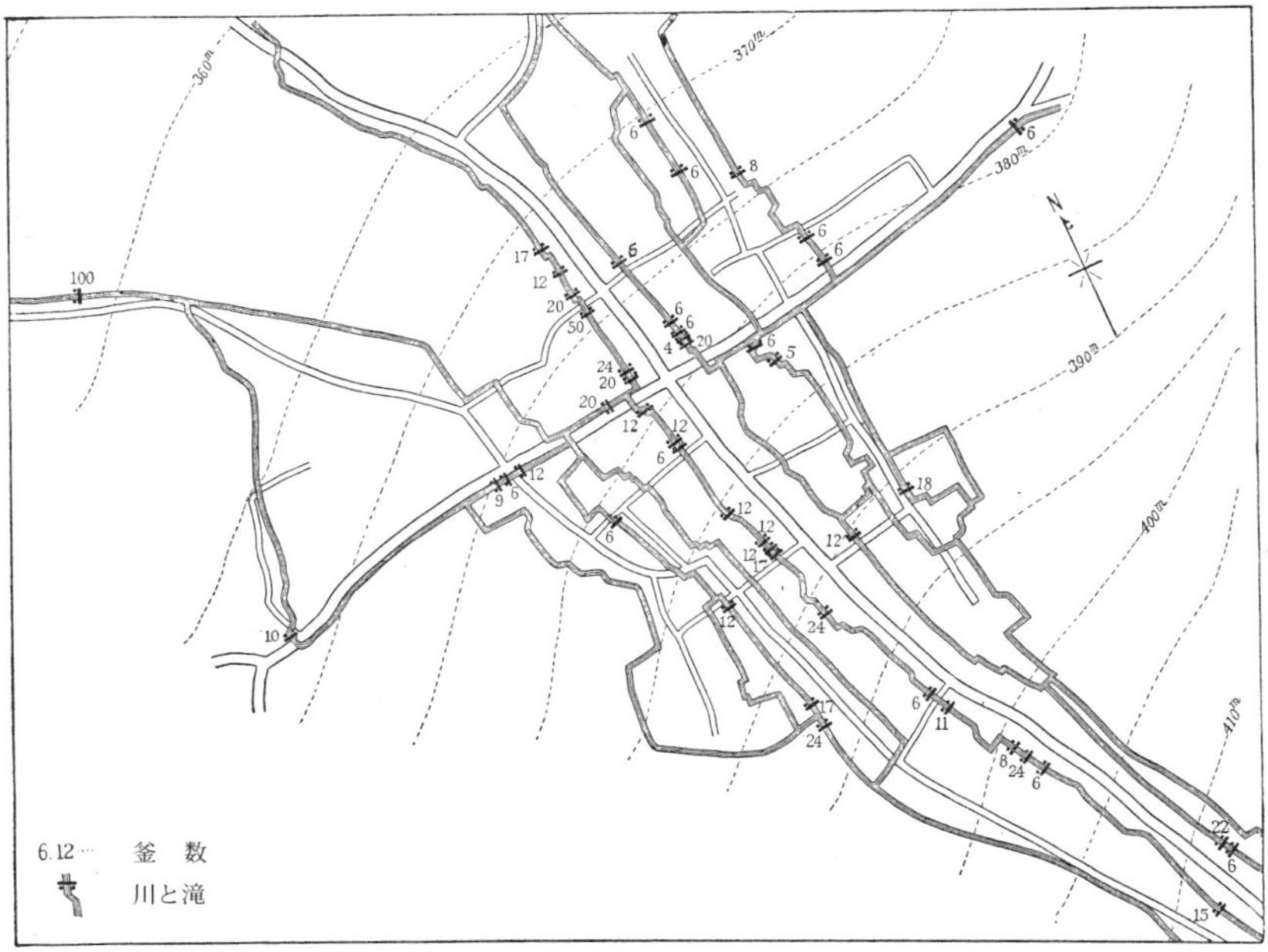

第23図　須坂における製糸動力用滝の分布形態図（明治10年12月現在）
（今井誠太郎氏の研究による）

としても、せめてすぐ前の時代との比較は無視してはならない重要事である。またなかには、現在よりもかえって過去に起こった現象のほうが、より強くそこの地域性を表現しているものも少なくない。

たとえば今日各地にある都市は城下町であった時代のほうがそこの地域に即して考えられるものがはなはだ多い。またきわめてよくある例ではあるが、湧泉地と集落立地との関係についても、今日ではすでにその集落あるいはその他の事情が、第二次的にその集落の発達に影響をおよぼした点があまりに多いので、第一次的であるそこの湧泉との関係は想像するも困難なほど薄くなっている。しかし、それもその集落発生当時の古絵図などによって容易にその関係を発見することができるものである。

また、たとえば、今日、長野県の各地に発達している製糸工業都市のごときも、その起源のやや古いものでは、動力として、そこに流れている河川の水力によったものが少なくない。しかもその水力は製糸業が起こる以前においても、灌漑用水の汲上げに（岡谷・川岸地方）、あるいは穀類などの精白に（須坂・丸子・松代など）、そこの水車の動力源として働いていたものである。すなわち、そこの水力が製糸業方面に利用されたか、それとも精米業方面に利用されたかは、主としてその当時の経済事情の影響で、われわれはそれよりも、その根本に働いている水力の供給地としての河川あるいは扇状地、または谷口としての性質を明らかにしなければならない。

要は前項における空間的な比較観察に対し、本項では時間的な比較観察が大切であることを述べたものである。ただし、地方的な自給自足の経済より以上にはすすんでいなかった過去の時代の文化現象の中には、きわめて有効な地表現象もあるかわりに、地理的にほとんど無意味なものも少なくないはずであるから、その選択にはいっそうの努力をはらわなくてはならない。

一一、有力な地表現象の選択

以上は各種の方面から地表現象の蒐集に努めたものである。しかしそれらの地表現象はやがてそこの景観を構成する素材としての位置をになっており、また景観はさらにそこの地域性究明のためという重任をもっている。そのため、せっかく蒐集された地表現象も、さらに選択を経なければならない。すなわちなるべく有力な地表現象が選ばれなくてはならない。そしてそれは単なる産額の大小や人口の多少などのみによって決定することはできない。とりわけ地域性表現の濃厚なものであるということが望ましい。

たとえば飯田盆地の南縁山地で交通が不便な、しかし信州としては春秋の両の季節のもっとも長いかつ比較的多湿なその地域では、まず第一にそこの産業の一つとしてしいたけの栽培をあげなければならない。そしてそれは(1)しいたけの胞子は四〇度（セ氏＝以下同様）以上の温度に二～三時間以上遭遇すると発芽力を失うこと、(2)また直接日光にさらさせたり乾燥させたりするとただちに枯死すること、(3)次に菌糸は一六～二五度を発育の最適温度としているのに、(4)たまたま盛夏に乾燥させたり、酷暑に北風を受けたりすると乾燥枯死すること、(5)またしいたけは降雨・暴風・曇天などを好み、こうしたときに発生がもっとも早く、秋季に晴天が続いて降雨が少なく空中湿気が少ないときは、どんな方法を用いても、せっかく発生したしいたけが成長せずついに枯死してしまうということなどの点からみて、しいたけの発育がきわめて春秋の季節、ならびに湿度とのあいだに密接な関係をもっていること、しかも(6)原料木としてはくぬぎやならが最適であり、これらの樹種がたまたまこの山地の位置する暖帯と温帯の接触点付近を最適地としていること、(7)さらにそれが経済的にまたこの地域が末端部にあるという性質が、原料木をまきや木炭として市場へ供給するよりも、とくに著しい高値を保ち、遠地輸送としての強大な力をもつしいたけがいかにもこの地域にふさわしい生産業であることなどからみて、まことにこの地域のもつ各種性質のあたかも結晶的現象でであるかのように考えられるからである。

(8)ことに飯田盆地の北方中心部の平地では、元結《もとゆい》〔髪を結うための和紙でできた細いひも〕や雨傘など、等しく春と秋を製作能率上の最良季節としているが、とくにあるていどの乾燥を要件とする完成品的加工業をもっており、いっそうしいたけ栽培が南方辺縁山地的性格を特色づけていることや、(9)さらに飯田盆地には、中心部といわず辺縁部といわず組合製糸工場が広く各所に分布し、長野県内における組合製糸工場分布の核心地域を構成している。それが、供給される繭の区域が限定されているという不利な条件にもかかわらず、それを押し切って発達していることは、この盆地が、夏秋蚕にくらべてより良質の原料を提供する春蚕の産地であるということや、交通上の辺縁地でかつては営業製糸家の踏買を受けたことなどが一つの有力な原因と考えられている。それらがまた前の二者とあいまって、互いにますますこの地域の気候性や位置性をはっきりさせることになり、その産額の多寡にかかわらずこの地域におけるしいたけ栽培業はまことに貴重な資料とみなければならない。

要するに地域の調査にあたっては、なるべく結晶的でしかも孤立的でない、いわゆる有力な地表現象を選択し、その精査にその主力を傾けるように努力すべきである。

一二、現地での分布調査の着眼点

以上一一項はわれわれが臨地調査として自ら現地に立つばあい、そこの地表現象の蒐集・分類・選択などについての一般を述べたものであるが、それらを素材としてそこの景観を明らかにするためには、それらすべての地表現象を分布図として調整すべきであることは前にも述べたとおりである。したがってそれらの地表現象の分布調査という問題が当然出てくる。しかもこれについては、臨地調査の中でもきわめて多大な労力をふり向けなければならないことになる。

もともと、前記の一一項は、みようによっては、調査者の先天的観察力や特殊な教養に待つことがはなはだ多く、したがってそれに要する時間は人によって非常な相違があるものであるが、いよいよ決定された事項の分布調査にはそれほどのたいした相違はない。まったく時間上の問題である。しかしここでもまた大切なことはせっかく調査した地表現象の分布そのものも、そのやり方によっては、景観構成の素材としてまったくその用をなさないばあいがあることである。すなわちそれは、前にも述べたように、われわれは景観構成にあたって、その素材である各分布図に対し分布形態の系統を見出し、そのうえで行なうものであるから、したがってそのためには、つくられた分布図は手頃な、すなわちその研究者の能力に添う程度の変化を示していなければならないのである。そしてその手段の一つとしては、前にも述べたように調査しようとする地表現象の分類に十分な工夫を用いなければならない。しかもここで分類というのは必ずしも定性的方面に限ったわけではなく、定量的方面も含めてのことである。ことに定量的方面では、その変化がとにかく連続的なものであるだけに分類の巧拙が著しく現われてくる。

たとえば養蚕業の分布調査において、春蚕業地と夏秋蚕業地というように分類して分布を調査するのは定性的方面であるが、その部落の普通世帯中、何割までの春蚕業者をもつ部落を主要春蚕業地とするかというようにその割合を区分することが定量的方面に相当するのである。そのためには、いくつかの分類による分布図を調整し、そのなかから適当なものを採用することも一つの方法である。いずれ数量的方面についてはその一端を次項で説明するが、とにかく量的調査に先立って概略的な調査を試み、それによっておおよその予定を立てることも一つの方法である。

また一つには、その地域の基礎的素材である大地や大気の方面から、おおよその変化を予想して観察や調査をすすめることもよい。たとえばそこが谷ならば、そこに上流・下流、左岸・右岸の変化が存在するであろうし、盆地ならば中央部と辺縁部、同じ辺縁部でも西向き斜面と東向き斜面といった変化があるだろう。あるいは河岸ならば、河岸部と非河岸部というような、そしてそれに相当する中央現象なり辺縁現象なり、西向き斜面現象なり東向き斜面現象なり河岸現象なりがそれぞれ存在することであろう。しかも現在では、すでに文化力のためにそれらがうちけされているかもしれないが、万一そのようなばあいには、前項に述べた過去の調査からそれの発見に努めなければならない。しかし現在でも、そのような心持ちできわめて注意深く観察すれば、必ず何物かをそこに見出すことができるであろう。たとえば、現在飯田の開析盆地では、そこの耕地一面がほとんど桑園化され、一見そこになんの変化も現われていないようであるが、桑樹の仕立て方の型式に注意すれば、ふつうの畑地で行なわれている根刈り仕立てに対し、畦畔や崖端部では高刈りつくりや立木つくりとなっている。また同じ根刈り仕立ての一般桑園でも、道路沿いでは中刈り仕立てになっているものが多いというように、ここが開析桑園盆地だということが桑の栽培様式にきわめて鋭敏に反映している。

また、善光寺平では、犀川下流の扇状地上に発達している水田用水の一つである中堰に沿った流域では、その中流部にあたる稲里村字境部落だけが古くからなす苗の本場になっている。その主因は、苗床の整地に適する大きさの砂粒（苗代用の土には、鉢付の関係上、特別に細かい砂質壌土が要求されている）をその付近にもっているためであるといわれている。それより上流の砂は粗すぎ、下流の砂は細かすぎるといわれており、境部落の砂は明らかに一種の扇状地上のしかも中流現象を示している。要するに最後は調査者の鋭い観察眼と地理学的教養の有無にかかわる点が多いことはいうまでもないが、対応現象の存在を肯定してかかることも分布形態を発見する一つの要諦である（第二編、地理教育の部参照）。

一二、数量的調査の重要性

前の諸項でも述べたように地理学的研究としては分布形態の系統化がきわめて重要であるから、その形態を科学的に表現するために変化を数量化することが必要になる。したがって臨地調査においても発見し、選択された地表現象をやがてはそれぞれが数量化できるように調査していくことが大切である。

たとえば信州各地の盆地の中心低地部から周辺高地部にかけて、そこに発達している各集落のもつ屋敷木の果樹の種類は、低地部の梨や柿の集落から、山麓のりんごやぶどうの集落を経て高地部のすもも集落へと移っていくのが普通型である（変型もけっして少なくはないが）。このように屋敷内果樹の分布からもすでに盆地の形態を見出すことができてまことに興味ある現象であるが、さらにこの形態を科学的に図示するためには、集落の総果樹本数に対する柿なりすももなりの百分比を計算し、その数値の分布から一つの形態を明らかにしていくことが望ましい。

また、盆地の辺縁にある山地に発達している渓谷の産業分布の形態については、それが谷の入口の養蚕集落から中ほどの牧畜集落を経て谷奥の炭焼集落へと移りかわっているのが普通型である。その変化の系統を明瞭にするためには、やはりそれらの集落について炭焼業者なり子馬飼育者なりのそこの戸数あるいは人口との割合を調査することが必要である。またそれら各谷のもつ卓越風の系統などについては、そこに生育している二～三特殊の高木の樹景の方向の数量的調査が役立つものである（第二編、北相木川流域の部参照〔252ページ〕）。

市街地では、たんに商工業や住宅などの建物を細かく調査するだけにとどまらず、それらを適当に分類し、かつまた一方ではその市街部を適当な地区に区分して、その地区内に包含されている全戸数に対する各種の建造物数の割合を求めるとか、その区分地区の総面積に対する各種の建造物の占有面積の割合を計算し、その数値の分布を示すことによって相当みごとな形態を描き出すことができるばあいが少なくない（第二編、松本市駅前集落の部参照〔216ページ〕）。

いずれにしても調査した地表現象の分布を数量化することはもちろんむずかしいことだが、けっして見のがしてはならないことである。万一その調査資料が町村などの行政的単位によるほかに得られないばあいには、数量化された数字を、その町村の人口分布の重心点に記入し、それを基準としてある種の等値線を描き形態化する方法もあるだろう。ただしこの方法は調査事項が各町村に普遍化されているものであることが大切である。前掲第18図、長野県の産業分布形態図の中の米作と養蚕の二項は主としてこの方法によったものである。

一四、文献集めと思索

現場に臨んでさいわいにして有力な各種の地表現象を得ることができたら、一方では、その地表現象に関する専門の著書なり論文なり試験報告なり、それぞれ権威のある文献をできる限り集めて、それに関する知識を豊富にするとともに、他日その調査をまとめて景観として構成するため、それについての思索を練る有力なる助けとしなくてはならない。しかもこのばあいにも、努めて普遍的に論じられた文献は別であるが、同じ研究調査の中にも、研究調査している場所の地域性がかなり織り込まれているものが少なくないから、その引用には十分に注意しなければならない。たとえば同じ稲作の豊凶に関する論文でも、凶作年の主要原因として東北地方のものはその年の低温をあげ、西南地方のものはその年の日照不足をあげている。そして中間地帯の滋賀・山梨などの地方ではその両者をあげているものが少なくない。またたばこの栽培にしても、南部地方では南方がふさがった地形でややせた土壌が要求されているのに、これに反して北部地方では、北方がふさがったやや肥沃の土壌が要求されているのはその一例である。

こうして調査した結果をさらに図示化し、またそれを総合して景観化し、景観をとおして地域性の本質を究め、さらにもう一歩をすすめて、そこに表われた特質の奥にひそんでいる共通的普遍性を明瞭にしたならば、それでその地域の地理学的研究としては、いちおう完了したことになるのである。そして、それらを室内的にすすめる各行程の、主要な内容と要諦についてはすでに前諸項で述べたとおりである。

第四章　地域性究明の研究過程

地域の地理学的研究の最終目的は、これまで何回となく繰り返し述べてきたように、もちろんそれは構成された景観をとおしてそこの地域性を究めることである。しかしこれはまことに重要なことであると同時にきわめてむずかしいことでもあり、かつまた相当長時間を要することでもある。ことにその対象地域の範囲が広ければ広いほど困難もまた深くなる。したがって地理学的研究の過程としては、必ずしもただちにそこの景観構成というような重大問題の完成に邁進するよりも、かえっておもむろに、

（第一段）まずその地域の地表現象の蒐集に努めること。

（第二段）その地表現象を適当な図学化に努めること。

（第三段）右第一、第二の両段がすすむにともなって、しだいにその二個あるいは数個の地表現象の相関を明らかにする研究に努めること。

（第四段）かくしてその最後の事業として、それらのすべての地表現象の総合的関係、すなわち景観の完成に努めること。

（第五段）最後にそれを普遍化すること。

要するにこの五段の順序ですすめるべきものではなかろうかと思う。しかしそのためには、ただ地理学だけでなくその他の科学の進展に待たなくてはならない点も少なくない。

したがって今ここにわれわれが企てている信濃地理研究も、もちろんこの順序ですすむのが正道であ

り、もっとも望ましくかつ安全な道だと考えているが、ここしばらくのあいだ、われわれはもっぱら第一、第二の二段の作業に力を注ぎ、機をみて第三段以上へすすむことを念願している。

もっともその完成に先立って便宜上、もちろんきわめて予察的・概観的のものではあるが、全信州を対象地域とした概論を、本集の姉妹編として第二集に載せることになっている。

第二編　地域個性と地域力探求の学習

――地理教育

第一章　地域観念の養成に向けて
――地理教育の目的

教育の根本的使命

もちろん地理学の研究と地理教育そのものとを同一視することはできないが、しかし地理学をとおしての教育である以上、そのあいだにきわめて密接な関係があることを忘れてはならない。そして地理学そのものが地域の真相を明らかにする学問であるならば、いやしくもそれによる教育は、その地域性を認識させるものであるという実質的方面が大切であるとともに、そのいずれの地域の認識にあたっても、つねにその地域の景観を構成しているその偉大な地域的親和力の存在を明らかにし、ひいてはわれわれの日常生活についてもそれを知ると知らざるとにかかわらず不断にその制約を受けつつあるという観念、すなわち地域観念の養成はさらにいっそう肝要である。ことに、昨今のようにあまりにも経済的機構が濃厚となり、かつ人類の自由意志が強調されている状況では格別にもその重要性が高められてくる。

もちろんわれわれは人類の自由意志そのものをいたずらに否定しようとするものでもなければ、経済的機構そのものを無視しようとするものでもない。しかし物質的に勢力的にその自然的根拠をもたない経済的機構や自由意志なるものは、その実現性、とくに永続性がきわめて薄弱なものであることを認めざるを得ない。もちろんまたこのこともたんに地理教育だけが背負うべきものではなく、一般自然科学教育が等しく担うべき重要事であることは言うまでもないが、ただこの地理教育においては、その自然性のなかに、とくにその地域性の観念の養成に向かって主力をはらわなくてはならない。人類生活の向上、文化の発達は、われわれ人類が一日も忘れることのできない貴重なことではあるが、ただそれがたんに文化のための文化ではなく、それがわれわれ人類の創造にかかわるものであるとともに、一方またそれが地球の表面上においての発現である以上、そこにはつねにそこの地域性が豊富に加味された、いわゆる地理的文化であることが、もっとも望ましい要件一つとして付加されてこなくてはならない。しかし現在この観念は必ずしも普及しているものとは考えられない。いやむしろわずかに地理学徒のしかもその一部、きわめて狭い範囲にのみ限られているものとみるのが妥当かもしれない。したがってこの地域観念の養成に対する地理教育の任務は、ますます重要さをましてきているのである。

かりそめにも昨今一部の都市至上論者やあるいは一部の文化評論家が主張するように、現代の文化がたんなる人類の自由意志や経済的機構のみで発生し発達したものだなどという思想を植えつけてはならない。われわれの努力は一見たんなる経済的機構や自由意志の結果のようにみえている文化をさらに分析し、解剖し、純化して、そこに潜在している地域性の活躍、地域の力を発見し、ひいてはいわゆる人類の自由意志的表現もさらに根本にはその地域の大きな制約を受けつつあること、またそうでなければ完全な成果も望み得ないことを十分に理解させなければならない。

経済・文化の底にある「地域性の活躍」

たとえば今日わが長野県下に一般に普及している養蚕業などにおいても、その発達に関してはたんに技術的方面だけに重心をおかないで、より地域的方面の研究に関心をもたせなくてはならない。春蚕飼育地がわが長野県地方では北信では海抜約九〇〇メートル、南信では約一〇〇〇メートルあたりを上限として行なわれているのに対し、ときに一千数百メートル以上の地域にまでも奨励されていることがある（権兵衛峠の萱ケ平では海抜一三〇〇メートルもの高所であるにもかかわらず、また桑が霜害を受けているにもかかわらず、年々春蚕を飼育しているようなところもないではない。しかしその経営形態が、ほとんどすべての飼料は普通畑の畦畔や原野または山間に植えつけられたいわゆる藪桑で、したがって夏秋蚕用には不向きのものを用いているという特別の条件を備えていることに注意しなければならない）。また、清涼を期待している夏秋蚕飼育の蚕室が、教科書に書かれているとおりに南面して建てられかつその表と裏とに窓を設け風通しの用に供したとしても、渓谷が多い信州では、卓越する風向きがもっぱら谷方面に制約されて、必ずしも南北方向のみに限ってはいない。したがって前記のような建築様式も不幸にしてその用をなさないばあいが少なくない。また山麓近くの集落では、その山麓斜面が西向きか東向きかによって夏季の午後の日射時間の長短に相違をもたらし、それが夏秋蚕飼育の難易に影響し、さらにはその屋敷樹の植えつけ方向の影響も加わるので、そこまで注意をはらわなくてはならないが、それに対する用意があるかどうかによっては、去る昭和二〜三年頃のような高温多湿期に遭遇すれば蚕作に著しい相違をみせるようにもなってくる。

また同じ塩尻峠でも、その南側と北側とで、すなわち夏季に峠を越して吹き下ろしてくる南からの暖かいしかも乾燥した東南風を受ける桔梗ケ原地域には信州でもっとも広い面積を占めているぶどう畑があるのに対して、冬季にその峠を越して吹き下ろしてくる北からの寒いしかも乾燥した風を受ける南麓の長地村〔現・岡谷市〕ではきわめて良質な凍豆腐《しみどうふ》の製造が発達している。また本州中部でもっとも乾燥し、比較的温暖な千曲川中流域の善光寺平と上田盆地との中間にあたるいわゆる千曲川の狭隘部では、暖地性であるざくろがとくに屋敷の果樹として普及し、かつ風味が相当優秀なものがとれている。また前編中でも述べたように、積雪が深くかつその期間が長い飯山地方の製紙業は、雪解けにともなう天然の漂白作用を利用した製品の優良性によって、純然たる家庭工業であるにもかかわらず、みごとに同種の工場工業に対抗して優良な成績を示している。また飯田盆地の南縁、三河・遠江の国境近くでは、この信州の中でも春秋性季節のもっとも長い山地では同じ林業でもとくにしいたけの産地として、そこの長い春秋性季節と山地にしてしかも辺縁的位置からくる交通の不便性などの各種の接触から起こる地域性をきわめて巧妙に発揮している。

これらはわずかにその一例にすぎないが、要するにそれらの経済的事情もたんに文化的、経済的のみの考察にとどめないで、さらに深くそこの地域性との協調がいかにあるかという点に、彼らの興味の中心をもっていかなくてはならない。すなわちこの点にもっとも大きな地理教育の使命が存在しているのである。

第二章　教育からみた「郷土」の意義と学習のすすめ方

生活の場「郷土」はもっとも優れた教材

さて地理教育の目的は、以上のような被教育者に対し各地域の地域性を認識させるとともに、つねにその地域観念の養成に留意するだけでなく、さらにすすんでは、地域性を認識する能力の養成まで力をふり向けられなければならない。したがってその能力養成にかかわる地理学そのものの本質が純粋に経験科学である以上、その能力養成にさいしては、すべてそれが現実に立脚しての作業でなくてはならない。そしてそのためには、教材の選択にあたって著しい限定が介在されることになるのである。すなわちそれは、被教育者がつねに生存し、したがって比較的自由に観察し調査し得る範囲、みようによっては被教育者の生活それ自身の直接環境である、いわゆる郷土そのものでなくてはならないことである。またそしてそれが、かりにその対象地域が教育全般のうえからの要求によってうまれてきた郷土以外のばあいといえども、前記のような地理教育としての目的をはたすためには、それらの教材の郷土化、すなわち直観化されていることが必要であり、そしてその郷土化的色彩が濃厚であればあるほどその効果も大である。したがってこの教科の教材研究としては、その郷土の地理的研究およびその教育的運用ということが当然きわめて重要な問題となって浮かび上がってくるはずである。

地域探求学習のすすめ方

郷土の地理学的研究については、前編でその大略を述べておいたが、しかしその運用に対してはまったくふれてはいなかった。したがってここではもっぱら後者、すなわち教育的運用方面に主力を注ぐことにした。

いうまでもなく、地域性の認識をはじめその認識能力ならびに地域観念の養成は、主としてその地域のもついわゆる地理的景観をとおして行なわれるものではあるが、前にもいろいろ述べたように、その地理学的景観なるものがもろもろの地表現象の総合的形態である関係上、きわめて複雑性の濃厚な構造でもあり、したがって、それだけ初学者に対しては困難性もまた大きく感じられるのである。否、それだけでなく、総合的形態構成のための要因である地表現象そのものさえ、すでにその決定にあたっては多方面の検討を経なければならないことは前編においても述べたとおりである。したがって教材の選択ならびに配列についても、まずその地表現象に対する学習的訓練を相当に重ねたうえで、順次地理学的景観の方面の学習に移ることが正常な順序と考えている。もっとも地表現象の中には相当複雑な考察を要するものもあり、景観の中にも比較的簡単なものもあるはずであるから、必ずしも簡単に断言することはできない。すなわち、高級な地表現象は高学年に、低級な地理学的景観は低学年に配当すべきであることはいうまでもない。ただここではきわめてその大綱を示したにすぎないのである。要は地理教育に携わる者が、それぞれの教育者の郷土で、まずそれぞれ適当な資料の調査蒐集に努め、それを、一方では学的難易にしたがい、一方では被教育者の心身の発達を考えて、努めて合理的に配合することがきわめて望ましい。

さてこのような趣旨のもとに一度配合された教材も、その実施にさいしては、それが存在する現地で観察・調査することが第一要件となってくる。

そのさいまず第一に注意すべきは、その調査にさいしつねにそれをそこの地点と地域に即して観察させかつ思考させることである。万一この点を忘れたら、たとえほかにいかに重要なことを調査することができたとしても、まったくそれを意義のある地理的作業の成果としては認めることはできないのである。なおまたここで注意しなければならないのは、現地では必ずしもわれわれが要求する現象のみが単純に存在するのではない。否、かえってそこには多数の、ときにわれわれの観察・調査を妨害するような現象が混在しているのがふつうかもしれない。

こうしたなかにあって、彼ら被教育者の注意をその必要現象にだけ集注させることは難中の難事で、要は教育者の技量と被教育者の訓練とに待たなければならないが、しかしこの困難に辟易してこの貴重な作業を省略してはならない。

次に、一度この困難を押しきって臨地調査を終えたら、さらにすすんでその整理へと向かわなくてはならない。そしてその整理にさいしては、まずその地理学の本質にもとづいて図学的表示することに主力を用いるべきであろう。その図学的表示については、前編でも述べたように、正確・明瞭・典雅であるべきである。しかしその考察・整理の内容と程度にしたがって、そこに精粗があるべきことを忘れてはならない。しかもこの点は低学年の地理教育では格別に注意がはらわれなければならない。

重要な教育者自らの体験

最後にその実際にあたってもっとも重要な一つとしては、臨地観察なりあるいはその整理なりにおいて上述のような注意を十分はらうためには、さらにその根本的問題として、じつは教育者本人が地理学またはその教育に本質ならびに本旨を十分わきまえていることであるが、そのためにはたんなる文献上の思索だけでなく、一度は必ずその身を直接そこの野外に立たせ、大なり小なりそこの地域的調査・研究に対しての一とおりの体験をもつべきことである。そして、その有力な演習の提供地としても、「地理教育上より観た郷土」の意義ははなはだ深い。

第三章　地域個性の観察と発見の実際
――教材の系統化に向けて

以上は地理教育に対するきわめて概論の一端を述べたにすぎないのであるが、ここからは、その具体化の意味について、筆者が各地で直接観察した数十個の実例にもとづいて記述を試みることにしようと思う。もっとも、その観察・調査には時間の制限なども加わって、その成果はまことに不備なるものではあるが、やがては各地在住の諸賢の助力を仰いで、さらにこの完成を期したいと願っている。

そしてまた、その実例の範囲をいずれも長野県下に限定したことは、本書の性質上多少の当然性が認められるとはいうものの、しかし、その事例が県下全般にわたって普遍的に選ばれていないことは、なんとしてもまぬがれることのできない大きな欠陥であろう。ここにあげたそれらの実例は、実質的にはいずれもそれぞれ地球上唯一のものではあるが、その型態としてはきわめて類型の多い現象である。したがって読者諸賢の努力によっては、それぞれの在住地においてこれに類似の型態をもつ地点なり地域なりを発見することもでき、その地理教育上多少なりとも有効な資料として利用し得るようなものとして、その選択にはとくにいくぶんの注意をはらっておいた。

しかしこの種の型態のもののみが地理教育上その資料的価値がもっとも高いというような考えは毛頭

含んではいない。われわれはさらに読者とともに、より多方面の型態の蒐集に努め、かつそのあいだに教材として適当な順序に対する検討を加え、他日、一つの系統ある地理教授資料の完成を期したいと念願してやまないものでもある。

第一節　地点性の観察と究明

ある地表現象を観察するさいには、その地点に即する考察と地域に即する考察とがあるが、まずは、とくに地点のほうにより重きをおいて観察するものから始めることにした。そしてそれは一つには臨地観察ということを基調にしている関係から、その観察を精密にするためには、一般に狭い地点性の濃いもののほうが便利であり、もう一つには地域はその地点性の群落的広がりとも考えることができるからでもある。

そしてまたその配列については、比較的簡単なものからやや複雑なものへと試みることにした。

一、北安曇郡陸郷村袖沢《そでさわ》渓谷の水車

犀《さい》川丘陵地中、とくに犀川と土尻《どじり》川とのあいだに挟まれた三角形の地域は、その西縁の南方大峰山付近から北方権現山付近にかけて南北に発達している狭長な安山岩の地域を除くと、ほかはもっぱら第三期層に属する水成岩地であり、そしてそこが前記犀・土尻両川の各支谷によって一帯に晩幼年期的な開析を呈している。したがってわれわれ人類の活動舞台も主としてそのやや平坦な尾根の部分を中心とし、さらにその両側の傾斜面におよぶ麦作地域であり、かえって谷底部の利用度が一般に疎である。その結果はこの地域の主作物にも特徴をみせ、ほかの地域の米作に対しほとんど麦作が主業の地域である。と

ころがまれにその谷底部に特殊な建造物がありとくに人の注意をひくことがある。その多くは水車屋であり、今ここにあげたものはその標式的なものの一つである。

第 24 図　北安曇郡陸郷村〔現・安曇野市〕袖沢の水車

水車小屋の右やや上の地点が道路の交差点

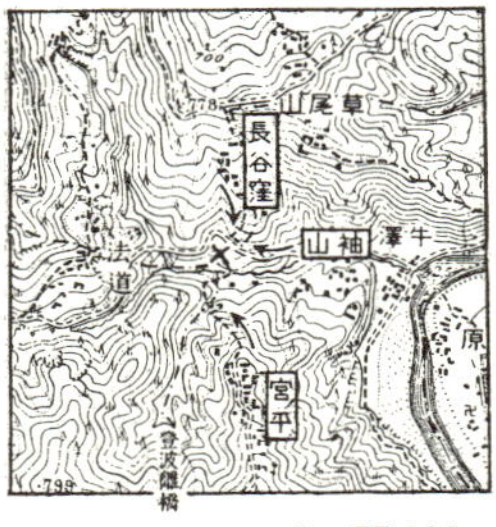

1：75,000

第 25 図　陸郷村袖沢付近地形図

×は水車屋の位置を示す

地点は、上流の水源を前記大峰山の南方安山岩地区にもち、東流して牛沢付近で本流犀川へ注ぐ袖沢渓谷の中流にあたっている。ここの道路についてみると、この谷の北側斜面にはその谷底から十数メートル、ときには数十メートルの高位置に沿って、下流の牛沢・袖山の両部落方面から、上流の法道部落を経てさらに池田町へ通ずる縦の幹線道路が通っている。そのほかに、この谷の北尾根上の長谷窪《はさいくぼ》部落から南尾根上の宮ノ平部落へ通る横の小支路があって、前記の幹線と十字状に交差している。水車屋の位置はその交差地点に近く、法道川の左岸に設けられている。

ここの水車屋では、もっぱら北方の長谷窪、南方の宮ノ平、および下流の袖山、この三部落の農家の収穫した麦類を原料とするきわめて小規模な製粉業を営んでいるのであるが、その動力である水力を利用している点からも、また原料供給地である前記の三部落、およびそれらとの交通上からも、まことにみごとな地点に出現していることは、地理学的に興味深い現象である。しかもそれが、平素水量がきわめて少ないこの小渓谷にある水車屋として、水車の輪の幅が狭いにもかかわらず、直径は著しく大きいこと、およびその作業が米作地域の水車小屋が精米を主としているのに対し、ここではまったく麦粉の製造のみが行なわれており、したがってその内部の構造にまではっきりとした特色をもっていることなど、その河川や地域の特性をきわめて明瞭にみせている。まことにここの渓谷のもつ文化景として、いっそうその地理的価値を高めている。

おそらく水車景の出現地点としては、それが河川と道路との接触またはその交差点付近であることは、その機能上まことに当然なことである。しかしさらにここの水車景においては、それが(1)交通系においてさらに多少の輻湊《ふくそう》状〔一ヵ所に集まっている状態〕を呈していること、(2)かつその地点が対象部落のほぼ中央に位置していること、(3)ことにその施設構造の方面にまでもおよんで、小幅大輪の水車であり、しかも(4)麦の製粉のみを営んでいることなど、とくにこの地域の個性を著しく濃厚に表現している点は、この水車屋の地理的考察として、見のがしてはならないきわめて重要な景観というべきであろう。

二、下水内郡豊井村替佐斑尾川河畔の水車

同じく水車景ではあるがやや規模の大きなものについての考察の一例をここに載せることにした。地点は千曲川の支流斑尾《まだらお》川の下流、替佐《かえさ》部落からその上流永田村方面や、ほかに飯山町方面の各部落へ通ずる小割街道および旧飯山街道の分岐点に近く、斑尾川へ架けられた斑尾橋のたもとにあたるところである。

その上流部すなわち永田村地域は永江盆地を中心とし、その西方上流部の斑尾火山の東南山麓、およびさらにその上流の同火山錐体の一部からなり、比較的広い谷と広い尾根とをもった特殊な地形を呈している。そしてまたこの火山錐体部は、冬季の積雪が多いことで有名な地区である。春季の融雪期に雪解け水を巧みに山脚の低窪地に捕獲貯水し、それを夏季に下流の灌漑水として利用している。その結果、前記永江盆地をはじめその上流部一帯のほとんど尾根部・谷部の区別なく水田が開拓され、まことにみごとな水田地域として活躍をみせている。そしていまここでその考察をすすめつつある水車屋は、ただたんに水系的にこの米作地域を灌域としている下流部に存在しているだけでなく、交通的にも、明らかにこの流域の地形の制約を受けて発達してきている交通系の焦点付近に該当する。かつまた、実際経営的にも、この米作地域をその原料の主要供給地として成立しているので、地形的に、交通的に、なおまた産業的に、まことにみごとにそれらの焦点的位置として、この地点のもつ個性を十分発揮しているのである。さらにこれを、その存在している局部的な微地形にまで踏み込んで考察すれば、ますますその地理的内容が豊富なことに驚かずにはいられない。

原料籾供給部落　○精米所　→原料籾移動方向

第26図　下水内郡豊井村〔現・中野市〕斑尾橋畔の水車精米所の後背地

1：75,000

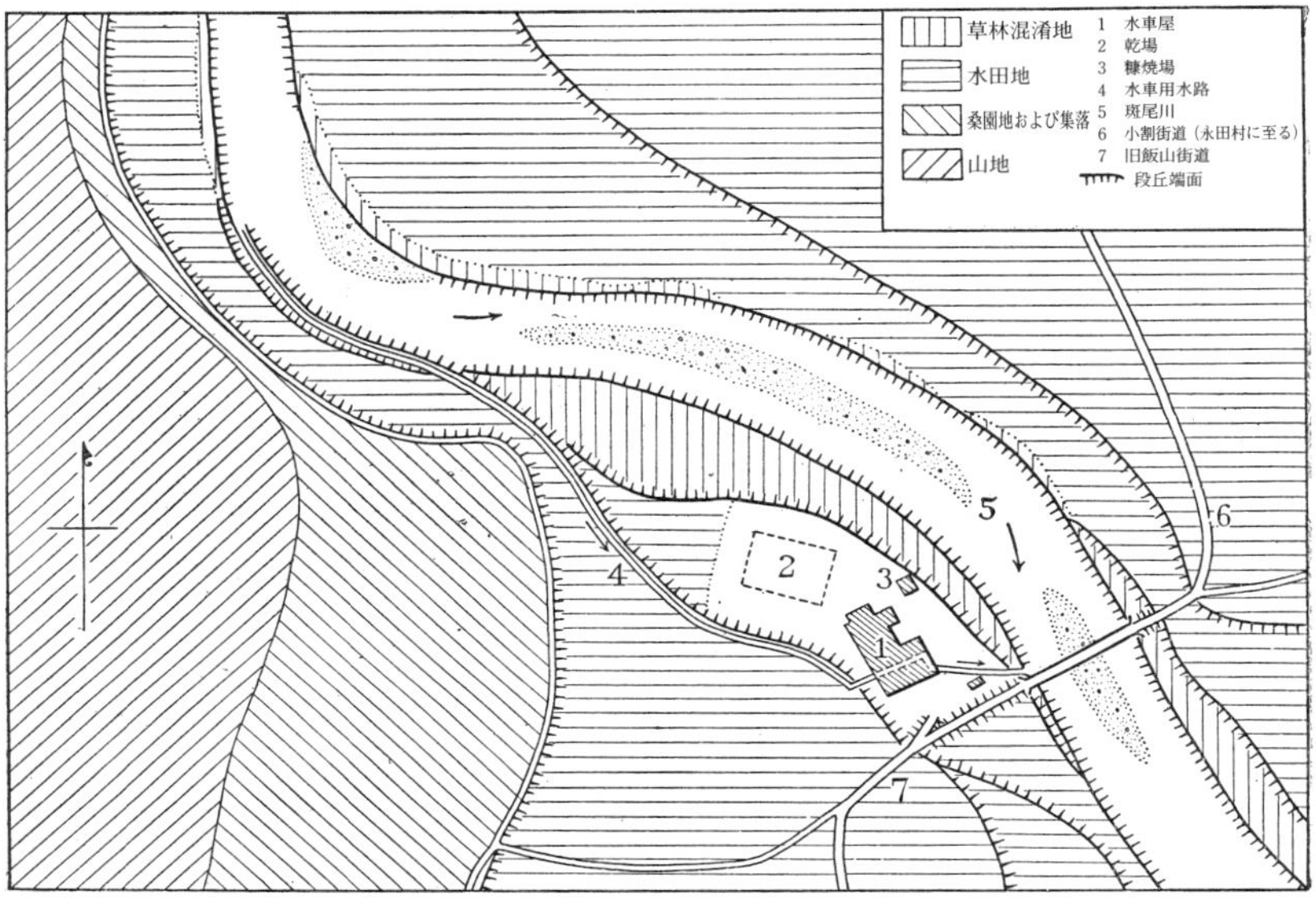

第 27 図　下水内郡豊井村斑尾橋たもと水車精米所付近の地形図

縮尺は 2cm が約 10 間に相当する

（豊井小学校の助力による）

すなわち、もちろんそこは斑尾川の右岸にはちがいないが、ここでは、その河身が、水平的には一つの屈曲点であり、垂直的にはその屈曲点から下流は河床の傾斜がやや急になっており、小規模ながらもつねに一つの瀬さえつくって流れているほどである。そしてその急流部の右岸は、雑木林をもつ狭い氾濫原をへだてて、それに接して高さ平均約一・五メートルの第三河成段丘と、さらに約一メートルの高さをもつ第二河成段丘とが隣り合っており、しかも第二段丘は前記河身の屈曲部付近に起点をもっている。水車屋が建てられているのは、その第三段丘の中葉部である。その動力用としての水の取入口は河身の屈曲部で、水路はその屈曲部付近を起点としている第二段丘の辺縁部を導かれ、わずかに四〇～五〇間で水車屋に達し、平水面に対し約三メートル余りの落差があり十四馬力のタービンを回転させている。

川の屈曲点に取入口が存在することは、そこの水勢がまさに取入口に向かっている点で導水にきわめて便利であり、またその取入口以下の河床が急傾斜であることは、比較的大きな落差をつくることになり、その水力作用に対しほとんど寸分の心配さえ残さない。もしこの動力を電力に求めるなら、毎年優に千数百円に相当するといわれており、毎年籾五斗五升入一万俵内外を処理している。これを要するに、この水車業経営の後背地域としての米作地域、およびそれに対するこの水車屋の焦点的位置、ならびにこの地点のもつ特殊な微地形とが互いに相関連して、地理教育上まことに効果の高い景観を提供しているものとみるべきであろう。

三、南佐久郡南牧村海の口字川崎製材所

千曲川はその源を関東山塊の雄峰海抜二五〇〇～二六〇〇メートルの高度を示す金峰山・国師ケ岳に発し、川上地方一円にわたる林業地域の水を集め、しだいに北流して野沢平に注いでいる。そして今ここにわれわれが研究対象としている川崎製材所は、その途中の海の口と海尻両部落のほぼ中央部、千曲川の左岸に出現しているものである。

まず千曲川の本流について、その小諸町以南の上流部における平衡曲線を考察すると、第28図にも明らかなように、海尻、八那池両部落のほぼ中間の沓打場付近を不連続点とし、その上流と下流とにそれぞれ一つずつの平衡曲線をもっている。したがってその下流平衡曲線の上流部に相当する小海沓打場間は約三五分の一の急傾斜を示し、河床は巨岩に富み水運はまったく不可能である。ところが一度それ

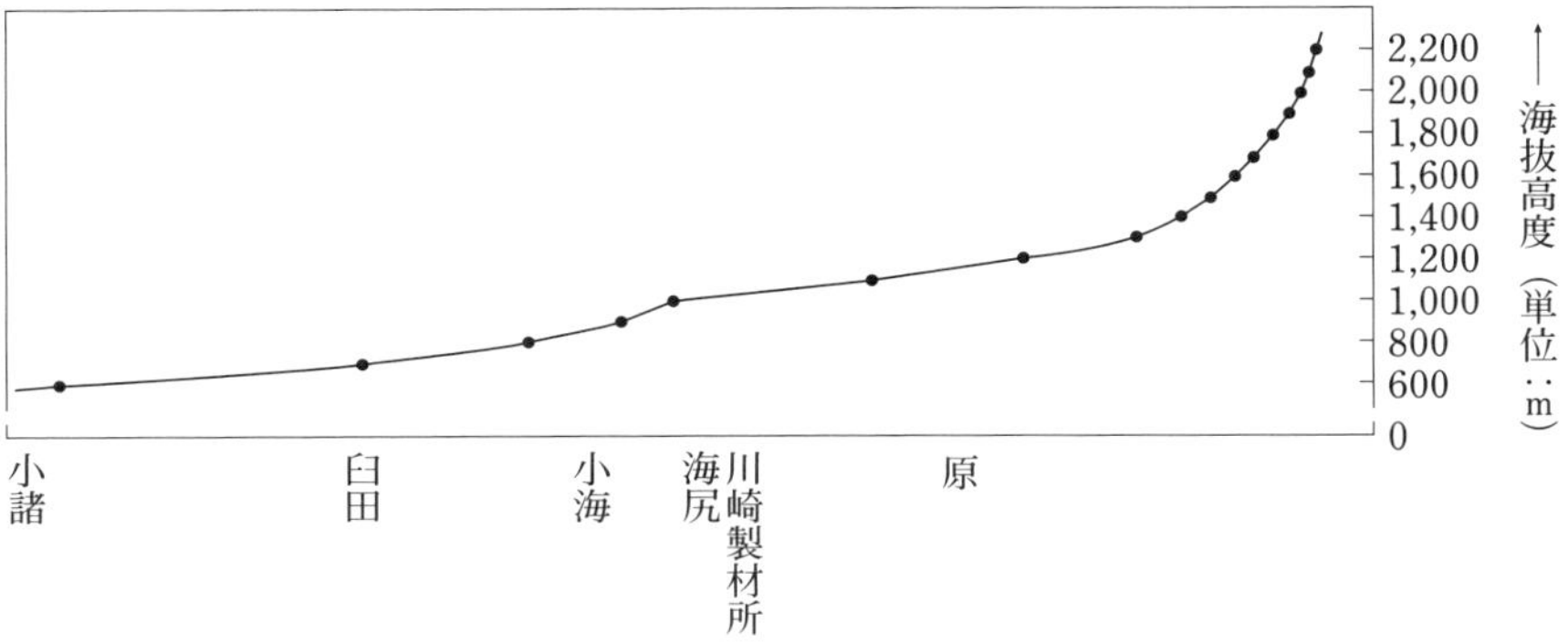

第28図　千曲川上流部における河身の縦断面図

が不連続点沓打場以南の上流部の平衡曲線区に移れば、にわかに二五〇分の一の緩傾斜を示し、河床には巨岩もなく明らかな下流相を呈し、木材などの流運にはまことに好適地である。しかしこれに引き換えて、その縦断面こそこのように平衡曲線の下流相を呈してはいるものの、その横断面は、海の口から広瀬部落に至るあいだのように両斜面が急傾斜で迫り著しい峡谷相を呈し、谷沿いの陸路の建設をきわめて困難にし、したがってそれだけ陸上の交通を不便にしている。このような興味ある特殊な地形は、ついにその上流部の森林地域である川上地方の木材の搬出に対し陸送よりも流送を選ばせることになった。そしてその陸上げ地としては、またそれが下流の平衡曲線の上端部、前記不連続点の上流付近がその任にあたるべきことも当然である。

　したがって、いまその不連続点付近の地形を考察すると、その不連続点より上流部すなわち上流平衡曲線の下流部のうち、南牧小学校前付近より下流においては、前記下流の平衡曲線をつくっている回春的浸蝕力がすでにその前衛の占居するところとなり、小規模ながら河成段丘まで構成され、その結果、水陸の連絡すなわち木材の陸揚地としての機能を阻害

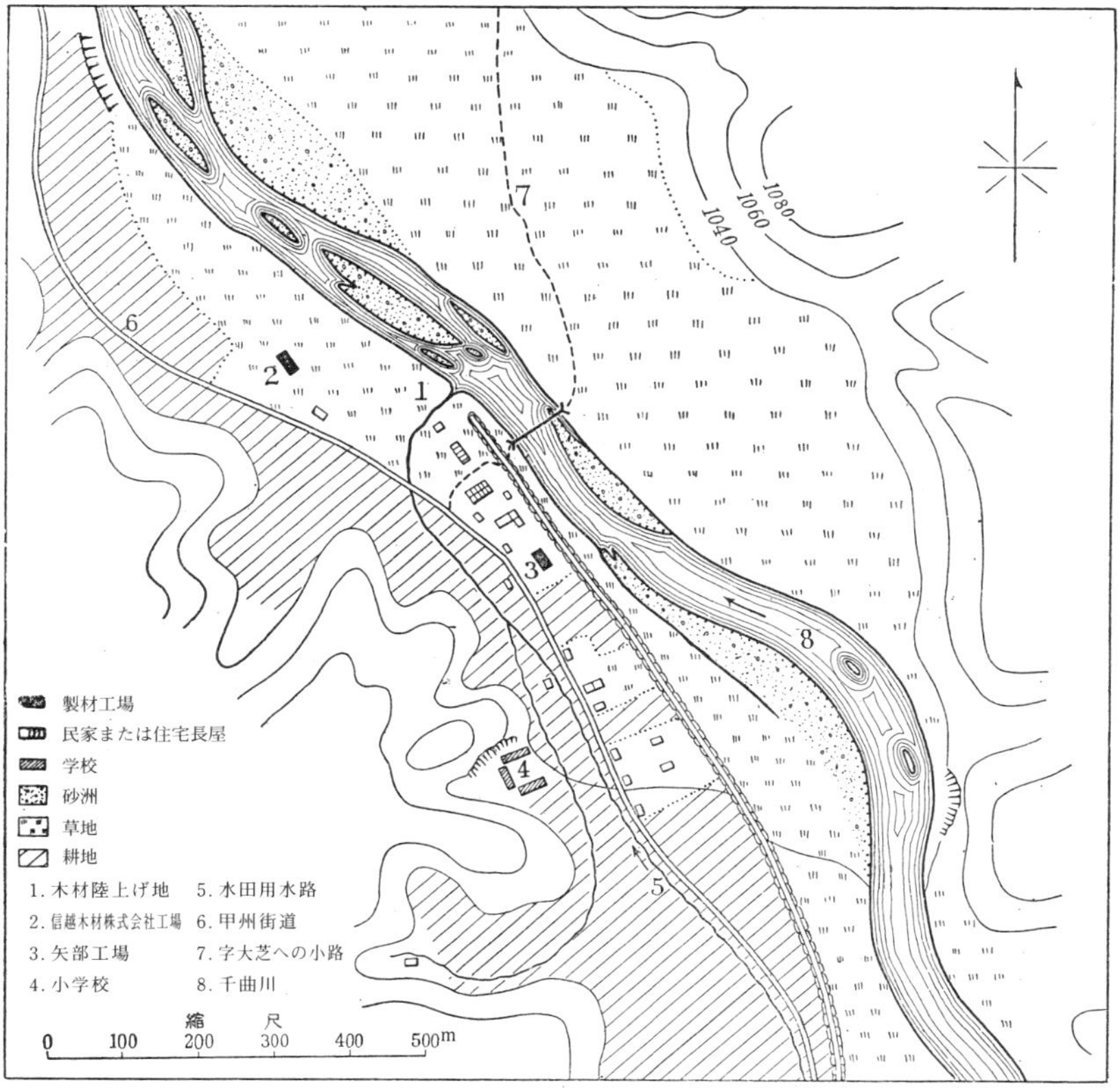

第29図　南佐久郡南牧村字川崎製材所付近（1930年8月現在）
（沢路憲三郎氏の助力による）

第30図　南牧村の川崎製材工業集落

向かって左端が小学校，その手前の建物と右端のものとが製材工場，堤防の右端近くが陸揚場で，そこからさらに右に続いた河床中の白く見えているところが砂洲である

している。ところがたまたま、前記小学校の北方のやや下流に当たり、現在水田用水路の通っている付近一帯は、かつて千曲川の氾濫当時（明治三十一年九月六日と同三十三年九月十一日の両度）一時河床化され、付近一帯に多量の土砂が堆積した地帯である。その結果、その堆積地帯の末端で現河床との接触点付近は一つの緩傾斜面をもち、そこにみごとな水陸連絡の好地点を構成している。かつまた旧河床部の末端に対する現河床の沖合の中には砂洲さえ堆積され、その結果、この河を凹線にして著しく前記接触点側へかたよらせ、格別にその連絡を便利にしている。なおまたそのうえここには、この谷で唯一の陸上交通である甲州街道が、その西方字樽の原丘陵地帯が東方へ突出している関係上、著しく河岸に接近してきており、ますますこの陸揚地点としての機能を大ならしめている。そしてわれわれがここで考察の主対象としてきていた川崎製材所は、まったくこの旧氾濫堆積河床部上、しかもその千曲川と甲州街道とに挟まれた一小地区上につくられている

のである。

今から一八年前、ここに一つの製材所ができて以来引き続いて第二の製材所がつくられ、かつそれと前後してその関係者の住宅などもでき、一時は二七〜二八戸の小工業集落にまで発達した。上流の川上村御所平あたりから流送された木材は前記旧河床部の末端で陸揚げされ、一度製材工場で加工され、その製品は貨物自動車によって甲州街道小海駅へ陸送されている。まことにみごとな一種の地理的景観と地理教育資料とを提供している。不幸にも、昨今の経済界の不況はついにその中の一工場を閉鎖させるに至ったがまことに惜しんで余りあるほどである。われわれはその復活を祈ってやまない。第30図はその現状である。

これを要するに千曲川上流地域のもつ特殊な性質に対し、この地点のもつその特殊的位置の上に、さらにここの特殊な微地形までが加わって、いかんなくここの個性が発揮されてきているという点をみすごしてはならないと思う。

四、諏訪郡上諏訪町岡村綿の芝の製糸工場

諏訪盆地東部の山麓の各谷口にはその谷の大小にしたがって、それぞれ美しい扇状地が構成され、そしてその扇状地上には多くはまたそれぞれ一つずつの谷口集落ができている。上諏訪町〔現・諏訪市〕もその一つで、はじめは角間《かくま》川扇状地と甲州街道との交差点を起因とし、それに城下町としての機能が加わって発達した都市である。最近では温泉都市としての活躍が格別にも目につく。しかし今ここにその研究の対象として選んだのは、角間川扇状地の基脚部である字綿の芝に存在している大小二つの製糸

工場を中心とし、それにわずかにその直接関係地域を含めた小地域である。

この二つの工場はいずれも動力として角間川の水を利用しているが、ここが扇状地の基脚部に相当する関係で河床の傾斜が急で、まことに短い引込堰の割には大きな動力が利用でき、電力費が不要であるばかりでなく、休電、停電などの心配がなく、経営上至って便利であることは、まことによくこの地点の個性が発揮されているとみるべきであろう。

一方またこの基脚部はその東方、えの窪方面からの崖錐《がすい》の末端部に接し、そこにはまた霧ケ峰火山山麓一帯の集塊岩中の地下水の一部が伏流状となって湧出しているが、これがその地質的関係からわりあいに高温（セ氏一七度八分～一八度二分）でかつその反応も中性に近い（水素イオン濃度六・六～七・一）。そのため、この二工場ではともにそれを製糸用・汽缶用・炊事用などの各方面に使用しているが、相当に高温であるため（とくに冬季において）燃料代は優に一割以上の節約ができるといわれている。ことに大工場のほうでは、製糸用および汽缶用には、夏季に限って角間川の水を利用していることはいかにその水温が考慮されているかがうかがわれる。それだけでなく、夏季でも降雨のために角間川が混濁したばあいは随時その湧水を使用しているなど、いかにもみごとにその崖錐と扇状両者の接触地点として、そこのもつ個性が活躍しているのに驚かずにはいられない。

しかもそのうえ、その位置が都市の外縁部にあるため、通勤女工の募集や通勤に便利であることは第31図からみてもまことに明らかである。しかもこれはこの二工場に限った特殊な現象ではなく、上諏訪町にあるほとんどすべての製糸工場に共通する現象である。しかしここがたんに都市の辺縁部であるだけでなく前記のように扇状地の基脚部であるため比較的閑静であることや、高燥でかつ空気が清澄なことはもちろん、それが谷口であるため、昼間すなわち作業時の常風はもっぱら谷風の相をもち、煤煙などは主として郊外の渓谷部へ吹き送られ、都市部への迷惑はいたって少ない。

ただ今日製糸工場地としてのこの地点のもつ唯一の不便は、それが扇状地の基脚部であるため、燃料の石炭をはじめ日常雑貨の上諏訪駅からの運搬に関する不便である。しかしこの不便は燃料として石炭を使用している今日のことで、そのはじめ燃料として薪炭が使用された過去の薪炭時代では、かえって上流の角間川流域が有力な薪炭供給地であり、この地点はその出口になっており大変便利でもあった。

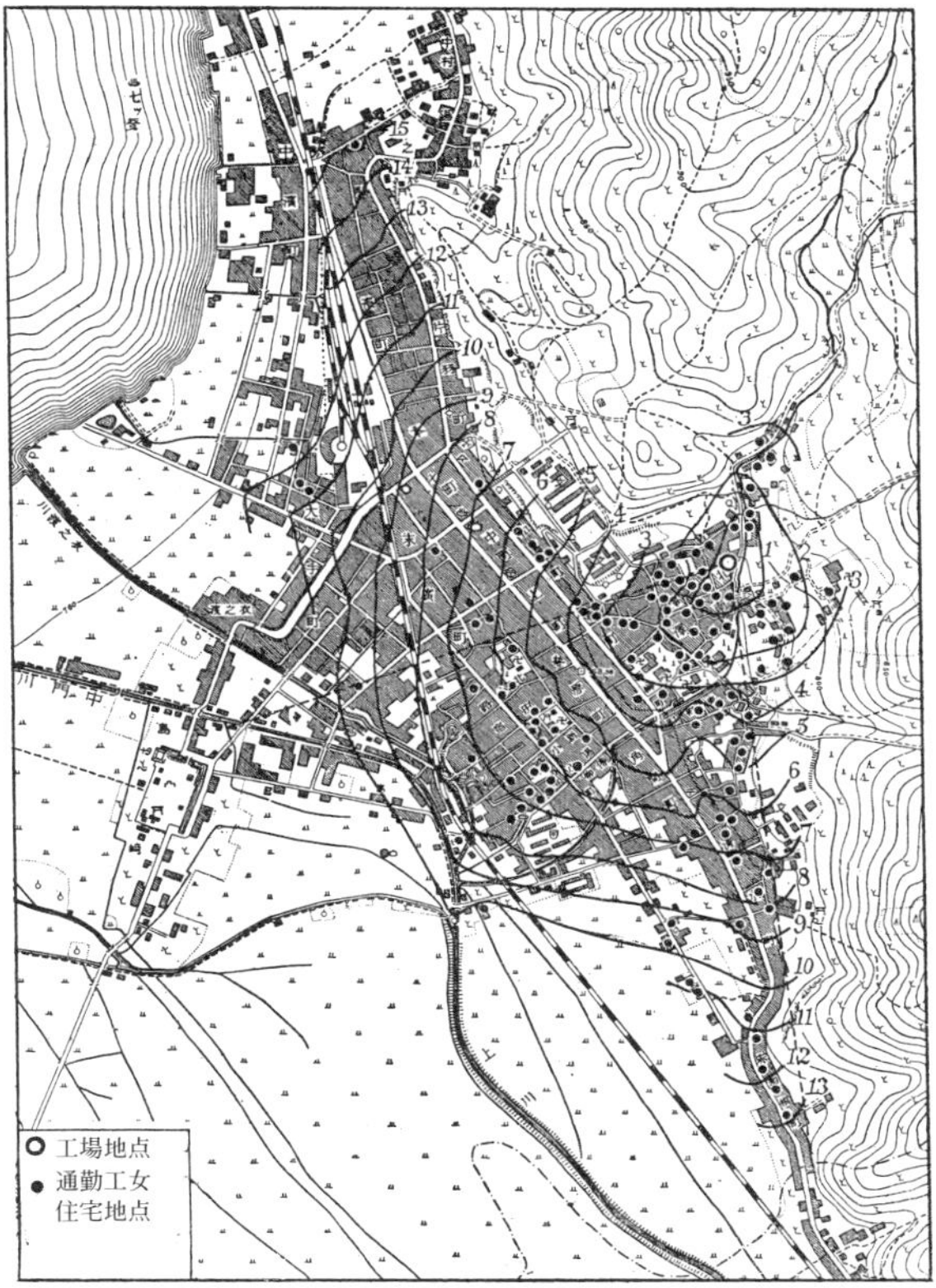

第31図　山水製糸場の通勤工女住宅分布および等距離線（昭和３年現在）
（小林茂樹氏の助力による）

したがってこのように考えれば、この地点における工場発達の初期には、その経営上、この地点がその動力の面で、水利の面で、また燃料ならびに労力の面でもきわめて理想に近い各種の要件を備えその発生・発達を助長させたのである。このように基礎づけられたその工場は、今日、多少の不利も十分それを押し切って経営し得るまでに至ったもので、まことにこの地点の活躍を証明して余りあるものというべきであろう。

このようにしてわれわれは、現在一二〇釜をもつ上諏訪町としては屈指の大製糸工場が、この地点に出現したこの地点の力を認識することができるのである。さらに注意すべきは、このような大工場の発達とともに労働者の中には家事の都合などによって、本製糸（輸出生糸の意）の工場に勤められない人がおり、その人たちを対象として、国用製糸を目的とする一九釜をもつ小工場が生まれた。しかもそれが前記の大工場と同じくこの地点の各性質を活用しているだけでなく、さらにその地点がその大工場よりいっそう角間川河岸段丘の辺縁に近いために、その敷地は乾燥しており、ついに汽缶室を地下一メートル余りの深さにまで掘り下げて設置することになり、冬季厳寒な当地において汽缶の保温上まことに有利な働きをしている。

以上のようにこの上諏訪町の製糸工場が、都市辺縁でかつ扇状地の基脚部にあり、しかも崖錐の末端部であるこの地点のもつ個性がほとんど寸分の遺憾もなく活躍している点はみごとな景観というべきである。それにもましてさらにいっそう興味ある現象は、この工場の通勤工女の分布形態についてである。第31図はそれを示したものである。まず同図の工場所在地点を焦点とし、そこから互いに約八〇度の角度をもち、かつその中にほぼ前記の扇状地を含む二つの放射線を引き、さらにその二線間に含まれる通勤工女数を、通勤距離二〇〇メートルごとに区分することにした。次にその毎二〇〇メートル間の工女数を計算し、しかもそれら計算の実数値を、さらにかりに最内部にある№Ⅰの二〇〇メートル圏内のおおよその面積を単位面積とし、その他の圏内のものをすべてその単位面積当たりに換算して数系列をつくることにした。第3表がそれである。

この第3表の換算数値を使用して一つのグラフをつくってみると第32図のような曲線が描かれ、しかもそれがきわめてみごとな対数曲線であることは第33図によってもまことに明らかである。

第3表

圏	工場からの距離（m）	包含工女実数（人）	単位面積への換算および数値
No. Ⅰ	200	13	$13 \div 1 = 13$
No. Ⅱ	400	18	$18 \div (2^2 - 1) = 6.0$
No. Ⅲ	600	17	$17 \div (3^2 - 2^2) = 3.4$
No. Ⅳ	800	19	$19 \div (4^2 - 3^2) = 2.7$
No. Ⅴ	1,000	6	$6 \div (5^2 - 4^2) = 0.67$
No. Ⅳ	1,200	6	$6 \div (6^2 - 5^2) = 0.55$

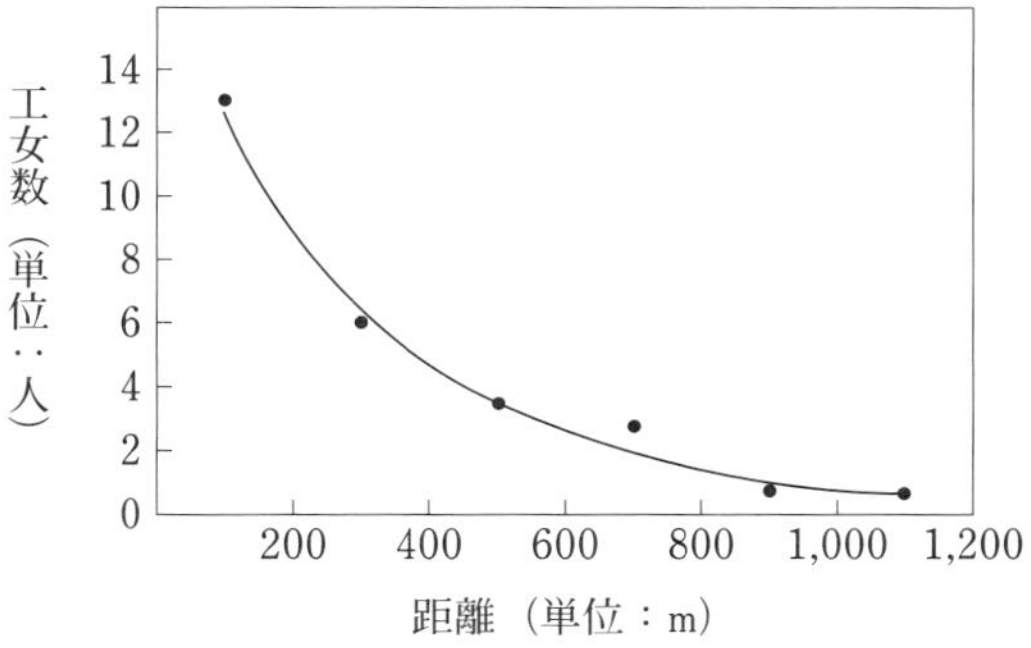

第32図　山水製糸場の工女分布曲線

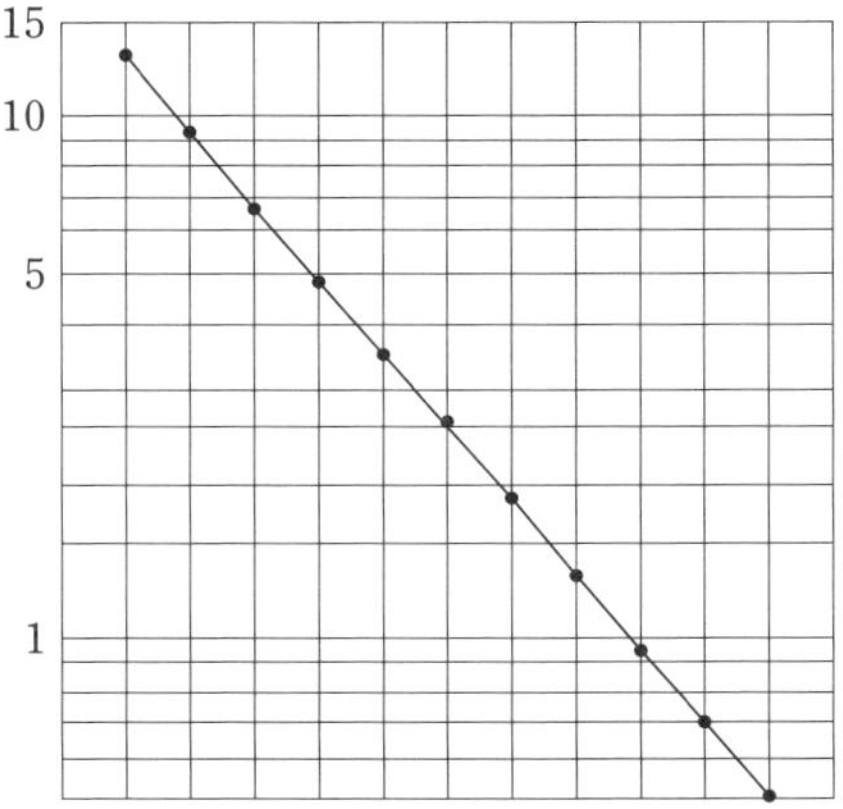

第33図 山水製糸場の工女分布半対数グラフ

すなわちこれによってこの工場への通勤工女の分布形態が、もちろんそれは角間川扇状地域内に限られたものではあるが、それが互いに一つの対数曲線的関係をもったみごとな統一体を構成していることとなるのである。

この点から、われわれはさらにまたその数量的方面からも、ここがその郊外扇状地のもつ製糸場地域としての統一性を立証することもできるのである。

しかもさらにここで注意しなければならないのはこの付近の河岸一帯は、かつては上諏訪町需要の精米供給地として多数の水車精米所が出現し、美しい一つの水車屋の群落地区として活躍したこともあったのである。この点からまた、時代の推移にもかかわらずつねにここが都市外縁の扇状基脚地としての活躍には、なんの変わりもなかったというその恒常性の存在をもいっそう深く味わうことができるであろう。

五、松本市小学校清水部門前の文房具店

松本市街の東南部の大半を構成している薄川《すすきがわ》扇状地の中葉部は、その末端部が商業地区であるのに対しその郊外部に相当し、ここには、松本高等学校をはじめ松本第二中学・松本商業・小学校源池部・小学校清水部などの各種学校ならびに蚕業試験場松本支部や普及団などの研究場をもち、一種の文教的地

区としての色彩が著しく濃厚で、郊外の扇状地の広々として、閑静、高燥などの特性をいかんなく発揮している。しかし今ここで詳述しようとしているのはたんにその中の小学校清水部の門前に発生しているわずか二つの商店についてである（第34図参照）。

小学校清水部は、松本市街の中心部から東方の山辺の谷へ通っている街道、松本里山辺線に沿って発達している一つの街村式集落である清水町の東端近くの北裏に西向きに建っている。そしてそのすぐ北すなわち右側には東町横田町方面から一直線に東走してきている広い新道がひかえている。この新道はまもなくその東方で前記の松本里山辺線と合しているが、これら二つの横道路は学校の裏と表とにできている南北に通った二つの縦の道路でも連結されている。そしてまた表にできている南北に走る道路からは、さらにこの学校の敷地の南西隅にあたる地点から西方へ広い道路が分かれている。その結果、学校はその表側にあたり校庭の西北隅と西南隅の二ヵ所にそれぞれ丁字形に交わった道路の集合点をもっていることになる。学校ではその二ヵ所の集合点にそれぞれ校門を設け、すでにそこに一つの統制をみせ

第34図 松本市小学校清水部付近

写真は上が北にあたる

ている。なおさら注意すべきは、道路と校門との集合点で、各校門に面しかつ丁字形に交わった道路の一つの角の内側に、またそれぞれ一つずつ商店が発生していることである。

しかもその商店が二つとも主として文房具を商っていることである。小学校清水部は現在、高等科男女約八〇〇人のほかに実科中等学校として裁縫科、商科、工科合わせて約二五〇人を収容している。ここで注意すべきは同じ文房具店ではあるがこの両店とも、市内中央部中町あたりの文房具店にくらべて小規模であることであるが、さらに注意すべきはその商品に著しい特色をみせていることである。すなわち市内中町方面のものはきわめて広くかつ一般的であるのに対し、ここではまったくそれがただここの小中学校本位にできていることである。

第4表はそれを少し具体的に調査したものである。まずA表の学校前のものについてみると、その多くがいわゆる文房具であることはいうまでもないが、しかもそれらが極端に限定された顧客を相手としたものであるばかりでなく、わずか五〇～六〇種の商品中に運動帽子や学生帽、徽章などをはじめ、草履、糸、毛糸などから天竺〔インドから輸入した木綿、天竺木綿の略〕、キャラコなどの布類はいうまでもなく、菓子、それも児童本位の米国リグレー〔世界最大のチューインガム会社〕、チューインガムを主とし、ほかに食パンまでも並べ、いかにも小中学生相手の色彩が濃厚であることに気づかれるであろう。

われわれはこの店の特色をさらにはっきりさせるために、B表の中町のある文房具店の商品一覧表と比較観察をすることにした。B表の商品名の右に黒点を付してあるのは小学校前のものと類似のものであり、またA表中黒点を付してあるのは中町の文房具店にはなかったものである。なおここで注意しておくべきことは、たとえば両店とも同じに鉛筆と記してあっても、中町のものはその中にさらに約一八

第4表　文房具店の商品目録

A.　マルタン商店商品目録

手帖	墨	カード	ボタン，レースなど ●
鉛筆	筆立	インキ消	針差 ●
インキ	櫛 ●	針箱	筆規《ぶんまわし》
糊	石鹸箱 ●	消ゴム	シャープペンシル
紙挟	草履 ●	ペン軸	菓子（リグレー，チューインガム） ●
白樺栞	糸毬	羽 ●	
運動帽子 ●	ゴム毬	蝋燭	食パン ●
学生帽 ●	鞄	巻紙	海綿
クレヨン	文具箱	封筒	ピンポン毬
絵具	算盤	歯磨粉 ●	ナイフ
画用紙	簿記用紙入	結《すき》棒 ●	楊子
三角定規	分度器	ピンセット	水油 ●
毛糸	手帳敷紙	髪止 ●	カメダワシ
習字帖	徽章 ●	鋏	糸 ●
筆	鋲	手芸用ビーズ	切類　天竺，キャラコなど

●印はB表中にないもの（小原清英氏調査）

B.　中町某文房具店商品目録

手帖 ●	鞄 ●	日記帳	虫眼鏡
鉛筆 ●	墨 ●	表紙	書類籠
消ゴム ●	硯，同箱	シース	人名簿
クレヨン ●	筆，筆入 ●	墨池	住所録
クレパス	筆立 ●	墨汁	印鑑簿
絵具 ●	万年筆	造花	石盤
画用紙 ●	糊 ●	本立	回転カレンダー
画板	毬 ●	ラケット	状差
アルバム	封筒 ●	バット	虫針
写真帖	写字機	カード ●	スポイト
用箋	貯金箱	和洋帖簿	ルーズリーフ
原稿用紙	裁縫箱	スタンプ台	光線遮
ピンセット	椅子	ゴム印	ローリングメモ
木彫道具	帖差	顕微鏡（ポケット用）	複写簿
壺	インキスタンド	算盤 ●	吸取器
一輪差し	印箱	安全剃刀	海綿
額縁	印肉	書類携帯鞄	新聞挟
栞	紙巻	扇	ヤードリング
粘土篦《へら》	紙テープ	計算機	リュックサック
金銭登録機	書見台	手提金庫	シャープペンシル ●
定規 ●	ブックカバー	計算尺	手形法規
名刺	ブルース	筆洗	ペン置
名刺入	紙類	蟇口	セルメモ
千枚通し	紙挟 ●	巻紙	ゴム活字
習字帖 ●	白樺栞 ●	ナンバーリング	鉛筆削
ペン先，ペン軸 ●	分度器 ●	簿記用紙入 ●	博多人形
ペン入，ペン洗	海綿 ●	針箱 ●	ピンセット ●
インキ ●	水差	額	筆規 ●
インキ消 ●	ポスターカラー	猫（玩具）	ピンポン毬 ●
ナイフ ●	油絵用油	鋏 ●	

●印はA表中にあるもの（小原清英氏調査）

○種も種類をもっているのに、小学校前のものはわずかに十数種にとどまっているということである。
そのほかもこれと同様で、ここに掲げた表の上では商品名がわずかに倍加されているだけであるが、実際の量や質において非常な相違をもっている。一方は市内の各学校、銀行、会社などをはじめ一般民衆ならびに市外のそれらを顧客としているのでまことに当然な現象である。そしてまたこれらの相違は店の広さにまでも影響し、そこにも著しい対照をみせている。すなわち中町の店は街道に面した表側階下の三間半に七間の都合二五坪半の一室が店部となり、さらに二階に三間半に五間、都合一七坪半の一室と裏方の三間半に六間の土蔵とが商品倉庫となっている。

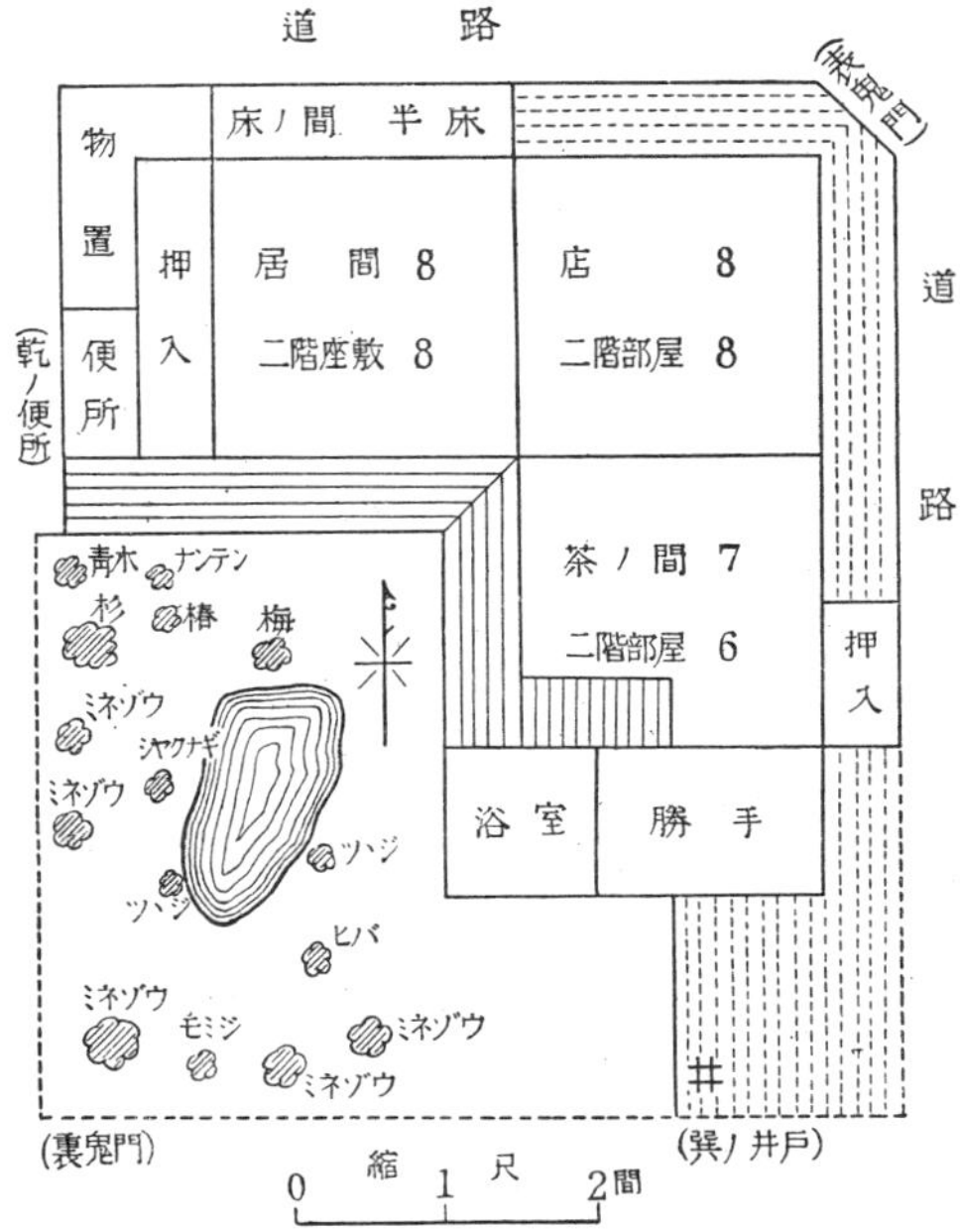

第35図　マルタン文具店の間取図（数字は畳数を示す）
（小原清英氏の助力による）

これに対して学校前の店は第35図に示したように、わずか二間四方の四坪だけが店部となっているのである。しかもいっそう興味の深いのは、わずか四坪の店部、しかしこの家の職能からはもっとも重要な特色と役割とをになっている店部が、校門に直面しかつ道路の分岐点にもっとも近いこの屋敷の一隅におかれていることである。そしてそれに続いた両脇の各室を居間に、またその二つの居間に接しかつ店部の対隅的位置にあたる、しかも西南に面した場所に庭園が設けられている。これらが互いにあいまってこの家のもつ特殊な職能をきわめて明瞭化し、かつ能率化して、みごとな焦点的隅角現象の一つを発揮していることである。

なおまたここ校門前にある二つの商店は、いずれもこれらの諸現象に対しまことに類似の傾向をみせている。その結果、校門前の焦点的隅角のもつその地点としての機能をさらに普遍化させてくれていることは、地理学的学習に対し、格別にも貴重な演習地点としてこの地点のもつ価値をいっそう高めている。

第二節　地域性の観察と究明

以上は観察の便宜上、その対象を主として地点性のあらわれ方が濃厚なものを選んだものである。しかしこれらの地点性の現象といっても必ずしもその地点のみによって生み出されたものではなく、そこにはさらにその四周のある範囲内のもつそこの地域性が背景として強く働いて成り立っていることは、前述の水車、製材、製糸、商店などのどれをとってもまことに明らかである。そしてその関係範囲内の各地点にも、またそれぞれそこの地点性としての表現があり、それによってその範囲は充実され、かつまたそれら表現相互のあいだには直接に間接に密接な関連が保たれて、さらにいちだんと複雑にして高級な表現形態、すなわち地理的景観が構成されているのである。これに対して前に述べた水車、製材、製糸などの工場や商店はその代表的表現ともみることができるのである。

しかもこれらのばあいにおいてはその代表的表現が、たまたまある一地点に集中的に表現されているものであるが、それが必ずしもそのような形式のものだけとは限らず、一方この集中型に対しそれがその景観をもつ地域内の各地点に分散的に表現されるばあいも少なくない。またときには線状に排列するばあいも存在するであろう。すなわち、第一のものは扇の要のように、第二のものは網の目状に類した形態であり、そして第三のものは鎖状に相当するものであるが、いずれもそれが一つの統一体としての構造である点については変わりはない。そしてこの一つの統一あるいわゆる地理的景観をもつ範囲、すなわち地理的地域の研究が、地理学研究の眼目である。またその作業およびその作業の結果、初めて訓練されるところの地理的能力と地域観念を養成することが地理教育の目標であることは、前にもしばしば述べたとおりである。

したがって被教育者の学習にさいしても、大小各種の地域を選定し、それに即して教養を重ねる機会が多いことはまことに望ましいことである。ただそのさい注意しなければならないのは、対象地域が広いばあいには、比較的平易な地表現象でそこの景観を構成することができるが、範囲が広いということはその臨地観察に多大の時間を要することになる。これに対して対象地域が狭いばあいには観察に要する時間は少ないが、景観構成の素材はかなり微細な点にまで立ち入って求めなければならない困難がある。したがって地理教材としての地域の選択にあたっては、その両者を十分考慮して決定しなければならない。これからその実例についていくつか述べることにしよう。

A　さまざまな集落の姿——その特殊性と普遍性

ここでの考察は、ある集落の存在に対し直接と間接とを問わずその関係をもつすべての地域を対象とするものではなく、ただもっぱらその集落の存在しているごく狭い直接立地、すなわちほとんど各宅地の集合からなる地域を対象とし、しかも主としてその立地のもつ集落相をとおしてその地域の本質を明らかにしようとするものである。したがってその地域の地理学的考察としてはまことに不完全なものであることはいうまでもない。しかし地理教育のある過程においては、(1)対象地域が比較的狭いこと、(2)したがって観察の精密度を高めやすいこと、(3)かつまたその作業が比較的単純であることなどの長所をもちまことに捨てがたい題材である。そしてそのためにはもっとも狭い一軒の屋敷の考察から始めるのがとくに便利かもしれない。しかしいかにそれが狭くとも、そこのもつ機能とそのための広がりと、かつその広がりの統一とを見のがしてはならないことは、もはや繰り返す必要もないほどではあろうが、今いちど記して直接その任にあたる者の注意を新たにしておきたいと思う。

一、諏訪郡北山村柏原の某農家の屋敷

柏原部落は蓼科山の西南山麓、大門峠南口の農村集落である。そしてここでは峠道沿いの一軒の農家のもつ屋敷を選び、もっぱらその屋敷について考察を試みようとするものである。

わずかに一〇間に一五間のほぼ矩形に近い屋敷ではあるが、そこの道路側および低い南側には、わずか一メートル内外の高さではあるものの、そこの屋敷を平坦化にするために石垣が設けられているのが目につく。そしてその峠道側の石垣は、道路の上方にいくにつれてしだいに尖滅〔高さが低くなりなくなる〕していることは当然ではあるが、石垣がなくなる地点付近にその屋敷への入口があることを見落としてはならない。しかしさらに大切な観察は、この屋敷の地割すなわち各建物の分布景である。まずその入口の左側、この屋敷のもっとも主要道路に近い側に便所が設けられ、その奥に母屋、そしてさらにその奥すなわち主要道路にもっとも遠ざかった側に隠居、物置、土蔵などの建物が配されていることである。そしてなおかつ注意すべきは母屋の間割すなわち各室の分布景が、主要道路に近い側に厩と土間とを、そしてそれに反した遠い側には座敷を配していることである。

おそらくこれは農家のことなので耕地や山野への、牛馬や肥料の出し入れの便不便、ならびに住宅の安静ということがきわめて敏感に働いている結果であるといわれているが、じつに至当のことと思われ

第36図　諏訪郡北山村〔現・茅野市〕柏原の某農家
写真に向かって右端に再び同じ地割が繰り返されている点に注意されたい

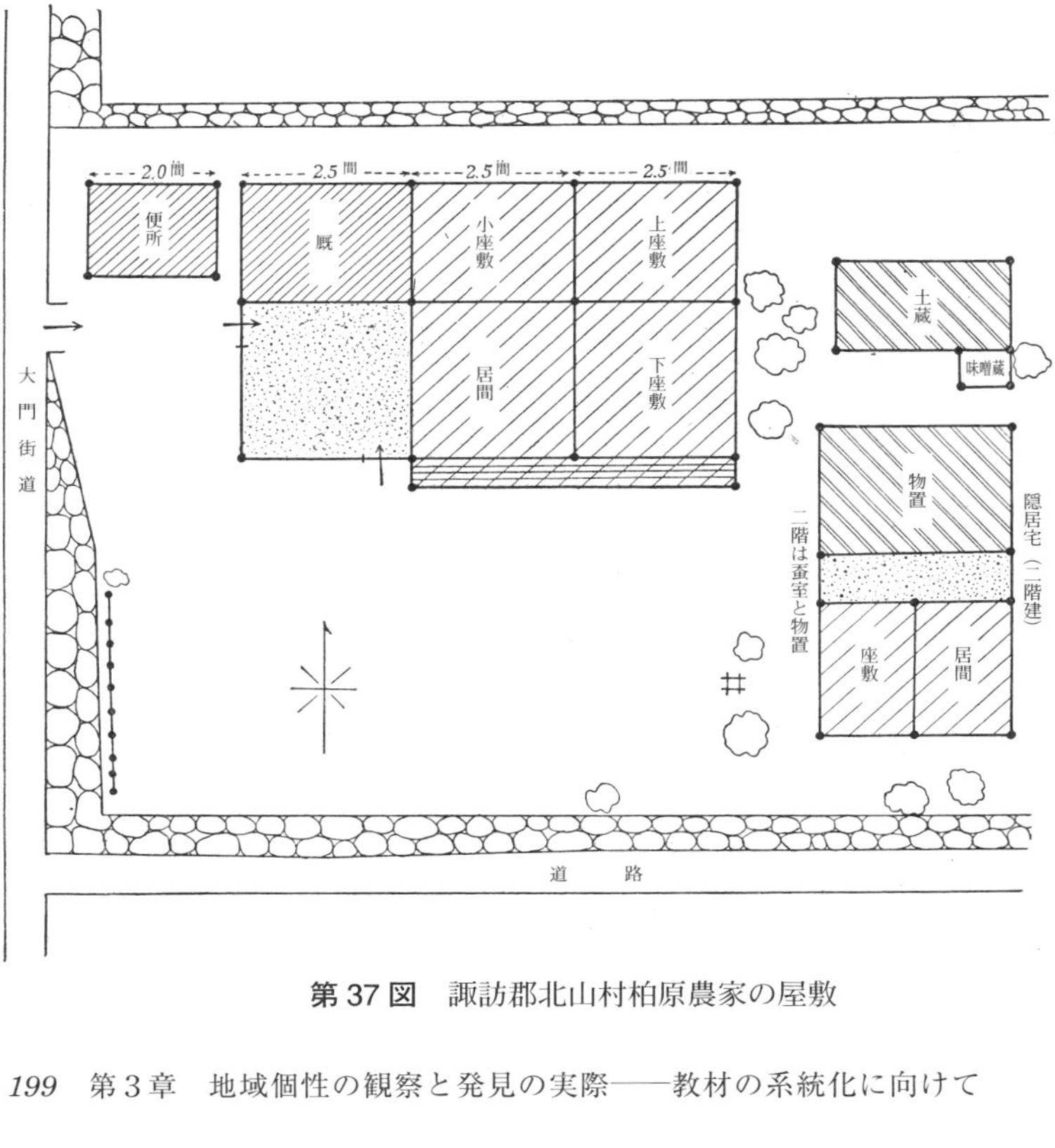

第37図　諏訪郡北山村柏原農家の屋敷

る。ことにそれが、入口の左側の便所や土間をもたない石垣の上には、きわめて簡単ではあるが生垣さえ仕立てられ、道路との遮断に役立たせている点を加味することによって、いっそうこの考えの妥当性を高めることができるであろう。

要するにこの屋敷の施設からさらにその内部の地割、間割のすべてにわたって、それが峠道沿いのしかも農家の屋敷としての特徴がまことにはっきりと現われているとみるべきものであろう。ことにこの種の屋敷相が単にこの家のみにとどまらず、この集落内各農家のもっとも多くもっている普通相であること、この部落の南でこの峠の一宿場として発達した湯川の部落の民家ではもはやこの型の民家がまれであることや、それにもかかわらず、湯川以外の北山浦地方の農村の屋敷には再びこれに類似の屋敷景がよく発達していることなどは、これらの比較・観察によって峠道沿いの農家の屋敷としての特徴を格別に立証して余りあることにもなるであろう。

二、上諏訪町桑原町の某商家の屋敷

桑原町は角間川の扇状地上に発達し、古くは上諏訪町〔現・諏訪市〕主要商店街の一部であった。鉄道中央線開通以後は、駅との関係でその発展が多少停滞気味のようにみえるが、今でもいくつかの老舗が軒を並べて相当に活躍している。ここに対象としているのはその中の某雑貨商店の屋敷景についてである。

まずその屋敷が間口五・五間、奥行一四・五間という矩形で、商店街路に直角の方向にとくに長く延びていることは、かつてここが主要商店街で当時多数の商店が密集していたことを物語っている。さらにその細長い屋敷内の地割の模様をみると、母屋は街路へきわめて接近させて、しかもここの町割の間口いっぱいに、かつその奥へ長くしかも表二階式に建てられている。その奥には北側に便所、南側に味噌蔵をもち、そのあいだに庭園を配し、庭園中にはここの扇状地の伏流を目当てに井戸までが設けられている。さらにその奥すなわちこの屋敷の街道からもっとも遠ざかったところには二棟の土蔵が建てられている。次に母屋の間取りを見ると主要街路沿いの部屋は全部店として使用され、その奥に続く中間部には居間や寝室が設けられ、さらにその奥の庭園へ面した二間のうちの一つが座敷となっている。

このような地割や間取りの分布形態をとおしてこの屋敷の存在を考察すると、それらの分布関係は交

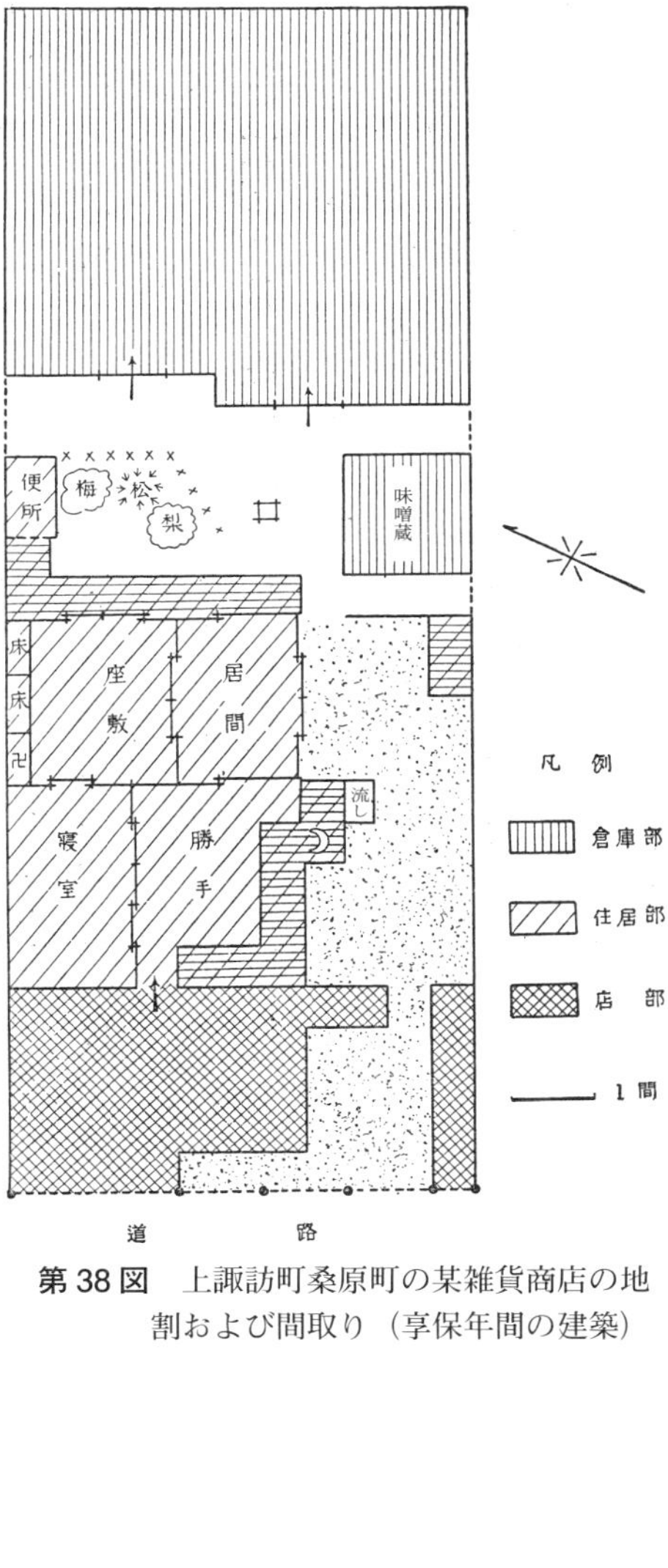

第38図 上諏訪町桑原町の某雑貨商店の地割および間取り（享保年間の建築）

通に即して発達した街路上の商店のもつ屋敷として、水平的にも垂直的にも一つの調和のある構造をみせている。かつ同じ民家といっても前項の柏原部落の農家にくらべるといっそう街路上の商店屋敷としての特徴をさらによく理解させることができるであろう。

なおまたこれを隣接する各商店の屋敷景と比較・観察させることによって、地割や間取りの類似から、一方ではそれがたんにこの家だけがもつ個性ではなく、この付近一般の街路沿いの商店屋敷としての一つの普遍性としての概念を得させることもできるが、他方では、観察の範囲を広めたことにもなり、それによってさらに広い範囲にわたっての屋敷景を明らかにすることができる。

そしてその変化がきわめてそこの道路に即して決定されている点から、ひいては市街地街路沿い一帯の地区のもつ一つの屋敷景の特性を見出させることもできるであろう。そしてまた後説する各種の屋敷景と比較・観察させることによってはますますそれを確実化させることもできるであろう。

ただここで注意しておくことは、教授の実際にあたっては、みだりに観察の範囲や内容を拡張することなく、その被教育者の能力の程度に応じ、いかなる程度までの観察でやめなくてはならないかはまったくその当事者の熟慮に待たなくてはならない。

もちろんこの注意はたんにこの実例についてだけでなく、本書に掲げてあるすべての実例についても同様であることを付記しておきたい。

三、上諏訪角間町の大布屋酒造店の屋敷

第39図は前項桑原町の南へ続いた、同じく上諏訪町の南部商店街に相当する角間町の一部で、ここを

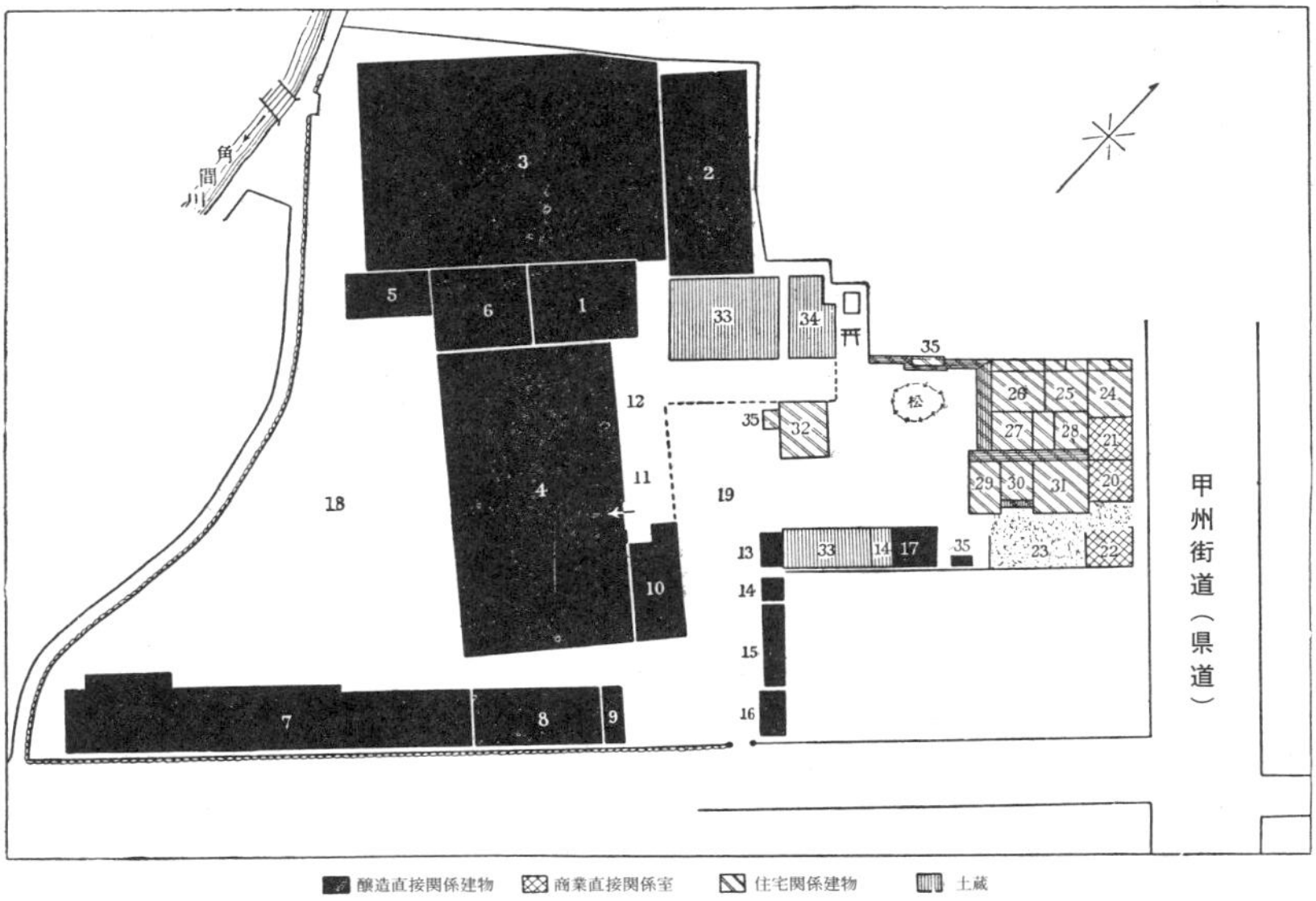

1. 麹室
2. 貯蔵室 2 階酛取場
3. 貯蔵室 2 階酛取場
4. 醸造庫
5. 物置
6. 寝室
7. 精米所
8. 土蔵
9. 空瓶置場
10. 会所場
11. 釜場
12. 内流
13. 検査室
14. 漬物蔵
15. 石炭小屋
16. 車庫
17. 樽置場
18. 冬季桶洗場　夏季野菜園
19. 冬季道具洗場・夏季野菜園
20. 店・2 階座敷
21. 商用客間・2 階座敷
22. 売場・2 階座敷
23. 土間・2 階物置
24. 子供部屋・2 階座敷
25. 寝室・2 階物置
26. 上座敷
27. 居間
28. 女中部屋
29. 事務室
30. 玄関
31. 勝手
32. 娯楽室　2 階座敷
33. 土蔵
34. 2 階建文庫倉
35. 便所

第 39 図　上諏訪町の丸大宮坂伊兵衛氏醸造屋敷

（当酒造店主の助力による）

貫いて通っている甲州街道に面して設けられた一酒造業家の屋敷の景観である。わずか一個の屋敷のような比較的狭い地域内において、そこの気候性の分布形態を割合に敏感に表現する屋敷景としてはおそらく酒造屋敷は有力なものの一つであろう。もっともこのほか湿度や風に敏感な瓦焼業の屋敷や、温度、風向き、日射などに鋭敏な養蚕家の屋敷などもないではないが、この意味においてここではその一例としてこのような資料について考察を試みることにした。ことに酒造業はわが長野県では製糸業に次いできわめて普遍的な工業でもあるから、各地においてもその資料の蒐集が比較的容易なことでもあろう。

第39図からも明らかなように、ここの屋敷の東北側にはそこを東南西北に通っている街路甲州街道があり、屋敷はそこからしだいに西南方向へ広くかつ長く延びていることと、屋敷の四方すなわち東西南北の方位ならびに建物の配置のいかんによって日射や風向き、したがって気温などに対する関係に相違ができることを見のがしてはならない。まずその屋敷の輪廓がたんなる矩形でなく、町裏側にとくに広くなっていることは、そこにすでに工場をもつこの家の特殊相、いわゆる一種の町裏利用現象がほのめいており注意すべき一つである。しかもその屋敷の狭い側、すなわち街路に面した方面に売場や店および商用客間が配されていることは、それがもっとも多数の人びとすなわち顧客と接する便宜上まことに当然である。またその道路に対しての後方や階上が住宅として利用されてきていることは、比較的閑静を要する性質上これまたもっともなことである。そしてさらにその後方すなわち道路からしだいに遠ざかるにしたがって、そこが土蔵などの建物や夏季の野菜園などの空地を経てついに最遠部の工場地となっている。しかもその工場地の西側の最外縁部に相当する空き地が夏季には野菜園となり、冬季（醸造期）には酒桶の乾燥場として働いている。かつまた主要住宅地と工場地とのあいだの空き地には、老松を中心に花木・泉水などの配された庭園が設けられ、住宅の閑雅性をさらに高めている。このように

この屋敷内における各地区の利用が、すべてその東側の街路に即しきわめて統制のある分布を示していることは、街路沿いの屋敷のもつ共通景ではある。さらに気候との関係を考察すると、必要以外の黴菌の繁殖を防ぐためになるべく冷涼性を要求する酛《もと》取場や貯蔵所を北側に配している。そして寒暑の差の少ないことを要求し、したがって荒い風を直接受けることをきらう麹室はすでにその建築相にもその特色を発揮してはいるが、それが、とくにその位置を内側すなわち各建物の包囲の地点に配させていることなどは、まことにみごとに酒造屋敷の特相をみせている。しかもこれをそれら工場関係の各建物の高度の分布上からみてもそれらが一般に北高南低の形式を示し、日射をはじめ気温調節の方面からもまたまことに遺憾なくできている。

これを要するに前記の諸事象を総合することによって、ますます街路沿いの酒造屋敷のもつその景観を濃厚ならしめることができるであろう。そしてまたここでも前項の商店屋敷と比較・観察をさせることによって互いにその特色をますます明瞭化させることもできるであろう。

以上の三項は、いずれもそれがきわめて狭いわずかに一軒の屋敷を対象地域としての考察ではあったが、ここではいくぶんその対象地域の範囲を広め、数個の民家の集合からなるある集落の一部を対象とした考察へとすすむことにしたい。しかし、その広狭にどんな相違があったとしても、対象地域のもつ地理的実在を明らかにし、それによってその本質を発見しようとするその方法と努力とについてはなんらの相違もない。

四、上水内郡神郷《かみさと》村字石部落の一部

石部落は豊野駅の南方約二キロメートル、前橋街道に沿って発達した一農村集落である。ここで対象としているのは、その前橋街道がこの部落の北端近くでほぼ直角に東へ向かって屈曲している東西の走向をもつ街道付近に集まっているわずかに一〇戸からなる集落地域である。

まずその一〇戸の民家のうち四戸がその街道の北側に、そして六戸が南側に配されている。それらの各屋敷の区画がその街道に対し互いに並行してほぼ直角に走り、あたかも町割の相を示していることは、すでにここが街道沿いの集落であることをほのめかしている。そしてまた、ほぼ並行して走っている各屋敷の東境には、多くはそこに低い石垣が設けられ、その各屋敷が少しずつしだいに西方に高くなっていることは、ここがその西方山麓の小扇状地の緩斜面の一部であることをも物語っている。ことにすべての集落立地の必要条件とも考えられている飲料水には、ここでは各屋敷の一隅に設けられているそれぞれの井戸によってこの扇状地の伏流水が利用され、ますますこの地域の特質を発揮している。

しかもその一〇戸の農家が南北いずれの側を問わず、そのすべてがいずれも母屋を各屋敷の北寄りに設け、その南方をそれぞれみな桑園あるいは菜園として日照をいかんなく利用している。そこにはまた動植物の生育を主業としているこの農村部落の特徴をまことに明瞭に現わしてもきている。そのうえ各種の野菜のほとんどすべてが、桑園に間作されていることは、それが屋敷内畑地の集約性の表現としてみることもできて、いっそう興味深いものにしている。

これを要するに、この地域を東西に貫いている街道を基調として、南から北へしだいに、(1)南部桑園

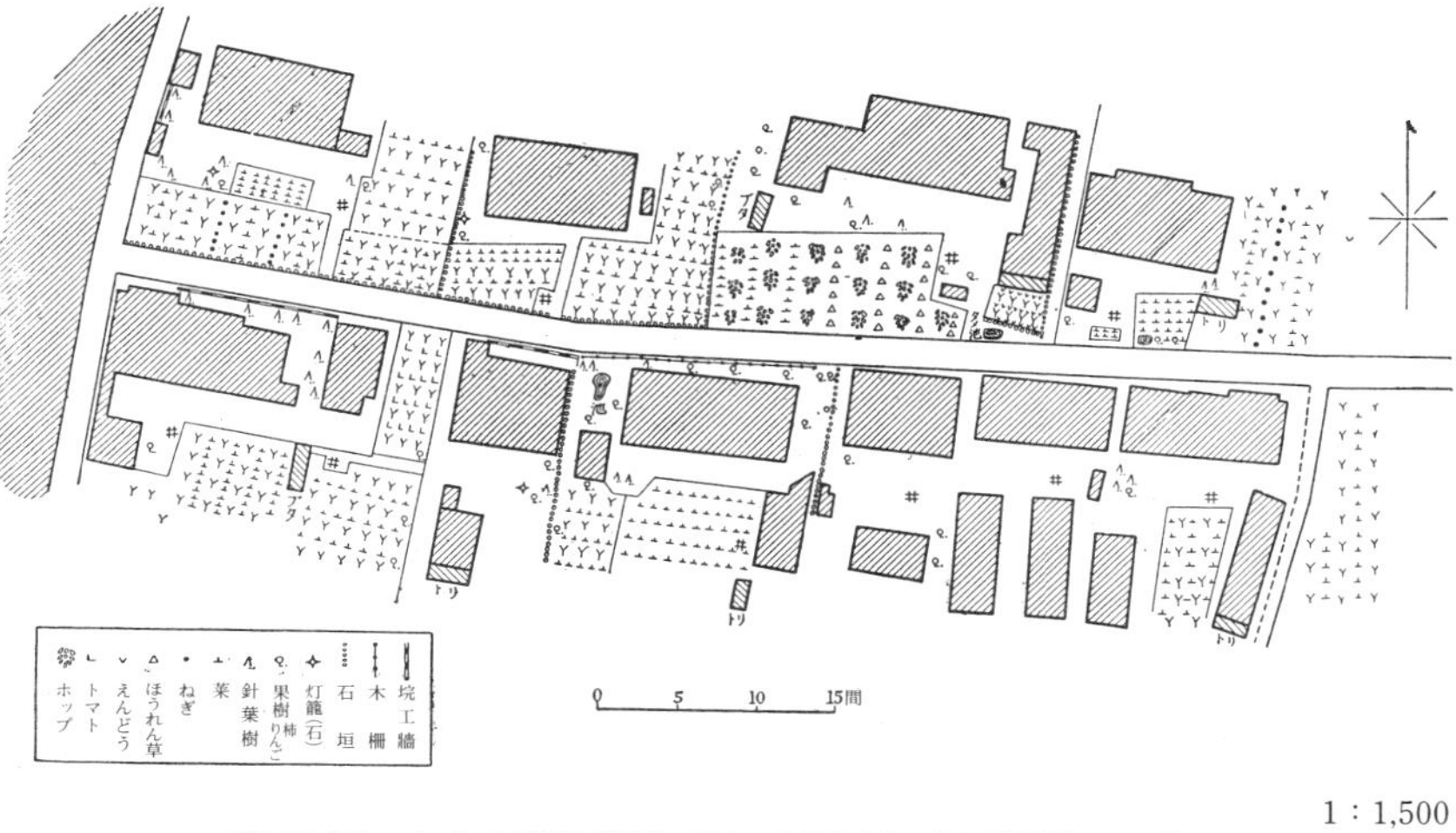

第40図　上水内郡神郷村〔現・長野市〕字石部落の一部

（神郷小学校の助力による）

ならびに菜園地区、⑵南部母屋地区、⑶街道地区、⑷北部桑園ならびに菜園地区、⑸北部母屋地区といずれも東西に延びた地区に区分され、それらが互いに相関連して、東面して展開している扇状地上の東西に走った街路沿い農業集落地域としての広がりの内容を少しもおろそかにしていないその点に対して特別の注意をはらわなければならないと思う。

筆者はこの種の類型を埴科郡雨宮〔現・千曲市〕、稲荷山町元町、南佐久郡切原村〔現・佐久市〕湯ノ原などの各農村集落をはじめ、長野市東郊の立町や上諏訪機関庫裏の虎口通などの都市の住宅地集落においてさえみているが、おそらくはひとり農村集落に限らずあるいは東西系の交通に即したきわめてありがちの普遍型かもしれない。しかしそれが農村集落においてももっとも明瞭に出現していることは事実らしい。

五、諏訪郡中洲村下金子部落の一部

諏訪盆地の集落の多くはその周辺山麓扇状地に発達している。その結果、その盆地の周辺に一つの集落環地が構成されていることは前にも一言したが、これは一般盆地のもつ普通相でまことに当然な現象でもある。ところが、たまたまこの盆地底の中央平坦地に発達している数個の集落がある。この盆地は一種の沼沢性氾濫盆地であるため、集落立地としてはきわめて特殊な地域が選ばれ、かつまた集落地としてもきわめて特殊な存在を表現している。今ここに述べようとしているのはその中の一つ、下金子部落のしかもその北半部についてである。

この部落は諏訪盆地の中央に、ほぼ東南から西北へ貫流している宮川の右岸に発達した一つの農村集落である。今この部落の生活様式をいちべつすると、一日としてなくてはならない飲料水は、まれにはその付近に設けられた深度一〇〇メートルにも余る掘抜き井戸によるものがないでもないが、その大多数はいずれもそこの宮川の河水にそれをあおいでいるのである。洗濯など一切の洗い物もまたこの河水を利用し、

第41図　諏訪郡下金子部落〔現・諏訪市〕宮川の河岸景

しかも多くはその河岸で行なわれるのである。そのほか湖水への交通はもちろんのこと、耕地への交通も多くはこの河川が利用され、舟への荷物の積み下ろしにもまた河岸が利用されるのである。したがってここの部落の各農家はいずれもその生活上、一日としてこの河川、とくに河岸を離れては生活できない境遇におかれ、あたかもこの河川によって産み出され、かつ育まれているかの観さえある。そのもっともはっきりとした集落的表現として、われわれはそれをこの部落の地割、ことに出合《だしあい》川道《かあど》と呼ばれているきわめて特殊な現象に見出すことができる。

そもそも、この部落の中の比較的古い農家の屋敷はいずれも宮川と、それに沿ってその東方二〇～三〇間から四〇～五〇間の距離に通っているこの部落の幹線道路とのあいだに配され、すでにそこに陸運と水運とのあいだにみごとな統制をもった一つの河岸集落としての特徴をみせている。しかもまたそれら各屋敷の地割関係が、ほぼそれに並行して走っている河川と道路とのあいだにはしご形に配され、ますます河岸現象を明瞭にしている。もっともその北方で河川と道路との間隔がしだいに広くなるにしたがって、その一小はしごのあいだが東西に二軒あるいは三軒の各屋敷に区分されている。ところが近年この部落における農家の増加の趨勢はついにこの地域区内に収まりかね、主要道路の東方隣地へまでもしだいに広がりつつある。しかし河川に即したこの集落の性質にはなんらの変化もなく、したがって各農家の河岸利用の必要度にも変わりはない。その結果、とくにここに注意すべきは、各農家が河岸へ通ずる特殊な小道いわゆる川道《かあど》、ことに出合川道の出現である。

この川道は多くははしご形に区分された屋敷境に幹線道路と河川とを連結するために設けられているのであるが、それが単独にただ一戸の専用のばあいはきわめてまれで、一般には二～三戸、ときには六～七戸の農家の共用になっているのがふつうである。それを共用するさい、たまたまそれが公道である

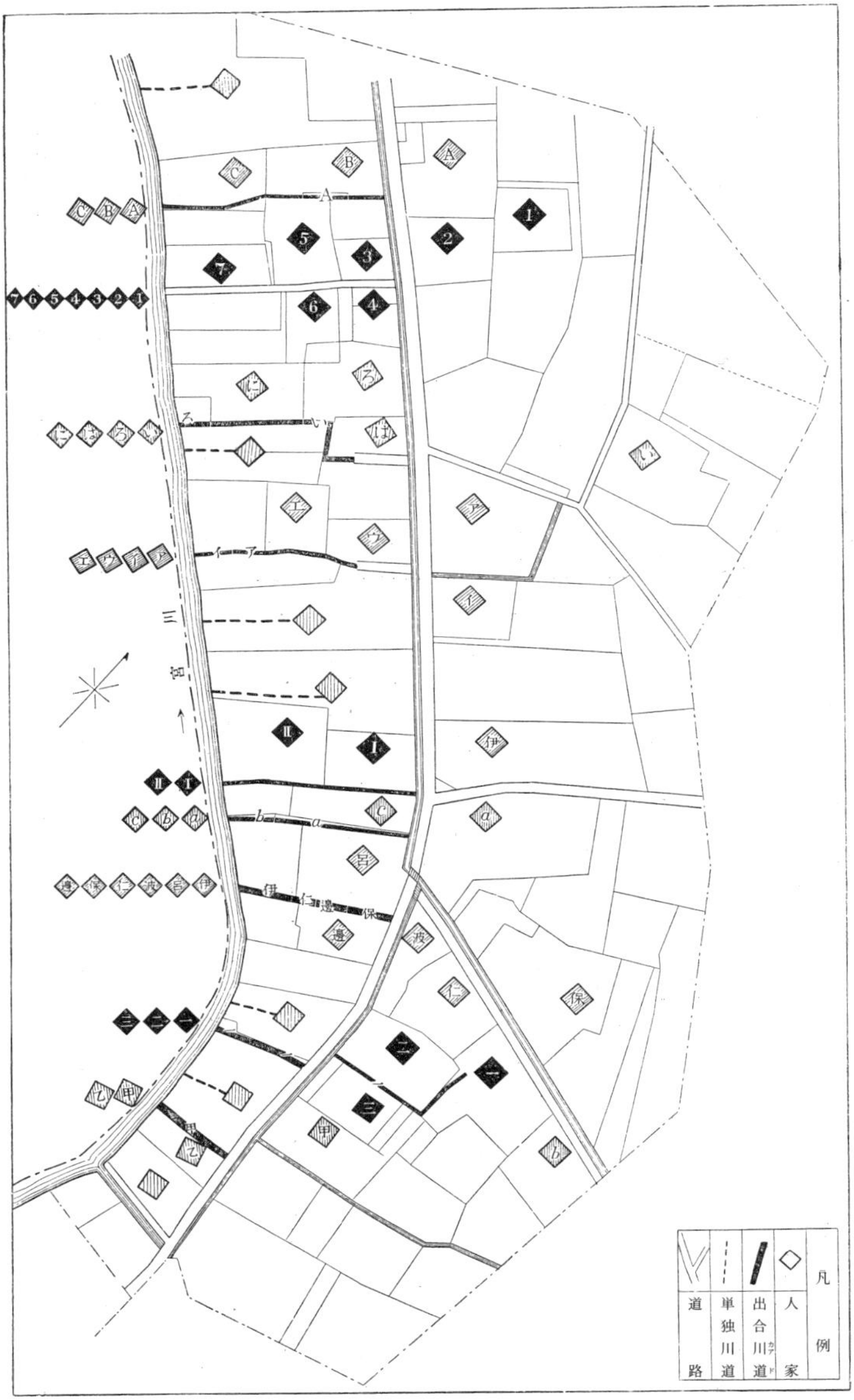

第 42 図　諏訪郡中洲村下金子の地割ならびに川道の図

（伊藤富夫氏の助力による）

ばあいには別に変わったこともないが、ふつうはそこが私有地であり、そしてそのさいにはその川道敷地の一部分をそれぞれの使用農家が出し合っているのである。これを一戸専用の単独川道に対し出合川道と呼んでいる。第42図はその地割ならびに出合川道の一般を示したものである。これによってわれわれは河畔集落地としての地域のもつ敏感性を十分に味わうことができるであろう。

六、上諏訪町の渋崎部落

実例があまりに一地方に偏し読者に対してはまことに申し訳ないが、いかにもみごとな景観をもつ地域であるから今一つここに記述しておくことにしたい。

渋崎部落もまた前例と同じく諏訪盆地底に出現している集落の一つで、そしてまた河畔集落でもあり、さらにまた湖畔集落でもある。したがってその生活様式もとくにいっそう水に即し、まことに立派な水郷で、漁業を取り入れた農村集落として発達しているところである。

諏訪盆地の二つの主要河川である宮川と六斗川とはその下流が盆地のほぼ中央部においてしだいに相接近し、諏訪湖への注入口には共同で一つのデルタがつくられ、その末端は湖中へ突出してあたかも準半島状を呈している。ここに述べようとしている渋崎部落はそのデルタの上に今から四〇～五〇年前に初めて成立したもので、きわめて新しい集落なのである。今ここに記述しようとするのは、その中の西北部ことに六斗川右岸の地域についてである。

六斗川の流れは下流では流路が著しく西にかたより、ほとんど西北西に近い方向をとって湖水に注いでいる。周囲はデルタのため一般に低湿で、わずかに河畔の両岸に氾濫によってつくられた細長い砂質

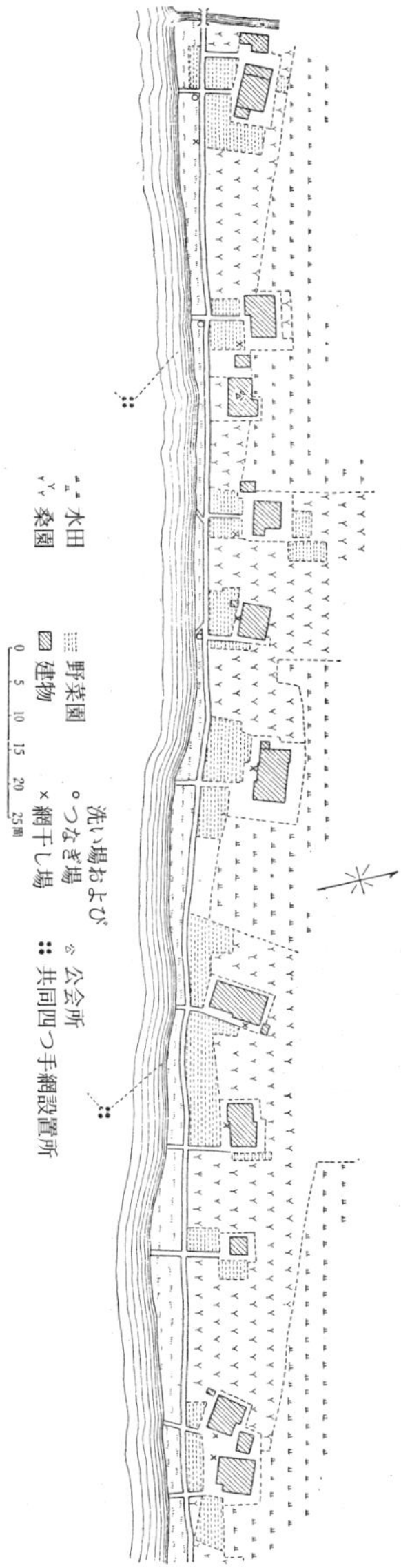

第43図　諏訪湖畔渋崎部落の一部

図中洗い場として特別の符号をつけたのは特別の施設をもつものを示したもので，実際は川道と河との交点はすべてそれぞれの機能をもっている

の小高い土地が堤塘《ていとう》〔堤防〕状にできているだけである。そしてそれが河川とともにこのデルタ上に地形的に一つの明瞭な変化をもたらしてきている。またこの変化が著しくここの人文的方面にも大きな制約をもって働きかけているのである。

まずここの民家のほとんどすべてが，いずれもその屋敷をその堤塘状の高地へ引きつけられていることに注意しなければならない。これは少しでも高燥を尊ぶ屋敷の性質として当然な結果であり，また浸水性に富むここのデルタ地域としてはむりもないことである。ことに飲料水をはじめ洗濯用水などのすべてをこの河水にあおぐこの地の集落としても，また湖水をはじめそこの河川を唯一の漁場として立っているこの集落の職能の上からも，さらにこの河川を主要な交通路としている点からもまことに必然なことでもあろう。

しかもその堤塘状高地は細長いので、各民家の屋敷はその上に単純に一列にまばらに分布している。しかもこれは一方では生活ときわめて密接な関係をもっている河川との連絡上からもむしろ望ましい形態でもある。

ことに河川と堤塘状高地は西西北系に走っているので、民家の母屋を河川に直面させることによってほぼ南面することになる。これは住宅としての機能からもきわめて合理的であり、じじつここの民家のほとんどすべてはこの形式をとっている。

第44図　上諏訪町渋崎六斗川畔の川道
（特別の施設をもつもの）

そしてこの民家の分布形態はこの集落の道路の分布に影響し、この集落の唯一の主要道路が河畔に沿って屋敷の前を縦走している。そして道路と母屋とのあいだの屋敷の部分には、各家のもつ野菜畑が現われ、その結果、道路や民家の並びと並行して一列の野菜畑地帯が形成されている。道路と河川とのあいだの細長い地区は、この川の水位の変化とともにつねに出没するここのデルタ中もっとも不安な地区であり、したがってそこは一般によし原となっており土地の利用度がもっとも低い。

しかしこのよし原地区のうち、そこの民家のほぼ正面に当たっているわずかの土地は、その家と川とを結びつけるきわめて大切な場所で、毎朝早くや夜遅く行なわれるその家の飲料水の汲上げ場でもあり、毎日の洗濯場でもある。また湖水や河への出入口でもあり、そしてまた湖や川からの漁獲物の一時の貯蔵場でもある。じつにこの地域の各民家の一種の玄関にも相当するところである。したがって各民家はいずれもその家の表口からその前の野菜畑や道路を横ぎって、ここまでそれぞれ単独に川道《かあど》をつくってその連絡を便にしている。さらに注意すべきは、その河川に面したあし原の斜面はその一部をたんに各民家の川道として利用されているだけでなく、南面している陽当たりのいい土地は、ついにはその一部をうど栽培地として利用され、この集落の主要なうど畑はもちろんきわめて小規模ではあるが、もっぱらこの南向きの河岸斜面に集められている。

これを要するに、河岸の特殊な設備はもちろんのこと、民家の配列から野菜畑や道路の配置にいたるまで、ほとんどすべてがこの河川の制約を受けている。まず(1)漁場でありかつ水上交通路である河川を基調とし、それに隣接して(2)川道およびうど畑のあし帯があり、続いて(3)陸上交通路、(4)野菜地帯、さらに(5)建物地帯と五つの地帯がいずれも北々西の走向をとって互いに並行し、かつそのあいだにきわめて密接な関連を保ちつつ、ついに集落裏の水田地区へと移っており、まことにみごとな河畔集落の構造を示している。

しかもその位置が諏訪盆地のほぼ中央であり、かつ準半島状に湖中に突出している地域なので、冬季にこの盆地一帯の卓越風である北西寄りの寒風に見舞われることもまた想像以上であるが、ことに文化的諸配列が前記のような方向をもっている関係上、また集落の発生後日も浅く屋敷木などが少ないことも手伝って、いっそうその偉力をたくましくしてくる。したがって冬季には各民家がいずれも母屋の前の西側に、高さ約三メートル、幅約四メートルくらいのわらやよしでつくった防風用の通称風籠垣と呼ばれるものを設けて、この地域のもつ景観をさらに高級化している（第21図参照〔148ページ〕）。さらにこの集落は盆地の中央に位置しているため薪炭材の供給地である山地から比較的遠ざかっており、この点は集落立地上一つの不便をもっている。ところがたまたまここが湖岸に発達したデルタ上にあるため、地下には堆積された有機物の分解によるメタンガスの包含層をもち、それがこの地域の各民家の燃料源として利用されている。その結果、たんに外形だけでなく内面的にもますますその景観を濃厚にし、盆地中央のデルタ地域河畔の存在をきわめて明瞭にしている。ことにこの集落各戸のもっている財産程度が各戸の人口すなわちその労力と平衡している傾向にあることは、つねに発達しつつある湖岸のデルタ上の集落であり、まことにその湖上での漁業とデルタ上での耕作業とを兼ねている、この集落立地の経済的・社会的諸相への反響で、いかにも見のがしがたい現象である。

しかもこの形態をさらにその上流の前記下金子部落のもつ形態や、これら両部落の中間に発達している文出《ふみで》部落（ここではその記事を省略してあるが）の形態と比較・観察させることによって、等しくそれが河畔のもつ集落形態ではあるが、そこには上流・下流の区別や、したがって堆積相の相違や、かつまた集落発生の新旧などが相関連して、そのあいだに起こってくる普遍相や特殊相はもちろん、すすんではその漸変相までもはっきりと理解させることができ、まことにいずれも捨てがたい河畔集落である。

本書の草稿の推敲中、この集落の入口に近く、一列式建物地帯の後方の水田地区に、新たに一軒の分家が現われてきた。もちろんそれは河岸への距離からいっても、屋敷の高燥という点からいっても不利な地区ではあるが、従来の建物地帯へ割り込むと、本家の屋敷に対する日遮などの点から思わしくないと判断した結果であると考えられている。河岸集落の発達の過程として非常に興味深い。

七、松本市の松本駅集落

城下町としてまた松本平産業の中心地とて発生し発達してきた松本市街は、その街のほぼ中央を東西に貫流する女鳥羽川を境に、その北半部が主に城廓と侍屋敷に、その南半部と北半の東の一部とが町屋となってその使命をはたしてきていた。

町屋では本町と中町とが中心核的位置を占め、そこからは南口として西街道に沿って博労町、南新町などの街村が南へ延びており、西口としては野麦街道に沿って伊勢町が西へ延びていた。しかるに明治の中頃鉄道篠の井線がこの市の西部郊外を通るようになり、松本駅が本町の西方伊勢町西端の南方地点に設けられ、ここに新しくこの市の関門が出現した（明治三十五年）。その後大正年間にはいってからさらに北方への信濃鉄道（大正四年）と西方への筑摩鉄道（大正十年）とがいずれもここを起点として設けられ、北口や西口の貨客をここへ集めるようになってからはますますその関門性が濃厚となってきた。したがってまたその東方駅前にあたる前記本町および伊勢町の裏側地域は、にわかに駅前地域として特殊な役割をもつようになってきた。

すなわちそこには駅前の広場をほとんど一つの焦点のようにして、南伊勢町・新伊勢町・神明町・国府町・西五町と都合大小五つの街路が放射状に分布し、そしてそれらがやがて東方から北方へ展開している旧市街部の街路と連絡をもち、ここに明らかにこの市の交通的焦点を構成している。そしてまたそれら放射状の街路の各間隙は、ほとんどすべてがすでに住宅をはじめ各種の建物によって埋めつくされ、稠密な市街的集落となっている。しかもその地域の大半が駅前地域としてもっとも大切な(1)旅館や

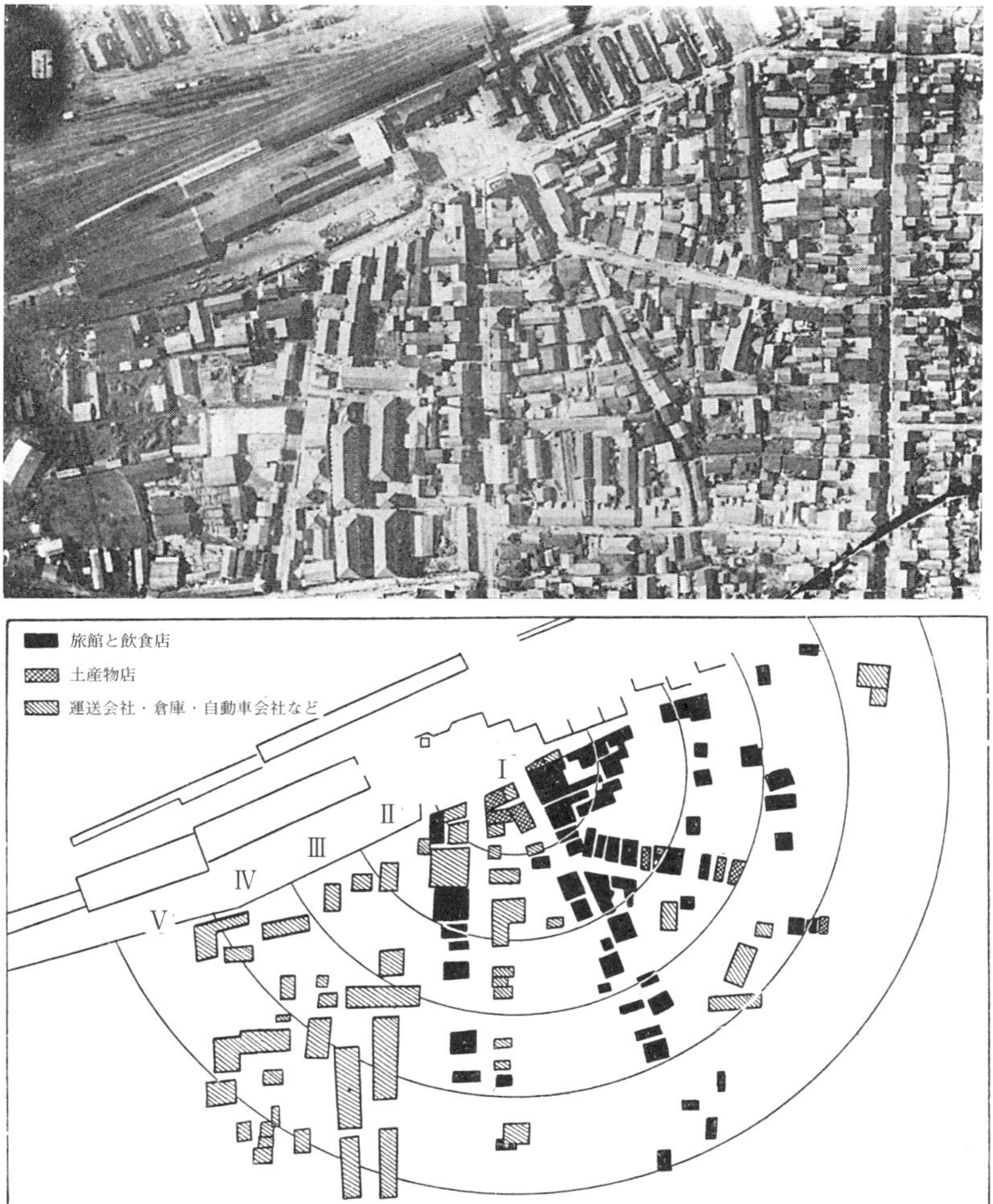

第 45 図　松本駅前集落の航空写真および駅前特殊建造物の分布

（小原清英氏の助力による）

第5表　松本駅前の第Ⅰ～Ⅴ圏の特殊建造物の密度

No.	Ⅰ	Ⅱ	Ⅲ	Ⅳ	Ⅴ
%	60.0	37.4	16.8	16.4	9.6

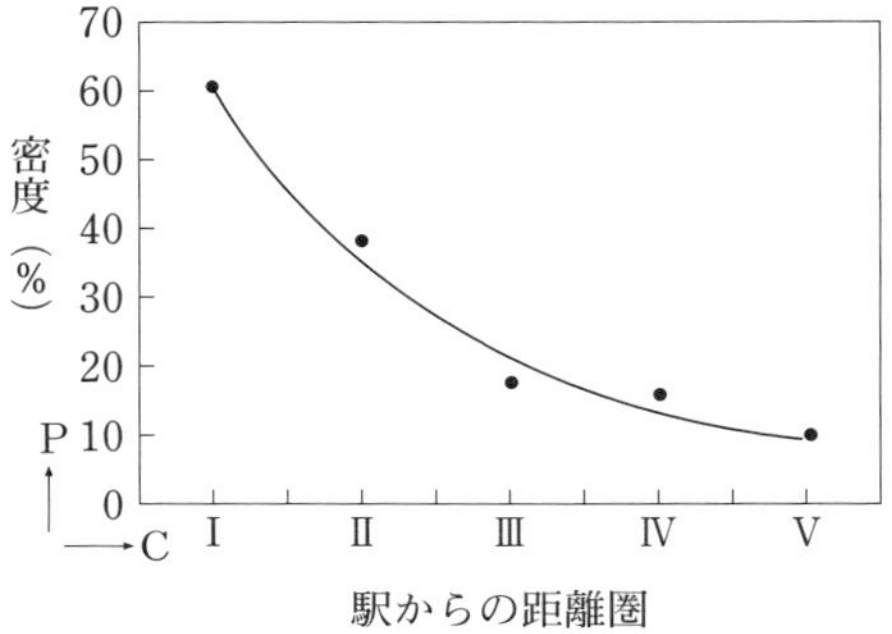

第46図　松本駅前の特殊建造物密度の分布曲線

飲食店、あるいは(2)土産物店、または(3)運送会社・倉庫・自動車会社およびその他の各種会社の出張所などの建物の立地として働いている。かつまたそれらの特殊建物の立地が駅前の広場すなわちその焦点部に近づくほど密度を高めていること、さらにまたその(1)と(2)とはもっぱらこの地域の北半に配置されているのに、(3)は主にその南半を占居し、その中央に位置する国府町が両者の漸移地帯にあたっていることなどに注意したい。おそらくこの形態はその人的関係のより深い(1)と(2)とが、いくぶんなりともこの松本市の中心部へ近い側に発達し、これに反して物的関係のより深い(3)がそれに反してその南方に集められ、もっぱら貨物の積み下ろしをつかさどっている松本駅構内のその建物の位置が、構内の南方に設けられている関係上、それとの便不便もあずかって影響した結果であろうと思われる。

これを要するに、ここでは市街と駅との特別の関係的位置、すなわち駅前地域として置かれているこの地域が、まず街路の配置からさらにそこに建てられた各建物の種類や分布にまで、きわめて機能的な形態をみせている。そのみごとな駅前集落をもつこの小地域の活躍を略述しただけにとどまっているが、もしこれをいっそうその観察の度を高めてそれらの各建物の個々に対し、隣接する各建物の関係、さらに各建物一つひとつの地割などにまで調査をすすめるなら、駅前集落としてのさらに意義ある存在を発見することができるであろうと予想している。

ことにもっとも注意すべきは、第45図に示したように、駅前各道路の収斂点を中心としてそこに半径二二〇メートルの半円を描き、その半円内に含まれた駅前集落部をさらに四四メートルごとの等間隔をもつ五つの半円に区分し、その各半円の総面積からそこの道路面積を引き去り、残った面積に対する、その半円内に包含されている前記⑴⑵⑶に相当する各建物の占めている合計面積の百分比を計算してみると、その数値は第5表ならびに第46図の曲線のようになる。

収斂点にもっとも近い、すなわち駅前に接近した第Ⅰ圏からしだいに第Ⅴ圏へあたかも対数曲線的に変化している。その結果は数理的にも駅前の特殊建物が互いに密接な関係をもち、そこがきわめて完全な関門的一個体として、すなわち駅前集落の構成態の存在であることを証明していることである。また他方ではそれを塩尻、明科などの等しく類似の駅前集落や、またはまったく別途の職能をもつ非駅前集落と比較・観察させることによって、ますますその普遍性や特殊性を理解させることもできるであろう。

B　蛇行河川・滑走斜面に広がる景観

長野県各地の山地の谷々には嵌入《かんにゅう》〔穿入〕メアンダー〔蛇行〕の発達しているところが少なくない。とくに犀川沿いの明科《あかしな》・川中島両駅間およびその支流土尻川の中流下などにおいては格別にみごとなものが現われている。そしてそこにできている大小各種の滑走斜面は、小規模ながらもそれぞれがそれぞれ一つの地理的地域として美しい景観を構成しているばあいが少なくない。今ここに記述しようとしているのはその中のわずか二〜三についてであるが、ここでもまたきわめて簡単なものから順次述べることにする。

一、木曽王滝川畔桑原の滑走斜面

王滝川下流のメアンダーは一般に規模が小さく、また地形的進化の道程からみてもはなはだ若い。それでも、そのたもとにあたる滑走斜面の上には明らかに三段の河成段丘をもっている。今ここではそのうちの第三段丘にあたるいちばん低いたもとの尖端部に相当する一小地域のもつ景観を考察しようとしているのである。しかしその狭い地域でも山ぎわにあたる古い河床部と現在の河床に近い新しい河床部とのあいだには、地質的にもしたがって土壌的にも相当の相違をもっているものとみえ、それがすでにここの植物生態の分布相の上にはっきりとした形態をみせている。

すなわち、まず現河床に接近したほとんど無被地帯と思われるほどのわずかにかわらよもぎをもった河原部から始まり、それに隣地してねこやなぎやぐみの混淆を主とした叢林帯がある。さらにそれに隣接して赤松林が縁取られ、そして最後にやや広い内側の桑園ならびに集落の地区へと移っていっている。

おそらくこの分布形態はそのたもとの尖端部の地形的変化が比較的単純であるにもかかわらず、ここの河川王滝川のもつ水量の周期的消長がもっとも有力に働いている結果である。年に何回となく河川化される地帯が平時もほとんど無被地帯に近い景相をもっている。そして毎年あるいは隔年に数回起こる氾濫期にだけ水に浸かる、ややそこから遠ざかった多小高度の高い地帯が隣の叢林地帯となっているこ

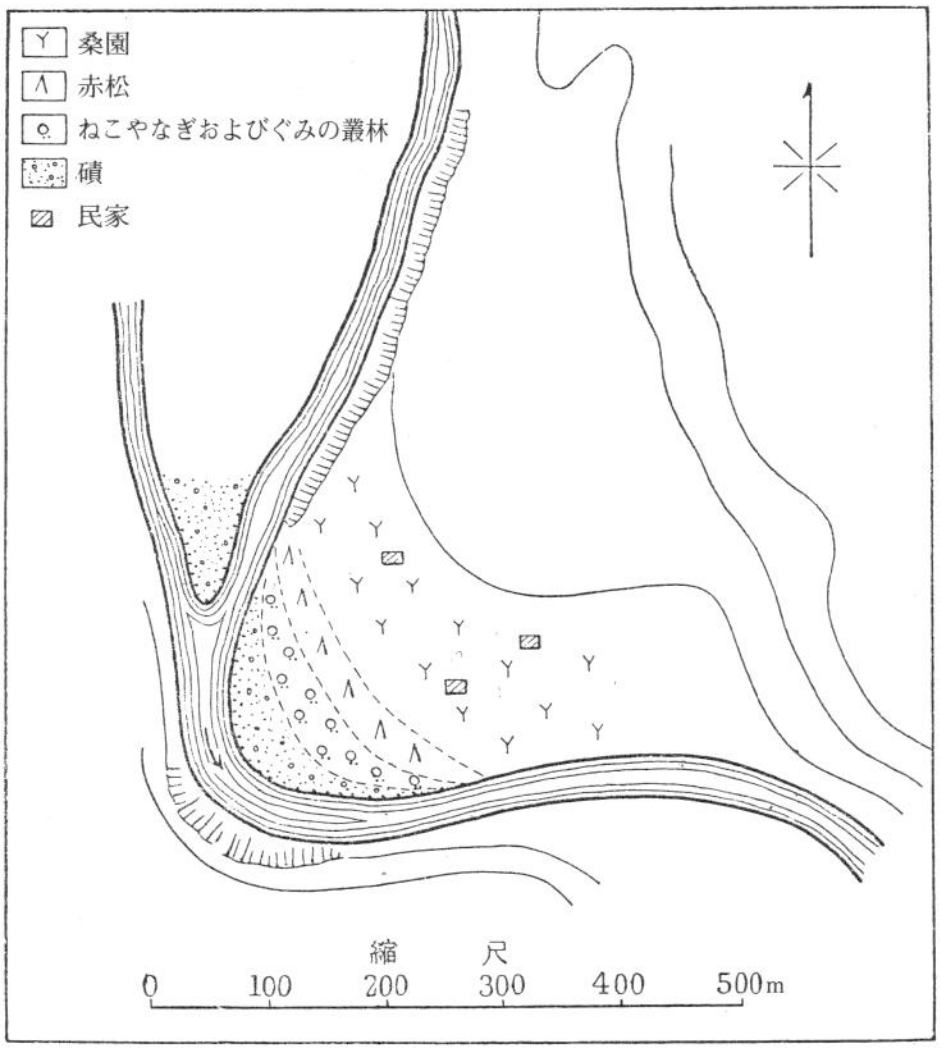

第47図　木曽王滝川畔桑原の滑走斜面

とであろう。そしてまたこれら叢林帯やその隣の赤松帯は、文化的にはさらにその内側の耕地帯に対し氾濫増水期には防水害的地区としての働きも少なくないことであろう。したがって経済的土地利用の点からは、この斜面がそのもっとも内側にあたる、すなわち水害に対して安定している集約区から、しだいに辺縁部の粗放区へ移化しているとみることもできるであろう。

要するにここが河畔であり、そしてこの河川によってつくられた滑走斜面が、自然の植物相からさては文化や経済相にまでもおよんで、そのすべてがここの河川ことにその水量の消長に支配されて構成されているその形態に対し、ここの地域性の豊かな表現ぶりを認めたいのである。

二、東筑摩郡五常村会田川畔の大ノ田《だいのた》滑走斜面

会田《あいだ》川は犀川丘陵地の南端にあたり、上流会田の小開析盆地の水を集め、明科駅の付近で犀川に合流する小支流である。谷は相当に深く中流以下の沿岸にはもちろんきわめて小規模ではあるが、美しいいくつかの滑走斜面をもっている。そしてそれらは前記王滝川のものにくらべて地形的にもまたいちだん

の進化をみせている。今ここに記述しようとしているのはただその中の大ノ田部落の一部を載せているその一つについてである。

ここは会田川の左岸南側に発達した斜面で、すでに地形的には上中下の三つの段丘さえもっている。そしてその後の北向山腹を流れ下っている小渓が、ちょうどこの斜面の東の隅に谷口を開いており、その下流すなわちこの滑走斜面の上位に相当する第一、第二の段丘上には若い谷までつくっている。

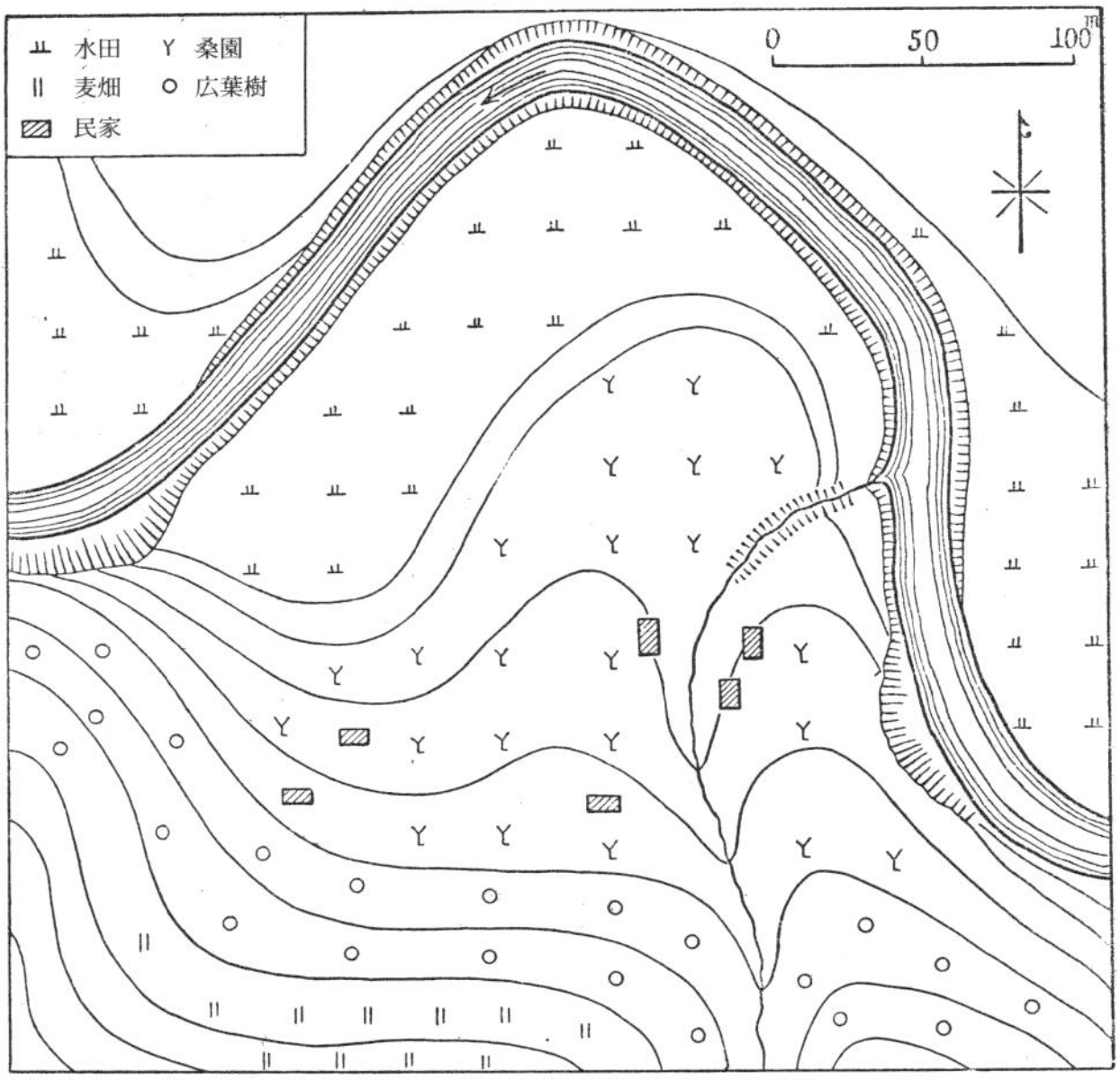

第48図　東筑摩郡五常村〔現・松本市〕会田川畔の大ノ田滑走斜面

いまこの斜面の耕作景を概観すると、最下位にあたる第三段丘はもっぱら水田地となっている。そしてそれに続く中位の第二段丘は桑園地となり、その上の第一段丘すなわち最上位の段丘は同じ桑園地ではあるがさらに数個の民家を配在させ、一つの集落段丘としても働いている。そしてそれに続いた山麓部は狭い濶〔広〕葉樹林帯を経て、その上の麦畑地帯へ移行していっている。あるいはこれらの各段丘のもつ狭い段丘端面は、各耕地の畦畔地となり、緑肥の供給地としてここの滑走斜面の耕作景をますます高級化しているかもしれないが、今は十分な観察と調査とを欠いているので遺憾ながら明瞭に記述することができない。

しかしながら灌漑の便を主要件としている水田区に下段丘を提供していることや、比較的高燥な山麓に接触した上段丘が集落段丘としてその特色をみせていることや、ことにその民家の分布が小谷口近くへ引きつけられているような傾向も見受けられ、そこに一種の谷口現象までも呈していることや、さらにこれらの関係から当然帰結されてくる桑園段丘としてその残りの段丘が利用されていることだけでも、すでにこの滑走斜面のもつあざやかな調和現象を見出すことができるであろう。

三、上水内郡栄村土尻川畔青木平の滑走斜面

これもまたその広さにおいては前二者のほぼ中間にあり、とくに広いというほどの地域ではない。ただ地形の点でいっそうの進展をみせ、かつ人口も前二者にくらべてやや稠密な地域である。したがってその文化景もまたいちだんと複雑化してきている。そもそも土尻川は、前にも述べたようにその中流以下にいくつもの美しい嵌入メアンダーをもっている。そしてここに述べようとしているのはこの川の左岸北側の青木平部落の付近に発達している一つである。地形上からは現河床に近い洪涵原〔氾濫原〕を基調とし、それから五~六段の河成段丘を数えることができる。ここではもっぱら、下半部の第三段丘以下の観察にとどめておくことにする〔第49図〕。

まずもっとも低い第六段丘についてみると、それがこの斜面の最南尖端部に発達していること、そしてまた水田段丘としてはたらいていることはまことに当然でもあろう。ところがその水田各区の畦の走向分布がその尖端部の地形と密接な関係をもち、あたかも同心円と放射状の結合からなる形態を示して

いることははなはだ興味が深い。しかもここからわずか上流の大野部落の付近までは、この西山中中、そのもっとも田植え時期の遅い地方といわれ、半夏生《はんげしょう》すぎに田植えし、しかも立派に登熟するほど米作に恵まれた地方である。その有力な理由の一つとしては灌漑水として土尻川本流の河水を使用する結果であるといわれている。この点からもこの斜面における最低水田段丘の意義を深めている。

次にその北方に続く第五段丘は前者にくらべるとそれだけ灌漑の便を欠き、したがってついに桑園段丘となっている。ところがこの両段丘のさらに北方に続いたしかもいちだんと高い高度差をもった第四段丘は、この流域中もっとも広く発達している、いわば一種の普遍的段丘である。その結果は、この谷の幹線道路である大町街道をもっている段丘であるだけあって、集落段丘として、また桑園段丘を兼ねており、さらにその後後方の第三段丘の端面へ接した一半は麦畑地となっている。そしてこの第四段丘の高い段丘端面には竹林やけやき林などが現われて、ここことしてはきわめて大切な防崩壊的機能をはたしているのもおもしろい。なおこの第四段丘は単なる集落兼桑園麦畑段丘であるだけでなく、明治中年頃まではまことに良質なあいの産地としてこの段丘のほとんどすべてがそれに提供され、あい作段丘としても活躍し、河成砂質の段丘性を発揮したこともあった。さらにその後方の第三丘へ続く急傾斜の端面には濶葉樹林帯が現われてきているが、おそらくはこの集落への薪炭材の供給地としての重要な役割をはたしていることであろう。

これを要するに、この滑走斜面のもつそれぞれの地形区が、それぞれ特殊な役割をもって文化的地域としての地域性を微細に発揮しているということであり、この点を見のがしてはならない。

この斜面の西方へ続いた河床部の、みようによっては一つの小複斜面とも考えられる洪涵原地区から、その対岸最低段丘の同じく水田区を通して、さらにその東南に発達している攻撃斜面に相当するき

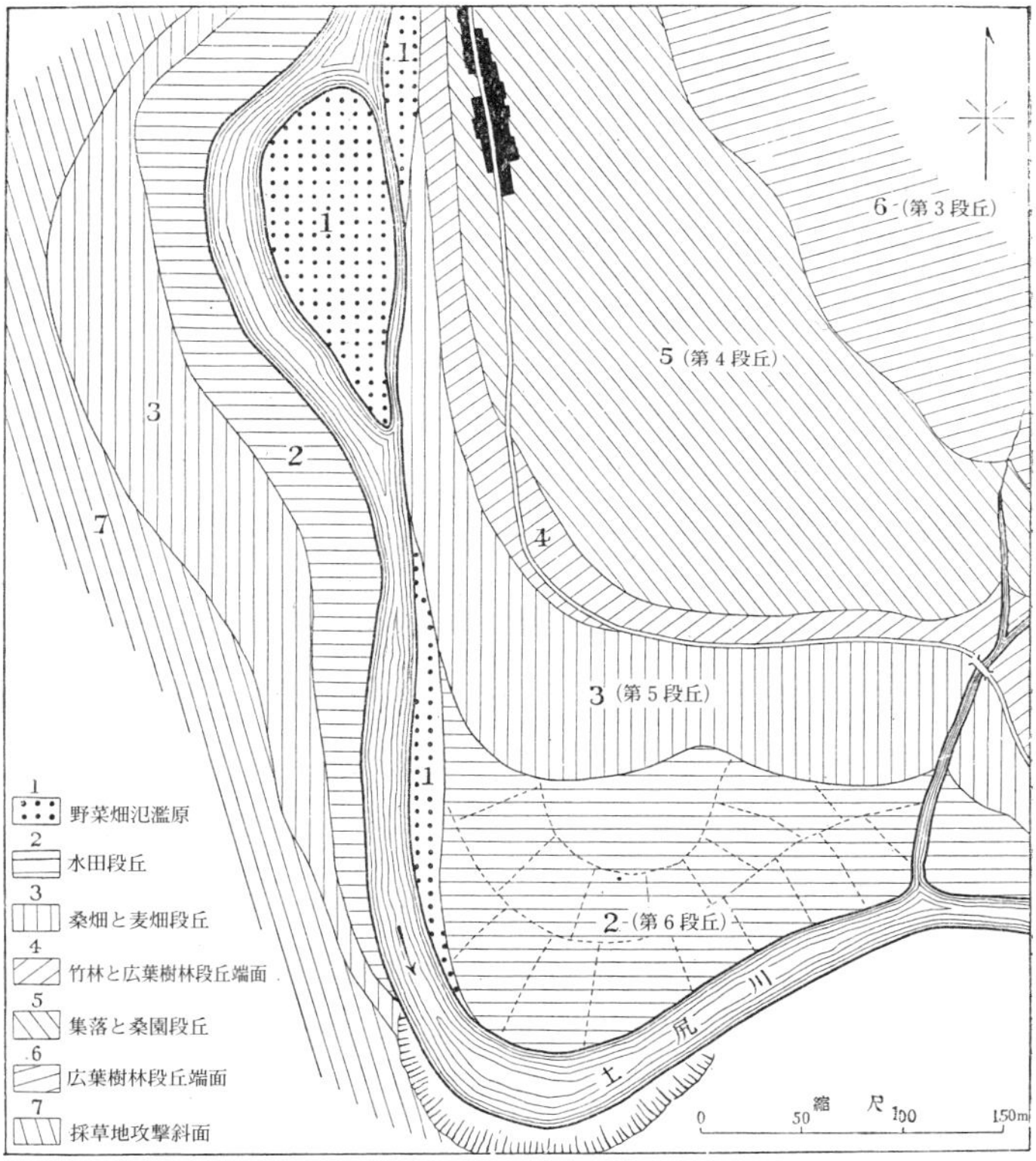

第49図　上水内郡栄村〔現・中条村〕土尻川青木平の滑走斜面と土地利用形態

（栄村小学校の助力による）

わめて急傾斜でかつ北向きの草刈斜面や、また、前者すなわち河床部の洪涵原〔第49図1〕は不時の氾濫に見舞われる不安性をもっている。それでも土壌的にはごぼうやながいも、にんじんなどの特殊な根菜類の発育に対し特別の機能を内在している関係上、好砂質壌土性の各種の野菜畑をもち、その特性をほのめかしているような対象として考えることによって、この滑走斜面の全体としての働きがますます明瞭化されかつ美化もされていくことであろう。

四、下水内郡豊井村上今井の滑走斜面

ここは千曲川の下流、善光寺平の北隅で、かつ飯山盆地入口の狭隘近くに発達している斜面である。したがってその規模も前の数例にくらべて相当に大きく、文化景もさらにいっそうの進展を示している。

たもとは立ケ花のやや下流の上今井部落の南方、鬼坂部落付近から始まり、はるかに北東へ延びて長丘丘陵の南端近くの牧山部落の西方に至り、そこから右丘陵の西側を大きく湾流し、大俣部落の南を西へ流れ、上今井部落の北に達する旧河道によって切り取られた、約二・五平方キロメートルの広さを占める。要するに上今井部落の東方に大きなカーブを描きほとんど壮年期的に発達している地域である。先年人工によって南方鬼坂部落の付近から直に北方大俣部落の南西へかけて、わずかのカーブをもたせて新河道を掘り、さながら準フリーメアンダー〔自由蛇行〕の形をつくったので、たもとはおのずと東西の両部に分かれ、そして旧河道には牛角湖《ぎゅうかくこ》〔三日月湖〕に相当する河跡湖さえ出現するようになった。しかし人工的の悲しさ、新河道はその後しだいに東漸の趨勢を示し、さかんに東部のたもとの西側を浸

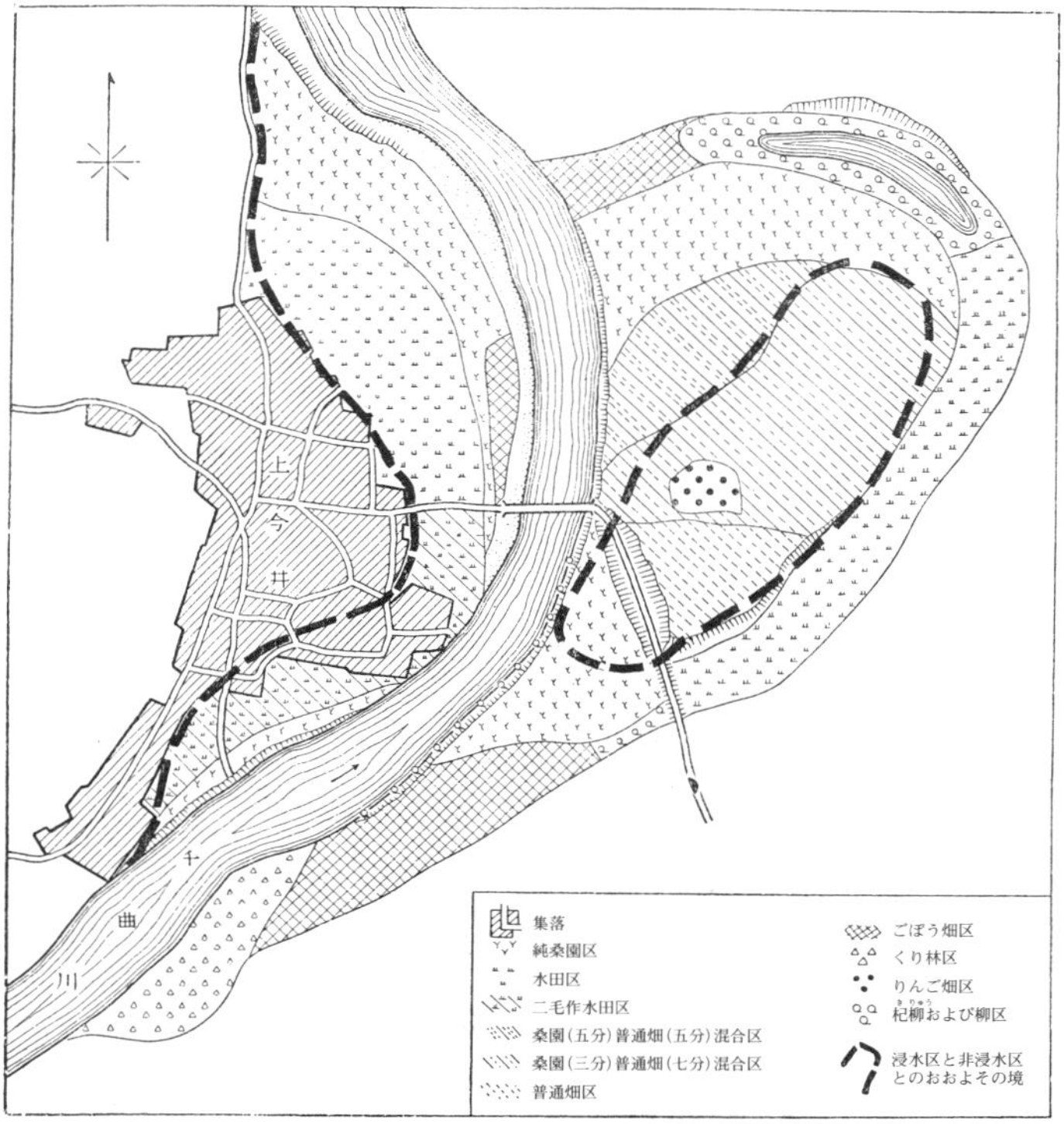

第50図　千曲川河畔　下水内郡豊井村〔現・中野市〕上今井の滑走斜面とその土地利用分布形態図

（神田賢一氏の助力による）

蝕し、今では開削当時の河床部位がまったく東へ移動し、そこにまた新たな攻撃斜面さえ形成されつつある現状である。

たもとの高さは東部尖端近くで高く、その高度は付近の新河道の平水面にくらべて一〇メートル余りを保ち、西部基脚部の本沢川《ほんざわ》出口の扇状地とともにこの斜面中の二大高地を形成している。しかしここは、前にも述べたように飯山盆地入口狭隘の上流部に相当しているため、氾濫期にはわずかにこの二高地を残し、ほとんど河床化されてしまったことも少なくなかった。したがって地質的にも基脚部の扇状地区はもちろん、東部高地の非浸水区とその他の浸水区とのあいだには相当の相違をみせ、前者が著しく粘土質なのに対し後者は砂質を呈している。ことにもっとも低い新河畔や旧河道の一部は浸水の回数も多く砂質の程度をいっそう高めている。

そしてこのような地質の相違はひいてはこの地域の文化景、ことに耕作景に影響し、そこにはまことにみごとな景観が構成されている。

まずこの斜面を主要耕作地としている上今井部落の耕地の分布形態をいちべつすると、約二二〇~二三〇戸からなる集落が、この斜面の基脚部でしかも谷口の扇状地に相当する一方の非浸水地区に現われていることは、氾濫河畔の集落としてもまた山麓の集落としてもまことに当然な現象である。そしてその東方へ展開した広いたもとを集落の主要耕地とし、しかも新河道の開削以前においては、この部落のほぼ中央を起点とし、そこからそのたもとの各耕地部へ向かって幾筋かの用水堰と、それに沿った耕作道路とが放射状に配され、きわめて美しい調和と統一とをみせていた。もっとも現在もその新河道に架せられた上今井橋の東のたもとのあたりを一つの起点とし、東部耕地のあいだに放射道路が発達し、かつての姿をしのばせてはいる。

次に耕地内における各種作物の分布形態を考察すると、この部落が約五五%を養蚕に、約三五%を米作にあおいでいる関係上、斜面一帯が著しく桑園と水田との色彩を帯びていることはいうまでもない。その分布形態をみると、水田はとくにこの斜面灌域の上流部に近い低地すなわち扇状地の周辺に発達しているのに対し、桑園は灌漑の便を欠く他の比較的高地に発達している。しかしその桑園普及の密度分布についてみると、比較的浸水頻度が高く、耕土の深い東半部の北と南の周辺部や西半部の河畔ことにその北辺部に濃厚である。同じ桑園地でも東半部の非浸水地区のように、高度が高くなるにつれてその密度を減じ、ついに中野町への幹線道路の北側の一小隅角地区のように今なお純粋の普通畑地として残っているところもある。そもそもこの隅角地区は地味が肥沃で麦や大根の栽培上好適地といわれている。ことにこの地方では砂地の大根は苦味が強く使用に耐えないというので格別にこの地区が尊重され、この集落の多くの農家の大根畑がここに集中し、したがって畑の区画も一般に狭くできている。なおその北隣の一小高地区はまったく砂層を欠き、下部の粘土層だけとなり地味がやせ、普通作物の栽培上からは不良地とされているが、それがやせて高燥でかつ風通しがよいという点においてりんご畑として活躍している。このほか、これらの東北へ続いた丘陵地の比較的高い部分もその七割が麦畑、残りの三割の桑畑もそれぞれ比較的耕土の深いところが選ばれて利用されている。要するに非浸水区の高地は比較的排水が良好で高燥であるということや土質の相違などが手伝って、麦畑その他特殊な作物の畑地として提供されており、桑園地区に対してもであるが、さらに水田地区に対してもその分布形態上いっそう明らかな対照を示している。

もっとも水田地区としては前記のほか、近年に至って旧渡場付近に設けられた電力による揚水装置によって、旧河道跡の中央部一帯が灌漑され、ここに新しく水田区が出現している。もともとこの地帯は河道変遷後に河跡湖さえ出現し、一般に低湿であり、したがって一時はあしや杞柳《きりゅう》〔こりやなぎ、かわやなぎ〕の地帯として出現したものである。それが水田化し、現在ではわずかにその北西へ続いた前記河跡湖の付近とその南方へ続いた一小局地とにその余影をとどめているにすぎない。

ことに旧河道跡については前記の水田ならびに杞柳地のほか、さらにその南方上流部にあたる河床部はそこの砂質土壌が働いて主要なごぼう地帯ができている。もっともこれも一時は桑園地として現われてはみたものの病害などの発生のため今日のごぼう地帯に変わったもので、今もこの地帯の各所に散在している小桑園は当時の名残である。このごぼう地帯中にはときにながいもが栽培され、また雑草駆除の関係上ほうきもろこしが栽培されている。ついでにいうと第50図にも明らかなようにごぼう地帯はもっぱらそこの土壌の理学的性質にかかわるもので、したがってごぼう畑がここと類似の性質をもった旧河道の最末流部と新河道左岸の一部にも出現していることはまことに注意すべき現象である。さらに主要ごぼう地帯の南方上流にあたる旧河道の最上流部には、一帯に栗林が発達し、そこの礫質土壌を表現している。その生育はやや徒長のうらみがないでもないが、従来試みられたもののなかでは最良の成績をあげているといわれている。

旧河道跡の耕作景として、その上流部から下流部にわたってそこの土質ときわめて密接な関係をもって、しかも合理的に遷移している形態はいかにも興味が深い。これを要するにひとりこの河道跡に限らず、滑走斜面全体が耕作景はもちろん、広くはその文化景の各方面にまでもおよんでいるということで、下流氾濫滑走斜面全体としてのきわめて統制ある分布形態を十分に玩味したいものである。

以上はとくに滑走斜面を研究対象としてその二～三の記述を試みたにすぎないものである。さらにこれらの比較・観察からはその地域の広狭や地形発達の程度に応じ、そのあいだに一つの系統ある共通相と特殊相との存在も発見することができるであろう。そしてまた学習的訓練の上からも、比較的狭くかつ単純なものからしだいに広く複雑なものへ、しかも比較・総合を試みつつすすまれることが望ましい。もっともこれはこのばあいに限ったことではないが、全学習にわたって個々の学習がその学習の進度とともにしだいに総合され統一され、かつまた一方ではその特殊化に努めるとともに普遍化にも努力しなければならないことは、一般科学教育上きわめて大切なことであり、少なくとも一教科内だけではそれが遺憾なくまっとうされるように心掛けられなければならない。ことにわれわれが今ここで試みつつあるような教材の選択では格別にもこの点が強要されることであろう。

C　さまざまな地域の個性の活躍

以上、第一〔A項、以下同じ〕、第二〔B項、以下同じ〕の両節はもっぱら被教育者の学習的訓練の方面に重きをおいた関係上、第一節では、主としてとにかくその地域性をよく表現する傾向をもつ集落現象を選び、それら各集落の特殊相や普遍相の発見能力の教養に努め、第二節では、一種の類型的地域とくに嵌入メアンダーの一方に発達している滑走斜面の数例をとり、そのあいだの特殊相や普遍相、すすんではその発展的過程の考察をその一例としてあげたものである。しかし教育の実際にあたっては、第一節のような各種のばあいが済んでから第二節のばあいへすすむというような意味ではけっしてない。否、むしろ並進が理想である。並進といってもそれらすべての事例を取り扱わなければならないというような堅苦しい意味でももちろんない。その実際にあたっては、その地方によっては必ずしもここにあげたような類例がちょうどそこに存在するとは断言できない。とくに第二節のようなばあいはかくべつそう思われる。したがってなにも必ず対象地域を滑走斜面に求める必要は毛頭ない。ただその地方で観察・調査しやすい範囲において、二～三、ときに一～二の類型的地域があり、それを通して特殊相と普遍相とさらに発展的関係を考察できる地域でありさえすれば十分なのである。要は真の地表現象に対する選択力（とくに第一節型において）、ならびに同一地域間の発展的関係（とくに第二節型において）を会得させることができうるものでありさえすれば十分である。そしてやがて一般地域性を考察する能力といわゆる地域観念の養成ならびに地域間の系統化に役立つものでありさえすればよいのである。そしてこの後者のために試みに選んだものがこの第三節〔C項〕に記述した数例である。もっともここでも比較的狭いかつ簡単なものを先にして多少広くかつ複雑なものを後にした。そしてまた教授の実際にあたっては第一、第二の両節のものと並進すべきものであることもいうまでもない。

一、諏訪郡湖南《こなみ》村 後山《うしろやま》字上手《わで》の窪

海抜二一七メートルの釜無山を主峰とあおぐ釜無山脈はその西北部守屋山（一六五〇メートル）の付近では海抜一二〇〇メートル内外の高さとなり、その付近一帯は明瞭な高原性の地貌を呈している。もっともこの高原は、そこに発達しているいくたの必従谷《ひつじゅうこく》によってかなりの起伏をもってはいるが、それでもその上流部ではいまなおわずかに一〇〇メートル内外の較差を示すにすぎない。いまここに述べようとする地域はその中の一つの谷、沢川《さわがわ》の上流部に占居している集落後山の西側で、この部落の北側後方高地から始まってこの部落のほぼ中ほどへ出ている全長わずかに四〇〇メートルにすぎないきわめて小支谷のしかもその上流部に近い一小地域である。この谷は地質的にはたまたまこの地方に発達

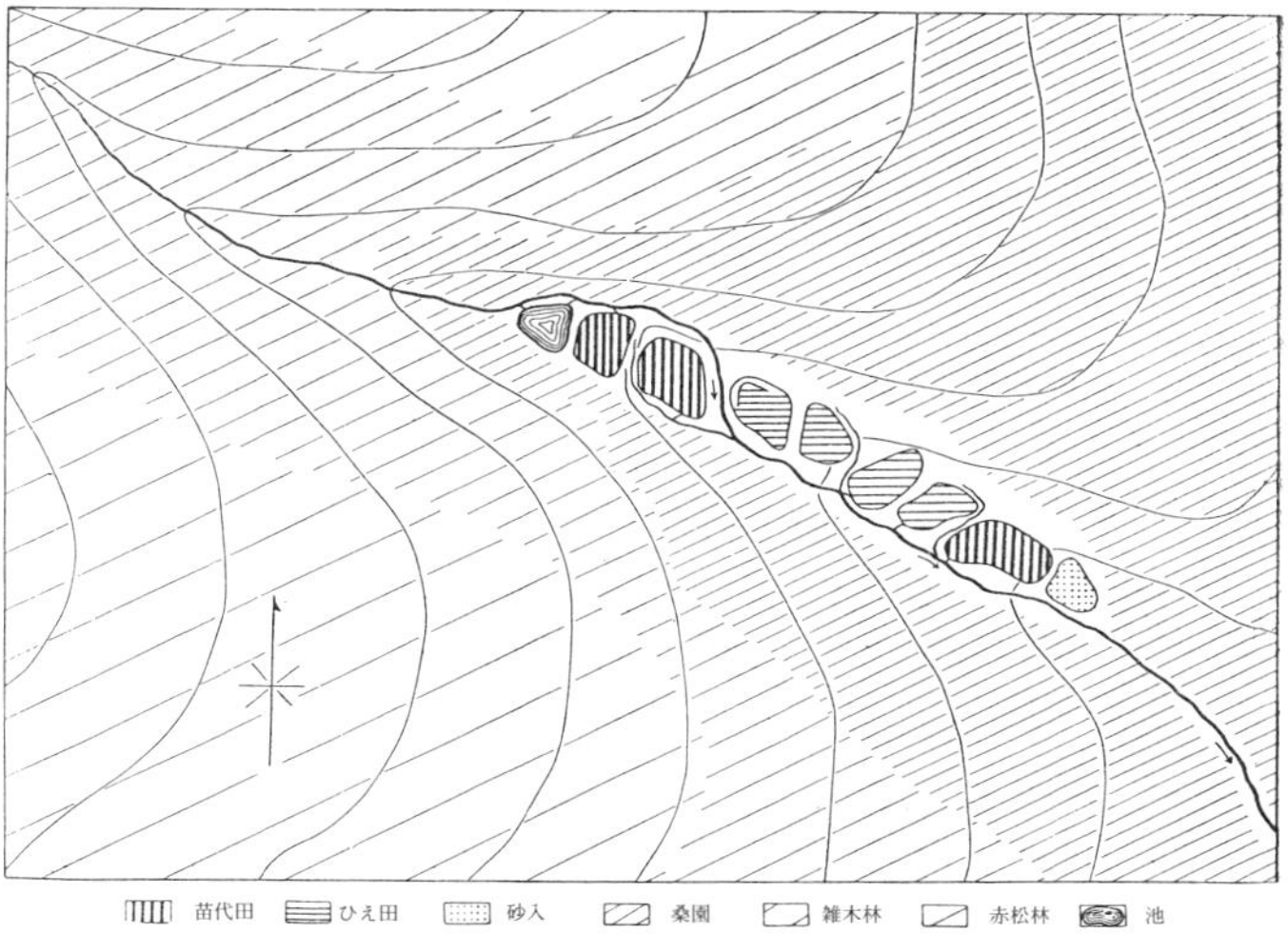

（7mm が約 10m にあたる）

第 51 図 諏訪郡湖南村〔現・諏訪市〕後山字上手の窪
（小林茂樹氏の助力による）

している古生層と新生層との接触地点に相当する。底礫岩層などもみせており地質的演習地としても十分価値の高いところではあるが、しかしわれわれのここでの関心はもっぱらここの純地理学的研究にとどめざるを得ない。

そもそもこの谷はこのように浅くかつ短い支谷であるから、水流といってもまことにささやかなもので、ようやく付近の滲み出し水によって養われている程度のきわめて小渓である。それでもすでにその中流部の谷底には、わずか六〇～七〇メートルのあいだではあるが小規模ながらも養鯉池もあれば水田もある。しかしその谷底が約一〇度もの傾斜をもっている結果、水田も八つもの小区画に区分され、またその各水田がそれぞれ約二メートル近くの高さの畦畔で一列縦式の棚田になっており、この小渓谷地域の特相を如実に現わしている。かつまたその水田地区への作物が、わずかその下方部の一枚を除いてほかのすべてがひえであることは、この地域の夏季の冷涼性を示してもいる。ここでとくに注意すべきは、そのわずか八個の水田中三個の水田が苗代田として利用されていることである。ここは沢川本流の谷よりも風が当たらずしたがって暖かで、かつ灌漑水も春先まだ早く、すなわち苗代田季節の頃には、その水源をもっぱら守屋火山の融雪にあおいでいる本流沢川のそれよりもいちだんと温かい。そのため、この高原地方の苗代経営者の誰もが困難を感じている冷水と防風とに対し、比較的好都合の事情を備えているためであるといわれている。それに前記の養鯉池の存在理由として考えられているのは、ここが森林地内の小渓であるためその水量に著しい増減がないだけでなく、池水の動揺も少なく、養鯉の成績が比較的良好であるということで、このような点をあわせ考えることによって、まことに高原小支谷の特殊相が如実に現われていてきわめて興味深い。なおまたここがわずか十数年前まではすげ草の群落地区でしばらく草刈地として利用されていたにすぎなかったものが、現在の水田地へと進展したもので、この点ではここが集落隣接の地域であることもほのめかしている。そしてこの水田区の上流と左右の小崖錐地区の一帯はすべて桑園地となっており、これまた鳥虫害などに対し山間における小畑地区の利用としてきわめてその妙を得ている。さらにその外側の山腹部のくぬぎや栗の雑木林地帯を経てついに尾根部の赤松地帯に終わっているが、しかもその尾根部が等しく赤松地帯であるが、それが南方古生層地帯がまつたけの良産地であるのに、その対岸北方の第三期層地帯の赤松林は多少のまつたけを産しないでもないが、主として「しめじ」「牛かわ」「ちちたけ」などの産地として知られている。

　これを要するに、長さわずか四〇〇メートル、幅は谷底においてわずかに五〜六メートル内外しかないまことに高原上の一小渓谷ではあるが、そのあいだにこの谷のもつ地形や地質、さらにそこの気候性とあいまって、谷底部の湿性を表現する特殊水田および養鯉池地区を中心核区とし、それからその両側斜面の中性へ、そしてさらに尾根部の乾燥性へと移り、そこに高原地集落隣接部の一小渓谷としてのみごとな全体の構成形態をみせている。その点を看取しなければならない。

二、西筑摩郡吾妻村字赤坂平《ひら》

木曽川の一支流 蘭《あららぎ》川の谷は一度かなりの程度まで埋積されたものである。今は再びその本流蘭川をはじめ左右からの各小支流がいずれもさかんに浸蝕を働き、まことに美しい幼年期の開析谷がつくられ、その原形面や蘭川本流の最下段丘の上はもっぱら水田地として活躍している。今ここに述べようとする赤坂平というのは、この谷の下流右岸で、支流米《よな》ケ洞《ほら》川の下流の北側にあたるその原形面の一部と、それに続く尾根の南斜面とを含むいわゆる一つの平《ひら》に相当する一小地域である。

ここはだいたいにはその東北にあたる南木曽岳（一六七六・九メートル）の尾根が西南へ延び、さらに一〇三〇・四メートルあたりから再び西へ分かれて下がってきている一つの小さい尾根の南側面にあたる場所である。したがって一般の地形は北はその尾根で、南は前記米ケ洞川の若返り谷で境され、そのあいだに挟まれた南面の西へ延びた懐状の一小山麓斜面である。

現在この山麓斜面は家族六人からなるわずか一軒の農家をもち、この斜面のほとんど全部とさらに尾根の北側へ続いた部分とをその農家の経営地として提供している。したがってすでにその農業経営上からも一つのまとまりをもつ可能性が十分に備わっている。そして、今われわれがここに観察しようとしている過程も、主としてその農業的経営を通して行なわれていくことになるのでもあろう。

まずこの農業地域の内容について数量的関係を調査するとだいたい次のようである。

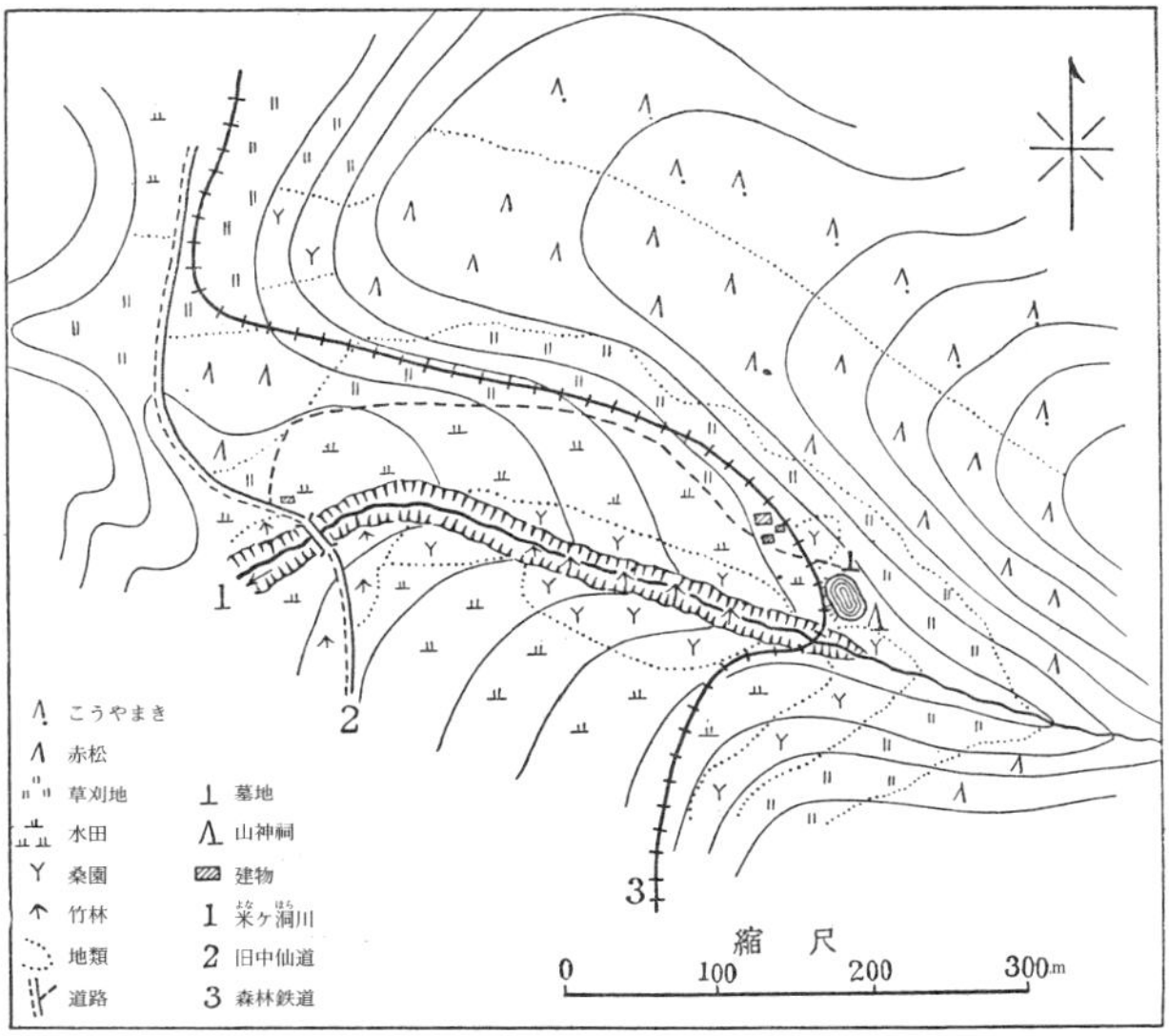

第52図　木曽吾妻村〔現・木曽郡南木曽町〕妻籠赤坂平
（妻籠小学校の助力による）

山林および原野	八四%
水田	一一%
畑（主として桑園）	五%
計	一〇〇%

この点からも明らかに山麓斜面としてのこの地域の特殊相の一端をうかがうことができる。さらにこれをその分布形態の方面から観察すると、もっとも多数を占めている山林および原野地区は、主として北部尾根の部分がふり向けられ、しかもその尾根の北斜面はひのきや「こうやまき」の林であるのに、南斜面は赤松の林となっている。またその裾の比較的深い土壌をもつ地帯は原野すなわち草刈場として働いていることは、すでにそれらが互いにいずれも気候的にも土壌的にもまことに美しい調和をみせている。そしてさらにその水田地区としてはもっぱらその草刈地帯に続くその南方、すなわちこの地域中のもっとも緩傾斜をもつ旧谷底の原形面地区が配されている。しかしそれもしだいに南方河岸の断崖部へ近づくにしたがってそこを畑地すなわち桑園として利用し、そしてついにその断崖部を竹林として経営させている。これはおそらく、灌漑を必要とする水田と適当な排水を要求する桑園と、さらに浸蝕崩壊に対抗する竹林の作用とからみて

きわめて妥当な分布形態である。しかも水田地区の最上位には一小池堤さえ設けられ、その灌漑に便するなど、まことに南面している山麓斜面のもつ景観として寸分の欠点のないみごとな分布形態である。ことにこの地域のもつ屋敷景においていっそうその特色を発揮してきている。

まずその屋敷の位置をみると、南面のしかももっとも労働容量に富む水田と桑園地区の最上位に近くかつ草刈地に接近している。これはその労力利用の上からもまた衛生上とくに清潔な飲用水が得やすい点からも大切なことである。しかもその屋敷のうち、母屋の東方の土蔵をへだてて山脚原野に接してしだいに傾斜の度が加わってくる地点では、水車小屋まで現われてきている。これは土蔵との連絡はもちろん、とくにそこの落差が巧みに利用され、地形変換点の特色までがおもしろく受け取られる。

第53図　木曽妻籠赤坂平の農家

土蔵に向かって右に水車があるのだが，写真には木陰となり遺憾ながらはっきりと出ていない

さらにこの屋敷の西側すなわちここの谷口に面した方面（第53図では向かって左側）には、屋敷木として柿や梅といった果樹が配され、この地域のもつ西寄りのやや強い卓越風を防ぐとともに、夏の西日をさえぎる働きをもさせている。またこの屋敷の東方やや離れた山脚部の池堤に近いところ、この屋敷から見るといちだんと高い地点に、数本の老松からなる一団の杜《もり》が

見られる。これはこの地方一般の各民家のいずれもがもつ屋敷神、山の神の祠《ほこら》の杜である。屋敷に対するその位置が上位であるという点もであるが、それにもまして、割合に広い森林地区をもつこの地域の宗教的方面への活躍としても見のがしてはならない地表現象である。

これを要するに、産業景に住宅景に、いかにもここの地域のもつ地形性や土壌性や、はたまた気候性と接触にもとづくそれ〔第二巻以下では「風土」〕と、まことによく調和のとれたみごとな景観をもつ南面山麓斜面すなわち平の活躍というべきものであろう。

三、埴科《はにしな》郡豊栄《とよさか》村関屋字水舟入《みずぶねいり》

松代町の付近で千曲川の本流へ注ぐ関屋川の谷は旧北国街道の一部をもち、古くは松代町と上田市との連絡上きわめて重要な地域であった。そしてここでの記述に関係の深い関屋部落はその当時の交通上の重要機関の一つであった関所の所在地ともいわれている。しかしここに詳述しようとするのはその南半関屋川の左岸に発達しているわずか約三〇戸からなる穀桑式農村部落の生活を中心とし、この部落の産業的生活にきわめて密接な関係をもつ水舟入地域一帯の地理学的形態についてである。

そもそも水舟入というのは関屋川の左岸に注ぐ一小支流で、ノロシ山の尾根の東北斜面に発達し、わずかに〇・六平方キロメートル余りの広さを灌漑地域としている一小谷壁地域である。そしてその上半部すなわち中流以上は浸蝕によってつくられた小渓谷で、下半部すなわち中流以下はその堆積によってつくられた一小扇状地である。さらにその末端である関屋川の沿岸部は関屋川によって構成された段丘をもっている。

旧北国街道が通っているのはその扇状地の末端近くで、したがって集落の主要部も多くはそこへ引きつけられていることはまことに当然である。しかもその部落生活の経済的基礎をなしている耕地や山林の分布形態を考察すると、まずその扇状地がかつては麦や大豆の普通畑であったのが、今ではほとんど桑園化され、わずかに往時のおもかげをとどめているにすぎない（第54図中多少白っぽく見えるのがそれである）。しかしそこがこの部落の主要畑地として提供されていることは今も変わりはなく、依然として扇状堆積地の特質を発揮している。そしてその末端関屋川の河成段丘面上は、比較的傾斜がゆるくかつとくに灌漑の便にすぐれ、したがってもっぱらそこが水田地と化している。次に中流部以上の地域を考察すると、その北面の渓谷底部の比較的土壌水分の多い部分は湿性樹である杉林をもち（第54図中谷部の濃色の部がそれ）、そこから中腹へかけてはならや、「だんこうばい」、山桜などの雑木林となって薪炭供給の役をつとめ、その北向き斜面を表現し、さらにその上方尾根部の乾燥でかつ土壌の浅いこの地域中もっとも瘠薄な場所では、ついにその主要樹木として赤松が現われてきている。

第54図　埴科郡豊栄村〔現・長野市〕字水舟入

狭いそして小部落をもつ地域ではあるが、そこに現われている居住地や耕作・山林などの諸相を通して、その谷壁地域としてのきわめて統制のある活躍ぶりにわれらの関心は強く引きつけられるのである。もっとも最近の養蚕業の発達によって尾根の部分中、とくに扇状地へ続く低い末端部がしだいに桑園化されていく傾向をみせてきているが、これもまた文化に対応する谷壁地域のとるべき当然の帰趨として考えなければならないであろう。

四、下伊那郡遠山川流域上村《かみむら》字風折の階段状山腹斜面

赤石山脈〔南アルプス〕西側の前山とも思われる奥茶臼山（二三四七メートル）の尾根は遠く南西にまで延び、それが尾高山（二二一二・四メートル）、御池山（一九〇五・三メートル）、炭焼山（一五五三・三メートル）としだいに低くなっている。その西側斜面すなわち上村川の谷に面した方面の山腹は、そこに山頂の緩傾斜面とともに上・中・下三帯の緩傾斜面をもち、したがってその山腹は明らかに三段の不連続的地形をみせている。もっともこれらの三帯も、その山腹に発達しているいくたの小必従谷によっていくつかの亜地区に横断され、必ずしもそれが単純な三帯となっていない。そして今ここに記述しようとしている風折の山腹斜面もその一つの必従谷を中心とする小亜地域で、しかもそこにはすでに九戸の小散村式集落さえもっている。今、ここでのわれわれの意図は主としてこの一小散村集落を通してこの山腹の小地域性を明らかにしようとするものである。

さて、この九戸の家々はいずれもみな農業を営んでいるが、その耕作反別は一戸平均わずかに三反歩内外で、一ヵ年の生産としてはようやく

麦　　一二〜一三俵

大豆　　二俵

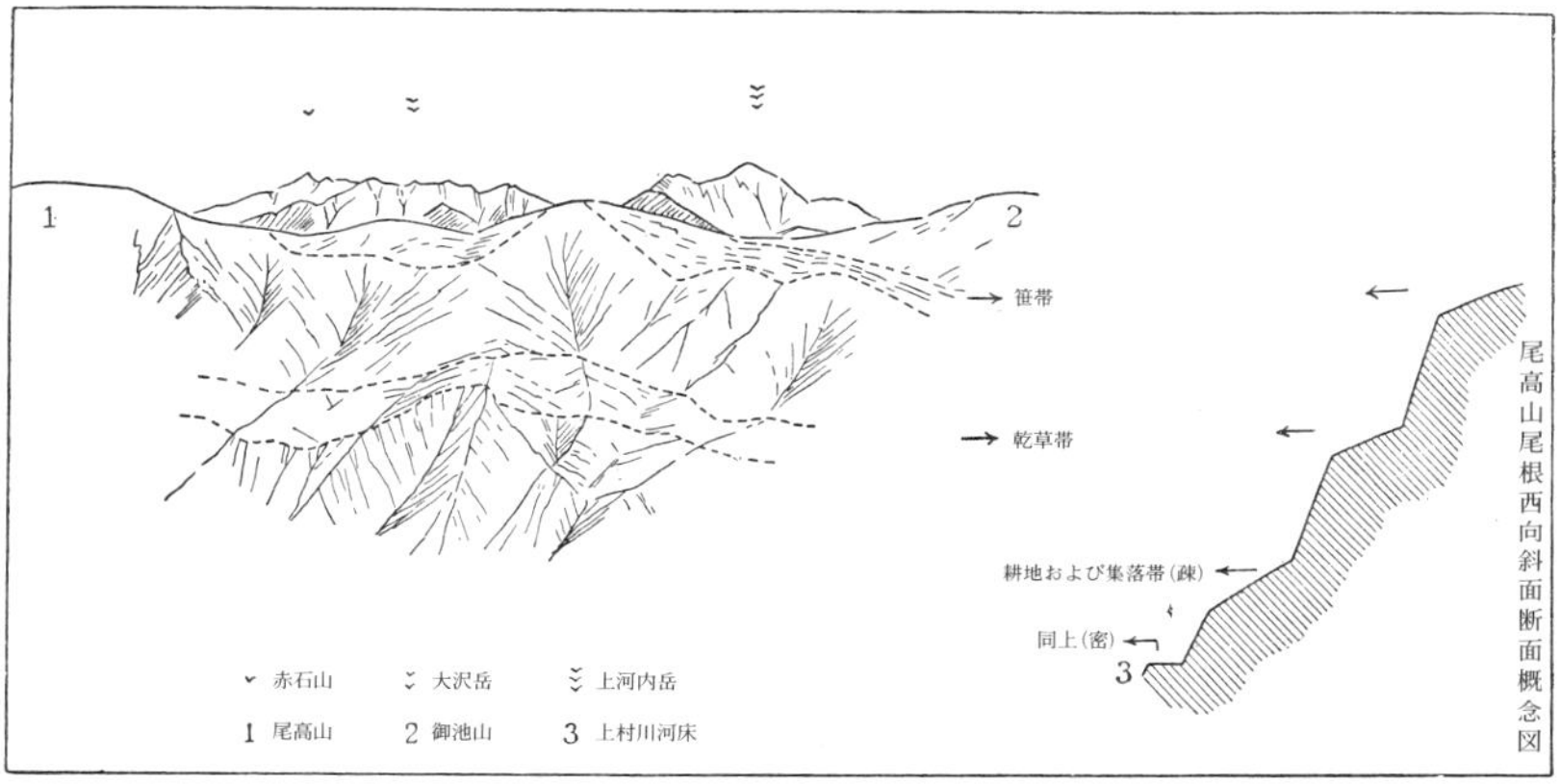

第55図　赤石山脈の一部尾高山尾根西向斜面の上半部を小川路峠から東方に見る

こんにゃく　　六～七俵
あわおよびきび　　一俵
ほかに養蚕業をかね、
春蚕二〇貫、秋蚕一五貫

それにこうぞ、一五～一六円を主な収入とし、水田さえもたない小農は、栗やくるみのほかにとちの実まで副食物としている。日用器具の箕のようなものももっぱらこの地方に生育しているさわぐるみの樹皮でつくったものを使用し、かつそれを産物とまでしているという明らかに山村ではあるが、それにもかかわらず薪炭業は運賃関係のためにほとんど営まれていない。しかし家畜としては各戸で一頭ずつの馬を飼育しており、農業の経営形態上からみても明らかに末梢部の山村である。総人口五五人中製糸工女としての三人の女と男四人（昭和四年三月現在）が出稼業者として他出している。

さて、この集落をもっているのはその最下段の緩傾斜面（緩傾斜面といってもこの山腹一帯の地形の上からの意味で、他地方の集落地域にくらべてははなはだしい急斜面なのである）で、そこはもっぱらこの集落産業の基調となっている耕地区として開拓されている。そのうち桑園としてはもっぱ

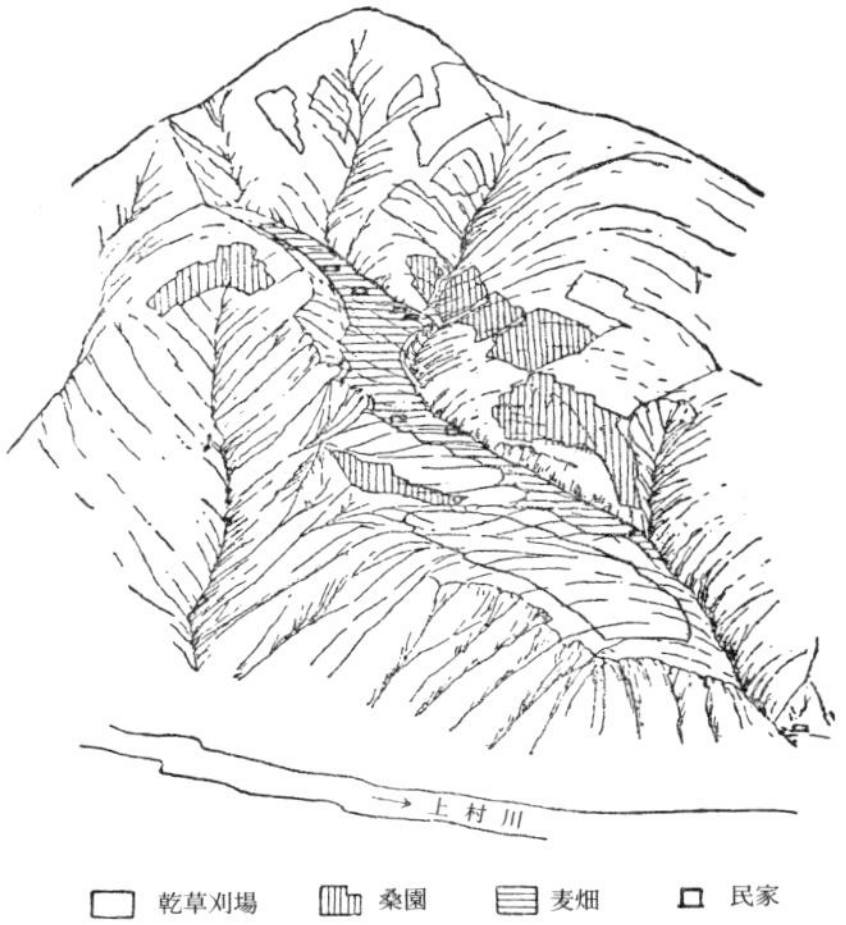

第56図　下伊那郡上村〔現・飯田市〕
風折部落の土地利用景

ら沢谷の南側すなわち北向き斜面が使用され、北側すなわち南向きの斜面はもっぱら麦やあわなどの普通畑地として耕されている。九戸の農家のうちもっとも低い、むしろ上村川畔に属するものとみるほうが妥当と思われる一戸を除いて、ほかの八戸はいずれもみなその南面の麦畑区の中にわずかの平地を求め、そこを屋敷地として、約二〇〇メートルもある高度差のあいだに散在している。要するにわずかの傾斜の方向の相違ではあるが、比較的日射が強く、したがって春先積雪などが早く融ける南向き斜面と反対の面とでは明らかに土地利用の相違がみられる。しかもそこの民家に一日もなくてはならない飲料水は、いずれも沢谷から樋によって導かれてきていることや、そしてさらにその上方に続く山腹中段の緩斜面がこの集落の乾草刈場で（第56図にはもはや現われていないが、それへの漸移現象はうかがわれる）、さらにいっそうその上方にあたる最上段すなわち奥茶臼山からの続きの尾根の部分の笹帯へと、しだいにその利用程度が低くなっていることや、また同じく最下段でも、とくに地味がやせてかつ風当たりの激しい場所は夏の朝草刈場として残されていることや、そのほかの急斜面はいずれも雑木林として利用されていることなど、わずか九戸の小農散村集落をもつ山腹斜面の一小地域ではあるが、それが高度の高低傾斜面の方向、かつまたそれにともなう微気候の相違、地味の肥瘠などとのあいだにきわめて密接な関係をもって階段状山腹の特徴をまことに遺憾なく発揮している。

第56図はその最下段の耕地と集落地区を主として示したもので、この図に見える山腹の後ろが中段草刈地区で、さらにその後方立地に笹帯があるのである。第55図はその三帯のうち上中の二段の部を示したものである。

五、上伊那郡南箕輪村字沢尻《さわじり》谷

木曽山脈〔中央アルプス〕の東麓の伊那谷の西半は、大小多数の扇状地の連合からなる美しい一つの連合扇状地帯を構成している。しかしこれらの扇状地も今では、かつてその扇状地の構成にあずかったそれらの河川によってさかんに浸蝕され、いわゆる田切〔V字谷〕の地形を各所にみせている。そして今ここでその対象にしようとしている沢尻谷もその一つで、小沢川の扇状地と、さらにその北隣の古屋敷川の扇状地との接合線上に発達している無名の川とによってつくられた谷の中流以下の部で、わずかに二〇余戸からなる沢尻という小部落を含んでいる地域である。この意味においてここではこの無名の川にときに沢尻川という名称を使用することにしたい。

そもそも沢尻川は灌漑域が狭く、全長わずか八キロメートル内外の一小渓流で、したがって渓谷もいたって小規模であり、かつ平時は伏流となって流れている部分がとくに長い。しかしそれでもその両側の谷壁はかなりの急傾斜面をもち、浅くはあるが一種の田切性の幼年谷とみられる。またさらにいっそう小規模ではあるが、この渓谷の生成以後におけるこの地方一帯の地盤の不連続隆起の結果か、谷底にはまた一つの低い段丘状地形もみせている。

しかるにこの地方は一方がその主谷天竜の谷に制約され、かつ相当の強さをもつ南北系の風が卓越するところである。またときには西方の木曽山脈からの嵐にも見舞われ、いわゆる十文字の風の吹くところとして有名である。

したがってこの地域に発生する集落をして、一つには防風のうえから、一つには比較的浅い地点に飲料用としての地下水を求め得るというえから、この田切状の幼年谷底に占居させたことはまことに当然である。その結果、ここが一つの集落谷として発達するようにもなった。

第57図から明らかなように、この谷の集落を構成する各民家のほとんどすべてが谷底部に集合していること、かつその集合の上下の限界が伏流性に富むこの谷川のわずかに表面流として現われている範囲とほぼ一致していること、ことに長者屋敷と呼ばれているこの部落の一つの古屋敷が、現部落の上方の伏流の湧出地点近くにあること、なおまた今から五～六代前までの旧民家に属する当時の一三戸についてその当時のその民家の分布形態をみると、まったくこの谷底部にしかも南北の二例となって集合していたこと、しかもまた第58図から明らかなように、その屋敷はもちろんその耕地までが、ここの谷筋を共通の縦軸としたきわめて整然とした地割をもっていること、またこの付近としては風害が珍しくまれであることなどはなによりもそれを立証してあまりあることであろう。そしてその谷底の民家に対しては、きわめて小規模ではあるが、その小段丘上を屋敷として提供していることも注意しなくてはならない。さらにその集落のもつ宗教的建造物である氏神の社《やしろ》と不動尊の堂宇の二つが、現集落地区のほぼ中央の民家の屋敷よりいちだんと高い谷壁の上端面に相対して配置され、かつその谷壁面にそって設けられた石の階段によっていっそうその威厳を保たせていることなどは、格別にもここの地理的実在を明らかにしているように思われる。

もちろん穀桑式農業をもって立っている伊那谷の一集落であるから、その屋敷以外の谷底はもっぱら

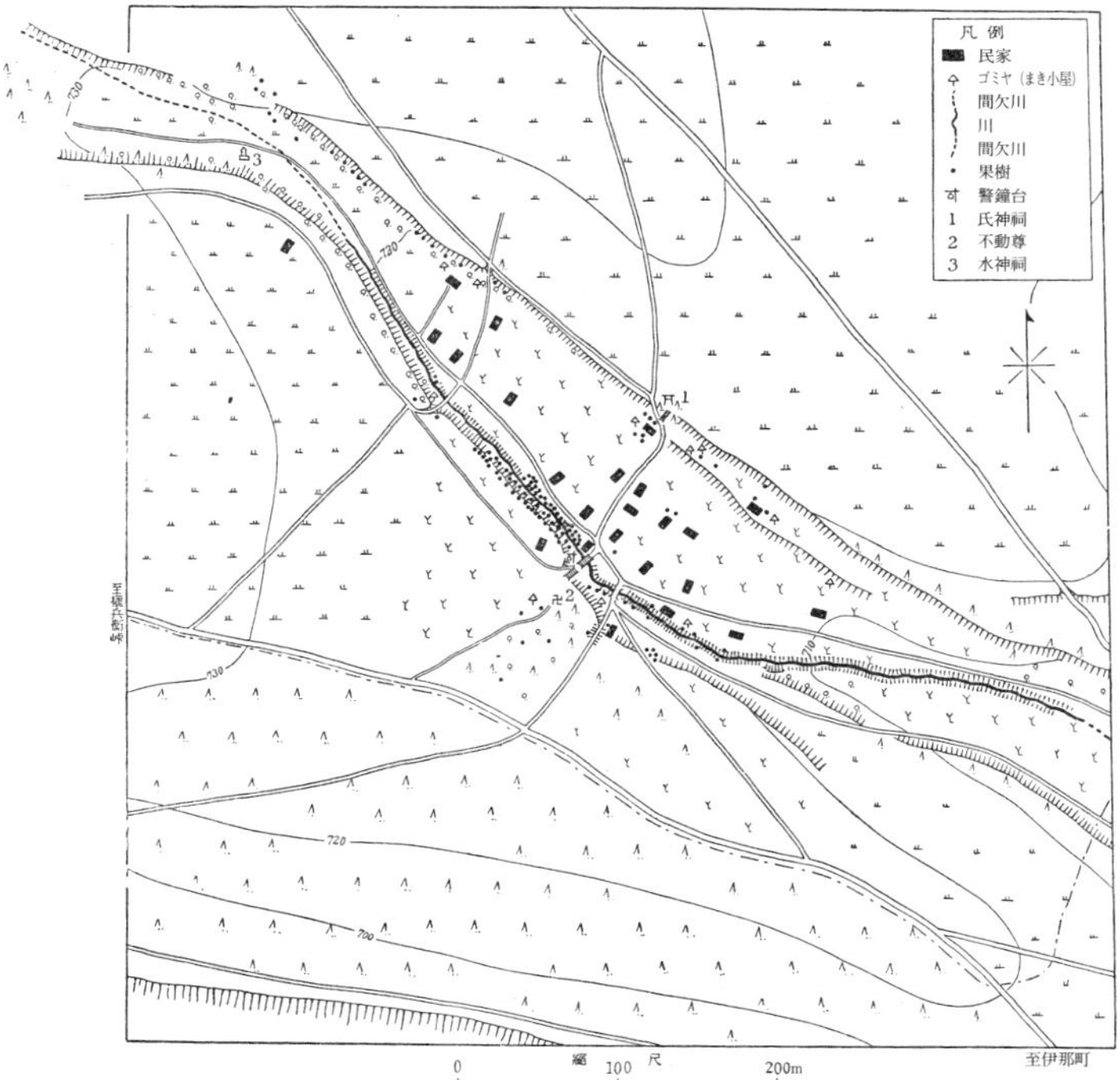

第 57 図　上伊那郡南箕輪村沢尻部落とその構造（昭和 6 年現在）

図中の水田の多くは最近の発達で，もっぱら西天竜開拓に関する揚水工事の結果である

（武田宗男，向山雅重両氏の助力による）

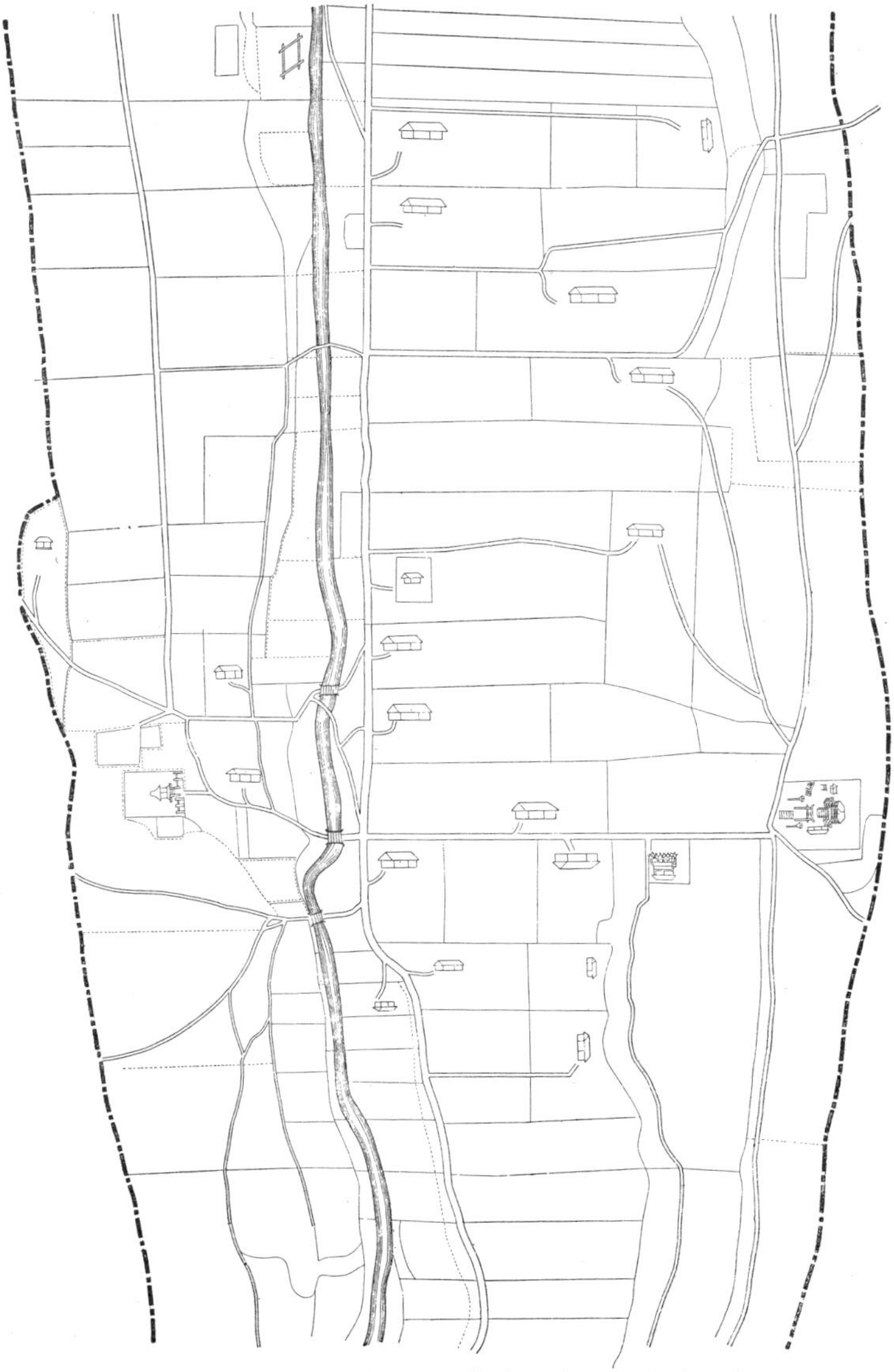

第58図　南箕輪村字沢尻部落地割形態の一部を示す

（明治初年当時の村図による）

第59図　上伊那郡南箕輪村字沢尻部落の景観
完全に谷の中に埋まり，なおかつ森林で保護されている高地山麓の集落景を示す

桑園化してはいる。しかしかつてはそこが、渓流によって構成された砂質の土壌からなっているため、たんなる桑園地として働いているだけでなく、野菜とくにごぼう栽培地としての機能をもち、沢尻ごぼう産地としてこの集落に一つの明瞭な特色をもたせている。そしてその砂質の程度が上流と下流とによって相違のあることはいうまでもないが、それがまたその上流部においてとくに良質のごぼうを産することによっていっそうよくその渓谷性をみせている。さらにその小段丘の端面すなわち河岸一帯に多数の栗の木が仕立てられ、それが家々の屋敷木として役立っていることは天竜河岸近くの各集落のもつ柿の木と相対し、一つの注意すべきことではある。しかし、それにもまして、われわれはその樹下の利用の薄いことを一つの特色としている栗の木を、もっぱら河岸あるいは谷壁際に集め、しかも河岸ではそれを河岸の崩壊防御に役立たせており、そこに美しい河岸景を展開し、ますますこの渓谷のもつ景観を豊かにしている。さらに去る大正十三年以来出現したこの部落のもつ簡易水道の水源が、前記地表流の湧出点付近から、さらにその上流

部の谷底に沿って設けられた横井戸によっていること、しかもその出口に水神祠が祭られていることなどは、前記の氏神祠などとともにいっそうこの小地域の統制を明らかにしている。なおまた風害は比較的少ないとはいえその山麓強風地帯に含まれている関係上、狭い谷の両側の急傾斜面はならやくぬぎなどの雑木林となってますます防風的機能を発揮している。さらに平時の水量がきわめて少ないこの谷では、防火に対する一つの用意として各民家がもつそれぞれのゴミヤ（納屋に対するこの地方人の呼称）の多くは母屋から離れてそこの谷壁に設けられている。このようなことはいかにもこの高地山麓のしかもその伏流性渓谷のもつ各種の特殊相を表わすものとしてけっして見のがすわけにはいかない。

これを要するにその集落のもつ居住景に、そしてその職能としている耕作景に、さらにまたその集落統制の宗教景に、この伊那谷山麓小田切型の幼年谷のもつその特性がきわめてあざやかに発揮されているものとみるべきであろう。

六、北安曇郡陸郷村字寺村《てらむら》田《た》の入《いり》付近の丘陵地

先行性の谷である犀川によって西南から東北へ遮断されているいわゆる犀川丘陵地は、主谷の浸蝕につれ左右の小支谷もまたそれぞれ浸蝕を働き、その結果、両岸は一般に標式的な晩幼年期的地貌を示し、主要な道路をはじめ集落の多くが尾根部の小平坦面を占居しているところが少なくない。今ここに述べようとしている田の入付近の丘陵もまたその一つなのである。

大穴山東部の丘陵面はそこに発達している美しい二〜三のV字状の小渓によって、それぞれ東北、東、東南の三つの尾根部に開析されている。しかるにこれら三つの尾根はいずれもそろってこの地域の主要

な道路をしかもその尾根の部分にもっている。したがってそれらの道路も、やがては尾根の分岐点近くで落ち合うような傾向をみせている。そして田の入というわずか三四～三五戸の小農村集落もその集合地点近く、同じくその尾根の上に発達しているが、ここではこの小集落を一つの焦点としてこの付近の丘陵地の観察を試みることにする。

そもそもこの集落は総収入の約七〇%を養蚕に、残りの三〇%の一半を麦類に、ほかの一半を大豆などに求めている。耕地は比較的広く、ふつう二町歩内外あり、とくに三～四軒の農家は四～五町歩を耕作しているものさえある。

まずこの地域における耕地の分布を概観すると、それらの多くはもっぱら各尾根の両翼すなわち小支谷への傾斜面に発達し、尾根の部分は前記の主要道路か集落のほかは主として林地として利用している。もっとも近年、養蚕業が普及した結果、そこが桑園地として開墾されてはきているが、それでも今なお林地の部分が相当に残っている。また林地もこの尾根の部分だけにとどまらず、さらに翼の部分でも北寄りの面にまで延び広がっているところも少なくない。そしてこの林地の尾根部占居は、ここの地形による乾湿の相違からきたもので、その通発量〔気孔を閉じても葉の表面などから蒸発していく水分〕が普通農作物の約半分でたりるといわれている森林地のもつ当然の帰結でもあろう。またその北面占居は降雪地域であるこの地域のことなので、冬季長期間の積雪に対し、畑作物より耐積雪性の強い森林の当然受け持つべき使命でもあるかもしれない。しかもさらに注意しなければならないのは、この地域の傾斜面の方向による積雪期の長短のちがいは、単に森林と畑地の分布を制約しているのみならず、畑地の中でも冬作である麦畑と冬季ほとんど休眠状態にある桑園地との分布をも支配し、北向きの斜面が桑園に、南向きの斜面が普通畑地となっている傾向が著しい。

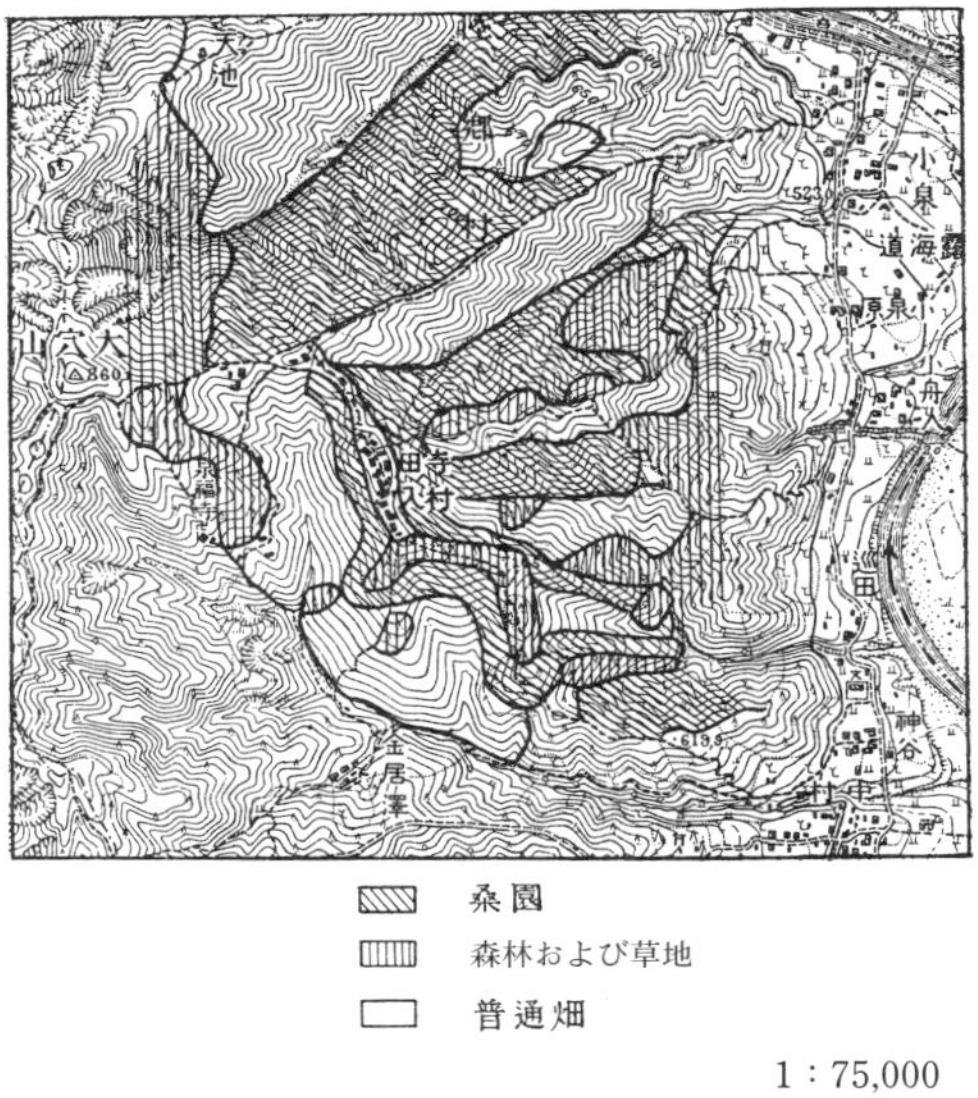

第60図　北安曇郡陸郷村〔現・安曇野市〕寺村田の入地方の土地利用分布形態
（降旗守道氏の助力による）

前編中にも述べておいたように従来この地方には「三朔日雪《さんついたち》があればその年は凶年である」ということわざをもっているが、これはその耕地すなわち麦畑に一月、二月、三月の各月の初日に積雪を見るような年、換言すれば積雪期間が長い年は麦の成績が不良であるという意味である。これによって、麦作の可能地と不可能地との境界付近にあたるこの地域の積雪に対する敏感性をうかがうこともできるが、また陽燥斜面と陰湿斜面とがそれぞれ林地斜面と畑地斜面として活躍しているという分布形態の妥当性がいっそう確実化されたことにもなる。なおさらに興味の深いことは、同じ麦畑の中でも、わが国としてはむしろ保水力がやや少なく排水の良好を望み、かつ肥沃度の高いことを要求する大麦畑がその尾根部に近い翼の上半部を占め、尾根部の乾燥排水性と集落に近く施肥上の便宜とのあいだに深い関係をみせ、これに対して小麦畑がその下半部を占めている点である。しかもさらにこの地域の夏作についてみると、尾根部に近い上半部はほとんど毎年大豆畑として繰り返されているのに、下半部は小豆と大豆とが隔年に栽培されている。これは比較的播種期の早い小麦地帯としては、整地の必要上少なくとも隔年には収穫期の比較的早い小豆を栽培せざるを得ないためであるといわれている。

次にこれらの耕地とのあいだに密接な関係をもつここの交通や居住景について考察する。立地上平坦面を要求する集落の屋敷や道路が、残された小平坦面をもつ尾根部に引きつけられていることはまことに当然な現象ではある。しかしこの地域のもつ地形的進行は一日としてやむときがなく、壮年期的地貌へと急ぎつつある。したがって尾根部の小平坦面も年一年と狭められ、屋敷の中には生々しい地割れの跡さえ見せているものも少なくない。おそらく、この地域の民家の大多数がもっているけやきの大木からなるかの屋敷木は、その崩壊を防ぐ役割をはたすために大きな使命をになっていることであろう。もっとも一方では尾根部のことだから防風林としての任務も十分に兼ねていることでもあろうが。

第61図　天水利用　北安曇郡寺村田の入
バケツに付いている竹竿の長さはこの井戸の深さを表わしている。けやきの根の露出にも注意されたい

このようにこの集落は尾根部の集落として一つの明瞭な特質を表現してはいるが、さらに注意すべきは、ここが丘陵地の尾根部であるためほとんど受水地区を欠いていることである。その結果、集落構成上の一大要件とも考えられている飲料用水の水源を天水利用というきわめて特殊な様式をもっていることである。すなわちその屋根の全面あるいは半面を瓦葺きとしているものが多く（この地方の尾根部以外のほかの多くの部落が草葺きを主としているにもかかわらず）、そこにはトタン張りの雨樋が設けられ、その末端はいずれも各戸の井戸へと導かれている現象である。

これを要するに、この地域のもつ居住景から交通系、さらに林地や耕地の産業耕作景にまでもおよんで、ほとんどすべてに晩幼年期的丘陵地としての溌剌たる活躍が満たされているということである。われわれはその構造態を十分玩味しなければならない。

七、南佐久郡北相木川流域

千曲川上流部の主要支流である相木川はさらに南北に二つに分かれ、南を南相木川、北を北相木川と呼んでいる。前者は長さ約二〇キロメートル、後者は一六～一七キロメートルである。また前者はだいたい東南から西北に、後者はほぼ東方から西方へ向かった流路をとり、字川又で落ち合い、さらに西北に流れて小海駅の付近で千曲川に注いでいる。今ここではもっぱら北部の支流である北相木川流域について考察を試みようとしているものである。

流域の南半は小倉山（海抜二一一二メートル）の北斜面ならびに同山の西部がしだいに低くなって西へ延びている尾根の北斜面からなり、北半は四方《よも》原《はら》山（海抜一六三一メートル余り）の南斜面ならびに

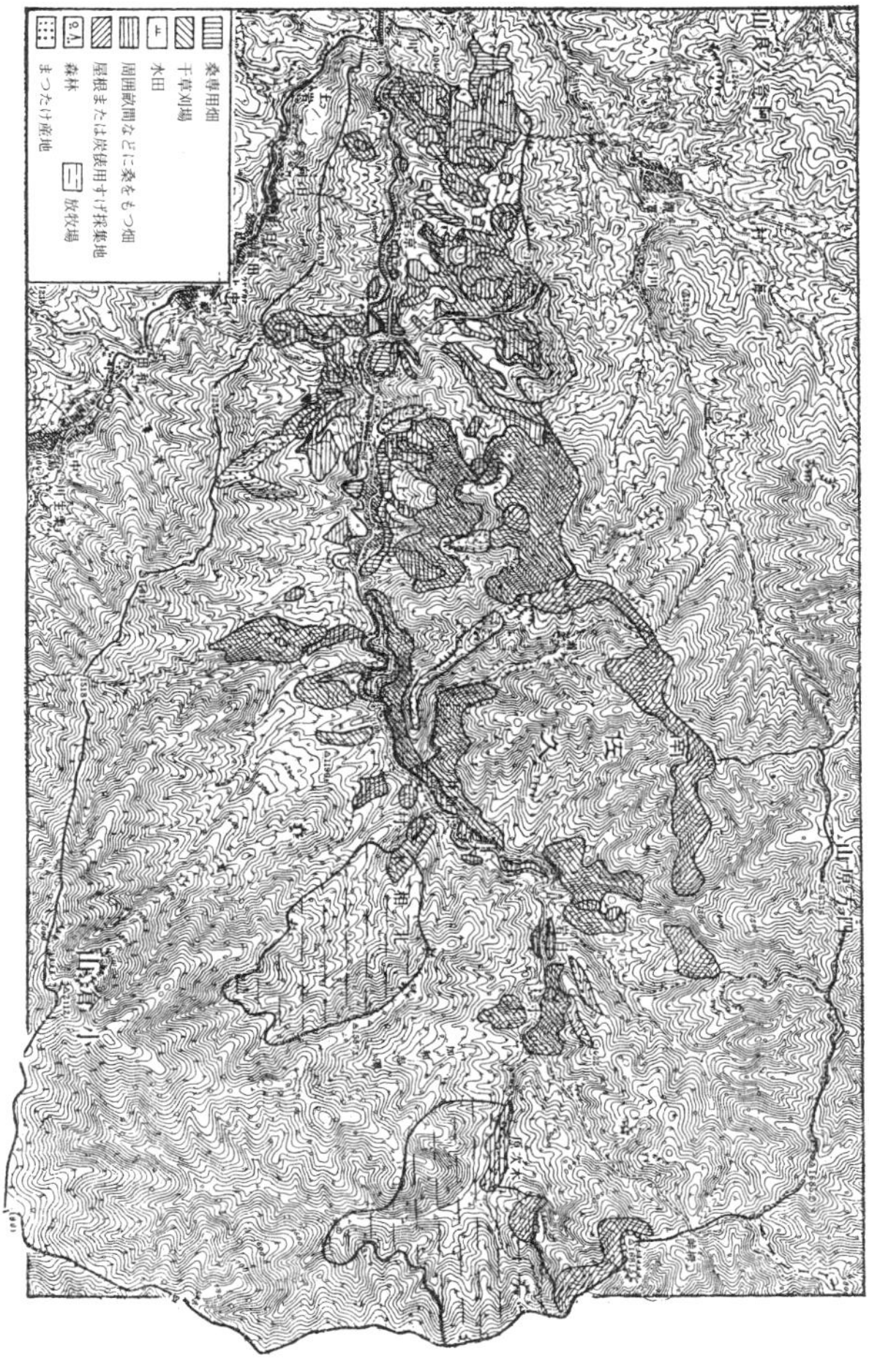

1 : 100,000

第62図 南佐久郡北相木川流域における土地利用の分布形態図
（菊池保雄氏の助力による）

同山の西南へ延びた尾根の南斜面からなっている。東方においては、ほぼ南北に走っている上信国境の連峰（最高一九九一メートル、最低一五五〇メートル）の西斜面からなり、全体として一つの柏葉状の渓谷地域である。

流域は一般に早壮年的な開析度をみせているが、つねに回春を繰り返しつつあるようで、したがって河床部は各所に急流や滝をもっている。中でも山口部落の上方雪瀬《ゆきせ》の滝や箱瀬の滝付近がとくに目立つ。したがって谷底地形もこの地点を境としてその上と下で明瞭な対照をみせ、下流部においては小規模ながら両岸に数個の新しい段丘をもっているのに、上流部においては今なお以前の輪廻当時における河床の沈積平地を保存している。もっともこれはきわめて大観したうえのことで、さらに精細に考察すれば、上流部でもそこにはすでにきわめて低くはあるが小段丘が構成されているのが見受けられる。しかしこれもさらに上流三寸木部落の上方にあたる「かぢやあしの滝」を境として、それ以上の地区にはまだおよんではいない。

この興味ある流域のもつ谷底地形は、やがてこの谷の文化に影響し、そこにはまことに統制のある文化の分布形態を描き出している。

この谷は現在その下流から川又・栃原・京岩・宮ノ平・古宮・久保・坂上・山口・下新井・大桑・白岩・三寸木・木次原など、大小一三個の諸部落をもつ。そしてそれらは地理的には約八ヵ所の集落区に分かれており、この谷の主要な一本の幹線道路によって連結されている。

これらの集落ならびに道路のこの谷における占居をみると、下流部に相当する山口より下の諸部落と道路のほとんどすべてが段丘上に配置されているのに対し、上流部に相当する下新井より上の諸部落と道路の多くは谷底平地に相当する地点に配置されている。また、これらの諸部落のもつ産業的職能をと

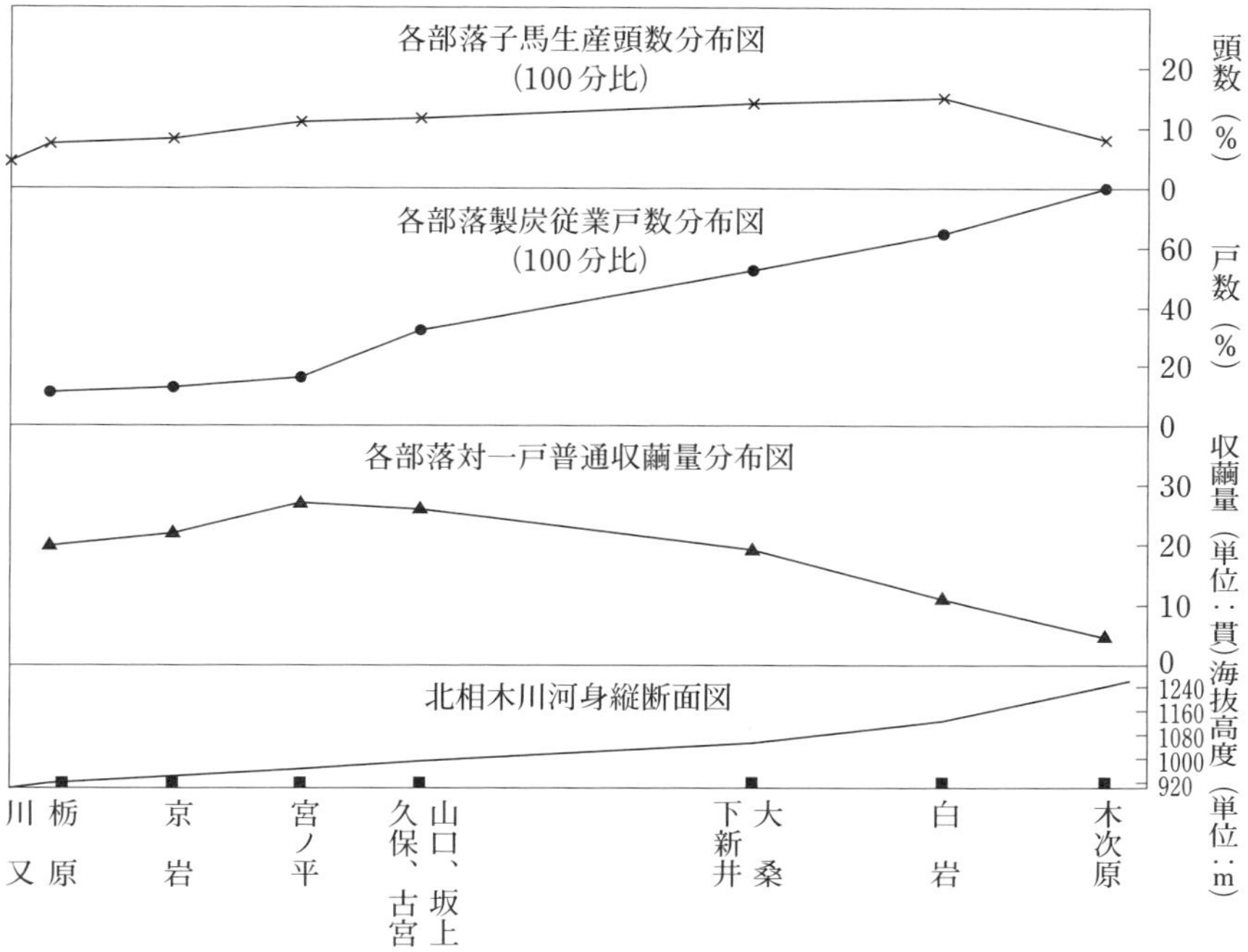

第63図　北相木川流域の産業分布図

おしてこの谷のもつ産業分布の形態を考察すると、この地域といえどもそこでは米作も行なわれ、本州中部高地であるため養蚕業も普及している。とはいうものの、千曲川の上流山地部でありかつ交通の末梢地域であるため、子馬の飼育を主とする牧畜業と木炭業を主とする林業とが相当濃厚に織り込まれ、一種の林野地域ともみることができる。林業分布の形態は上流部に濃厚で、ことに山口部落より上流部の諸部落において格段の発達をみせている。かつ最上流部の約二〇戸からなる木次原部落においては、その全戸のすべてが林業に従事し、しかもそれを主業とさえしており、明瞭な林村集落を構成している。牧畜業についてみ

第６表　北相木川流域部落の産業統計表

	川又	栃原	京岩	宮ノ平	久保 古宮 山口 坂上	下新井 大桑	三寸木 白　岩	木次原
戸数	7	39	19	48	176	26	47	20
100戸に対する1ヵ年平均子馬飼育頭数	0	11.8	2.1	13.3	8.8	10.8	23.0	0
同上加工値	3.9	6.4	7.4	9.4	10.4	13.4	14.2	7.7
100戸に対する木炭製造戸数	0	8	16	13	23	74	43	100
同上加工値	0	11	13	16	33	53	65	81
収繭年額並数（単位貫）	0	20	20	28	30	15	15	0
同上加工地（単位貫）	0	20	22	27	26	19	11	5

ると、最上流部にあたりあまりにも製炭業化されている木次原部落で低下を示している特例を除外すれば、これまたしだいに上流部へと発達している。しかしこれには木炭業発達の曲線が示しているような上流部と下流部との著しい相違は現われていない。おそらく後者すなわち木炭業の経営が市場への遠近以外にその地域の広狭や高度の制約を受けることが多いのに、牧畜とくに舎飼いを主としている子馬の飼育がもっぱら飼料の供給源である草刈場の広狭によって強く支配されている結果ではあるまいか。

さらに養蚕業をみると、収繭量を表わす曲線はこの谷集落のほぼ中央部に位する宮ノ平、坂上、山口あたりに多少の頂点をみせてはいるが、ほぼ下流部の数部落間では著しい相違をみせていないのに、上流部では著しい低下を示し、その趨勢がさながら

第7表　川又部落の職業調査（澤路憲三郎氏調査）

位置	番号	種　別	内　容 （・をつけたのはこの谷の生産物の移出業）
北相木川右岸	1	旅館	
	2	旅館兼飲食店	
	3	雑貨店	米穀，肥料，呉服，太物，化粧品，日用雑貨，酒類，炭問屋
	4	雑貨店	米穀，肥料，酒類，缶詰，炭問屋
	5	雑貨店	米穀，肥料，酒類，日用品雑貨，炭問屋
	6	飲食店兼運送立て場	
	7	自動車発着兼小売商	煙草，食塩，菓子
同左岸	8	製材業	
	9	運送挽兼小作業	
	10	日雇業兼小作業	
	11	日雇業	
	12	建具職	
	13	電灯会社見張人	
	14	牛乳屋	

木炭業のそれと相反していることは注意すべきである。要するに雪瀬、箱瀬の両滝付近を限界とし、これより上流部は林野式集落としての色彩が格別に濃厚であり、より下流部は準穀桑式集落としての傾向が強い。そしてことにその最下流部の南北両相木川の合流点付近の狭隘地にあたる十数戸の川又部落に至っては、純然たる商工業的集落と化し、最上流部の純然たる林業集落である木次原に対しまことにあざやかな対照をみせている。しかも川又部落のもつ商工業の内容が、第7表にも明らかなようにその上流部の各集落のもつ職能ときわめて密接な調和をもち、明らかにこの谷のもつ渓口合流点の機能を格別によく発揮しているものとみるべきであろう。

　さらにすすんでその考察を雪瀬・箱瀬の両滝以下の、すなわち前記下流部の準穀桑式の地区の土地利用の分布形態へと試みると、その谷の南向き斜面が中腹部から谷底部まで一

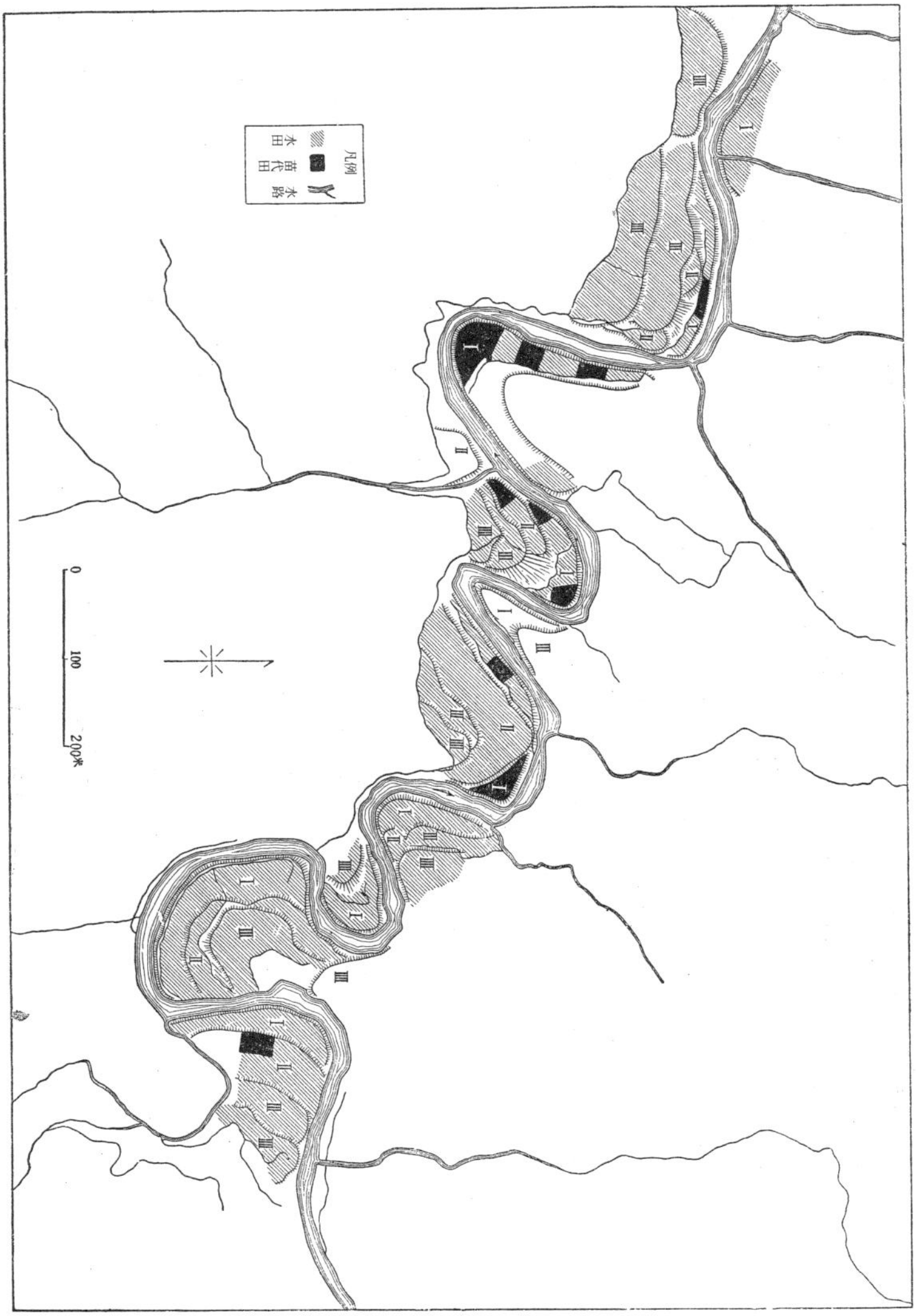

第64図 北相木川下流渓谷の水田と苗代田の分布形態

1：10,000

（菊池保雄氏の助力による）

般に普通畑地と桑園との混淆地帯であるのに対し、北向き斜面の中腹部はあるいは山林、ときに桑園地帯となっている。そして谷底部に近づくにしたがって数個の段丘面上はもっぱら水田化され、それも最下段、まれにはそれに続く第二段の段丘面上の水田は同じ水田ではあるがとくに苗代田として利用され、そこのより砂質であることとかつ灌漑の便とが十分に発揮されている。すなわち降雪地域に属している当地域では、ここでもまた夏作斜面と冬作斜面とをもち、陽暖斜面と陰冷斜面の性質の相違をみごとに発揮している。しかも単に耕地の利用だけにとどまらず、集落占居の点においてもすべて陽暖斜面の段丘上に偏在し、ますますその両斜面のもつ特性を鮮明にしている。そしてこれらがあいまって両斜面の土地の価格にまでも相違をもたらし、ふつう一坪の価格が日向側で三円、最高七～八円であるのに対し、日影側ではふつう二円、最高三円ていどであるといわれている。

最後に北相木川全流域にわたって土地利用の分布形態を概括すると、前記のように利用度が上流部で低く、下流部で高いという、いわゆる上低下高の形態がまことに明らかである。また上流と下流を通じこの流域は一般に谷底部に接近した一帯が利用度のもっとも高い集落・耕地帯で、それに続いた高地すなわち周辺部が草刈地帯となり、さらにその外縁最高地域が森林地帯または茅野《かやの》となっている。そしてそれらが薪炭とその包装の資源であることはいうまでもないが、その森林地帯の中でも西半部の一般に高度の低いしかも両尾根部はまつたけの産地となっており、ここにもまたその個性を明らかにしている。要するに谷の主線によって制約されている集落地帯を軸として、一般に下流から上流に、そして谷底部から周辺の高地部へと、その距離と地形とにあるていどの関係をもって漸移し、そこに一種の三層からなる内接倒卵形を基調とした分布形態を示し、ことに上流部の小倉山、四方原山などでその集落帯より遠くかつ高い地帯は、ついに国有林野にまでなってしまっている。もっともこれらの各種産業の関

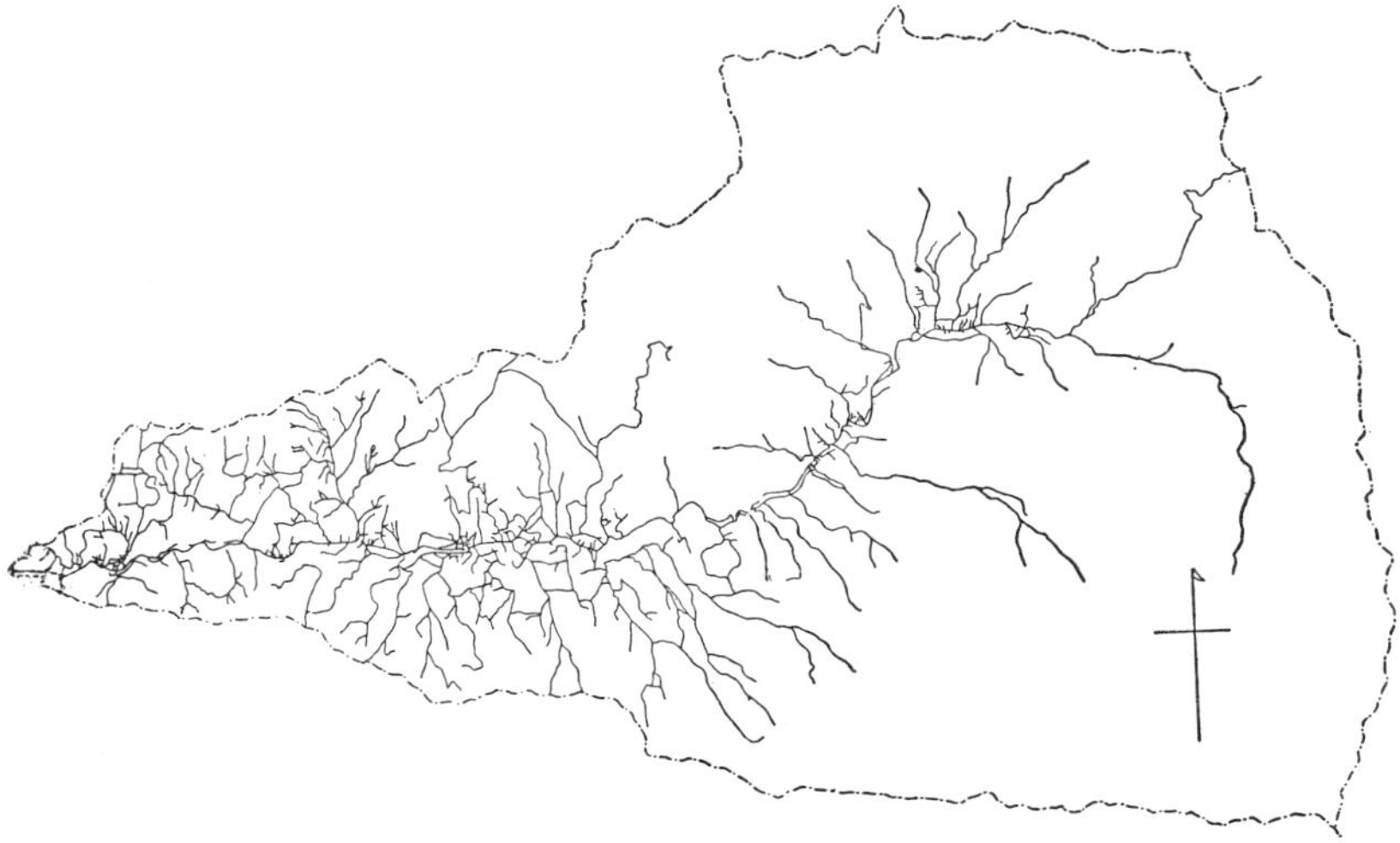

第65図　北相木川渓谷の道路網分布図

係は、単に第63図と第6表の統計表の上だけではなく、明らかに第62図の土地利用の形態図上にも表われてきている。すなわち同図の上流部では桑専用の畑をほとんどもたないだけでなく、畦畔などの利用さえ少ない。これに反して牧畜飼料の供給地である干草刈場が著しく集落近くの谷底部に集中し、残りの大部分は、林地または放牧地となって働いている。しかしそれが下流部では一般に土地が狭いばかりでなく、そこが各種の耕地として提供され、比較的集約度の低い干草刈場はむしろ遠く高地の尾根部へ退却し、その結果、製炭業と関係の深い林地もはなはだ少なくなってしまっている。

このような利用度分布の形態はさらにこの地域の農家の施肥の形態にまで影響し、下流部の谷底地に近い耕地には自給肥料のほかに金肥が施されているのに、上流や外縁部では自給肥料が主となっている。さらにその上流や最外縁部の耕地ではついに自給肥料さえ隔年性のものとなっていく傾向をみせている。なおまたそれがこの地域道路の密度分布にも類似の形態をもち、同じく内密外疎の内接倒卵形を示し、土地利用とのあいだにきわめて密接な関係をみせている（第65図参照）。

要するに以上は、その面積わずかに約一六平方キロメートル内外の上流部の渓谷地域ではあるが、この各種の文化景をとおしてみごとな景観を構成し、その個性をいかんなく発揮しているその点の究明に努めようとしたものである。

この種の類型は、大小多数の渓谷の一大集団地域とも考えられるわが長野県内においてはきわめて多数にのぼり、さながら一種の普遍型のような感がないでもない。この意味において本項ではやや詳述を試みることにした。今日までに著者が直接調査した地域の中でとくにこの型式に類似している地域としては、まず東筑摩郡錦部《にしごり》村〔現・松本市〕の谷や上伊那郡川島村〔現・辰野町〕の谷がもっともこれに近く、そして同じく上伊那郡山室川の谷や西筑摩郡黒川の谷、あるいは下高井郡夜間瀬川の谷や同じく樽川の谷などはおそらくそれに次ぐものであるかもしれない。

結語

以上は、地域の選択においても配列においてもまた記述においてもきわめて不備なものであった。私は、わが信州のもつ各地域の類型が、けっしてここにあげた数十種のもので尽きようなどとは毛頭考えていない。否、さらに多種多様のものであることを予想している。しかしそれらをあるていどまで網羅し、かつそれを系統づけることは、きわめて長時間にわたる調査と研究とを要することで、とうてい今日著者の微力によってなしとげられるべきていどの事業ではない。まったく各地在住の篤学者の高援に待つよりほかなく、やがてその機の到来することを念願してやまない。

ただここではそれへの第一歩として、わずかに数十種の実例につき、選ばれた対象地域の資料の純粋化と明瞭化、そしてその統一化とについて多少の微力を挙げたにすぎない。すなわちそれは、その純粋化と明瞭化、そしてその統一化とが、地理学の発達上まことに大切なことでもあるが、また地理教育ことに郷土を対象とした地理教育の教養によっては特別に肝要なことであるとの考えからでもあった。

そしてさらにここに付言しておきたいことは、その教育の実際にあたっては前にも述べたように地理教育の本旨にもとづき、各郷土においてそれぞれここにあげた実例に対し、類型の地点または地域を選定し、しかもそれら各種のばあいを適当に組み合わせて並進することが望ましいことである。否、またその選定された地点や地域間の観察や調査の上の並進だけではなく、ほかの日本地理や世界地理の教授とも並進させたい。したがってここにあげた実例は、それが単に尋常科第四学年とか五学年とかに限って実施されるものであるというような意味では絶対にない。その内容のいかんによっては高等科はもちろん、補習科または中等学校ていどの高学年でなくては不可能なものもあるかもしれない。これに反して、さらに低学年の尋常科二〜三年ていどの学年において取り扱いうる部分もけっして少なくはないであろう。たとえば川があればそこに橋があり、そして水車屋が出現するとか、学校があればその門前付近には文房具店ができているとか、また一般の商店がその建物の街道に、すなわち交通機関に面したほうに店部を、その反対側に座敷や庭園を設けるとか、そしてその街路側が二〜三階建てからできているのに裏側が平家建てになっているといったようなきわめて平易に理解させられることも少なくない。しかしこれをけっして軽視してはならない。かのロンドンの大都市も、発生的にはそれがテームス河に架けられた橋に起因する。また世界の最大都市ニューヨークもマンハッタン島上における各種地域の分布形態が、島の前端部すなわち多数の海外航路の集合点近くにもっとも繁盛な商業街をもち、そしてはるか後方の中央公園方面へと移行し、そこには明らかに交通の制約をみせ、しかもまたその商店街の建築が摩天楼の集合からなっているのに、その中央公園方面へしだいに低下の傾向をみせるというように、規模においてはいずれも雲泥の相違ではあるが、その地域性の活躍においてはまったくその軌を一にしている。したがって、後者〔地理教育〕に対する真の理解のためにはその過程としてその前者〔地理学〕に対する教養がきわめて重要視されるわけでもあるが、またその反対の命題も成立し、ますます郷土地理研究とその教育の意義を高めている。

要は被教育者の心身の発達に応じ、地理学の本質と地理教育の本旨とにもとづき、そこに適当な選択と分解とそして総合とが試みられ、時とところと人とによってきわめて時宜を得た処置をとることがもっとも望ましい。

関連論文

地表現象の観察から景観の構成へ

――「地域個性」の究明行程

八ケ岳火山山麓の景観型

（「八ケ岳火山山麓の景観型」『地理学評論』第五巻　九・一〇号、一九二九〈昭和四〉年）

一、はじめに

地球の表面を研究する科学として立つべき地理学は、今なおいくたの欠陥をもっているように思われる。すなわちその研究の対象たる地域の決定に対し、合理性が不足していることもその一つではあろう。また決定された地域に対してそこの地理学的景観を形成すべく、その素材たる地表現象の選出に対する検討についても、かなりの不十分さが残されている。そしてまた、それにもましてさらにいっそう大きな欠陥は、各種地表現象からなる地理学的景観の形成、およびその形成された景観に対し一つの統一を見出し、それをまとまった一つの景観型としてつくり上げていく作業そのものの不十分さであろう。なおまた、最後の作業としてはその形成された各地域の景観型のあいだに適当な分類と順序づけとを試み、そこに地球の全表面としての一大体系化が工夫されるべきであろうが、この重大性をもつ最後の作業については、今日もっとも大きな淋しさを感じさせられている。

もっともこの最後の一大体系化そのものについては、きわめて偉大なる中央権威の努力にまつべきではあろう。しかしそれがためにはまずその前提として、あるいは前記各地域の景観型の形成がかえって第一に重要な仕事の一つであるかもしれない。そしてこの各地域の景観型の形成そのものは、それがその地方在住の小学徒にとりまことにふさわしくかつ意義ある作業でもあり、また奉仕でもあろう。

筆者の今回の試みもまったくこの主旨の上に出発したものではあるが、筆者の不敏、おそらくは羊頭狗肉に属するものができるであろうとは思いながら、平素の管見の一端を述べて先学諸賢のご高教をあおぐべく、ここに筆を執ることにしたのである。

二、地域の決定——探求する地域の範囲を決める

地形学的にはコニーデ型をもつ八ヶ岳火山、(1)そこには、北方茶臼山・縞枯山・横岳などの火山群へ続く方面を除いては、その西方から南方東方へかけて一続きの広闊なしかも緩傾斜な裾野が展開されている。しかしこの一続きの山麓地帯もその方向によって自らそれぞれ、西・南・東の三斜面に分けることができるのみならず、(2)この地方一帯に発達している放射谷の分布の上からも、さらにまたこの地方一帯の地質構成上の主要材料である砂礫・ロームなどの発達の点からも、なおまたこれら自然の制約や過去における歴史的事情の影響によって起こっていると考えられる文化景相の側からも、この山麓地帯一帯を西・南・東の三地域に区分することは、きわめて合理的なものと考えたい。しかもこの地方民間においても、その南麓斜面地域を逸見《へみ》地方、西麓斜面地域を山浦地方と呼び、そこにすでにその区別さえ設けられている。

筆者がここに記述しようとするのは、その西麓斜面すなわち従来山浦地方と呼びならわされている地域のうち、とくに柳川《やながわ》以南、通称南山浦地方と呼ばれている地域である。以北、北山浦地方は、その方向がやや北に偏しているだけでなく、かの洪積世の末期に起こったと考えられる、天狗岳方面からの押出しにかかわる一大泥流によって厚く一面におおわれている。その結果、地形的にも地質的にも、したがって地味的にもまた人文的にも著しい相違をみせており、一つの独立した地理学的地域を構成し、(3)当然南山浦地方とは区別すべきものであろうと考えている。したがってここで私が対象とする中心地域は、その北端と南端とは、八ヶ岳西斜面中の主要なる放射侵蝕谷、柳川・立場《たつば》川の両川〔第五、七図参照〕

により、またその西端はかのいわゆる、糸魚川・韮崎・静岡の断層線によって深くかつ明らかに切断され、三方ともきわめて高い、ときに比高五〇メートル余りにおよぶ断崖または急斜面をみせており、東方はしだいに高く、ついに八ケ岳の火山錐体へ漸移し、地形的にもまことにあざやかなまとまりをもった地域である。したがって往古からも一般にここを原山と総称され、一つの独立地域として取り扱われていた。(4)

もっとも現在南山浦と総称されている地域は、この山麓地域のほかに、さらにその南方すなわち立場川以南甲六川(甲信の境)までの地域を含むばあいも少なくない。しかしこの立場川以南の地域はときに堺筋と呼び、前記南山浦と区別されることもある。また歴史上からも、中古武田領より諏訪領へ転移した事実もあり、自然的に人文的に、明らかに南麓逸見地方との漸移地帯とみるべきものであろう。(5) しかしここでは、これを前記西斜面地域に併合して同一の単位地域とし、かつそれによってさらに前記中心地域の景観をいっそう明瞭に描き出す一助ともしようと考えている。その結果、本稿での対象地域はいっそう南方へ広められ、かつこの山麓地帯とのあいだに密接な関係をもっているその火山錐体部とともに、相当広い三角形を呈し、ほとんど完全に近い八ケ岳火山地域の一象限に相当することになるのである〔現・茅野市南部、原村、富士見村〕。

三、地域の概観——冷涼な高原山麓で穀桑式農業

まずこの南山浦を含む前記一象限地域を大観するに、その総面積約一八〇平方キロメートルにおよび、その海抜は西南山麓辺縁線上の北端宮川小学校付近と、南端落合村下蔦木部落の東方とではともに

約八〇〇メートルを示し、その中央、鉄道中央線富士見駅付近においては九五〇メートルを表わしている。これより東方または東北方にしだいにその高度をまし、ついに錐体部赤岳の二八九九・二メートルにおよび、まことに明らかな高地地域である。この間南方では海抜約一四〇〇メートル付近、北方では一六〇〇メートル付近において地形上多少の変換点を現わし、これを以東の火山錐体地域と以西の山麓地帯とに分けている。したがってこの山麓はまことに一つの高原山麓というべきものであろう。そしてその結果は気候も一般に低く、亜温帯中さらにその上部に属することは、この山麓各地に生育している白樺の疎林からでも明らかに察することができる。

しかもその山麓地帯中、さらにまた海抜一一〇〇〜一二〇〇メートル付近より以西の低地は、そこが人文的に一つの農耕地帯として提供され、現に二万六〇〇〇余りの人間を住み込ませ、約二〇〇〇町歩の水田と約一七〇〇町歩の桑園とを開拓させ、年額約三万五〇〇〇石の米穀と二〇余万貫の蚕繭とをあげさせ、みごとな穀桑式の農耕地帯を現わしていることはまことに注意すべき、文化的事実というべきであろう。

またこれをその人口密度の方面から考えても、前記農耕地帯を基準としては、毎平方キロにつき約二七〇余人という、わが国人口密度中、中密度の上位に相当し(6)、またそれを東方無住地域の火山錐体部までへ拡張しても、なお毎平方キロ約一五〇人を示し、いまだ人口密度中、その中位の最下位を脱しないことは、人文地理学上まことに注意すべき地域というべきであろう。筆者はこの意味において、この地域の景観を描くべく、この地域の文化現象を中心として、その構成をすすめてみようと企てたのである。

四、地表現象の選択と分布図の作成——地域個性を映す要素を解明

そしてその構成の資料として、まず次にあげたような十数種の地表現象を選択し、その分布図を調製することにした。

1　集落分布図
2　人口密度分布図
3　耕地分布図
4　地質分布図
5　地形区分図
6　耕地肥沃度分布図
7　灌漑水系図
8　馬の飼育密度分布図
9　桑園金肥施用濃度分布図
10　春季気温分布図
11　春蚕飼育戸数密度分布図
12　夏季卓越風および防風林分布図
13　民家生垣密度分布図
14　主要副業分布図

15　蚕種製造家密度分布図

今これら地表現象の分布の調査、ならびにその分布図の作製について、逐次、筆者のとった経過の大要を述べることにしたいと思う。

1：200,000

第1図　集落の分布図（未完成）

（1）集落の分布図

これはこの地域における各集落占居の位置に重きをおいたのであるから、だいたいは陸地測量部五万分の一の地形図にもとづき、しかもそれらの多くは集村式に近い集落であるから、それにおおよその輪郭を施してその位置とだいたいの形とを見ることができるようにした。もっとも該地形図実測以後において新たにできた十数戸以上の集落についてはさらにそれを付記し、また旧集落といえども、その外輪において著しい変化を起こしたものはこれに多少の補正を加えることにした。なおまたこれら集落のこの地域における開発の前後を知ることは、この地域が人文的に活躍してきた過去の大勢を知るうえに大切な資料と考え、それをも併示することにした。もっともここでは、慶長以後の開発にかかわるいわゆる新田村と、それ以前からの古村とに区別するだけにとどめておいた。

さらにまたこれら集落とこの地域との関係を知るべく山の神および各集落氏神の神祠の位置ならびに道路とを記入することにした。そして道路はその大勢を知るにとどめたために、ただ前記地形図に記載されたその全部をそのまま載せておいた。

右のうち、氏神の祭神調査はもっぱら明治四年高島藩神社取調書上帳によったから、おそらくその全部を尽しているであろうが、山の神の位置はこの地域の在住者からそれぞれ聞き集めたものであり、したがってここに図示したものだけで完全を期するわけにはいかない。もっとも私はここではその分布の密度よりもその広がりすなわち範囲に重きをおいている。

(2) 人口密度の分布図

集落分布とともにさらにより以上この地域の文化相をいっそうはっきりと表わすために、第2図をつくることにした。そしてその形式を相対法にとった。これは前記集落がそれ自身一つの広がりと、したがって一つの形とをもち、またそこに地理学上大切な一つの特相を示しているのに反し、人口そのものには、そうした固定的な輪郭もなく、またそれを面積化するにはあまりに、その空間的占居、すなわちその面積量が小さい。すなわち点といえども実際それを図示するさいには必ずそれに面積をともなうからである。

さいわい、この地域が農耕地域であり、そして各農民は各部落に応じ各その耕地の範囲がほぼ一定

1. 疎帯　2. 中帯　3. 密帯　4. 超過密帯
1 ：200,000

第２図Ａ　人口密度の分布図

しており通俗にも一般にその部落名を冠して何々耕地と呼び、それがふつうの大字地籍とほぼ一致しているから、まずその大字区域の面積を基準としてその密度を示すことにし、五万分の一の地形図上にその境界を記入した(第2図A)。しかし境界そのものは非常に複雑なもので、とうてい五万分の一程度のものへは記入し得ない。したがってその正確度も非常に減ずることになり、ことに入会地に接する部落ではやや不明の点などもあった。その結果、各部落の面積をその地図上で計り出すことははなはだ困難な事業となった。なおまたそれに対する各部落の人口もごく少数であるので、いっそのこと、各部落ごとの田・畑・山林・宅地の総面積によることのかえって安全性の大なるを信じ、各部落につきその各一町歩に対する人口を計算した。第1表はすなわちそれである。

そして次にこのようにして計算した各部落

第1表　各部落ごとの各種土地面積と人口

地名 村名	種別 部落名	田反別	畑反別	山林反別	宅地反別	合計	人口	一町歩当人口
永明村の内	塚原	34.3	34.6	6.4	10.8	86.1	2163	25.1
	矢ケ崎	32.7	26.8	10.5	10.2	80.2	1990	25.0
泉野村の内	小屋場	35.5	16.0	2.8	4.3	58.6	300	5.1
	中道	72.5	25.9	4.1	10.3	112.8	873	7.8
玉川村	山田	58.4	18.8	0.1	6.5	83.8	924	11.0
	中澤	31.7	37.4	26.8	3.4	99.3	329	3.3
	田道	7.1	8.2	4.4	9.4	29.1	124	4.3
	栗澤	42.5	54.3	45.4	4.6	146.8	647	4.4
	神ノ原	93.2	69.4	20.2	8.7	191.5	834	4.4
	北久保	23.1	16.3	1.4	3.6	44.4	331	7.5
	子ノ神	18.8	13.2	0.9	2.8	35.7	261	7.3
	菊澤	26.6	17.4	0.1	6.2	50.3	588	11.7
	穴山	43.2	29.5	0.4	7.7	80.7	759	9.4
宮川村の内	丸山	27.8	18.5	8.7	6.1	61.1	570	9.3
	田澤	25.9	21.2	10.2	3.9	61.2	391	6.4
	坂室	10.6	13.0	42.3	2.7	68.6	543	8.0
	茅野	64.5	50.3	49.5	13.3	177.6	1855	10.4
原村	大久保	12.1	10.5	5.6	3.1	31.3	437	14.0
	柳澤	49.1	42.6	269.7	9.0	370.4	760	2.1
	八ツ手	71.7	48.6	34.0	8.1	162.4	799	4.9
	払澤	130.4	84.3	72.7	12.8	300.2	1380	4.6
	柏木	65.1	68.6	42.3	8.2	184.2	911	5.0
	菖蒲澤	36.6	27.3	52.7	4.1	120.7	464	3.8
	室内	14.1	18.3	14.1	3.0	49.5	377	7.6
	中新田	170.4	123.0	444.7	17.5	755.6	1653	2.2
本郷村	乙事	120.8	105.2	138.1	18.3	382.4	1516	3.9
	立澤	170.4	123.0	444.7	17.5	755.6	1653	2.2

地名 村名	種別 部落名	田反別	畑反別	山林反別	宅地反別	合計	人口	一町歩当人口
境村	小六	33.3	31.2	23.1	4.8	92.4	412	4.5
	高森	33.1	45.1	20.6	5.9	104.7	456	4.4
	池袋	25.9	26.0	16.8	4.3	73.0	278	3.7
	田端	8.7	8.8	14.1	2.9	34.5	210	6.1
	先達	38.4	32.4	64.5	4.4	139.7	329	2.4
	葛窪	46.4	51.6	74.3	7.4	179.7	575	3.2
落合村	下蔦木	15.0	12.8	13.5	2.2	43.5	227	5.2
	上蔦木	32.0	29.1	24.8	4.6	90.5	762	8.4
	烏帽子	23.9	19.3	27.5	2.7	73.4	226	3.1
	平岡	18.3	17.4	13.2	1.5	50.4	163	3.2
	神代	3.9	2.5	1.0	0.6	8.0	88	11.0
	先能	4.9	3.8	5.4	0.7	14.8	77	5.2
	机	33.6	29.3	15.3	3.2	81.4	416	5.8
	瀬澤	26.5	25.6	18.6	9.0	79.7	444	5.6
	富里	0.3	0.8	0.1	0.3	1.5	704	357.5
	瀬澤新田	64.5	77.8	47.1	6.9	196.3	728	3.7
富士見村の内	富士見	6.3	18.4	9.7	0.9	35.3	804	24.9
	御射山神戸	86.4	81.2	128.1	8.8	304.5	1046	3.4
金澤村の内	木舟	18.3	21.9	14.2	1.8	56.2	346	6.1

の人口密度を分類すべくそれを半対数表上にその数値の小さいものから順次記入することにした。これはそれによってつくられた曲線の変化の上からこの地域の人口密度図を知るべく、まずそれをいくつの階級に、そしてそれをいかなる数値の点で区分すべきかを決定する手がかりを得ようとしたためであった。もっとも分布図の調製は、その地域内において一つの系統を見出すためのものであると考えている

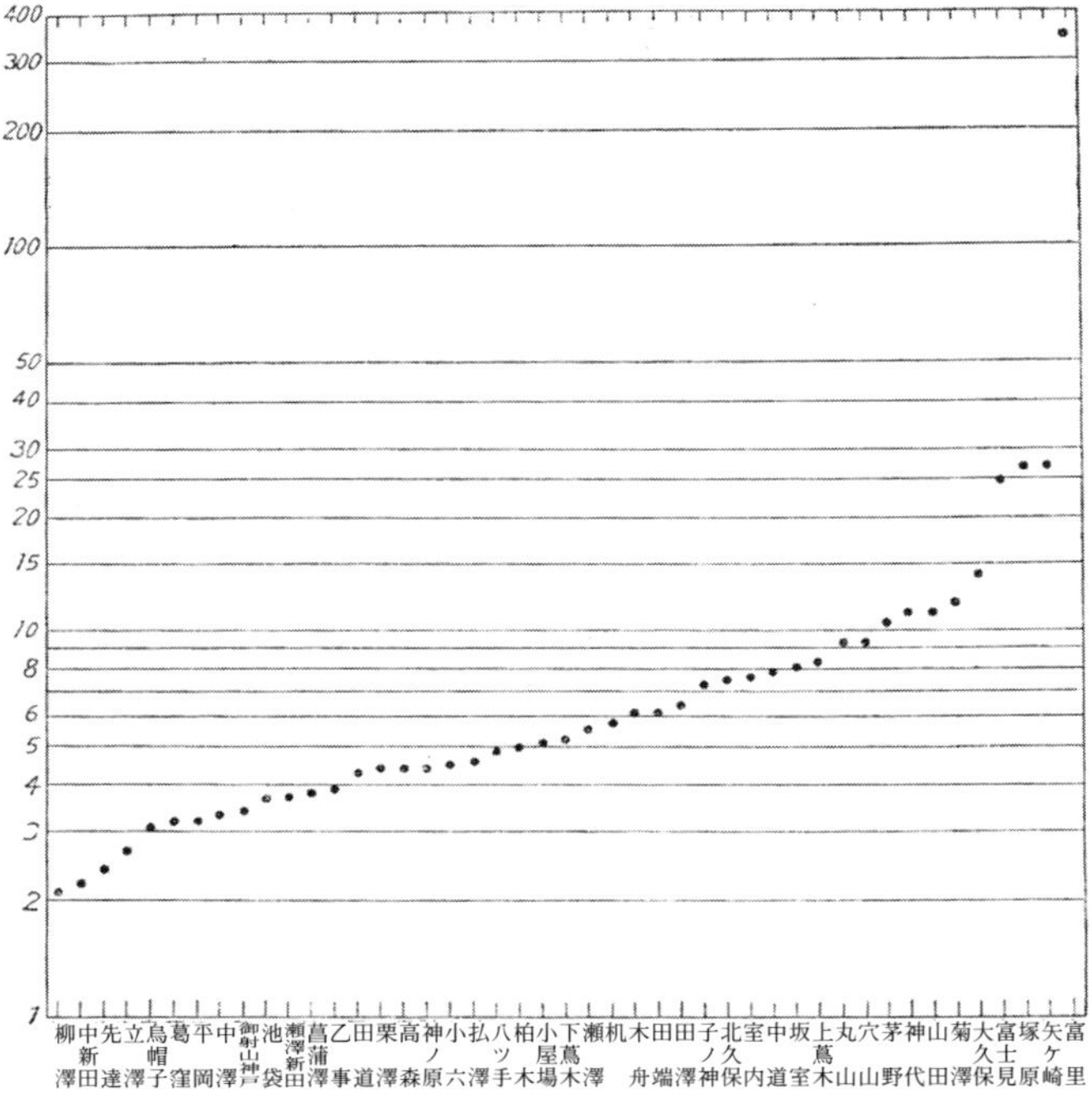

第２図Ｂ　人口密度曲線図

から、ときにそのグラフ上で両階級の境界点近くにあたった部落については、その分布の大勢にしたがいそれを適宜そのいずれかに決定した。第2図Bはすなわちそれである。

（3） 耕地（土地利用）の分布図

この地域が穀桑式の農耕地域であることは前にも述べたとおりであり、したがってそのためにはここにその耕地の分布を調査し、それを図示することはまことに当然であろう。そしてまたその耕地は、水田と桑園とを主としていることもいうまでもない。しかしこの地域は前にも述べたように、ここが高原のしかも火山山麓地域であってみれば、ほかの一般穀桑式地域とくらべて、その耕地上にもなんらかの特殊相を示しているべきはずであろうとの予想から見出し得たのが、ここに図示したかの緑肥の資源供給地として利用されているいわゆる刈敷場（この地方ではこれをカッチキバと呼ぶ）そのものである。そしてこの中に

第3図 耕地の分布図

ははしばみ、栗などの若芽を利用するために特別に仕立てられたカッチキ林と称する林ふうのものと、わざわざ豆科または禾本〔イネ〕科植物の種子を播きつけ、その第一回はただちにそれを水田に刈り入れ、第二回目からはそれを馬の飼料として利用しているいわゆる荒間《あれま》・草間《くさま》または水掛《みずかけ》と呼ばれている草野ふうのものとを含んでいる。前者すなわちカッチキ林は地形のやや急傾斜の場面を主とし、ときに台地面上を利用しているところもあるが、草間のほうは、多くは河床近くの洪涵原ふうのところかまたはそれに続いたような地形、一般に灌漑に便利な地区が選ばれている。しかしここではそこまでの細論にわたることを避けたから、すべてを一括して刈敷場とすることにした。また田および畑地の分布も前記五万分の一の地形図を基とはしたが、それも臨地調査のさい、でき得る限りの注意をはらって補正をした。

そしてこれを図示するにさいしては元図がすでに五万分の一である以上とうてい委細は尽くし得ないまでも、その集落付近のものについては、集落の外形は多少それを犠牲にしても、ここではなるべく耕地のほうを表わすように注意した。

(4) 地質の分布図

以上三種の分布図を説明づけるべく、われらはここにさらに何種かの地表現象とそしてまたその分布図とを必要とする。ここにつくった地質図もまたそのなかの重要な一つであろう。

もっともこの地域の地質については一般に火山岩屑と呼ばれ、[7] そしてその時代としては、この地域の辺縁部すなわち宮川小学校の敷地や、鉄道中央線青柳駅の南方の崖などから発見された木の葉の化石によって、それが洪積世初期と考えられている。[8] しかし本稿のようにきわめて狭い地域を対象としているばあいにおいては、たんにそれを火山岩屑とするのみでは、その分布図は単一色となりそのあいだになんらの変化も系統も現われず、したがってその分布の上に各種の分布をみせているほかの分布図との調和や総合を考察することも、まったく不可能となる。

そこで私は、この地域内に発達している各岩種にしたがいそれを、(1)層状集塊岩層、(2)角閃輝石安山岩の熔岩流、(3)礫層、(4)ローム層、(5)北山浦泥流層の五つとした(第4図)。そしてこれら相互の関係については、(1)を基底とし順次(5)におよぶことになっているが、そのうち(2)と(5)とは局部的のもので、ほかは普遍的なものである。しかも(1)の表面の低いところには(3)が厚く、(3)の薄くあるいはその表面高度の低い地方には(4)が厚く発達している傾向が明らかである。

ことに(4)のローム層には、浮石層(この地方では一般に味噌土と呼んでいる)を含んでいるのがふつうである。そしてそのローム層もこの浮石層の下部と上部とではその性質を異に

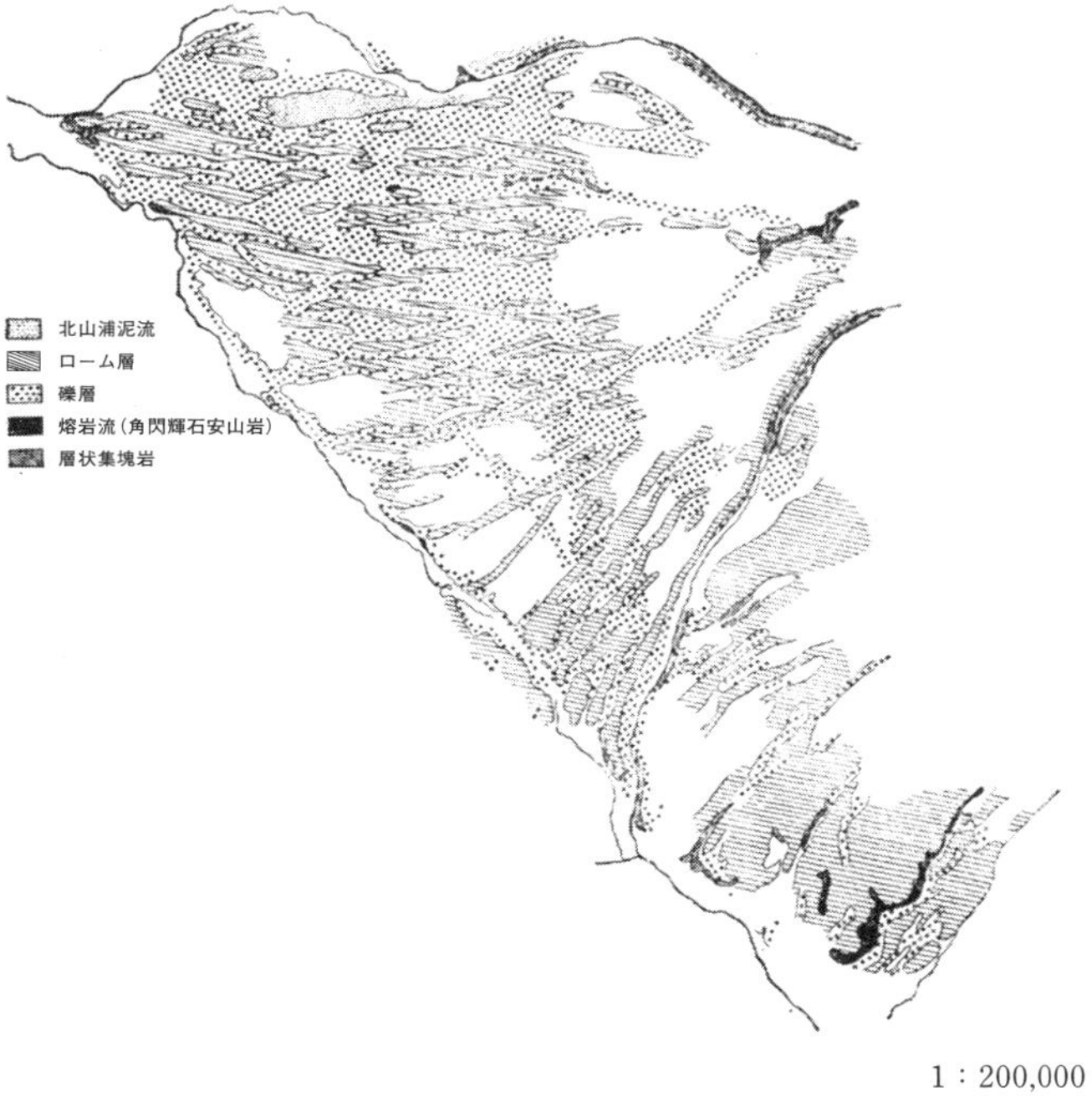

第4図　地質の分布図

し、上部層中にはそこにこの浮石の散在している結果、下部のロームにくらべ著しく粘着力が弱い。堺筋方面ではこの下部ローム層を金ネットウ、上部ローム層を銀ネットウと名づけて、そのあいだに明らかに区別を立てているが、その名称の有無はとにかくその用途は各地ともそれを区別している。それのみならず、その肥沃度においても下部ローム層にくらべ上部ローム層の著しく低下していることは、おそらくその浮石を混ぜる結果であろうが、(9) 農耕地である当地域としてまことに注意すべきことである。しかしそこまで委細の調査のすすんでいない筆者の現在としては、本稿での分布図上にはそこまでの細分は見合わせざるを得ない。ただ全体としてそのオリジンを火山灰におく当ローム層においては、自然的にはその地味のけっして肥沃でないことは明らかである。そしてこれが図示についてはその調査未了あるいは地被物などのため不能の地点はそれを図示することを見合わせることにした。

(5) 地形の区分図

水田と畑との両者を主要耕地としているこの地域においては、この両者が耕作の様式を著しく異にしているだけ、その分布がそこの地域の地形に左右される点が少なくないことはまことに明らかである。そしてそれを説明すべく地形図はまたきわめて大切なものであろう。この地域の地形については前記地質分布図からも明らかなように、この地域の上に自然に発達しているいくたの必従川《ひつじゅうがわ》〔地表面の最大傾斜方向に流れる川〕によって、現在ではそこがしだいに侵蝕されつつあるが、なかでもその西南辺縁部すなわち前記断層線へ向かっている各河川の谷では、次から次へと数回にわたって繰り返されて起こった崖端侵蝕の進行の結果、各河床の数ヵ所において、そこにその傾斜の急変点を現わしている。そしてこれらの委細は、さいわいこれを前記陸地測量部五万分の一の地形図、八ケ岳と高遠の両図幅にゆずることとした。筆者はただ、その両図幅により、その主要な河川の各河谷底にしたがい、まず縦に各一〇メートルごとの等高線とそこの河底との交点を求め、その間隔の上から各河底における前記傾斜の急変点を見出し、さらにそれを横に連ね、ここにその侵蝕の上からこの地域の区分を試みようと努めたのである。第5図がすなわちそれである。

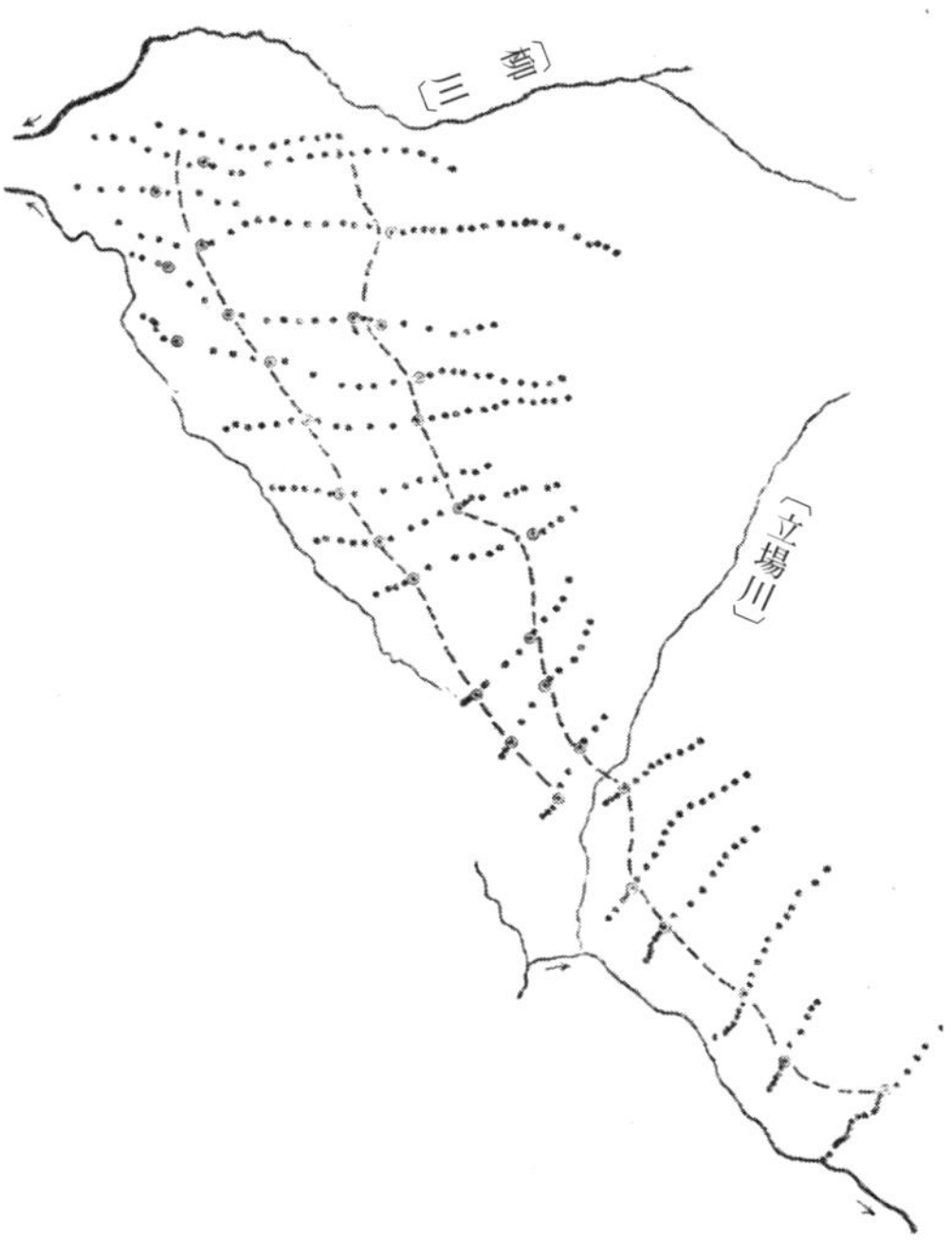

第5図　地形の区分図

(6) 耕地(水田)肥沃度の分布図

この地図〔第6図〕は以上五種ことに第3、第4の両図との関係をいっそうはっきりさせるためにつ

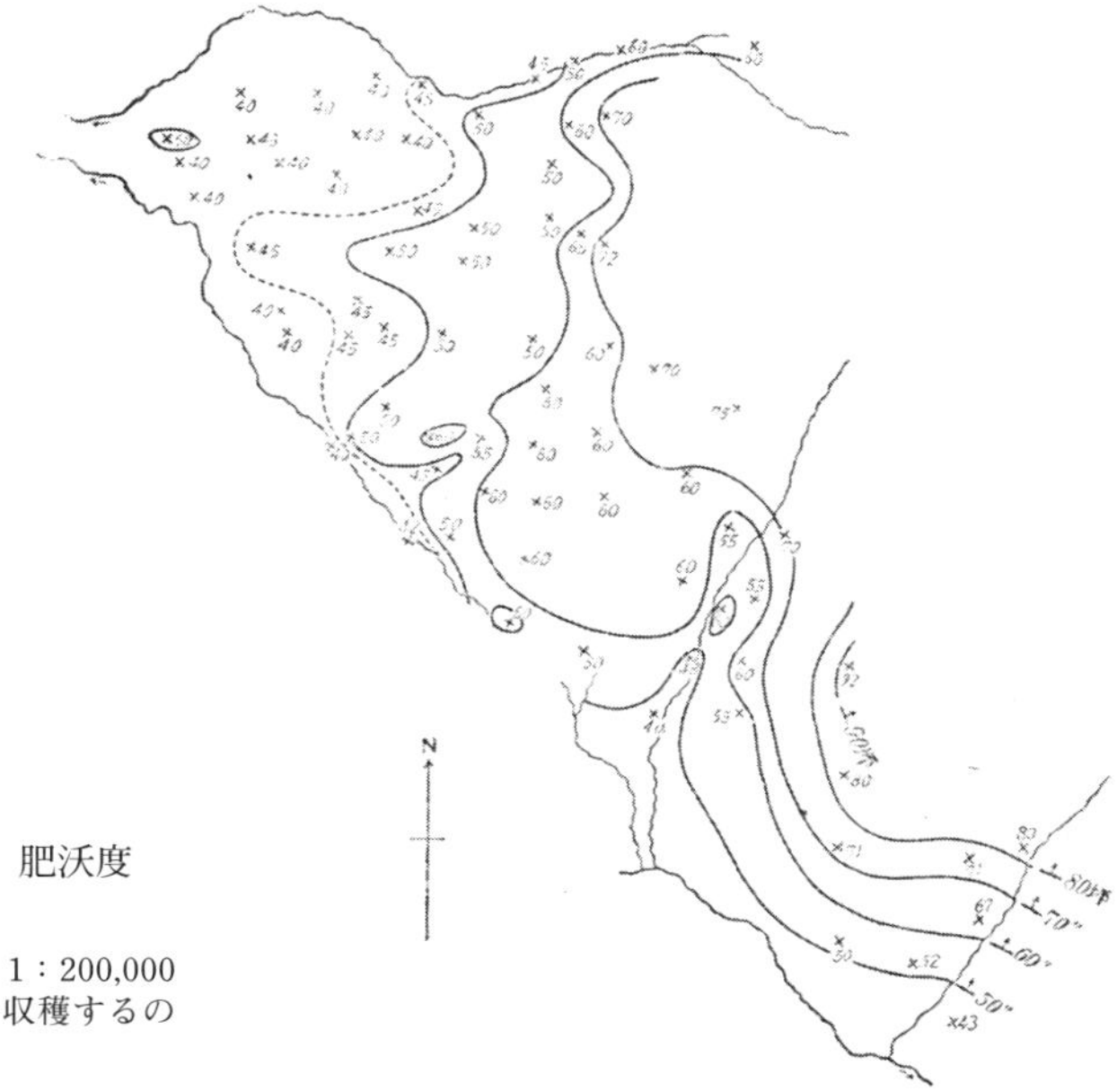

第6図　耕地（水田）肥沃度の分布図

1：200,000

平年玄米1俵（4斗俵）を収穫するのに要する耕地坪数

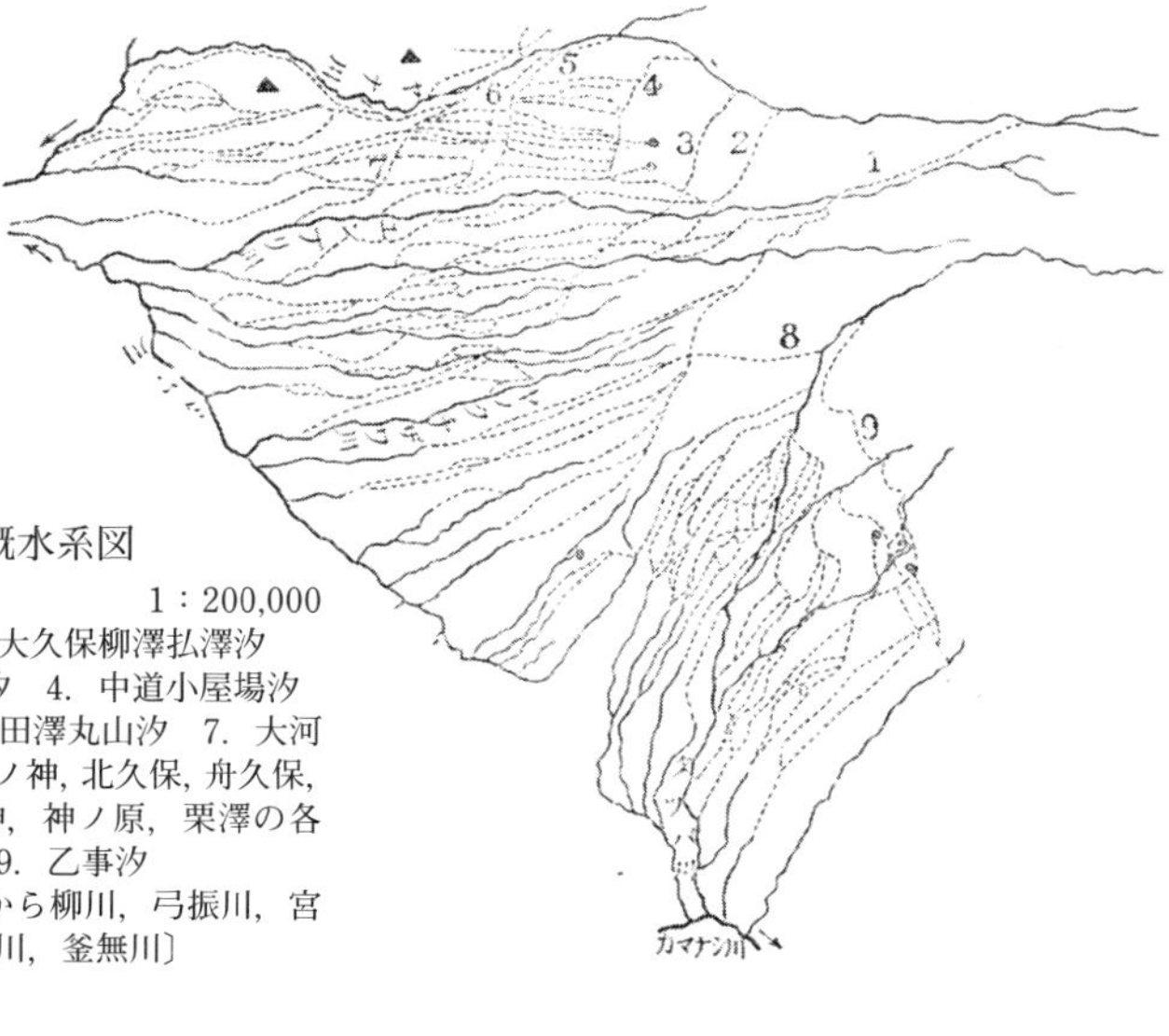

第7図　灌漑水系図

1：200,000

1. 一ノ瀬汐　2. 坪ノ汐　大久保柳澤払澤汐　3. 八ツ手払澤柏木三ケ村汐　4. 中道小屋場汐　5. 中道柳澤大久保汐　6. 田澤丸山汐　7. 大河原汐（山田，穴山，菊澤，子ノ神，北久保，舟久保，二久保，中澤，田道，荒神，神ノ原，栗澤の各耕地灌漑）　8. 中新田汐　9. 乙事汐

〔図中の片仮名河川名：上から柳川，弓振川，宮川，矢ノ口（沢）川，立場川，釜無川〕

くったものである。そしてその方法としては、この耕地の一方の主要耕地である水田につき、この地域内各所の水田が、普通農家による平年における玄米一俵（四斗俵）の生産所要坪数を調査し、それをその該当地点に記入し、さらにそれを基準として、そこに等値線を加えたものである。その所要坪数の調査については、各地方の信用ある篤農家またはそこの実際経営家を選び、その意見にしたがった。

(7) 灌漑水系図

前掲の耕地肥沃度分布図は、その調査の基礎をもっぱら水田においたものであるが、しかるに水田の肥瘠はたんにその地の地質のみならず、後に述べるがごとくそこに灌漑されている水温などにも大きな関係をもつものである。

したがってそのためにはこの地域の水系分布図の必要なことはまことに当然である。しかもこの分布図は、一方またこの地域における水田そのものの分布とも格別にも密接な関係をもつ。その点からは、第3図耕地分布図の説明にもまた欠くべからざるものであり、これらの必要に応じこの図〔第7図〕の調製を企てたものである。

しかし想像からも明らかなごとく、その地の灌漑水系網は一般にきわめて細密なもので、とうていその全部を網羅することはほとんど不可能に近い。したがって各村図または各区所有の地図にもとづき、しかもそれを平素右灌漑水の事務に携っている人びとの意見をわずらわして選択していただき、まずそれを一万分の一の大きさにつくり上げ、そしてそれを縮めたものである。もちろん選択したとはいうものの、それはいずれもその水系の中流以下の部分についてであるから、その上流部においてはその全部が記載されている。そしてまたさらにこの灌漑水系が、この地域の地形そのものといかに密接な関係を

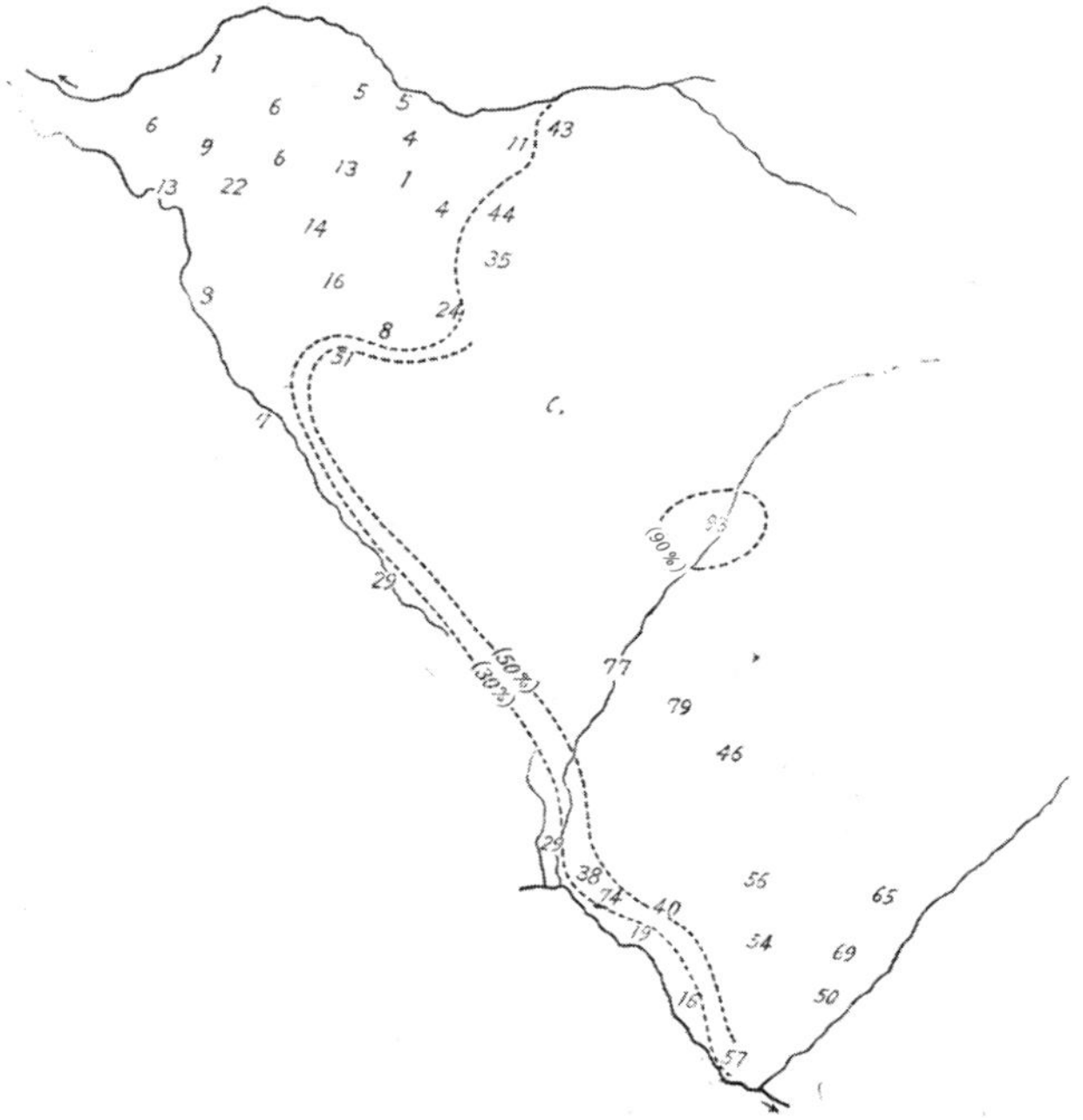

1：200,000

第８図　馬の飼育密度の分布図

有するかをみるべく、それにこの地域内の天然水系をも記入することにした。

(8) 馬の飼育密度の分布図

以上第４図以下各項にわたるこの地域各部の景相の相違は、またそれがこの地域内における各部の農耕形式の相違をもたらすことはこれまたまことに当然のことではあろう。筆者はそれを説明すべく、この地域内各部落における馬の飼育の密度を調査することにした。

そもそもこの地域内における馬の飼育の目的は、それがもっぱら農用であり、しかもそれが役用というよりもむしろ、厩肥の製造そのものが主要なる目的とされていることからみれば、そのためには相当意義ある調査とみるべきであろう。そしてこれを図示すべくまず各部落の馬匹《ばひつ》数のその部落の農家数に対する割合をみて、その百分比をその部落所在の地点に記入し、さらにそれを基準として等値線を付記することにした。ここではその等値線として、全部落の農家の総数約四〇五〇戸に対するこの地域内飼育の総馬匹数約一四五〇頭の百分比すなわち約三六％に近い三〇％の等値線を記入し、なおその傾向をはっきりさせるために五〇％の概略等値線と九〇％のそれを記入しておくことにした。

もっともこの地域内においても、昨今朝鮮牛あるいは豚などの飼育が各所に行なわれるようになったが、前者は日なお浅くかつその頭数も少なく、したがっていまだこの地域そのものとしっくり調和した現象をみせるまでに至らず、また後者は堆肥製造の資料として利用されてはいるものの、厩肥にくらべてはなはだ少量なので、ここにはこの地域の自給肥料の主要源をなす馬匹のみに限定することにした。おそらくその大勢を知るためには十分であろうと思う。

もっともそのためには各地区における厩肥・緑肥の施用量を調査することがかえって直接ではあろうが、それが自給肥の性質だけあって、まことに不明瞭であり、かつ困難である関係上、ここではむしろ馬匹頭数によることを便としそれにしたがったのである。

(9) 桑園への金肥施用濃度の分布図

第9図は前項第8図の目的をいっそう明瞭ならしめるために計画したものである。そもそもこの地域における現在の養蚕業が、ほとんど過飽和の域に達していることは、前述および後述からも明らかであろうごとく、その自然的、人文的諸相の相違があるにもかかわらず、それらを超越して各部落の養蚕業家がほとんど等額の収繭量をあげている点からも十分推察することができるであろう。したがってそれだけ各地の桑園にもまたでき得る限りの施肥が行なわれている。その結果は前項主要自給肥に対し、金肥の施用量はそれが負の相関を示すであろう。

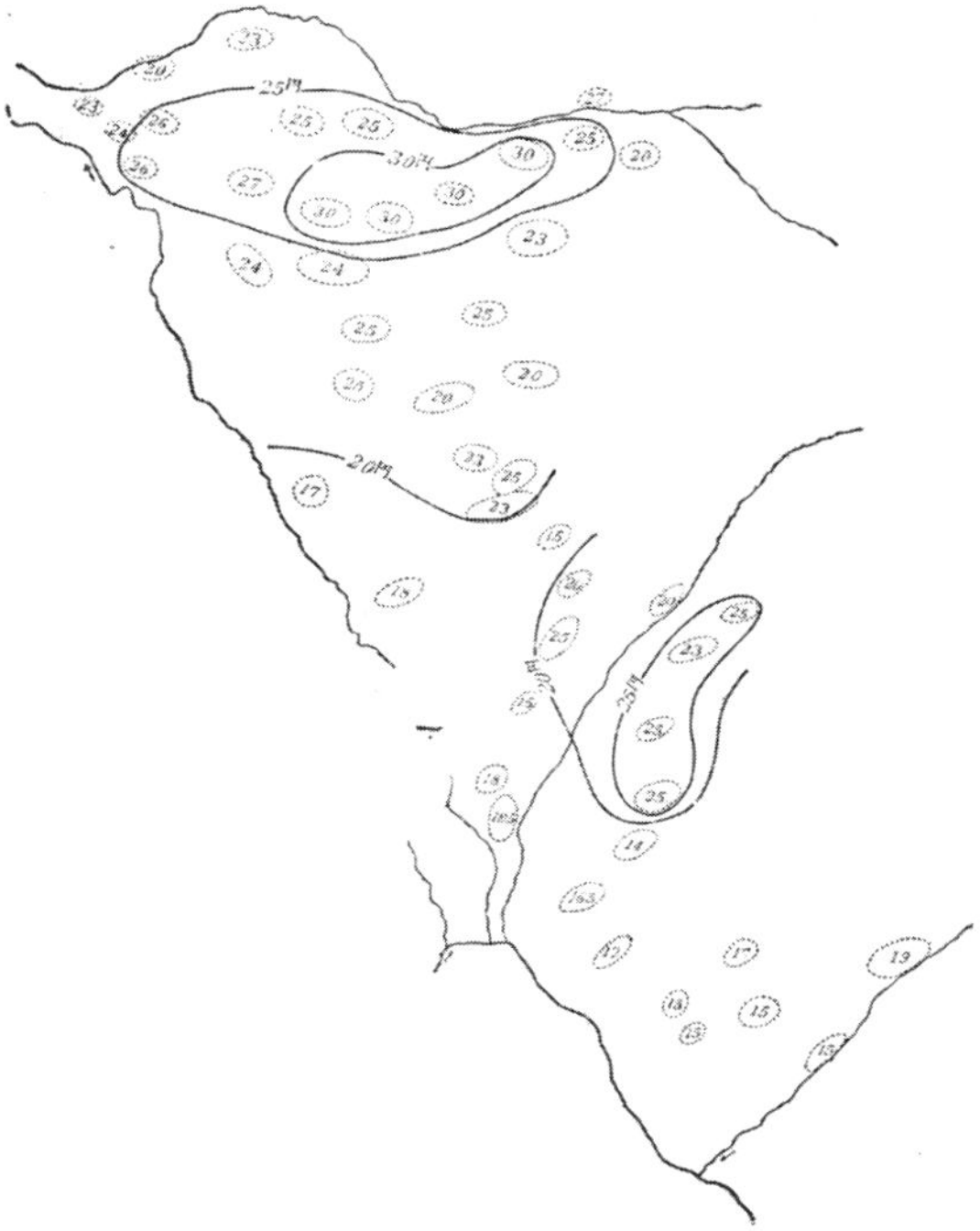

1：200,000

第９図　桑園への金肥施用濃度の分布図

数字は１反歩に対する年額金肥使用高を示す（単位：円）

そしてその調査としては比較的広い桑園圃地区を選び、そこの反当たり最近四~五年間の平均流行施肥量を、水田における肥沃度調査のときのごとく、それをその地方篤農家およびその地区の実際経営家の意見を聞いて決定した。地図記載の圏線は、その調査区域のだいたいの範囲を示し、そして圏内の数字はその反当価額である。本図もまたそれらを基準として等値線を施し、その分布系統を見出しやすくしておいた。

（10） 春季気温（彼岸桜八分咲き日）の分布図

その地域の真相の一要件として気候的因子の大切なことは、あまりにも明白な事実ではあるが、本稿のごとき狭少な単位地域では、不幸にしてそれがその中にただ一個の観測所すらもたない。先年当地域の西南端に近い富士見部落に森林測候所の存在したこともあったが、しかしそれも、ただの一ヵ所では、この地域全体にわたっての気候的因子の分布状況を知ることはおそらく不可能であろう。しかし、なんらかの方法により、気候的の分布図を調製しなければ、この地域の景観を描き出すのにまことに不備のものであろうとの一念から、終局の手段として、それを当地域内の生物現象によることにし、その一つとしてややその成果を収め得たものが第10図である。

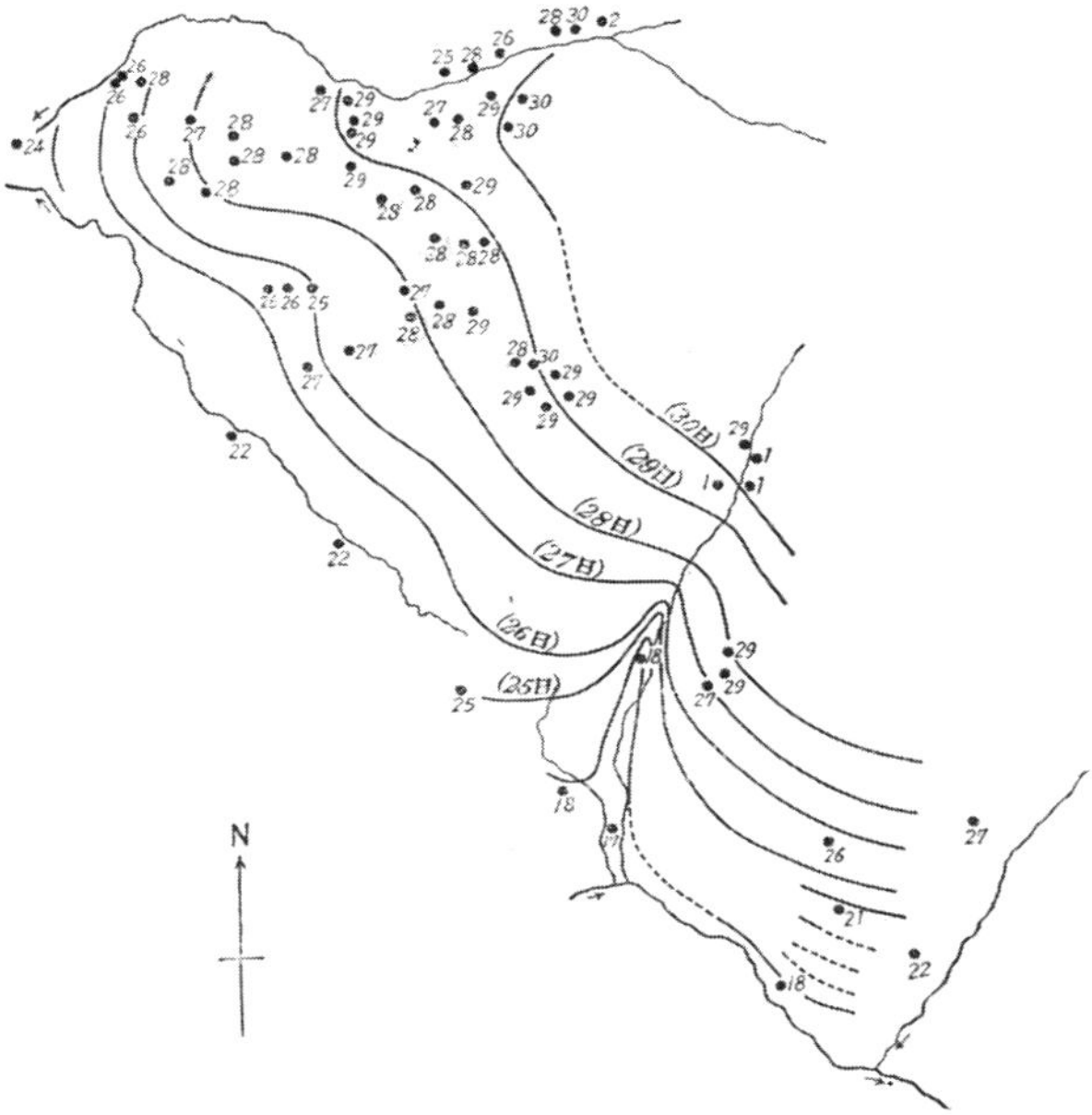

第10図　春季気温の分布図

1929年4～5月における彼岸桜八分咲き期日

本図は、さいわい、当地域内の各所に散在している彼岸桜につき、本春（一九二九年）におけるそれの八分咲きの期日を調査したものである。この調査がわずかに一年間のことであり、したがって開花期当時の特殊の気候的事情により、なおそれに観測樹の樹齢その他局所的事情も手伝って、かなりの接近している地区でもその間に二〜三日の前後をもち必ずしも斉一にはいかなかった。しかし地図には主としてその観測樹の所在地点にその開花期日を記入し、それをスムースにするような心持ちで、等開花日線を記入することにした。

上記のような理由ではなはだ不完全なものではあろうが、とにかくこれが、この地域の春季における一種の等温線ともみなすことができるであろう。[10] そしてまたこれがある意味での等来春季線でもあり、そしてきわめて概略ではあろうが、これが逆にこの地域に秋季の訪れてくる等来秋季線として考えられないこともあるまい。そしてこの地域への春秋来訪の早晩は、この地域がここの植物をとおしての活躍に大きな影響をおよぼし、それがやがて当農耕地域の各方面にまでも現われてくることは、当然とはいうもののこの地域の景観を構成しようとするものにとっては、見のがしてはならない大切な一つの作業であろう。

(11) 春蚕飼育戸数密度の分布図

そしてこの第11図が前項への一つの資料としてつくり上げたものである。当地域が養蚕業方面からは、ほとんど過飽和の域にまでも達していることは前にも述べたが、にもかかわらず、春蚕飼育においては部落によってかなりの著しい相違をみせている。これは一つには春季における桑樹発芽の遅速はもちろん、秋季初霜の遅速が、その年内における桑樹発育期間の長短に関係をおよぼし、そしてその桑樹発育の良否はやがてそれが、当地域のごとき、冬季の厳寒性をもつ地方においては、桑樹の寒害の程度にはなはだしい相違をもたらし、養蚕経営上、とくにそれが春蚕飼育上重大な問題となってきている。

第11図は昨年度（一九二八年）までにおける、四～五年間の平均状況につき各部落の養蚕戸数に対する春蚕飼育戸数の概略の割合を、この方面にもっとも関係の深い長野県蚕業取締所上諏訪出張所の作間技手に依頼し、その報告にもとづいてその数字を当該部落の位置に記入し、またそれに等値線を施したものである。

1：200,000

第11図　春蚕飼育戸数密度の分布図

(12) 夏季卓越風および防風林の分布図

第12図もまた前々項10図とともに当地域の気候的因子に相当すべき一つの分布図である。高原的山麓である当地域は、一般に春がおそく秋が早い。すなわち春秋両季においては比較的長いあいだその低温がもち続けられていることは、前記桜の開花期日からも察せられる。しかも高地である関係上、比較的風力が強く、そしてその強い風、たとえその強さは平素はさほどでないまでもそこに卓越する風をもち、そしてその風は、この地域内に生存する生物に対しては温度の低下と同様な感応を与え、この地域内の生物におよぼす影響はまたじつに大である。

　筆者はその卓越風の一般を知るべく、さいわいこの地域各地に植えつけられてある柿の木やいちょうの木などの樹景によることにした。すなわちそれらの木の枝がみごとにそろってそこの卓越風の方向と反対の方向になびいているそれをいちいちクリノメーター

1：200,000

第12図　夏季卓越風および防風林の分布図

〔測斜計〕で測ることにし、それをその観測樹の所在地点に矢をもって示したのである。地表近くの卓越風はときにわずかな地物によっても、その方向においてたちまち十数度の影響を示すものであるから、なるべくその地点における卓越風の一般性を知るべく、観測樹の選定にも十分の注意ははらったつもりである。なお樹景の程度により、卓越風の強さの程度なども観測できそうではあるが、未完成のためその図示を見合わせざるを得ない。

もちろんこれは観測樹そのものの性質上、夏季を中心としての卓越風ではあるが、それを多少前後へ引き延ばし、これによってこの地域の晩春から初秋までの一般についても知ることができそうである。

ことにこれを、第2表富士見森林測候所の報告と比較研究することによって、その確実性を高めることができるであろう。

なおまた第2表の研究からは、あるいはたんにこれが夏季を中心としての卓越風のみでなく、矢の方向を逆に考えることによって、それが冬季におけるこの地域の卓越風の大勢を示す指針と考えられないこともないようである。

とにかく、ただでさえ低温がちの当高原山麓地域、それがしかもこのような著しい卓越風をもつからには、やがてそれが、この地域の文化相の方面にも当然いろいろの形で現われてきているはずであろう。そしてそのもっともみごとなものの一つとして見出したものが、この地方耕地の全体に対しては防風林そのものであり、民家の屋敷に対しては、生垣の施設がそれであった。

この地域ではこの防風林を一般には「かざきり」と呼び、多くは丈高き赤松で並木ふうに仕立てられている。私はここでは印刷の便宜上それを卓越風の分布図上に並記することにした。破線の延びている方向は、その並木すなわち防風林の植えつけられている方向である。

第2表 富士見森林測候所における方向による風の回数（大正10年）

月＼方向	N	NNE	NE	ENE	E	ESE	SE	SSE	S	SSW	SW	WSW	W	WNW	NW	NNW	Calm〔無風〕
1	4	1	1	0	1	0	3	3	6	2	0	1	16	20	**80**	38	10
2	3	0	0	0	0	0	2	5	3	2	2	1	13	24	**60**	39	11
3	9	0	0	0	1	0	1	8	16	3	3	2	10	16	**52**	49	16
4	1	0	0	0	0	5	19	**51**	17	6	3	0	2	3	27	26	22
5	4	1	1	1	1	12	24	**37**	4	3	1	4	7	20	34	13	19
6	3	0	0	1	2	17	**57**	28	8	3	1	2	3	14	24	6	11
7	2	0	0	1	3	16	**65**	32	7	4	0	2	2	8	20	4	20
8	2	0	0	1	1	13	**62**	24	6	0	1	3	3	21	18	10	21
9	1	0	1	1	2	17	**47**	19	6	1	1	2	8	19	37	1	7
10	1	0	0	1	3	6	25	17	3	0	2	2	6	29	**73**	11	7
11	2	0	0	0	0	0	3	10	5	5	6	6	22	53	**56**	12	0
12	1	0	0	0	1	2	10	10	8	1	1	13	19	**36**	55	8	1
Ann〔計〕	33	2	3	6	15	88	318	244	89	30	21	38	111	263	536	227	145

（13）民家生垣密度の分布図

前項に対し、この地方の民家にもまたその防風を主要目的の一つとして、その屋敷の周りに生垣が設けられてあるものが少なくない。もっとも昨今各部落における人家の増加は各屋敷の狭隘を感じさせ、その結果はときにそれが切り取られ、または板塀などに変わっていく向きもあるが、それでもなおかつこの地域の特質を超越することができないものとみえ、部落によってはいまなおけっして少なくない。

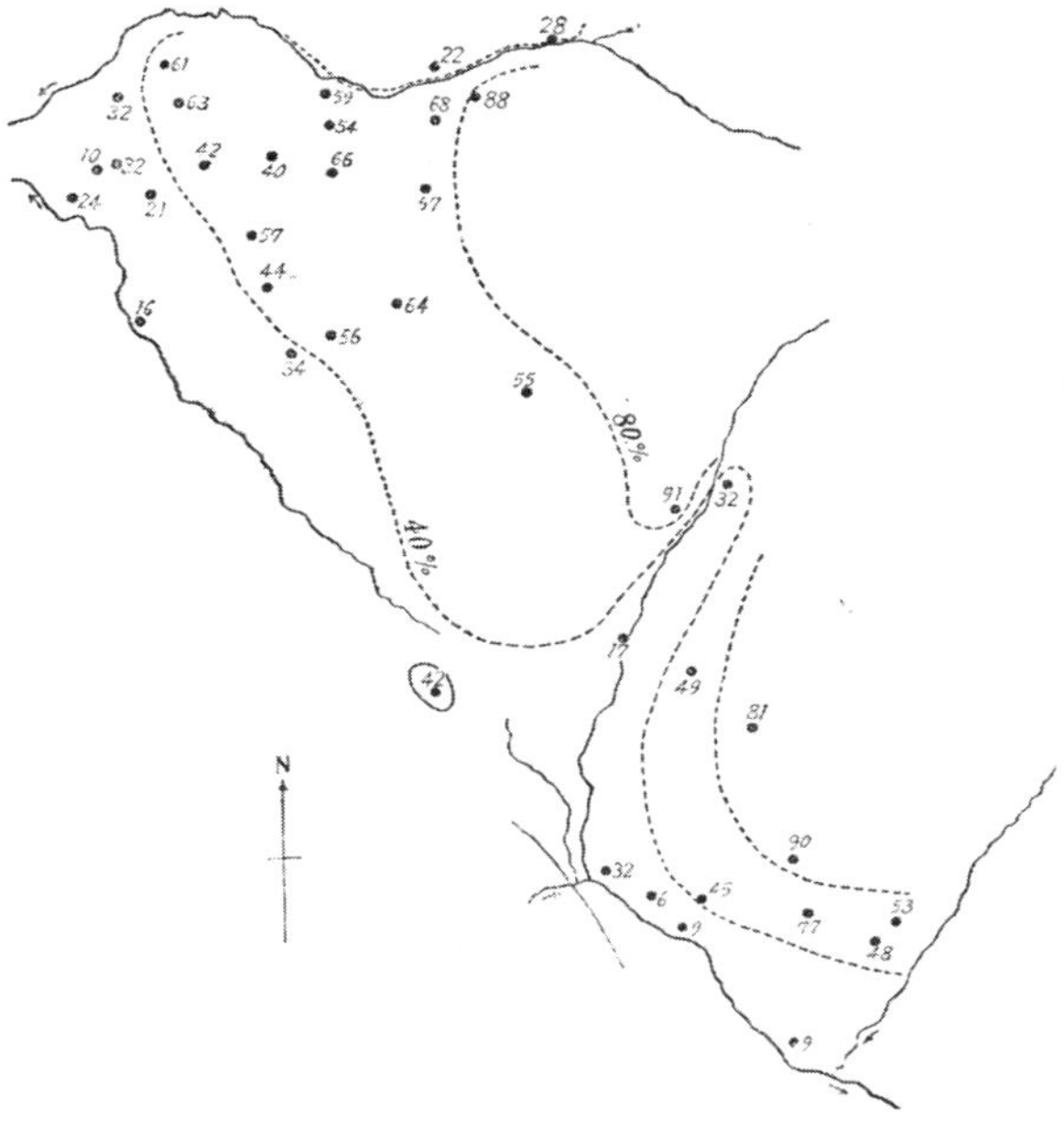

1：200,000

第13図　民家生垣密度の分布図

そしてその生垣の多くは、この八ケ岳の山岳地域一般によく生育している「いちい」と称する常緑針葉樹であるのも注意すべきことではあろうが、それにもまして興味を引くのはその規模のいかにも雄大なことである。しかもそれが高地の集落のものほど目につく。それをそれらの集落の南方やや離れた地点からのぞめば、さながら城壁の感さえあり、まことにみごとなものである。

　この生垣の調べとしては、その設けられている方向についての調べもその一つではあろうが、ここではそのもっとも簡単な方法にしたがい、各屋敷の形状および広狭を無視し、それを一つの矩形として考え、そのいずれかの一辺のうち、その辺の半ば以上にそれが仕立てられ、かつその高さが約三尺以上のものだけを生垣をもつ屋敷として計上し、それをその部落の調査総屋敷数に対する百分比として計算した。もっともそれが一〇〇戸以上にもおよぶ大部落では、ときにその中の二〜三の部落についてはその調査戸数が不幸にしてその半数程度にとどめられたばあいもあるが、しかしこの地域生垣密度の大勢を察するうえには十分役立つであろう。

分布図には該当部落のほぼ中央部にその数字を記入し、かつその分布の系統を見やすくするため、同じく等値線を添えることにした。

(14) 特殊な主要副業の分布図

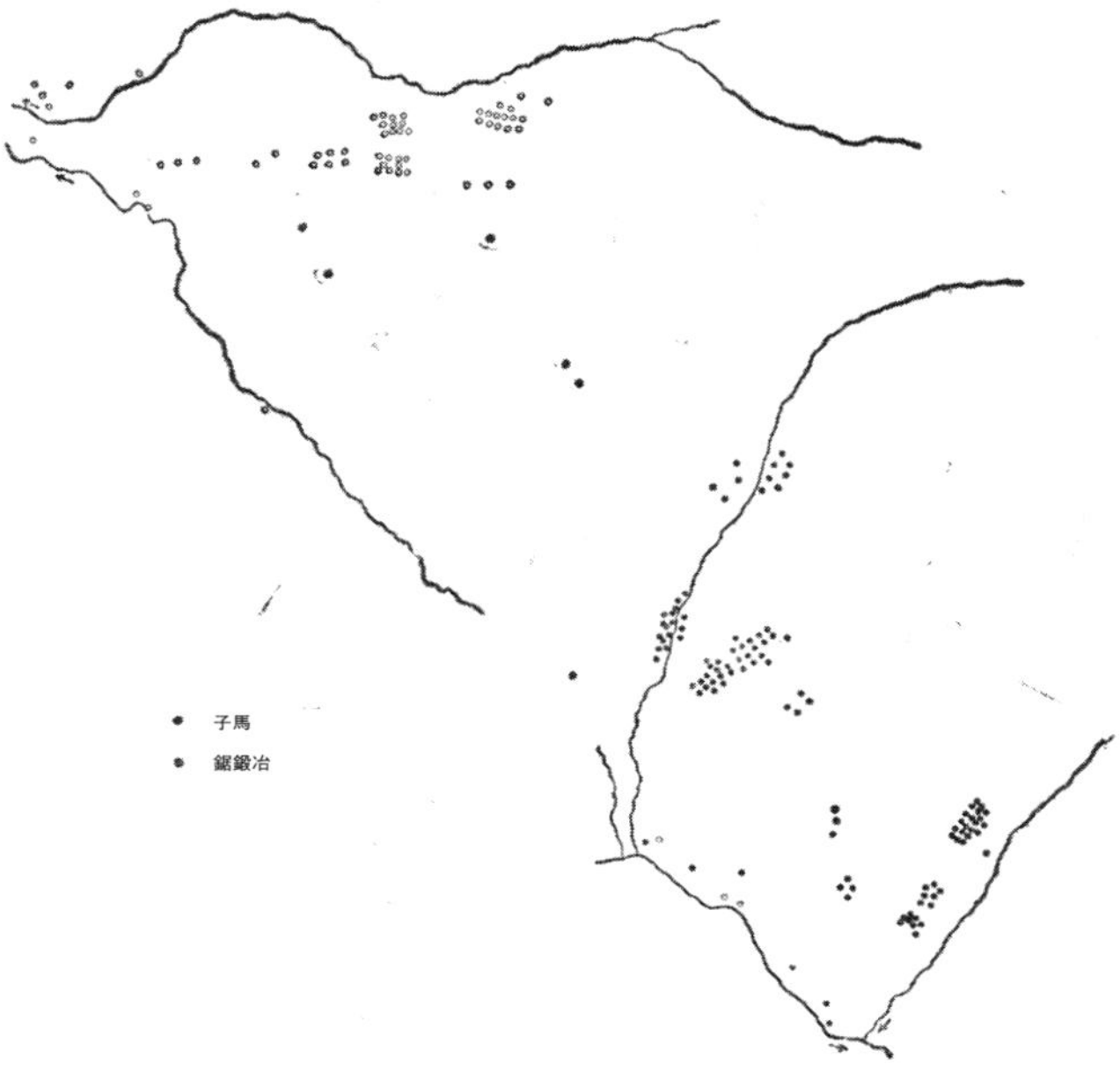

第14図　主要副業の分布図

高地であり、したがって寒地性の特質を多分にもっており、しかも土地が必ずしもそれほど肥沃でないことは、第6図からみても明らかであるが、それにもかかわらず第2図やその他のばあいにも述べたように、場所によっては人口も相当に稠密である。その結果、ここに住み込んでいる現経済人の過剰を生じ、その季節的労力を利用した産業の高度化ともみられる、それぞれいろいろの副業または兼業を選ばせている。

そしてその一つは、諏訪鋸として知られている鋸の手工業であり、今一つは、前記既肥製造を兼ねての子馬飼育という牧畜業である。このほか当地域の南半部、すなわち境、本郷、原などの諸村では、冬季の出稼業が著しく、北部の玉川村では秋蚕種の製造業がさかんである。もっともこれらのなかには、その作業季節が春季から夏季へかけてのものもあり、必ずしも単純ではないが、この地域の文化景の一つとして十分注意すべきものであろう。

しかし調査資料の不備などから、そのうち出稼業者の分布図はついにつくり得なかった。そしてここでは、前二者の分布図を同一図表へ示すことにした。もちろん比較観察の便ということも考えてはいるが、主として印刷の都合上からである。そのうち鋸鍛冶については、昭和三年現在の製造戸数を、子馬飼育においては、大正十一年より昭和三年に至る七年間の年平均をそれぞれ各部落別に調査した。ただしこれまた資料不備のため、絶対法によりそれをそのまま該当部落の位置を中心にドットで記すことにした。

1：200,000

第15図　秋蚕種製造戸数密度の分布図

(15) 秋蚕種製造戸数密度の分布図

過飽和の状態にある当蚕業地域でも、その分類のいかんによっては、そこに相当の変化を見出し得ることを発見し、多少の成果を収めることができた。そしてその一つが前記第

11図で、他の一つが当第15図である。

そしてこの調査については、長野県蚕業取締所上諏訪出張所の安達所長をわずわらし、昭和三年度における諏訪郡内の右製造家を同じく部落別に報告していただき、それをその部落の全養蚕戸数に対する百分比として計算し、その値を該当部落の地点に記入した。図中、点だけで数字の記入のないのは、その部落に同製造家のないことを示している。そしてそれへ四・八％以上をもつ集落を含む圏線を記入しておいた。（未完）

五、地理学的景観の構成——調和、統一する地域の真相をとらえる

以上は私が今対象としている八ケ岳山麓の中から、ここの地域に即した主要な地表現象一七種を選び、かつそれを一五の分布図として示すことに努めたのである。以下、いよいよそれら相互間の、調和、総合などの関係現象を吟味しつつ、逐次統一のある一つの景観型を構成すべくその作業をすすめてみたいと思う。

（1）集落、人口、水田の分布からみえること

そしてまずそれを第1図集落分布図から試みることにしたいと思う。今その集落分布図についてみるに、それら集落が、おおよそ海抜一二〇〇メートル付近を上限として、もっぱらそれより以下の山麓地帯に集合し、そこに明らかな集落地帯を構成し、より以上の山麓部および火山錐部の無住地帯とのあいだに、はっきりとした区別をみせている。しかしさらにこれら集落が、その集落地帯内における分布状

態についてみるに、密度の点からはそこにまたかなりの変化をみせている。すなわち、(1)御射山《みさやま》神戸部落の東方を中心とし、さらにその西、北田沢、坂室両部落の付近にまで達する一つの地区と、(2)かの漸移地帯中烏帽子部落の北方立場川下流以東の地区とにそれぞれ一つの小欠集落地区をみせている。しかも(1)においてはさらにその西北二〜三の極小部落を無視するばあいには、その欠集落地区をついに上川河畔へまでも延ばすことができるであろう。

またそれをこの集落地帯内古村の分布状態のみについて考えても、そこに明らかに一つの古村集落地帯とも称し得る地帯を形成しており、それが南方漸移地帯中の数部落を除いては、現集落地帯よりもさらにいっそう低位置を占居し、かつだいたいにおいて、それが現集落地帯の辺縁部に相当していることは、この山麓地域集落分布の動態をみるうえからも、大切な分布現象であろう。

次にこの集落地域内に発達している道路網の傾向をみるに、それがだいたい東西系と南北系との二つに属し、またこの地方民間においても、その前者を縦道《たてみち》、後者を横道と呼んで区分していることは、山麓地域の道路網として注意すべきことでもあろう。しかもその縦道すなわち東西系のものが横道系ののにくらべその密度の大なるのみならず、さらにそれがひとり集落地域内のみにとどまらず、それらの多くはその上方無集落地域内にまでも延長され、それら相互のあいだに一つの収斂状の傾向をみせていることは、この地域の扇形地形とくらべてまことに興味ある分布現象ではある。これをとおしてわれらはこの両地帯間の関係についてさらにいっそう暗示を与えられる点があるであろう。しかもそれら多数の縦道にはそれぞれ各部落の名称を冠した何々のりだしという名称がつけられ、この山麓部集落の各部落からその火山錐体部への相当重要な幹線として利用されてきている点からは、明らかにこの両地帯間の関係の密接さを察することができるであろう。

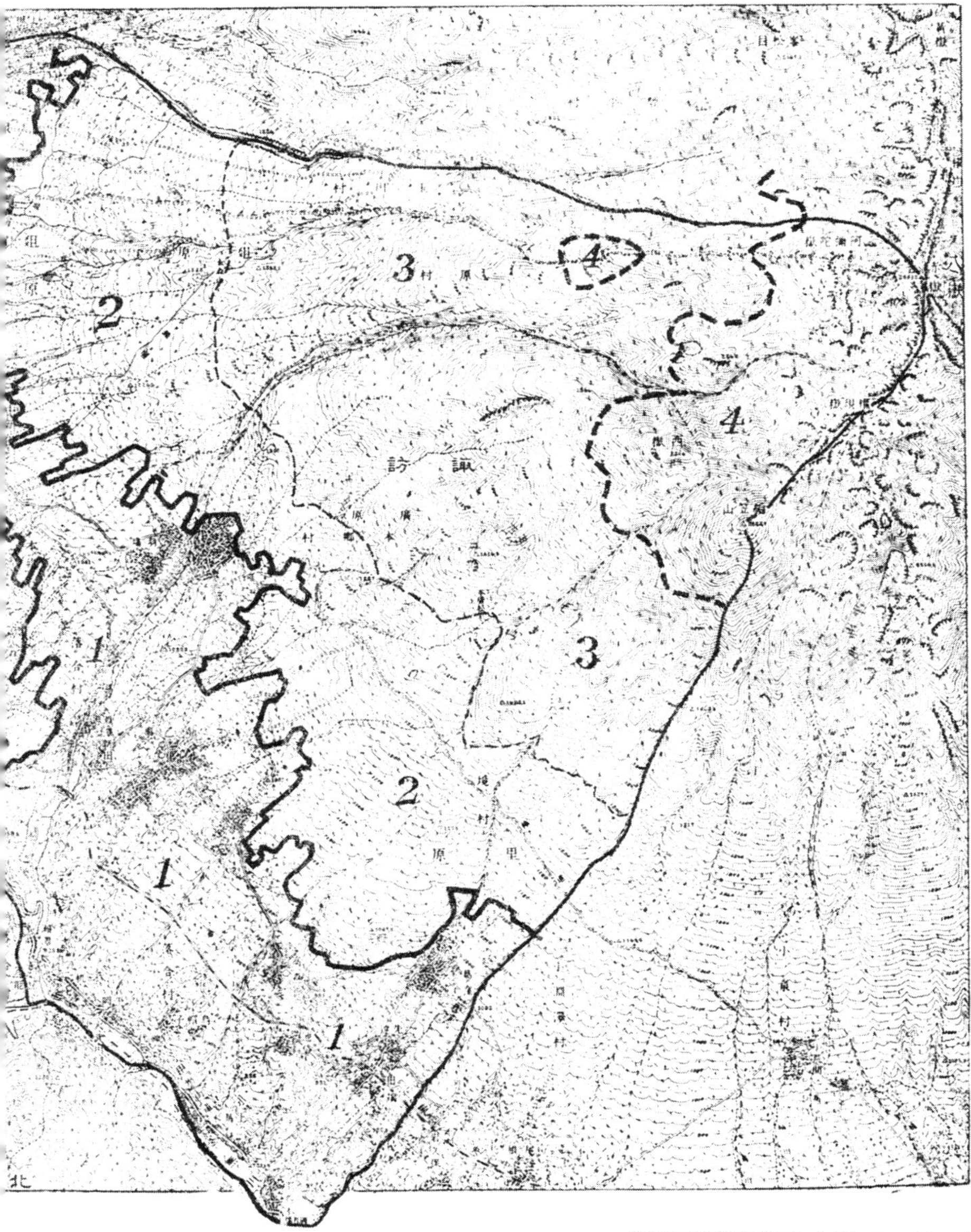

（陸地測量部地形図による）1：100,000

1 [集落および耕地帯]

2 [旧草野帯] きわめて矮小なる純草生地、土草刈取場。土三分、草七分ほどの割合をもって年二回以上の刈取りをなし、それを直接肥料として翌春水田に入れ、または一度厩《うまや》に入れ厩肥の原料として使用した。近年一部には復活の傾向がある。

2′ きわめて矮小なる純草生地、草刈場、もっぱら厩肥の原料として六月下旬より九月上旬に至るあいだ、年一回草の刈取りをなす。土は毒であると称しその混ずることを嫌った。近年一部は耕地および集落地に、一部は林地に移化しつつある。

3 [旧疎林帯] 用材、まきおよび草刈場。疎林の下草として生育しているいわゆるむぎくさを飼料または肥料として刈り取るために、年々六月中旬より九月中旬まで、多くは馬二頭を曳き日帰りの草刈場であった。そして九月中旬以後降雪期までに、もっぱら用材またはまきの採場として利用されていた。もっとも用材の採取は冬季までも継続された。近年は森林地に移化しつつある。

4 [森林および灌木草本帯] まきおよび用材採取場、多くは秋季。

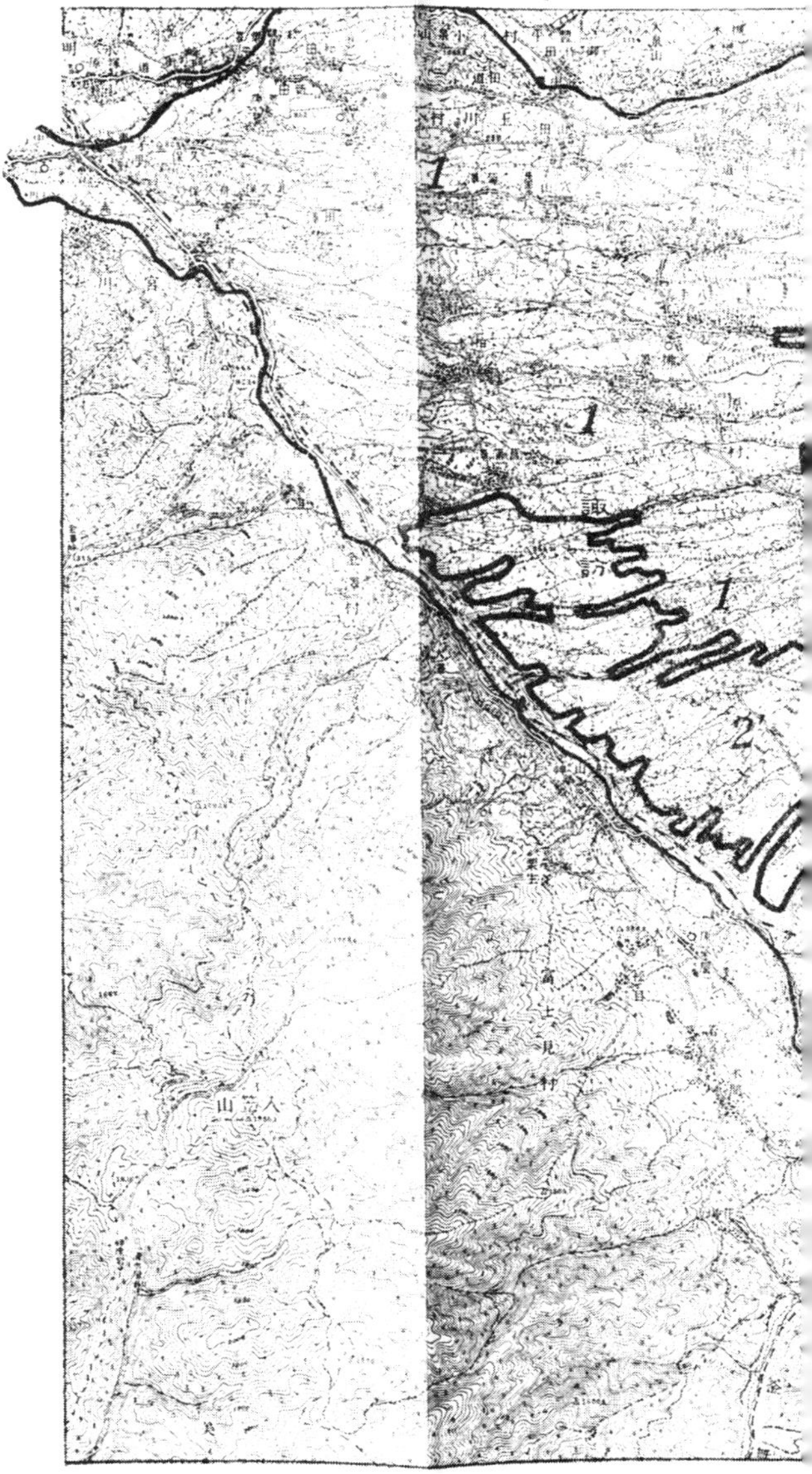

第16図 経済的区分図

さらにそれら集落の氏神について考えるに、その祠《ほこら》の各集落に対する関係的位置が、その多くは該当集落の上位にあることも、この地域の産んだ集落のもつ氏神の位置としてまことに当然な分布現象ではあろう。さらにその氏神の祭神中、その内側すなわち山岳部に近い九個の部落（穴山、柳澤、八ッ手、払澤、菖蒲澤、柏木、立澤、小六、葛窪）のものはいずれもみなそれが山の神であること、なおこの地域各所に散在している氏神祠以外の山の神の分布からも、この集落地帯の住民とその山岳地および山腰部の無集落地帯とが、従来からいかに密接な関係をもってきていたかを察するに十分であろう。第16図は明治の初年頃までにおけるこの地域の経済的区分図である。きわめて大略ではあるがこれによって、その集落地域と無集落地域との関係をさらに明らかにすることができるであろう。

これを要するにこの地域がその上に存する集落現象をとおしては、これを現在の集落地帯の中に、さらに過去における旧集落を区分することによって、これら地帯が互いに密接な関係を保ちつつ、(1)火山錐およびそれに接する山麓地帯からしだいに外縁部へ、(2)現集落地帯および(3)旧集落地帯へと浅い文化地帯からしだいに深い文化地帯へ、あたかもこの地域の等高線の概略の分布に類似した形に三分されている傾向を十分把握することができるであろう。

しかしてここにまだ、その集落地帯内に前記二つの小欠集落区の残存していることを、注意しておきたいと思う。

これを第2図人口密度図につき、その等値線の趨勢からさらにこの集落地帯内における人口分布の大勢をみるに、それがまたきわめて大略の観方ではあるが、富士見駅および茅野駅付近の商業地の稠密区を除いては、火山錐体に近い疎帯から始まって、中帯・密帯としだいに外縁部へ漸移し、その傾向が第1図の各地帯分布のそれとよほどの類似をみせようとしている。しかし弓振川《ゆんぶりがわ》（第7図参照）以北すなわち玉川・泉野両村の地籍においては、その密帯が東方高地へまで著しく深く湾入しており、しかもその影響がさらにその南方原村地籍の北半部にまでもおよんでいる。その結果は等値線の一部が、東北から西南へ走り、柳川・立場川間の扇形地域をそのほぼ中軸線付近を境として、それを北西の稠密区と南東の疎薄区とに二分する傾向をはっきりとみせ、この地域等高線の分布の大勢からみた地形の区分とは、はなはだしい相違を感じさせていることはまことに注意すべき現象であろう。

ところが一度それを第3図について、この地方住民の最大多数が従事している農蚕業、そしてその農蚕業と密接な関係をもつこの地域の耕地の分布図によってみると、水田と桑園とが、この地域の扇形と調和して互いに放射状に組み合わさって分布しているのもおもしろいが、その水田中、比較的広い地区を占めて集合している水田団地が、いずれも上部すなわち山麓の内側地帯にのみ集合し、その下部外側辺縁部においては、しだいにその集団の形が狭長となりあたかも数匹のおたまじゃくしがその頭部（広い水田圃地）を山腰部に、尾部を辺縁部へ向けて集合した形をみせていることはきわめておもしろい。

そしてその結果、それら水田分布を通して、この地域が、水田の大集団からなる内側地帯と、その狭長なる集団からなる外側地帯とに区分され、ことにそれが第1図集落分布図との比較においては、前記欠集落区の点に至るまできわめて類似の分布現象をみせ、右両現象あいまってますますこの地域の当然性を強めていることに気づかれるであろう。

なおまたこの第3図において、この地域の耕作様式中もっともその特色をみせている例の刈敷林および草間の分布をみると、この地域の東北隅鳴岩《なるいわ》川流域の一小地区を除いては、この扇状地形の中軸線によって、東南含刈敷場地域〔刈敷場を含む東南地域〕と西北欠刈敷場地域〔刈敷場を欠く西北地帯〕とに、きわめてみごとに折半されている。そしてその結果、第2図人口分布の南北疎密両区分のそれとまことによく類似し、この山麓地域がたんに前記内外両帯の区分性以外に、さらにそれが南北に区分されるべき必然性があることを深めようとしている。

以上、私は農桑式を基調としている集落をもつこの地域が、山麓のしかも相当の高地でありながらいかにも多数の人口を包容している点に立脚し、そしてそれを注意すべき現象として吟味すべく第1図より第3図に至る三図の比較観察の上から、この山麓地域がたんに海抜高度の上下による内外両帯のほかさらに南北両区に区分され、つごう四区に区分すべき本質を内在していると認めるべきであるという点に達することができたのである。

(2) 地質・地形と農耕・人口密度とのみごとな調和

そしてその内在する本質を合理化すべくその吟味の順序として、まずそれをこの地域の地質および地形の両図によって試みることにしようと思う。

第4図の地質分布図でただちにわれらの注意を引く現象の一つは、この地域の大部分を占めている礫層とさらにその上のローム層とが、前記水田と桑園との分布の組合わせのごとく互いに放射状の分布をみせていることであろう。そしてそれがこの地域に発達している必従川の浸蝕の結果であることもまことに容易に考えられることではあろう。これと同時に、もっともわれらの注意を引く今一つの現象は、そのローム層の地区がしだいに南方に厚くかつ広く発達していることであろう。そしてその結果はこの地域を南北両区に区分し、前記この地域に現われていた南北の区分性をしてそれを明らかに意義づけていることである。

ところがこれに反し第5図地形区分図上からは、それらの河の軸線による地形変換点の分布が、この地域を内・中・外の三帯に区分すべき傾向を示し（もっとも釜無川流域ではたんに内外の二帯となってはいるが）、しかもその内帯はほぼ前記の広闊水田圃地帯と一致し、そしてその外帯では一般に水田圃がきわめて挟くなっており、まことにこれら両現象間にみごとな類似をみせ、その結果、地形上からはこの地域がもつ内外性の区分を意義づけようとしている。

しかしわれわれはこれら地質図および地形図上からの意義づけの確実性を認めるためには、たんにこれら分布図間の一致のみではなお多量の不安性をもっている。そしてこの不安性を除くべく、その一つとして第6図すなわちこの地域の耕地（水田）の肥沃度分布図の吟味にすすまなければならない。

今その分布図をみるに、まずこの耕地地域の大部分が、玄米四斗の収穫所要坪数が、多くは六〇坪以下である。すなわち反当たり二石以上の収穫をあげていることになり、その海抜高度が高く、したがって気候的にもけっして恵まれていないこの地域が、全国の平均反当収量である一・八石を超え、またこの付近山梨の二・一五石、長野の二・〇六石[11]という平均収量に類似する値までもみせていることは、それがすでに一つの驚異でなくてはならない。それにもまして注意すべきはその分布の大勢が、ただ立場川下流の深い湾入を除いてはそれが明らかに南北両区に区分されていることである。ことにそれを本稿での中心地域であるかの扇状地形の上でみるに、六〇坪以上の等値線が、その位置といい走向といい、まことによく第2図人口密度図での南北両区分線と一致する。したがって第三、第四のそれらの分布図とも類似の傾向をみせ、じつにみごとな類似現象とみるべきものであろう。そしてこれをこの地域の南半部一般の地質がかの厚いローム層におおわれ、そのローム層の地味の瘠薄の結果であり、またその結果はこのローム層地区内に対し前記のごとき刈敷場利用という特殊の農業様式をとらせるにいたったものと考えることが必ずしもむりではなかろうと思われる。

ここにおいて、これら分布図間の関係はたんなる類似現象にとどまらず、まことにみごとなる調和現象として肯定すべきであろう。

しかもこの相関はさらに第８図の馬の飼育密度の分布図や、第９図桑園への金肥施用濃度の分布図との比較によって、いっそうそれを明らかにすることができるであろう。

火山灰を主とした南部ローム層地域が、その肥沃度の低い結果、ひとり緑肥の使用を余儀なくさせているのみならず、さらにそこに厩肥の利用をすすめ、そしてそれがこの地域の馬の飼育密度の分布に現われてきているものとみるべきであろう。火山灰土においてその地の地力の維持または増進上、厩肥あるいは堆肥利用の大切なことについては、多数農学関係の文献がいずれも等しく強調している点で(12)、なんら一点の疑いもここには残されていないほどである。さらに念のためにここには、この地域内本郷村農会の報告による、同村内数ヵ所の主要水田圃地における、堆肥使用の分布図を掲げることにする、第17図がそれである。第４図地質分布図の該当地図と比較して観察していただきたい。ことに第８図中の

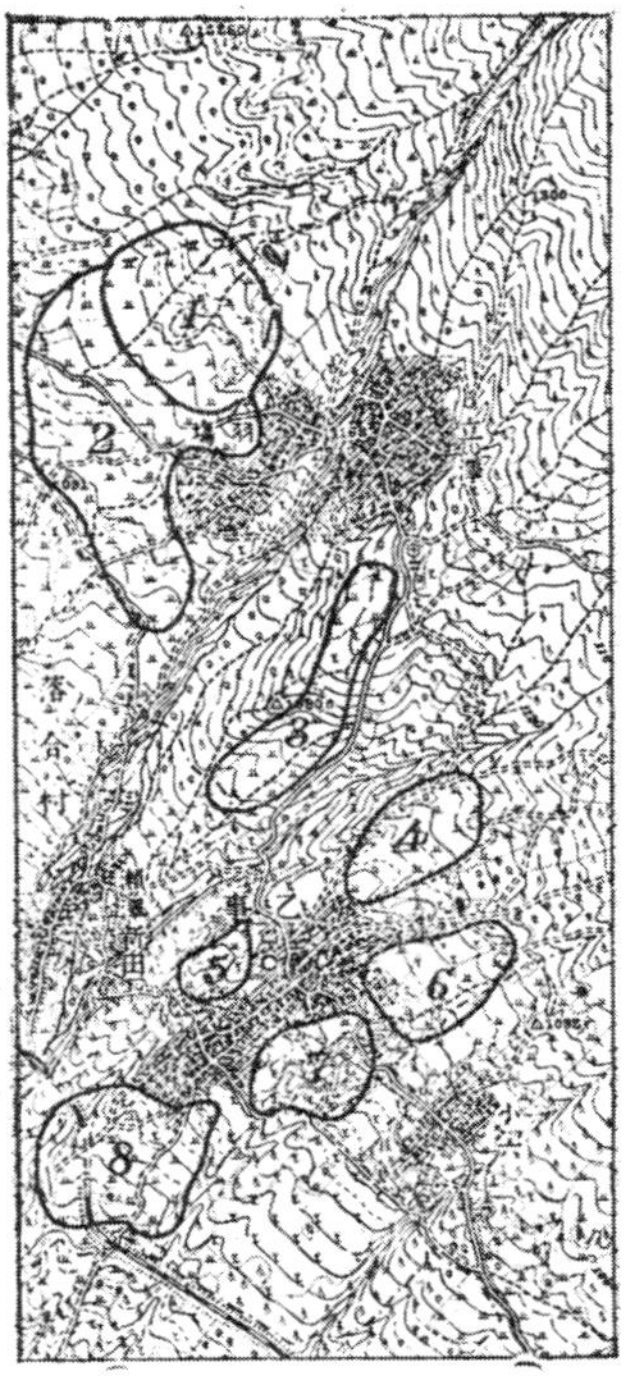

1928 年度現在
(陸地測量部地形図による) 1：75,000

番号	反当たり施用堆肥（単位：貫）
1	300
2	360
3	420
4	300
5	200
6	200
7	200
8	300

第17図　本郷村地籍における堆肥施用量分布図(本郷村農会報)

三〇〜五〇%を示す等値線が、この地域を南北に区分しているその状態は、それを第6図と比較することにおいて、ただただそのみごとな調和現象に驚かざるを得ない。

またこれをたんに水田のみならず、桑園方面の事情からも、それを第9図についてみるに、その南半部の反当たり施肥量が一〇円台であるのに、北半部が二〇円台であり、またその南区最高施用区が二五円であるのに、北区のそれが三〇円を示していることは、どこまでも地域が南北両区に区分されるべきであることを示している。しかもその両区の境界をなしている線が、これまたきわめて前述第6図の肥沃度分布線や、したがって第3図耕地分布図中の含刈敷場区の境界線および第8図馬の飼育密度図中三〇%の線などと、その位置や走向などがあまりにもよく一致する傾向をみせていることは、まことにみごとな景観として礼賛せざるを得ない。

ことにその南北両区における二五円以上の地区を、第2図人口密度図と比較することにおいて、北区のそれが前記人口密度図中密帯の深い湾入と、ぴったりとよく一致し、南区のそれもまた人口分布図中、中帯の浅い湾入と一致する傾向をみせている。金肥施用の分布はたんにそれが地質的事情の相違との相関だけではなく、この地域の人口密度の上からくる集約・粗放の経済的事情ともまた交渉をもっていることを示し、ますますもってこの地域の景観を美化させているとみるべきであろう。

しかしこの肥沃度分布図中に表われている等値線のいくつかについてさらにそれを精査するに、たんにそれがこの地域を南北に分けているだけではなく、またさらにこの地域を内帯より外帯へたまねぎの構造状にしだいに区分している状態にも、まことによく表われている。ことにそれが立場川以南の漸移地帯や、以北においてもその山腰部へ近づくほど、はっきりとしている。

(3) 水系・水田が語る開拓時代からの定住努力

そしてこの吟味については、さらにこの地域の灌漑水系の全般にわたっての研究がまた大切な一つとなるであろう。今それを第7図について考察するに、この地域が火山の山麓であり、かつそれが柳川・立場川（かつて高端の文字を用いた時代もある）などの深い峡谷によって絶ち切られているためと、この両河川の渓谷がその上流部でしだいに接近している結果などから、この地域の湧泉はもちろん地下水面も一般に低くかつ包含量も少ない（もっとも漸移地帯の南部境村方面では自らその地形や地質を異にしている関係上、この地方にとくに発達しているかの熔岩流にしたがった湧泉がなかなか豊富である。ただし、第7図にはこの部分は記載されていない）。

したがってこの地域の灌漑にはきわめて多大な努力と、特殊の様式とが工夫されてはいるが、しかしその主要な水源としては、今こそ浸蝕を働いてはいるが、かつてはこの地域の堆積層構成上偉大な働きをもっていた前記柳川・立場川の両川にあおいでいることも当然である。その分布の状態があたかも堆積当時における、この扇状地上の自然の水系を思い出させるかのようなところがまことによく現われており、人工的水系ではあるが、いかにもこの地の自然と調和したみごとな文化景をみせている。なおまたそれら灌漑水の取入口が、多くは前記両川の河床での傾斜急変点付近と一致していることや、またその排尻《はきじり》が現在地域上の必従川と巧みにその強調を保っている点なども見のがしてはならないが、さらにこれら両河川の取入口からみてそのもっとも末梢地域にあたる場所が、前記第1図での欠集落地区および第3図では疎水田地区とほぼ一致すること、および、その分布図上では水田をみせていながら、そこが今では陸稲の栽培地と化していたり、また、降水量の少ない年にはそこがなすやキャベツの乾田に急変されていく点から考えて、この地域の開拓景がここの灌漑水系の分布や発達と、きわめて密接な関係をもっていることが首肯できると思う。

したがってこの点から推して、前記第3図での水田の大集団地域が、この地域の上方すなわち内帯と一致することも、そこがこの地域の各河川の上流部であるために、第二次、第三次と引き続いて現われてきているこの地域の後退的浸蝕の影響の今なお少ない地区であるという地形的の事情ももちろん多分に手伝ってはいようが、その上にそこが水源地点に近く、水の供給の比較的豊富であるということも深い関係をもっていることを否定するわけにはいくまい。ことに柳川の取入口からは等しく末梢部でありながら、相当広い水田圃をもっている玉川地籍の下部西方の水田が、その水源としてさらに北方蓼科火山の中腹大河原《おおがわら》にそれを求めていること(13)やまたこの地域の東方高地、すなわち狙原《まないたはら》における多くの湧泉が、湧出量のきわめて少量なものまでも、まことに少しのむだもみせずに利用されている点などかも明らかにそれを立証することができるであろう。

以上はこの地域の開拓景が、いかにこの地域への灌漑水系とのあいだに深い関係をもっているかを各方面から述べたものではあるが、そしてまたここへ供給されているそれら灌漑水は、それがこの地域の西方への緩傾斜面とあいまって、ここの海抜高度の割合に水温を高め、その結果はやがて前述のごとくこの地域水田の反当収穫量を高める有力な原因の一つをなしていることも注意すべきではあろう。しかしこうしてその水温が高められていくとはいうもののその水源である両河川の水源地が約三〇〇〇メートルにも達する火山錐体であり、したがって海抜高度の高い当山麓地域では、稲作栽培のためには、なお水温が低すぎる。そのため、各水田の入口には、いずれもぬるめと呼ばれる水溜めの無栽培区が設けられ、それへ引き続いていわゆる水口《みなくち》と呼ばれている特別な地区ができている。すなわち灌漑水の掛口

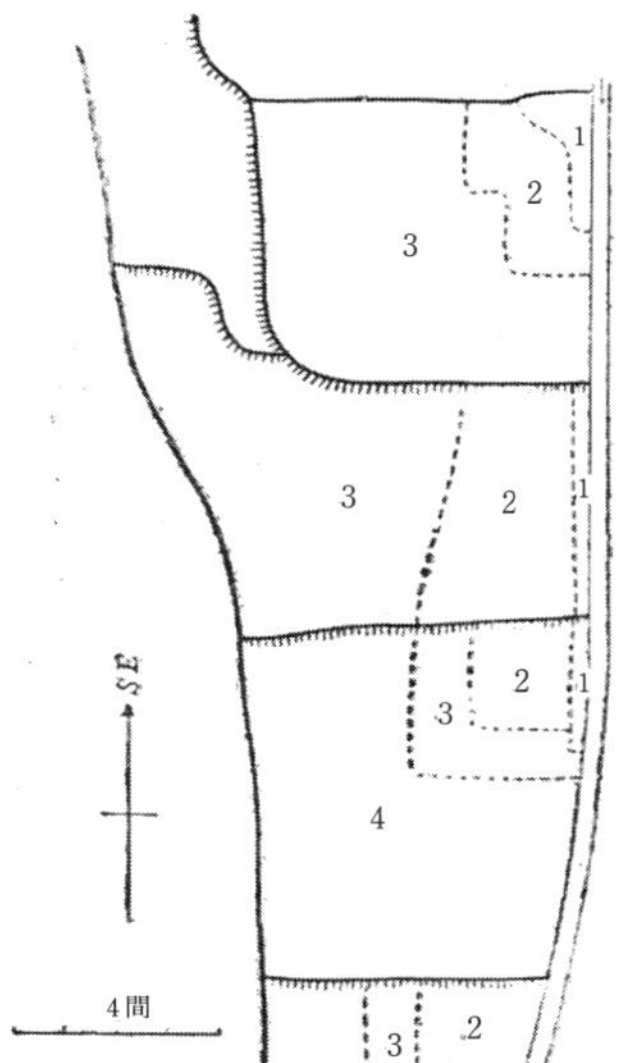

第18図　ぬるめおよび水口をもつ水田

玉川村中沢部落の東方柳川河畔
1は，ひえ栽培区（ぬるめ相当区）。2，3または4と順次極早稲種の清水シラズ・鳥糯などから，しだいに栃木早稲・水口糯などが栽培され，最後がこの地方の普通種の渋滲，陸羽愛国20号などとなっている

からしだいに水田の内部へ、ひえ・早稲《わせ》・中稲《なかて》など特別の作物または品種さえ植えられ、そしてそれが反当の収穫量への制約を示していることはまことに明らかであろう。しかもこの特殊の栽培様式が上流すなわち内帯部ほど大規模であることは、それが第6図においてのかのたまねぎ状の分布をみせている原因の一つとも考えることができるであろう。第18図はその一例である。

　なおこれを当中心地域の上に発達している数個の必従川の水温観測についてみると（一九二九年七月一日午後四時頃、当日は晴天）その上流一一〇〇メートル付近ではそれがふつう一七～一八度であるのに、それらの下流九三〇メートルから九五〇メートル付近では、それが一九～二〇度を示している。なおまた南部漸移地帯中・境村高森部落の上、海抜一〇一〇メートル付近の水田ではその入口の水温が、一三度四分（一九二九年八月二十五日午前十一時三十分頃、当日曇天）で、かつその一区画約八五〇坪の水田に対しぬるめおよび水口の合計面積が、約九〇坪を占めていた。これに対し同日午前十時頃、同部落の下方九三〇メートル付近の水田入口では、水温一六度を示し、一区画六六〇坪の水田が約四五坪のぬるめおよび水口をもっていた。そしてこのさい注意しておくべきことは、当境地籍においては前にも簡単に述べておいたように、灌漑水の水源が柳川・立場川の両流域のようにもっぱら河川によるものではなく、主として前記熔岩下の泉によるものである。したがって水温はいずれも低く、その湧出地点においてわずかに九度三四分を示し（一九二九年八月二十五日）、かつその含有養分も貧しく、[14] その結果はこの地域が本稿対象地域中の最南部に相当しながらも、反当たり収穫量の少ない原因であろう。

第19図は、この地域の主要な湧泉地点とその灌域との関係を示したものである、第7図灌漑水系分布図の不足を補うとともに、一方その灌漑水系上からもまたここが一つの漸移地帯であることをみてもらうためにも挿入したのである。筆者の主意は、本稿における対象地域内での稲作栽培にはその水温を無視することのできないことを十分味わっていただきたいためであった。なお稲作栽培上灌漑水温の影響のいかに有力なものであるかについては、吉川博士の専門上からの有益な研究のあることを付記しておく。[15]

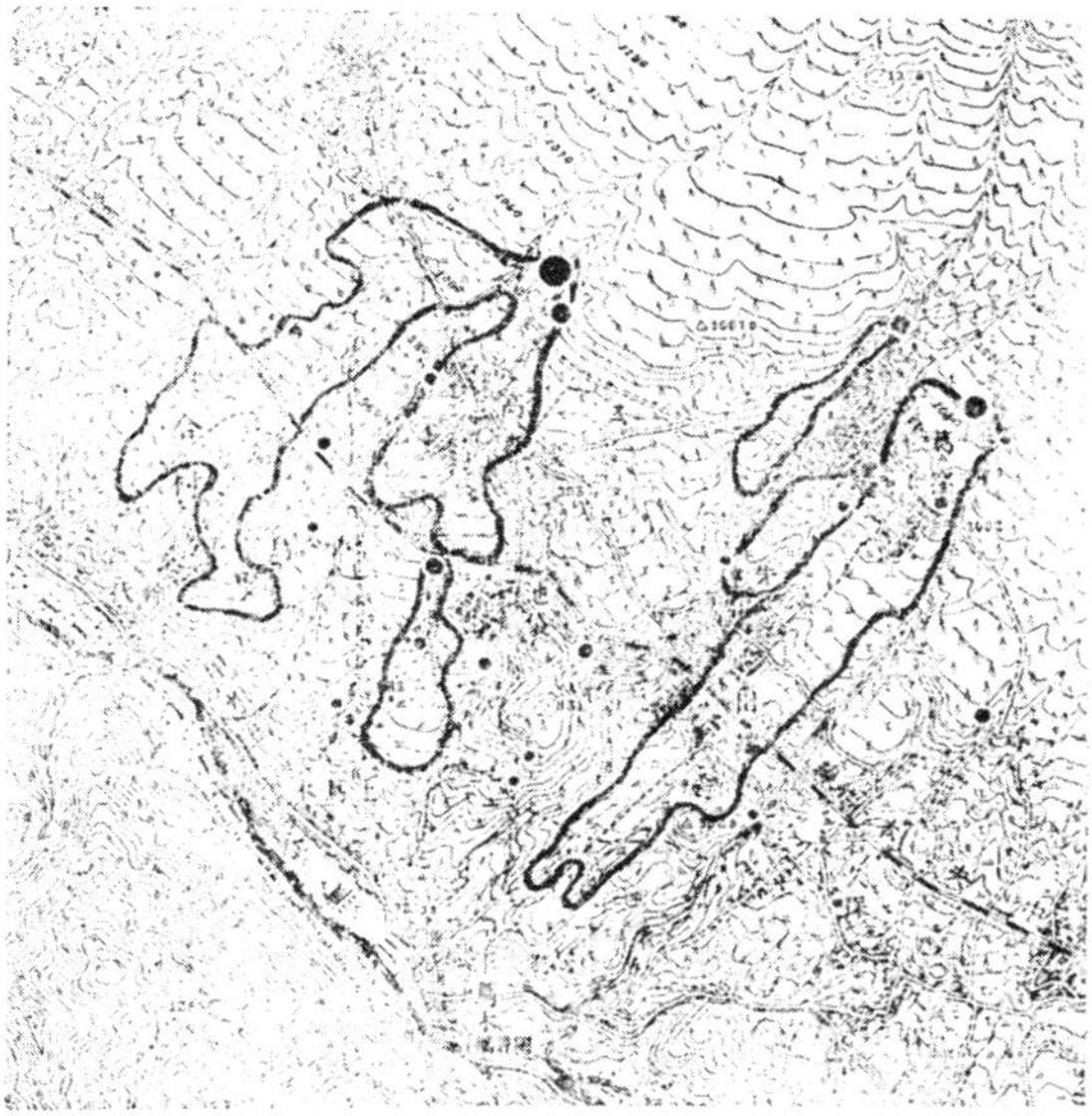

（陸地測量部地形図による）1：75,000

第19図　境村方面灌漑水源および灌域図

黒点の位置は湧泉地点を示し，その大小はおおよその湧出量にしたがったものである

しかし第6図に現われているこのたまねぎ状分布を、たんにそれをこの地の水

温分布の相違のみから決定しようとすることは、なおそこにかなりの不十分性を残しているとみるべきであろう。もちろんこのことはすでに前記吉川博士の論文中にも注意されている点ではあるが、その灌漑水の水量や灌漑方法については、そこの直接栽培当事者によってかなりまちまちのものではあるが、その水量や灌漑方法のいかんにかかわらず、それらに対し共通に働くものはおそらくこの地域のもつ気候的要素そのものであろう。

(4) 低温・強風の高原山麓に生きるさまざまな工夫

そもそもこの地域が高い火山錐の山麓である関係上、すでに亜温帯の上部に達し、そしてそれ〔気温〕がこの山麓辺縁部の外帯部から、しだいに高地内帯部へ低下しつつ遷移していくこともおおよそ想像できることではあるが、われらはそれを第10図春季気温の分布図上からいっそう判然とそれを認めることができるであろう。

しかもこの図がもっともわれわれに強い興味をもたせてくれる点は、おそらくそれは等開花日線の立場川狭谷への深くかつ狭い湾入であろう。そしてそれが第6図耕地肥沃度分布図での立場川の湾入と類似し、しかもそれが高温を好む稲作栽培上からの、肥沃度の高い地区としての湾入である以上、これまたみごとな調和現象とみるべきであろう。そしてまたこれによって、この地域肥瘠の上にこの地域の気温がいかに大きな関係をもつかもまた十分認めていただくことができるであろう。

なおまたこの肥沃度との関係が、やがてはこの地域上への集落建設者とも交渉をもつことになり、その結果、第1図での古村集落地帯のそれとも密接な相関をみせていることも、まことに当然な調和現象ではあろう。これにもましてさらにいっそう興味ある調和現象を、われらはそれを第11図の春蚕飼育戸数密度分布図と比較することによって発見することができるであろう。すなわちそれは、それら両図での等値線が一般に一見相似の傾向をみせているのみならず、またそのいずれもが立場川の下流で深い湾入を示しているのみならず、なおかつ第10図の二六日等開花日線のごときは、それが第11図での四〇%の線と、あまりにもよく一致をみせている点についてであろう。

以上はこの地域の春季における気温の分布が、たんにこの地域の肥沃度の分布に関係をもつのみならず、過去におけるこの地域内集落占居の上にも、そしてまた現在における春蚕飼育の上にも、それぞれ根強く働きかけていることを吟味したのである。しかもまたこの地域各部の示す訪春季の早晩は、それがまたこの地域の訪秋季の早晩にも関係し、春季を迎えることの遅い内帯はかえって早く秋季を迎える地帯となり、その結果がこの地域上に展開されてくる耕作業へ強い制約を与え、[16] それが前記水温の条件とあいまってその地の肥沃度に影響し、その結果かの分布にたまねぎ状構造のごとき状態を示すに至ったものと考えたのであった。

そうであるからさらにここに注意すべきは、ただでさえその低温になやまされているこの地域が、山麓のしかも高原性地貌の持ち主である関係上、比較的強い風が低温的感応をさらに著しくし、それがまたこの地域の農耕的開拓者に対し特別の努力をはらわせてきていることは前にも述べたが、今それを第12図、夏季卓越風および防風林分布図についてみていただくことにしよう。

これによるとこの地域の卓越風が、立場川以北の、すなわち本稿での中心対象地域においては、いずれもそれが、南寄りの傾向をはっきりと示しているのに、以南の漸移地帯においてはややその傾向が不明瞭となっており、この点からもその漸移地帯性を深めてはいるが、しかし一般的には両地域とも、通じて南寄りの傾向の強いことは明らかである。そしてまたたんに卓越風のみならず、臨時に襲う暴風的のものもその方向の多くが南寄りであることはこの地方住民の等しく認めているところでもあり、また富士見における森林測候所の各年度の報告書中にも表わされている。

そしてわれらはこれらの風向とそこに設けられている防風林の分布およびその走向に注意することによって、ここでもまたいかにもみごとな調和さに感じさせられずにはいられない。しかもその走向がこの流行風や強風の方向に対し、それぞれだいたい直角に近く走ってはいるが、しかしそれらの全体からは、それがこの扇状の地域と関係をもった一つの放射状に分布していることにも注意を向けさせられることであろう。そしてさらにこれを第4図地質分布図や第5図の地形区分図と比較観察をすることによって、この防風林の設けられている地点が、今この地域の上につくられている浸蝕残丘の尾根の一部と一致し、したがってそこがもっぱらローム層からなり、かつ乾燥でしかも瘠薄であることまでも察せられるであろう。防風林の樹種が、その地形と地味とにきわめてふさわしい赤松であることや、そこの地点がこの地域自然の突出地点であって、森林の防風的機能達成上、ほとんどそれが防風林としての理想にも近いこと[17]、しかもこれら防風林の仕立てについての過去におけるこの地域住民努力[18]などを考え合わせると、高原山麓の開拓上まったく欠くことのできないこの地域の一つの特殊景そのものが、この地域の風向・風力はもちろん、ここの地形・地質ならびに樹種などとのあいだにきわめて幾重かの合理的の関係をもち、この地の開拓景の一つとして、あまりの美しい調和現象に真にまったく一種の驚異さえも起こさずにはいられないであろう。

そして私はこれをすでに本稿の最初にも述べたごとく気候や地質からはあまり恵まれていないこの地域が、その面積にくらべてきわめて多数の住民を包容してきているところの、その有力な原因の一つをここに求め得たようにも思うのである。

それにもかかわらず、この貴重にしてみごとな景観が昨今しだいにこの地域上から消え失せつつあることはなんという惜しみてでもかつあまりあることではなかろうか。今この分布図に記載してあるものは、その機能においてこそ防風林の一つとみてさしつかえのないものではあるが、その所有権の点からはこのなかにたくさんの個人有を含み、その点からは真の防風林としてはあるいはその永続性の資格のないものも少なくはない。

過去においてこの地域の開拓上、この地域の低温性や強風性がいかにこの地の住民を刺激したかは、この地域の内帯高地すなわち火山錐体へ近い例の新田部落中、その多くがいずれもその上流地点に、古屋敷なる遺跡や字名をもっており、かつては一度そこに集落を構成したものが、今その下部現地点に移っていることや、またこの地域の各地で聞く「ころばば下へ」のことわざからもうかがわれることではある。またその結果、この地の開拓上その防風林のいかに大切であるかは、明治初年の凶年時において立場川沿岸羽場部落の西北で、防風林をもたない水田の大集団地籍がきわめて不成績を示したことや、八ツ手部落東方の水田大集団地籍の成績が、その付近の防風林切払い後しばらくのあいだ不成績を続けていたこと、および「金山沢《かなやまざわ》に田がなかったら嫁をくれるな」ということわざからも明らかであろう。金山沢というのは中新田《なかしんでん》部落の西方地籍の浅い谷の部分で、その南北両側にはきわめてみごとな防風林をもっている（第20図参照）。またその風力の比較的強いということも、この地域の上方、かの大水田圃地に設けられている一筆二〜三反歩に近い水田が、多くはその整地後、植えつけ前において、その畦ぎわなどに防波的な特別施設さえ加えられている点からも、十分それを察することができるであろう。

もっともこの地域の防風林は、ただたんに防風林専用のものではなく、一方にはそれが各部落の境界

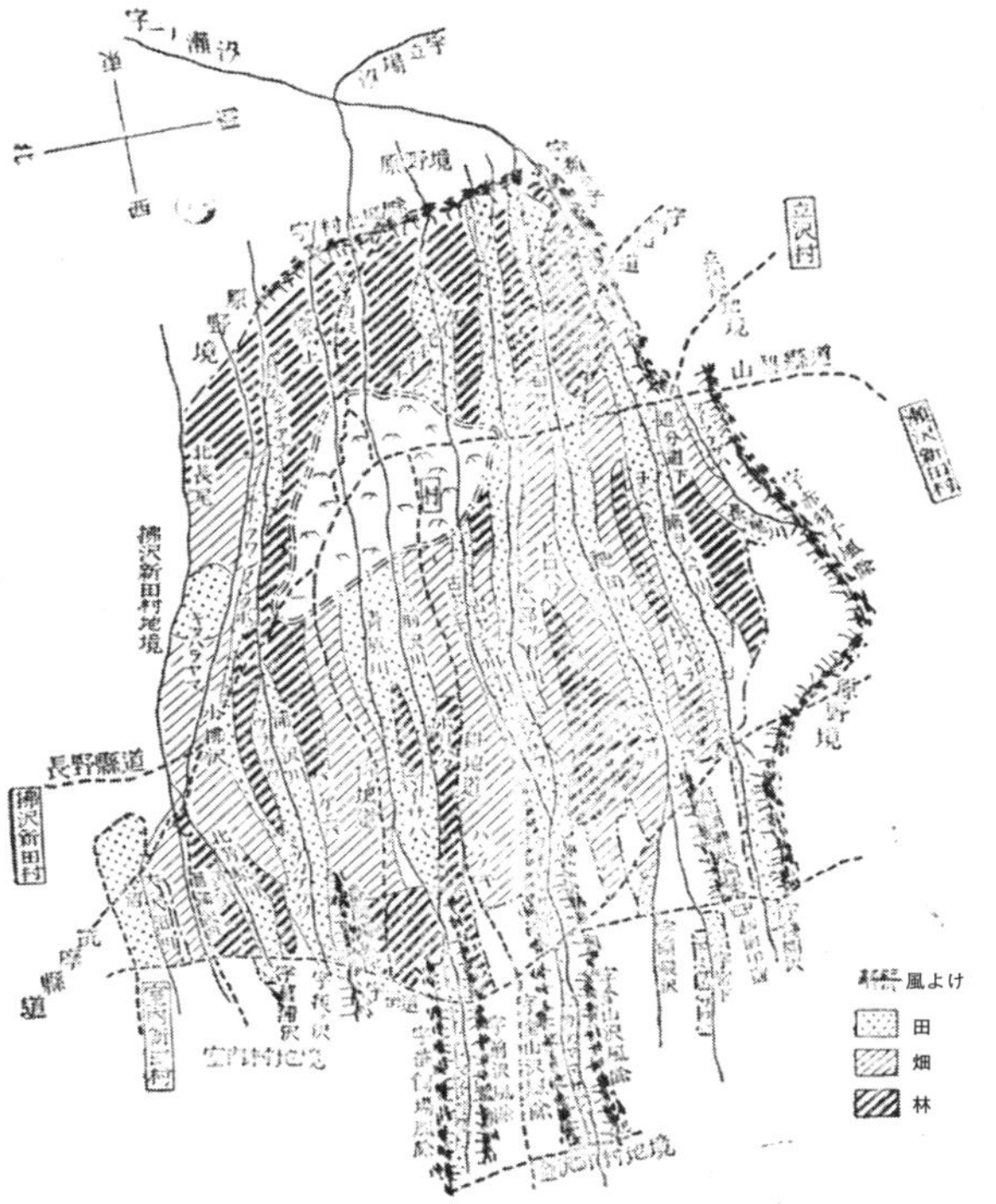

第20図　中新田部落旧絵図

としても兼用されていたもののようで、したがって往時はこの地域各所に、さらに広く発達していたもののようである。ここにはその一例として明治七年当時の村誌に添えられていた中新田部落の地図を転記しておくことにする。

以上はこの高原性山麓地帯のもつ防風的施設のうち、主としてこの地域耕地の全体に対する方面の一つではあるが、しかしこの地域がもつ防風的景観はたんにこの防風林だけにとどまってはいない。前述のごとく訪春期が遅く、そして稲作を有力な栽培作物としているこの地域では、春早くからまだ低温な野外において、その栽培に従事しなければならないが、苗代田の場所によっては、それに一つの防風的施設をもっている。そしてその多くはよしずまたは木炭用の空俵などの廃物が利用されてはいるが、またときにそれが永年引き続いて使用されている苗代田に対しては、風上にあたって防風用の生垣さえ設けられているものが少なくない。第21図はすなわちその一例である。(19)

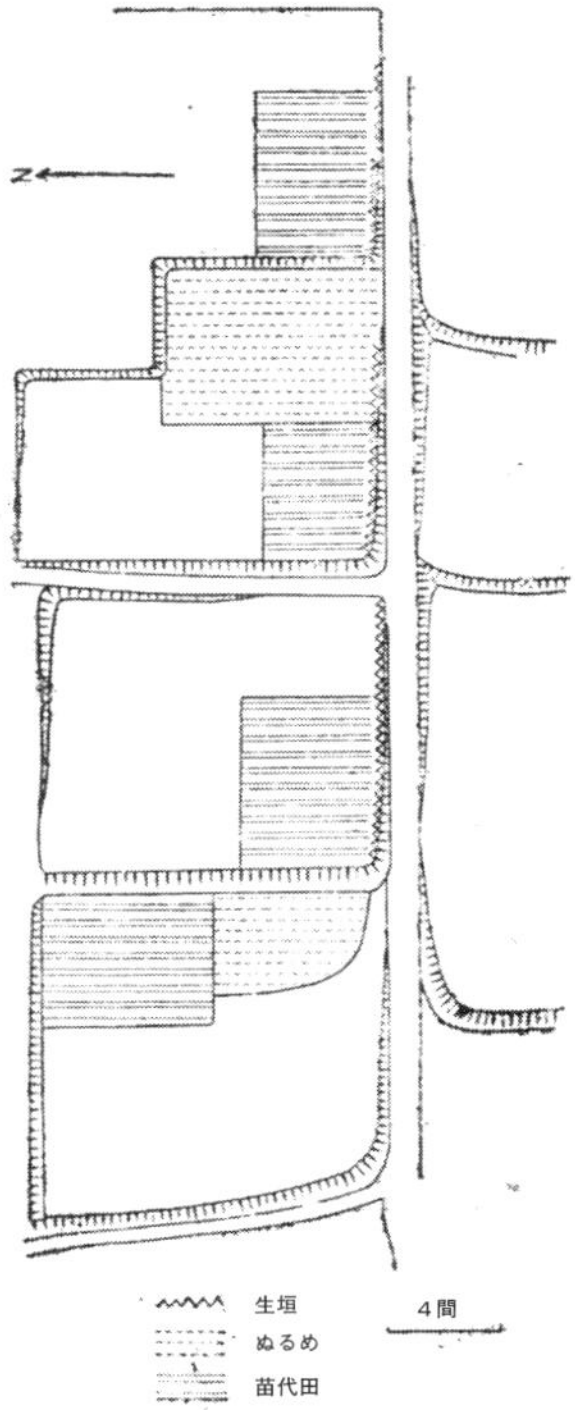

第21図　防風設備の苗代田
地点は原村室内区

防風景としてのこの地域のもつものはなおこれらにとどまらない。われらはさらにみごとなものの一つとして、それをこの地域の各集落の屋敷に発達している生垣にそれを見出すことができるであろう。今第13図の生垣分布図についてみるに、その分布の傾向が八〇％以上、四〇％以上およびそれ以下に区分された密・中・疎の各地帯が、高地から低地へ順序よく内・中・外の三帯に配列し、しかもそれが例の立場川の谷でもまた深い湾入をもち、第10図春季気温分布図や、第6図耕地肥沃度分布図とのあいだにきわめてみごとな調和をみせている。そしてそれが北方柳川の湾入やまた外帯中の最高地点原ノ茶屋部落に四〇％以上の島をつくっている点からも、なおまたこの図にはつい表わし得なかったが、生垣の仕立てが、内帯すなわちこの図の密帯の集落のものほど雄大にできている点などからは、この地域各集落の生垣が、まったくこの地域のもつ強風性に対する必然的の現象で、じつにみごとな地表現象としてそれを肯定することができるであろう。風が農作物におよぼす障害についてはひとり気温の低下のみにとどまらず、さらに同化作用の減退に蒸発の促進に、さては地湿の奪取にといったようにじつに多方面にわたるものであり、[20] しかも稲作花候時の暴風が機械的におよぼす損傷の偉大さに関してはまことに周知のことであろう。

このように地域のもつ高地性は、やがて気候的に低温性として、また強風性として、しかもそれがこの地域の海抜高度の変化や、ときに渓谷、台地などの局所地形ともあい応じ、その間にたんに質的にとどまらず量的な調和までもみせており、上述の各種の防風的の文化景を構成している。その結果はこれら各種の分布図とさらにそれに第4図地質図とを総合して考えることによって、第6図耕地肥沃度分布図や第8図馬の飼育密度図をきわめて合理的に説明することもでき、[21] またさかのぼっては第3図までの比較観察から到達し得た、内外および南北の四区分性をもまことにそれを合理化することができるであろう。

(5) 多くの人口を養う地域の姿——自然景と文化景の調和

しかもこの地域の高地性は、たんにそれがその低温と強風とを生みだしているのみならず、さらに一方には短い夏期と長い冬期とをもっており、そしてこの長冬期性が、その上の農耕業を主業としている現経済人をとおして現われてきているその一部を示したものが、第14図主要副業分布図である。

この図でわれわれはその手工業に属する鋸業者と、牧畜業に関する子馬飼育業者とその中心地域がほぼ判然と南北二区に分かれ、そしてその鋸製造業区が東北区の人口分布図での深い湾入と一致し、子馬飼育区が地質図におけるローム層の発達地区内に凝集している点にまず注意を引きつけられることであろう。もちろんこれは経済上その集約型に属する前者が人口密帯に現われ、そしてそれにくらべると粗放型に属する後者が自らその中帯から疎帯に起こったことはいうまでもないが、われらはさらになにゆえに集約型として鋸鍛冶業が、また粗放型中で子馬飼育業が選ばれたかという点にまでも立ち入ってこの研究をすすめてみなければならない。しかし残念なことには、鋸鍛冶とこの地域との関係については、あるいは技術の方面からあるいは沿革の上から、またはこの地方に行なわれているほかの産業との関係上などから、多少の調査をすすめてはみているが、今なお十分にそれを見出すことができない。さらに後日この完成を期したいと願っている。

これに反して子馬飼育業が南区ことに東南区に集まっている原因についてはまことに明らかで、一つに前述のごとくこの地方が馬の飼育を重要視していた、その集約化した当然の結果とみるべきであろう。もっともこの子馬の飼育業は母馬の妊娠からやがて子馬を市場へ出すまでには、一年以上の時日を要し、したがってこれがたんに冬季の副業とのみみることはむりでもあろうが、しかし冬季におけるこの地方の有力な純副業である厩肥製造とのあいだにはきわめて密接の関係をもち、それの集約化された一現象と考えることはけっしてさしつかえないものと信ずる。

なおまたこの地方の産業と密接な関係をもち、しかもその集約化または高級化ともみられるものに第15図がある。養蚕業地としてこの地域がほとんど過飽和の現状にあることは前にもしばしば述べたが、その結果は蚕種業家の分布が鋸鍛冶または子馬飼育業者の分布にくらべて、ほとんどそれがこの地域の南北両区に広がっていることはまことにやむを得ないことではあろう。しかしその主要圏が北部における前記人口の稠密湾〔北区の人口稠密帯〕ときわめて類似の傾向をみせていること、そしてその粗収入においてこの蚕種業がふつう養蚕業の約二倍の成果をあげていること、およびそれが昨今のごとく人工孵化種の製造の普及する以前、すなわち天然の生種《なまだね》時代に、この地域の冷涼なる気候に関連して発展し、一時はここが晩秋蚕種製造の本場のしかも中心地域とまで唱えられた当時（明治四十年頃）のこれが引続きであるなどの点からみて、私はこれまた等しく相当地理学的意義のある産業と考えたいのである。

要するに上述の各種の副業または兼業は、いずれもそれが季節的または業種的ではあるが、この地域の基調産業である穀桑式と密接な関係をもって現われているものとみるべきであろう。そしてしかもまたそれらすべての産業様式がこの八ケ岳火山山麓のもつ各種の自然性とのあいだに、今までそのつど論じてきたごとく、まことに巧妙な調和をみせていることは、真に、きわめて美しいかつ相当高級な地理学的景観を形づくっている地域とみるべきではなかろうか。[22]

すなわちこの山麓地域が、その多数の人類の包容のために、一方での食用作物中その生産力のもっとも大きな稲の栽培[23]にその主力の一半をささげさせ、そしてまたほかの一半をわが国における農業の経営上きわめて重要視されつつあるかの養蚕業[24]へ振り向けさせてきたことは、その活躍上まことにしかるべきことではあろう。しかもそれがこの高原的火山山麓であるにもかかわらず、これら穀桑両元を努めて完成させるべく施設されているその灌漑や防風やさては施肥などをはじめ、そのほか多数の文化景が、既述のごとくこの地域のもつ自然景とのあいだに、いかにもみごとな調和を保っており、この地域が相当に高級な地理学的景観を構成している、まったくその賜物であると断言して、あえて過言ではなかろうと信ずるものである。

六、おわりに――「地域の力」の活躍に向けて

以上私は、八ケ岳火山の山麓を対象とし、ここにおける自分らの平素の観察調査にもとづき、その中から一七個の地表現象を選択し、それらのあいだにしだいに調和を見出しつつ総合に努め、一個体として統一のあるしかも強く固い結合をもった地理学的景観の存在を明らかにし、それをとおしてこの地域の力を究めようと試みたものではあるが、意あって力たらず、予期のごとくまことに粗稿に終わってしまったことははなはだ遺憾に堪えない。なおまたさらにこの地域の力を活躍せしめ、そしてここの景観

をしていまいっそう高級化させるべき、この地域将来の問題についても、まったく今回は筆をすすめ得なかった。このようにすべて不備のものではあるが、いずれ改稿を期し、ひとまずこれで筆を擱くことにしたいと思う。

終わりに臨み、本文の起稿にさいし不断の激励を賜った田中啓爾、辻村太郎の両助教授に対して、厚くお礼を申し上げたいと思う。ことに辻村助教授には各種地表現象の選択ならびに図学的表示などについてまでも格別の教示を得たこと、[25]また分布図の調製に対しては橋本福松、小林茂樹両氏の少なからざる助勢をあおいだこと、なおまたこの地方での臨地調査にさいしては小林茂樹、飯田荘登、小池照美の三氏をはじめ、この地方在住の小学校長および多数の教職員諸氏、その他篤農家のきわめて多大なるご協力をいただいたこと、また史料の調査については今井真樹、山田茂保両氏、蚕業方面の資料についてはは安達技師、佐久間技手両氏のご配慮をわずらわしたことを明記して、謹んで感謝の意を表したいと思う。(一九二九・七・二八)

(注)

(1) 辻村太郎『地形学』第八編
渡邊光・今泉政吉「日本群島における火山分布並に地形学的火山群の設定」『地理学評論』第三巻、第八号

(2) 鈴木徳二『森林立地学』第二編、第二章
筆者、反当米の収量が八ケ岳の東麓に少なく、西麓に多い。これに反し近年における晩秋蚕の成績は、東麓に豊作で西麓に違作である。

(3) 拙稿「八ケ岳山麓(裾野)地理研究」『人文地理』第一巻、第二号

(4) 諏訪郡諸村並に旧跡年代記に「一惣名原山地火堺東ハ岳山迄、南ハ高端川、此川中に堺塚有原山地柳川中堺西ハ宮川チ堺（中略）北ノ堺ハ中道槻ノ木沢、東うけの咽（下略）」とあり。

(5) 境筋方面の民家の屋根が方形式で諏訪系であるのが、甲六川以南の民家の入母屋式のものと判然たる区別をみせていながらそこに住んでいる人びとの言語のもっぱら甲州系であることと併せ考えると、確かにここがその漸移地帯であることを物語っているのであろう。

(6) 小野鉄二『大日本帝国都市別人口密度図』ここでは便宜上、この分布図に使用されている赤・褐・緑の三色の区分にしたがい、それぞれを密・中・疎と仮称したのである。

(7)『震災予防調査会報告』第二〇号

(8) 八木貞助「信州南佐久郡畑八産象歯化石と其地層に就いて」『地学雑誌』第四十年、第四七二号

(9) 関豊太郎「信州南部不良火山灰土の研究」『日本農芸化学会誌』第一巻第四冊、その五八ページにいう。「実に味噌土の如きは、著者が従来分析せる多数火山灰土中、化学的関係において最も劣等なものに属し、稀塩酸に可分解せる燐酸および石灰ならびに加里の寡少なるは該土の化学的改良において、大に顧慮すべき点とす」下略。

(10) 小野英雄「桜の開花期」『海と空』第九巻、第四号
筒井百平「気象上より見たる桜の開花期日の与察」『滋賀県気象月増臨時増刊』昭和三年二月

(11) 那須皓『日本農業論』一二七～一二八ページ

(12) 岡崎一『緑肥及堆肥』九四ページおよび一六八ページなど
高崎巻「不良土改良に関する研究」『大日本農会報』五七七号
丸尾鈷六・佐藤弘毅『緑肥法』九九～二一一ページ

永井威三郎『日本稲作講義』五一七ページ

(13) 拙文「八ケ岳山麓（裾野）」『地理研究』前出

(14) 吉川祐輝『改訂食用作物各論』四五ページ

(15) Suketeru Kikkawa. The Influence of Temperature of Irrigation Water on the Growth and Yield of Rice. The Proceedings of the Imperial Academy. V (1920). No.7

(16) 永井威三郎『日本稲作講義』四八ページ

(17) 鏑木徳二「林帯の防風作用に関する研究」『北海道林業会報』第二九五号

(18) 『旧記類字集』（玉川村伊東実平氏所蔵）「風除林植立許可之御請書」

指上申請書之事

槻木新田の儀、辰巳ゟ之風当リ絶テ作毛熟難儀仕候ニ付、中沢村地分名所丸生土城下端□□□一ゟ柏木汐端迄、長サ拾四丁余、幅二間通、風除木相立度奉願上候通被仰付被下置候事難有仕合ニ奉存候。尤村林ニ仕候而者木立難儀仕候ニ付川除御林ニ奉願上候是亦願之通被仰付被下置、難有仕合ニ奉存候地所ニ付、指障等無御座候ニ付、地元役人加印指上置申候。為後日仍而如件

寛政四壬子年七月十七日

槻木新出願人　萬右衛門
年寄　勝左衛門
同断　仙次郎
名主　与市
中沢村年寄　真兵衛
同断　源次郎

名主兵五郎

久（保島）平左衛門様

松（井）小左衛門様

（□は文字不明）

(19) 星川信吉「苗代に於ける無囲、有囲の水温地温の変化に就いて」『産業気象調査報告』第一巻第一冊

(20) 鏑木徳二「林帯の防風作用に関する研究」前出

(21) 松川哲美「窒素肥料の種類により地温に及ぼす影響に就いて」『産業気象調査報告』第一巻第二冊四五三〜四五四ページ

(22) 筆者はその地理学的景観の構成にあずかっている各地表現象の数の多少により、それを高・中・低などの各階級に区分して呼びたいと思う。

(23) 吉川祐輝『改訂食用作物各論』一二〜一三ページ
那須皓『日本農業論』五二〜五三ページ

(24) 根岸銀五郎『養蚕業経営講話』二一〜二七ページ

(25) 辻村太郎「伊豆諸島の聚落」『地球』第五巻第四号および同助教授よりの私信。

産業を飛躍的に発展させる「地域の力」の解明

諏訪製糸業発達の地理学的意義

（「諏訪製糸業発達の地理学的意義」『地理学評論』第二巻 第一〇・一一号、一九二六〈大正十五〉年）

一、諏訪を製糸の中心地にした「地域の力」とは

わが国輸出貿易品中の最重要品である生糸、そしてその代表的輸出港である横浜における、わが国器械生糸横浜入荷高の大正九年から同十三年に至る五ヵ年間の平均高は、全国で一年間に四七万四一六四梱である。そのうち長野県からの入荷は一五万七二七六梱、すなわち約三三・二％に当たる。そして長野県からの入荷中約四四・〇％、すなわち六万九二〇五梱は諏訪郡〔現・岡谷市、下諏訪町、諏訪市、茅野市、富士見町、原村〕からの入荷である。

これを大正六年から十年に至る五ヵ年間平均の全国生糸生産高からみると、その生産高六一〇万九一〇四貫に対し、長野県の生産高は一五九万七一九四貫で約二六％に当たる。そのうち約四三％すなわち六八万九四九貫は、同じく諏訪郡の占める生産高である。

これによると、長野県はわが国生糸業の明瞭な中心地域であり、そしてまた諏訪郡はまことに濃厚なその中心核であるとみることができる。

筆者は先年、『地理教材研究』第二輯誌上に、諏訪製糸業の地理学的考察なる題でその概論を試みたが、当時その発達の原因などについては、考察上自分ながらはなはだ遺憾な点が多かった。元来いずれの産業かを問わず各産業には、みなそれぞれその産業の発達の原因とみるべきものがあることはいうまでもないが、とかくこうした人文現象のつねとして、その原因が複雑なために、それをたんに偶然的のものとして考えられ、ときにその原因が考えられたとしても、はなはだしくそれが直覚的に取り扱われている傾向が少なくなかった。しかし各種科学が発達しようとしている今日、みだりにそれを偶然化し、あるいはたんにそれを直覚化し去ることは、いかにもまことに遺憾なことであり、また将来の新産業発

達などに対しても、はなはだ効果の少ないものになろうと思われる。

もちろん一つの産業が発達していくためには、その当時の経済上、政治上、社会上、その他各種の要因が互いに相関連しあっての結果であることはいうまでもないが、そのなかにはまた必ずその「地域の力」が含まれていることを忘れてはならない。あるいは見ようによっては、それら諸要因がその地域の力で統一されているものと考えてもさしつかえなかろうかとまでも思われる。そしてその地域の力、それを見出すことは、地理学上でのもっとも大切な一つの作業である。

筆者は今この小文では、もっぱら諏訪の地域がその製糸業においてはわが国の中心核にまで発達してきた、その産業に対するこの地域の力、それを地理学的に吟味を試みようとするものである。

二、生産額、製糸釜数の増加過程

地域の力を見出すべく、その一つの方法として、われわれはある現象のその地域内における分布状態について吟味を試みなければならない。そしてそのためには、いかなる現象のいつごろの分布図をつくるべきかも考慮しなければならない。筆者はそのために、諏訪地域が製糸業において長野県の中心核化してきた時期、およびその経済的理由を決定すべく、過去明治時代における十数年間にわたり、諏訪地域から産出された生糸の長野県の総産額に対する割合を計算した（行政上の諏訪郡は、地理学上からもほぼ統一された単一の地域を形づくっているから、諏訪郡の資料をもって諏訪地域の資料として使用することをゆるしていただきたい）。そしてまた一方ではその製糸の一方法である器械製糸の釜数の、同じく長野県内の釜数に対しての割合をも計算した。しかし後者ではときとして統計形式の変化などのために、不幸にして連続した結果を得ることができなかったから、やむを得ずその補助的資料として、諏訪郡内における器械製糸釜数の各年の統計を集めることにした。

これによってみると諏訪地域が、製糸業上の中心核的位置にまで発達し始めたのは、すでに明治二十年の頃からで、当時しだいに台頭しだしたものが、同二十五〜二十六年の頃になって明瞭にその中心核的位置を占め、今日におよんだことがわかる。そしてその発達の傾向が器械製糸の釜数の発達曲線など

第1表　諏訪郡の器械製糸の器械化の推移

種別 / 年次	生糸産額 長野県産に対する諏訪郡産の百分率	器械製糸釜数 長野県釜数に対する諏訪郡釜数の百分率	諏訪器械釜数
明治	%	%	
11	8.0	27.2	2,222
12	16.6	29.3	
13			2,918
14	11.5	22.2	3,368
15			1,290
16			2,521
17	19.5		2,587
18	20.0	25.6	3,471
19	26.4		2,572
20	27.7		3,159
21	26.5		4,234
22	33.9		5,352
23	35.1		7,330
24	37.0		7,452
25	41.4		8,420
26	39.0		10,882
27	46.7	42.1	13,426
28	39.0	36.6	13,469
29	39.0	35.1	12,212

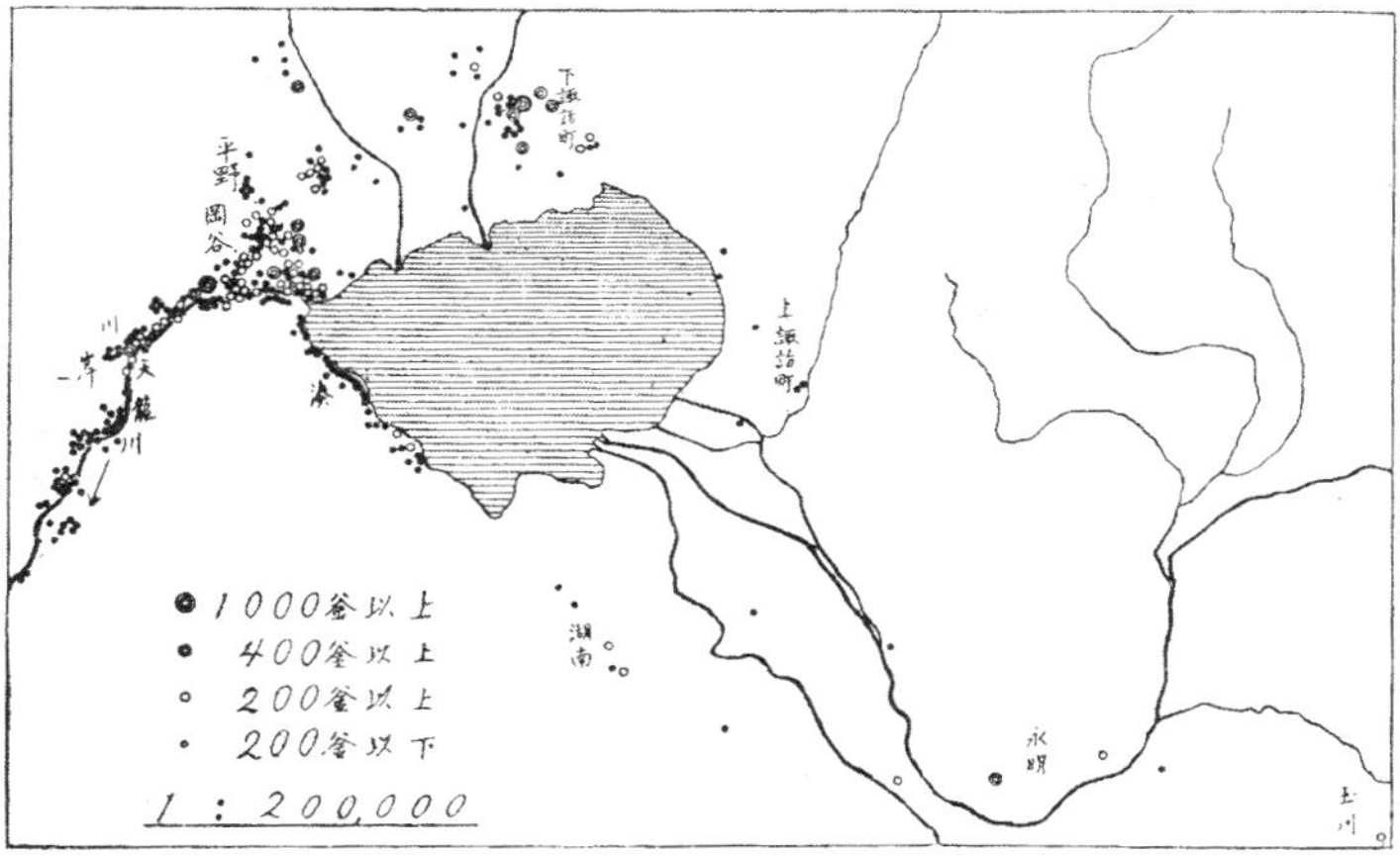

第１図　大正８年諏訪器械製糸工場分布図

ともよく類似している点から考えて、製糸業に対するこの地域の力を発見すべく、まず器械製糸の工場分布図を調整することが必要となった。

そしてその分布図としては、最近のものはもちろんであるが、さらにその中心核化した最初の当時のもの、および台頭当時のものなどもなくてはならないことになった。そしてまた台頭当時のものを理解するためにはさらにさかのぼって、諏訪地方器械製糸の揺籃時代の分布図までも備えなければならないことになった。

諏訪の器械製糸としては、明治六年小野組が、上諏訪町深山田地籍に一〇〇釜の工場を設けたのがそもそもの始まりであることはすでに周知のことであるが、同工場は不幸にも翌七年十一月に閉止されてしまった。しかし諏訪地域における器械製糸業そのものは、その後急速に普及され、明治十一年にはすでに工場数一四〇余ヵ所、釜数二四〇〇以上にも達し、（矢島和市氏所蔵、明治十一年八月諏訪製糸釜数控による。右数字は当時の県統計による釜数二二二二とはやや相違

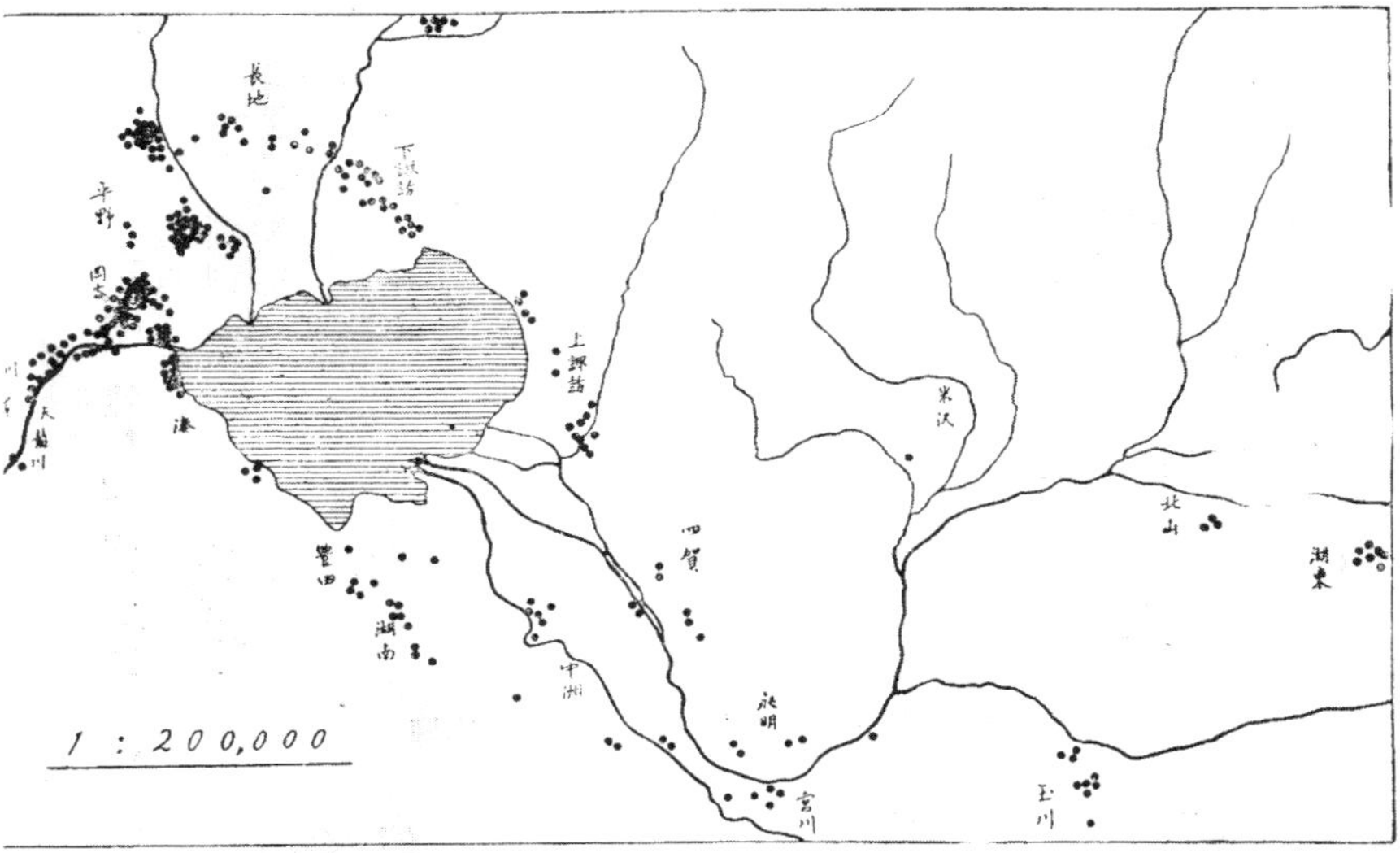

第２図　明治26年における諏訪製糸工場分布図

があるが、筆者はここでは前者を採用する）しかもその中には、

平野村間下　中山社　一〇〇釜
宮川村新井　山本社　一〇〇釜
下諏訪町　岩波芝吉　六〇釜
同　増沢市郎兵衛　六〇釜
平野村今井　矢島社　五〇釜
上諏訪町大和　柳田淡一郎　五〇釜

など五〇釜以上をもっている、すなわち当時としては相当大規模なものまでが含まれている。

筆者はそれらの分布図のうち、現在のものは先年前記『地理教材研究』に発表のさい、長野県生糸同業組合聯合会編纂の大正八年七月現在製糸工場調にもとづいて、各村在住の中学生および浜一氏をはじめ十数名の協力を得て各工場に該当する地点に、その工場の大小により数種に分類した記号を用いて記入してつくった（第1図）。次に中心核化した最初の当時のものは、さいわいにも明治二十六年五月末に出版された『信濃諏訪蚕業家一覧地図』が存在することを知り、これを当時の『農商工事統計』（長野県所蔵）に照合して、その工場数に大差ないことを確かめ、これを第1図と同様の形式に復活した（第2図）。ただもっとも遺憾な点は、各工場別に規模の大小を知ることのできる資料が手にはいらないことである。そしてまた台頭時代に該当する明治十九年当時のものは、当時の『農商工事統計』により使用職工五〇人以上と以下とに分類し、各地在住の

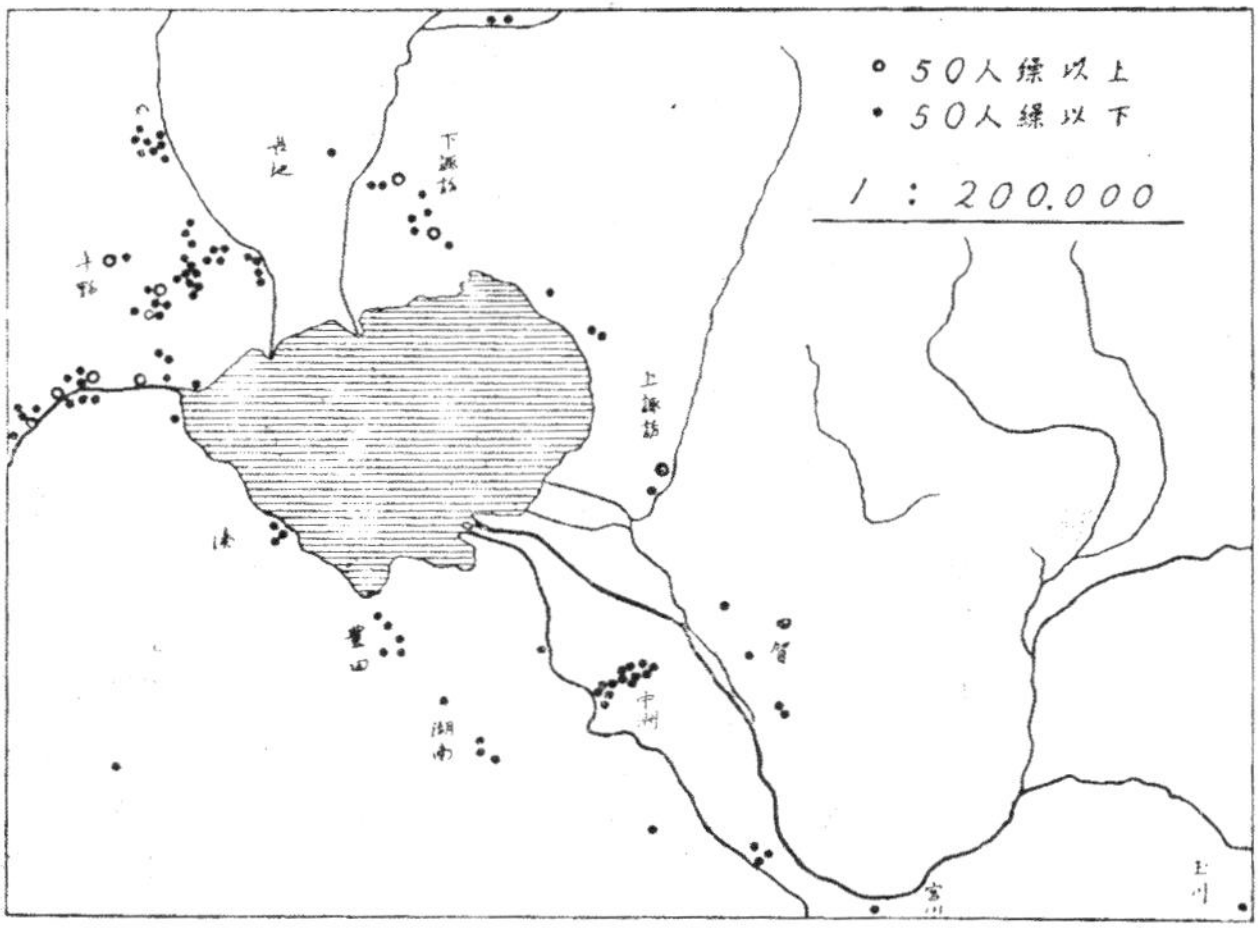

第3図　明治19年における諏訪器械製糸工場分布図

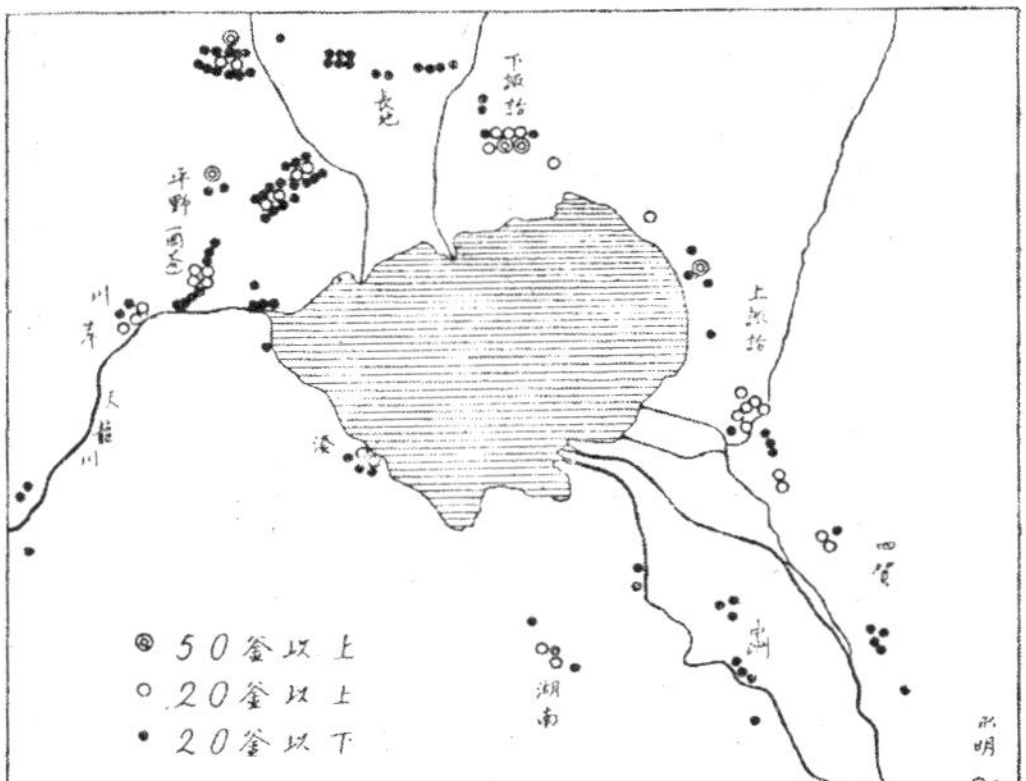

第4図　明治11年における諏訪器械製糸工場分布図

多数の方がたをわずらわし、当時の当該工場地点の教示を待ち、その該当地点に記号をつけてつくったものである。ことに右の統計に記載されたもののうち、下諏訪における白鶴社、七曜星社をはじめ、湖南村の東英社、中洲村の盛業社などその共同揚《あげ》返に属するものは、それぞれ各単体の各工場位置を調査して、その分布図を作製したものである（中洲村の一部におけるとくに小規模なものはこれをさらに小黒点を用いることにした）（第3図）。しかし揺籃期にあたる明治十一年当時のものは、その当時の活動者で今日まで健康な人がいたって少なく、したがって第1図および第3図のように全地域にわたって比較的正確に工場の位置を決定することが困難であったから、ついに各部落にしたがって、各部落該当の工場を二〇釜以下、二〇～五〇釜、五〇釜以上の三種に分類して、その部落の地域上に記入することにとどめた（第4図）。

三、器械製糸以前の産業に注目

しかしわれわれはその揺籃期における普及の状態が、前述のようにいかにも急速な点から考えて、さらに器械製糸揺籃期以前における、この地域の産業およびその分布の状況についてまでもその調査をすすめなければならないことになった。そして筆者はその作業の一つとして、前記台頭期にあたる、明治十九年当時に製糸業に従事していた者のうち、もっとも多数を占めていた平野村の全経営者五〇名につき、製糸業従事以前の職業調査を試みた。当時それらの人びとと同時に活動していた林市十郎、増沢亀之助の両氏を主とし、その他数氏の助力を得て、次のような結果を得ることができた。

農業	四七名
綿商	二五名

座繰生糸製造販売　二四名
足袋裏製造販売　六名
生糸買継業　四名
その他の商工業　一〇名
不　明　一名

その合計が五〇以上であることは兼業者の多い結果であるが、そのうち農業者が四七を占めている点からみて、当時当地域の商工業者のほとんどすべてがいわゆる半農半商であったことがわかる。

要するにこの地域も一般には一つの農業地域であったことはいうまでもなく、そしてその農作物としてもっとも広い耕地をもっていたのが同じく米作地であったことも、他地方と同様であった（『長野県勧業課自第一回至第四回年報』による）。ただこの地方は一般に雨量がやや少なく、温度もやや低いという点で、米作に対して好適地でないことは藤原博士の論文中にも述べられている（『雨と米社会及国家』第七六号）。したがって産業の幼稚な当時においては、今日よりもいっそう不作の年が多かったことと考えられる。

次にその他の一般農業に対しても、この地域が冬季厳寒でかつその期間が長く、約半年にもわたって野外の労働が妨げられていることなどは、前記の事情と関連してこの地域の農業をいわゆる半農半商化した自然的要因の一つではある。ことにその傾向がこの地域の盆地部にとくに多いことはさらにこの地域各部の一戸当たり耕地の広狭からきているものと思われる。

今、明治初年における諏訪郡各村一戸当たりの耕地の面積を計算するとだいたい第2表のようである（明治八年各村誌によって計算）。

第２表　明治初年における諏訪郡の各村の１戸当たり耕地面積

村　名	耕地面積（町、反、畝、歩）	村　名	耕地面積（町、反、畝、歩）
境　村	0、7、9、11	宮川村	0、6、8、28
本郷村	0、9、3、18	永明村	0、5、4、28
落合村	0、8、9、10	中洲村	0、6、8、27
原　村	0、9、7、00	湖南村	0、5、9、18
富士見村	0、8、1、20	豊田村	0、7、1、10
玉川村	0、8、4、13	四賀村	0、4、2、16
泉野村	0、8、3、01	上諏訪町	0、2、5、24
豊平村	1、0、9、29	下諏訪町	0、4、1、07
湖東村	1、0、4、25	長地村	0、7、1、03
北山村	0、7、0、12	平野村	0、4、9、04
米沢村	0、7、2、13	湊　村	0、4、3、03
金沢村	0、7、3、09	川岸村	0、5、2、28

ここには各村名を列挙するにあたり、諏訪地域の東南すなわち八ケ岳の山麓部、いわゆる山浦地方からしだいに盆地方面へ、そして盆地も中筋方面からしだいに下筋方面（この地方では盆地のうちふつう諏訪湖の南方を中筋と呼び北方を下筋と呼んでいる）へと記載した。いかに盆地とくに下筋方面が耕地が狭小であるかをみることができる。

これらのことがらは、さらにその農業地域のうえに起こってくる他種の産業を検討するためには十分調査しておく必要があろうと思う。

四、先行する江戸時代の製糸業

次に注目に価するものは、前記五〇人の過半数が生糸または綿花関係の産業に従事していたことである。したがってこの地域に新産業として起こってきた器械製糸業を考察するためには、過去におけるこの地域のこの二大特殊産業の調査にまでさかのぼらなければならない。

そもそも当地域における蚕糸業の起源については、筆者はいまなお不幸にして確実にその資料を得ることはできないが、徳川時代末期すなわち享和三年（一八〇三年）の文書によると、当時上諏訪町裏仲町の総代から町年寄にまで願出したこの町の伝馬〔運送〕助成として、郡中の登せ糸（生糸の地方名）取子からその製造価格に応じてそれぞれ口銭〔税金〕を取り集めることに関しての口上書や仕法書（中洲村新村辰雄氏）のあることから考えても、助成となし得るていどにまで（釜一両につき銀一匁ずつ取り集め上納とし、その半額を助成させようとするもの）この地域の蚕糸業が発達していたことが想像できる。

また平野村武居小太郎氏から、今回筆者がこの論文執筆のために同氏に依頼して、同家の沿革を調査していただいたもののなかに、次のような貴重な記事がある。同家は代々名主役を務め、また綿の売買を行ない、つねに江州金堂村の殿村与左衛門や位田村の松井久左衛門などの豪商と取引きをしていたものであるが、その当時から高遠城主内藤侯から御用金調達の内命を受け、下って文化十年（一八一三年）には、当地域諏訪侯からも、御用金調達方を命ぜられていた。その当時当代主代次郎から領主諏訪侯に答申した文中に、「近年御上様より御思召を以て桑苗などまで被下置候故、人々蚕養に心を入れ、当年抔は八九千両も糸金御領分に入金相成申候、尤も他所より貳千両前後もまゆ買入可有之候哉、糸引賃も七八百両子供稼仕候糸引商人も少しづゝは徳分御座候、何れにも蛹買金六七千両は御領分の金にて間に合ひ、他所金借候商人は御座有間敷哉、左候得ば二三千両の御用は、御領分にて御用弁可仕奉存候云々」とあるが、当時この産業がすでにこの地域において、金融上重要な位置を占めるまでにすすんでいたことは注意すべきことである。

また永明村矢崎源蔵氏方の旧記によれば、同家は天明の頃からこの地で商業に従事していたものであるが、文化・文政の頃（一八二〇年頃）の取引帳には、製糸の原料である本繭中繭などを、付近の小坂、今橋、粟沢、矢ケ崎、小町屋、神宮寺、高部など（陸地測量部五万分の一諏訪および高遠図幅参照）から買い入れたほかに、さらに遠くすでに山梨県の田中、都塚、北都塚、竹原田、一ノ宮（以上東八代郡）、桑戸、上岩下（以上山梨郡）（同五万分の一塩山および甲府図幅参照）などからも買い入れた記事が載せられている。また前記武居小太郎氏所蔵による、先代代次郎の日記中、安政六年（一八五三年）（ママ）「大宝恵中繭買入控」によれば、繭の仕入先として小会部、岩垂、西洗馬、針尾、太田など（同五万分の一塩尻）の地名が見え、これらはいずれも隣郡東筑摩郡の西南部にあたる地方の村落である。また同氏の文久三年（一八六三年）「大宝恵」には繭買入地として、前記東筑摩郡西南部のほか、当諏訪地域内鮎沢、金子、小坂、今井などの村落名のみならず、さらに甲府四日町などの地名までが見えている。

なお今回筆者が、この論文執筆のために矢島波雄氏からとくに調査していただいた、前記矢島社に関する沿革略表によれば、同社の沿革上、第一期と称する慶応二年（一八六六年）から明治六年（一八七三年）頃までの期間における原料供給地として、諏訪地方以外に伊那、山辺（東筑摩郡〔現・松本市〕）、和田（小県郡）などが列挙されている。

これによってみると、当地域においては徳川時代末期にはすでに、当該地域の原料はもちろん、さらに周囲隣接地域の原料までも蒐集して製造しつつあったことはまことに明らかで大切な資料である。もちろんその当時の製糸は、いわゆる手挽きというまことに簡単な方法で、しかも家庭工業の域を脱しないもので、それぞれ自家飼育の繭を主とし、かつ夏季にこの地域の婦女子によって行なわれたものである。当時のこの手挽き取り製糸普及の状態を、数量的に知ることははなはだ困難であるが、ここに明治六年、各糸取子毎戸が、当時創立された生糸改《あらため》会社から願い受けた、生糸鑑札というものがあるが、その生糸鑑札連名帳によって、わずかにその当時の状況を数量化することができた。その帳簿によって各村落における出願者の数を調査し、分布図をつくったのが第5図である。おそらく当時当地域の全

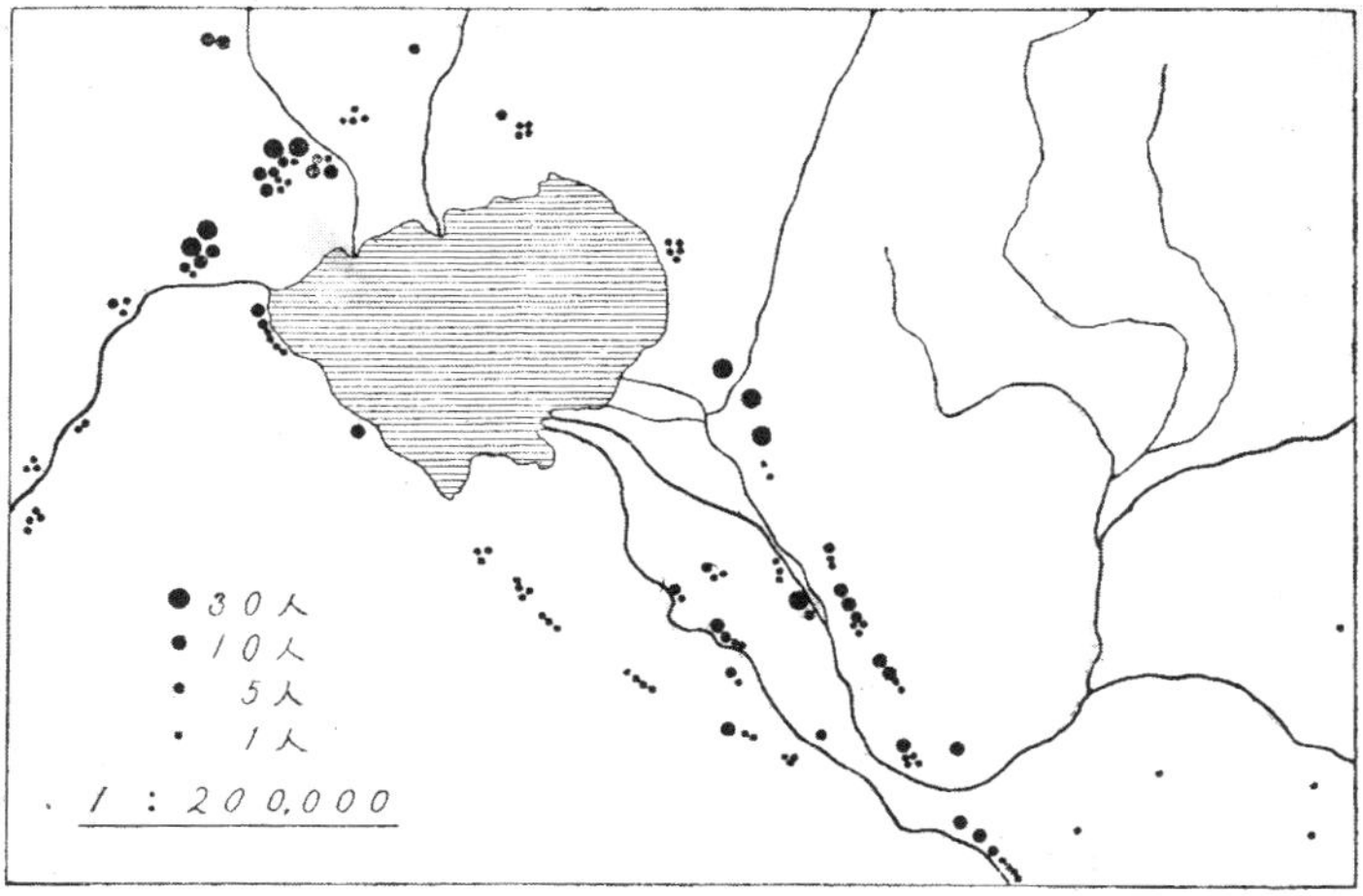

第5図　明治6年生糸鑑札受人分布図

糸取子を網羅してはいまいが、その分布の大勢をうかがうことはできると思う（原資料は四賀村北沢重雄氏、平野村林恭三氏所蔵）。

またいずれの産業かを問わず、その地域における普及発達の結果は自らそれに関する、大小の商人を産み出すものである。今この地域における生糸商人の状況をいちべつすると、当地域では徳川の最末期に各生糸商人から、それら商人の取引高に応じて、口糸代金といってそれぞれ運上金を取り立てている。筆者はさいわいその一冊、慶応二年生糸口糸代金取立帳（中洲村伊藤富夫氏所蔵）を手にすることができた。わずか一年間のものではあるが、諏訪郡全般を網羅しているものであるからはなはだ貴重なものと思う。今それによって各村落別に商人戸数ならびにその取扱高を調査してつくった分布図がすなわち第6図である。

これによると大小八五の多数の生糸商人を有し、一ヵ年の取扱高が約二千五百余万貫に上っている。もちろんその全部が諏訪地方の産出であると考えることはできないとしても、当時における製糸業の発達と普及の状態を

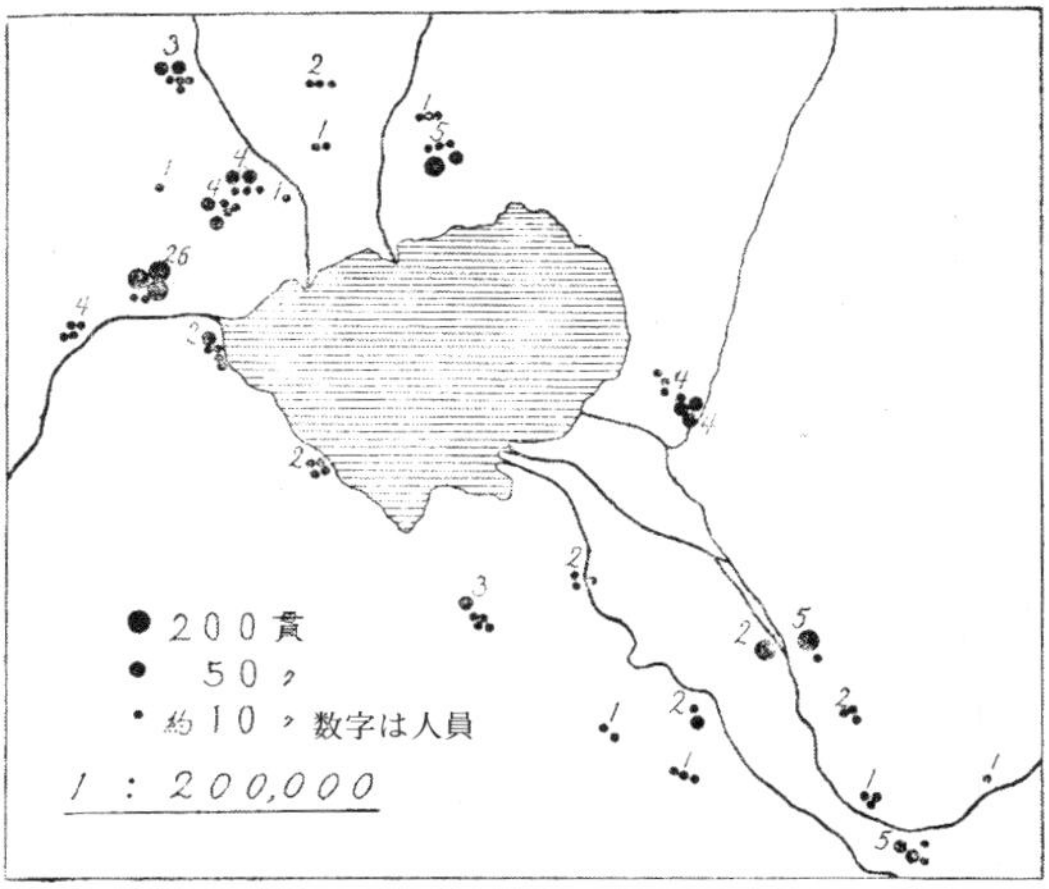

第6図　慶応3年生糸商人分布図

知ることはできると思う。

次にこれら商品の仕向け地を調査すると、調査期間が短く、したがって資料も非常に不十分ではあるが、前記伝馬助成としての登せ糸仕方書中にも「糸相場の儀は七月末より八月九月迄には大概相登せ候間右三ヵ月平均を以て云々」の記事のあるを見れば、享和の頃においては、もっぱらその製品を関西方面に登せ（当地方では従来手挽き糸を上方へ販売することを「ノボセ」という——「諏訪郡治一班」による）たものと推察することができる。筆者はこれ以外、いまだ直接関西方面と取引きした書類を見出すことができない。

下って嘉永年間になると前記「武居代次郎日記嘉永三年関東大福帳」、または同年「旅方大宝恵」などによれば、絹糸、本糸、玉糸などを琉球包または莚《むしろ》包として足利、川越、大原などの町々へ送った記事がある。それのみならず、同安政六年「大宝恵」には、岐阜いづみ屋新兵衛から玉糸を買い入れた記事もある。さらに前記矢崎源蔵氏が筆者のためにとくに調査して下さった、現永明村塚原において文化・文政の頃から明治二年に至るまで商業を営んでいた現代矢崎鶴五郎氏の先代に関する商業調査によると、万延元年、生糸、登せ糸、振糸などを諏訪と松本で買い入れ、武州八王子または江戸へ売り込んでいる。

また文化以前からすでに代々綿商を営んでいた、平野村現林恭三氏の先代林善右衛門に関する文書の中にも、文久二〜三年頃すでに生糸を横浜に出した記事がある。それだけでなく、一方には江州長浜の伊勢屋あるいは今津屋から、岐阜いづみ屋新兵衛へ宛てた生糸仕切書、同いづみ屋新兵衛から林善右衛門へ宛てた糸仕切目録などの保存されているところからみると、当時すでに関西糸の一部までも買い入れていたことが明らかである。その他信州飯田方面から生糸を買い入れた記事もあり、また慶応二年、飛騨白川糸を横浜へ送り、それに関する仕切書なども保存されている。

明治に入ると七〜八年頃までのあいだに生糸を横浜へ出荷した記事はけっして珍しくなく、ときには甲府の商人を経由した記事も少なくない。

これは要するに当地域においては、その製品をはじめはもっぱら関西方面の機業地へ供給していたものが、後にしだいに関東方面の機業地へも送るようになり、それが、横浜の開港と同時にほとんどすべてが横浜へ仕向けられるようになったものである。しかもこの地の生糸商人中には、かの徳川の末年頃において、すでにひとり、当地域の商品を取り扱っただけでなく、さらに隣接する松本、伊那、木曽地方のものから、はては遠く関西系のものまでも取り扱うものができ、この地域がいわゆる生糸の集散地にまで発達していたことは、はなはだ注目すべきことである。

五、江戸時代さかんだった綿産業

次に、ほかの一方の有力な、綿花系商工業の、この地域における過去の状況を略述する必要がある。当地域における綿花系商工の起源についても、いまなお筆者はそれを確かめることができないが、前記武居氏所蔵の文書の中に、寛政四年（一七九二年）小口村（平野村の一部）綿商七郎兵衛が、大阪綿問屋伝七に対して起こした綿売買の違約に関する訴訟文献があることからみると、当時すでに大阪から綿を買い入れていたことがわかる。また前記林氏が所蔵している文化八年（一八一一年）の文書の中に「代々綿商の儀云々」と申し出たものがある。さらにまた前記矢崎源蔵氏所蔵の「文政元年繰綿篠巻買入覚帳」中には、その買入地として小笠原、青柳、古市場、落合、荊沢《ばらさわ》など山梨県中巨摩郡の南部から南巨摩郡の北東部の地名が何回となく現われ、同文化元年「繰綿篠巻駄賃帳」中には小笠原、荊沢、韮崎、台ケ原、葛木、金沢などの地名が順序に記され、当時その地で仕入れたものが、この経路をとって当諏訪へはいったことが明らかである。

またこの文政頃の資料では、武居氏所蔵、文政五年懐中記中、綿の買入地として、下石田、上石田、内野、樹川、浜松、白鳥、新城、藤ノ木など三遠両州地方の地名が見え、そしてその通路としては、内野村気賀、新城、黒瀬、海老、田口、津具、根羽、平谷、波間、駒場などを経て天竜流域に入ったことが記されている。また中郡筋の綿の荷物が新城継ぎで送り兼ねるばあいには、中郡からじかに吉田町（現豊橋市のこと）舟問屋舟町継ぎで、ここから川舟で平坂村問屋を経、さらに岡崎町伝馬町塩屋から、中馬〔馬による運送〕で送り出すべきことなどの記事もある。下って安政年間になると、尾三遠〔尾張、三河、遠江〕三州はもちろん大阪から買い入れたという記事が林氏所蔵の文書中にも多数見受けられる。

要するに遅くとも寛政以後において、一方は大阪および三遠方面から、ほか一方は甲州方面から、さかんに当諏訪地域へ綿が移入されたことは明らかである。

しかもその移入された多量の繰綿は、いずれもみな当地域内の住民によって、篠巻（撚子《ねんし》）に加工されたものである。そしてまた、これももちろん家庭工業によってである。

筆者は綿打職工の諏訪地域における分布図を調製する努力をしたが、資料不十分でいまなおまとめることができないでいる。ただ前記林氏所蔵文書の中に、明治五年「綿打御運上割書上帳小井川村」、および同年「御運上並に月数書留帳今井村綿打世話人」という二冊を発見した。今この資料によって、当時この二部落における綿打戸数を調査すると、今井村二五戸、小井川村三〇戸であった。当時この二部落の全戸数はそれぞれ、今井村一七一戸、小井川村二一〇戸であったから（平野村役場調査報）、綿打をやった家が前者ではその村の一五％、後者では一四％を占めていたことになる。そしてそれらの家々には少くとも一丁、ときには数丁の綿打器（弦）があったはずである。

筆者はさらにどうしても、この地域全般にわたる資料を得るための苦策の結果、現在まで上諏訪町において綿問屋を営んでおり、しかも、享保頃より継続しておられる伏見屋宮坂与平氏に依頼し、同家が直接あるいは間接に関係した、明治四～五年当時の綿打職工数を、各部落別に調査していただいた。その結果として第３表のような報告を得た。

第３表　諏訪郡内の綿打器（弦）数

（明治４～５年）

部　落	弦数（丁）
山ノ手	
横　川	8
中　村	5
中　屋	17
山　田	5
中　郷	
東　堀	7
小井川	12
四　堀	8
小　口	3
岡　谷	7
小尾口	4
若　宮	3
上　浜	3
下　浜	5
川　下	
三　沢	12
新　倉	8
夏　明	2
志　平	5
沢　村	5
丸　山	5
鮎　沢	4
駒　沢	5
合　計	133

これによって当地域内における綿打器分布状態がまったく下筋方面にのみ偏在していたことを知ることができる。とくに当商店の所在地が上諏訪町であることを合わせ考えれば、さらに下筋方面がいかにこの職業が濃厚であったかを察することができるまことに貴重な資料である。

今、前記今井村と小井川村の割合をもってこの下筋方面における当時の綿打職工の戸数を推算すれば、長地、平野、川岸三村の総戸数一九二四戸（明治八年当時各村誌による）に対し約三〇〇戸となる。そして一丁の綿打器について成年の男子一人、ほかに女子二人を一組とするということであるから、職工数は優に一〇〇〇人に達したであろう。ことに川岸村横内亀三郎氏の懐旧談によれば、その当時の三沢村では、主要な数軒のほかはみないずれも綿打を営んでいたというから、この推算はあるいは実数の半数にも満たないものであるかもしれない。とにかくこの地域において、当時いかに多数の労力がこの綿工業のために用いられていたかを察するに十分であろう。もっとも綿打業の行なわれた時期は、前記運上書によってみても冬春期のあいだ三～四ヵ月がもっとも多数であった。

しかもそれら加工品の一部は、綿糸、綿布あるいは足袋底裏などの原料として、当地域内で使用されたものもあるが、他の一部は前記綿商人の手によって、松本平や佐久、小県の平にまで行商されたものである。しかもそれによってつくられた綿布（松本平産）や足袋底裏（松本、伊那、諏訪地方産）などは、再びそれら行商人の手によって集められ、さらに当地問屋の手を経て、江戸その他関東方面に送り出されたことは、前記矢崎鶴五郎、武居小太郎両氏所蔵の嘉永、万延頃の資料中に、それぞれ明らかに記されている。そしてまたこれらの物資の運搬に携わった者の多くもまたこの地域山間部の住民であったことも記されている。

要するに徳川末期から明治初年にかけての当地域内綿花関係の商工業は、まことに盛大なものであった。それは季節的であり、かつ労働力の移入こそなかったが、その関係地域と活動内容などから考えると、優に明治中期頃までの、当地域製糸業にも匹敵すべきものがあると思われる。

六、綿花の生産地と消費地をつなぐ

しかも、この地域にこのように盛大な綿花にかかわる商工業が勃興したことは、地理学上じつに興味ある現象である。筆者は明治十五年出版の統計年鑑によって、同十二年におけるわが国綿花の生産量、各単位地域内（行政的単位は広狭があまりに異なるので、適宜互いに隣接する数国を併合し、その範囲を約二百方里〔方里＝一里四方〕から五百方里のあいだに調製して、特別単位地域をつくった）における年額一〇〇万斤以上のものを選びその分布図をつくってみた（第7図）。

これによると当諏訪地域は、わが国における綿花の主要な生産地すなわち供給地域と消費地域との隣接地帯に当たる。かつ、その生産地に対しては、それぞれ三州街道、甲州街道の便があり、需要地すなわち佐久、小県および松本方面に対しては中仙道がつらねている。これら三街道、とくに中仙道と甲州街道はいずれも当時わが国の主要街道の一つであった。前記隣接地帯中、このような有力な交通機関がほとんど交差状にその地域に集まっている地方はほかに見出すことができない。この推論が誤りでないことは、明治にはいってから、かの甲州街道沿いの韮崎から分かれて、直接千曲川の上流である佐久地方へ通ずる道路が開通して以来、当諏訪地域の綿商工業は、従来の後背地を甲州に奪われ、非常な不利に陥ったことからみても明らかである。

もちろんこの交通機関が当地域の産業に及ぼした影響は、ひとり綿花関係の商工業にとどまらず、前述の蚕糸業に対してもまたまったく同様で、この東西両機業地の中間にその位置を占め、かつその地域

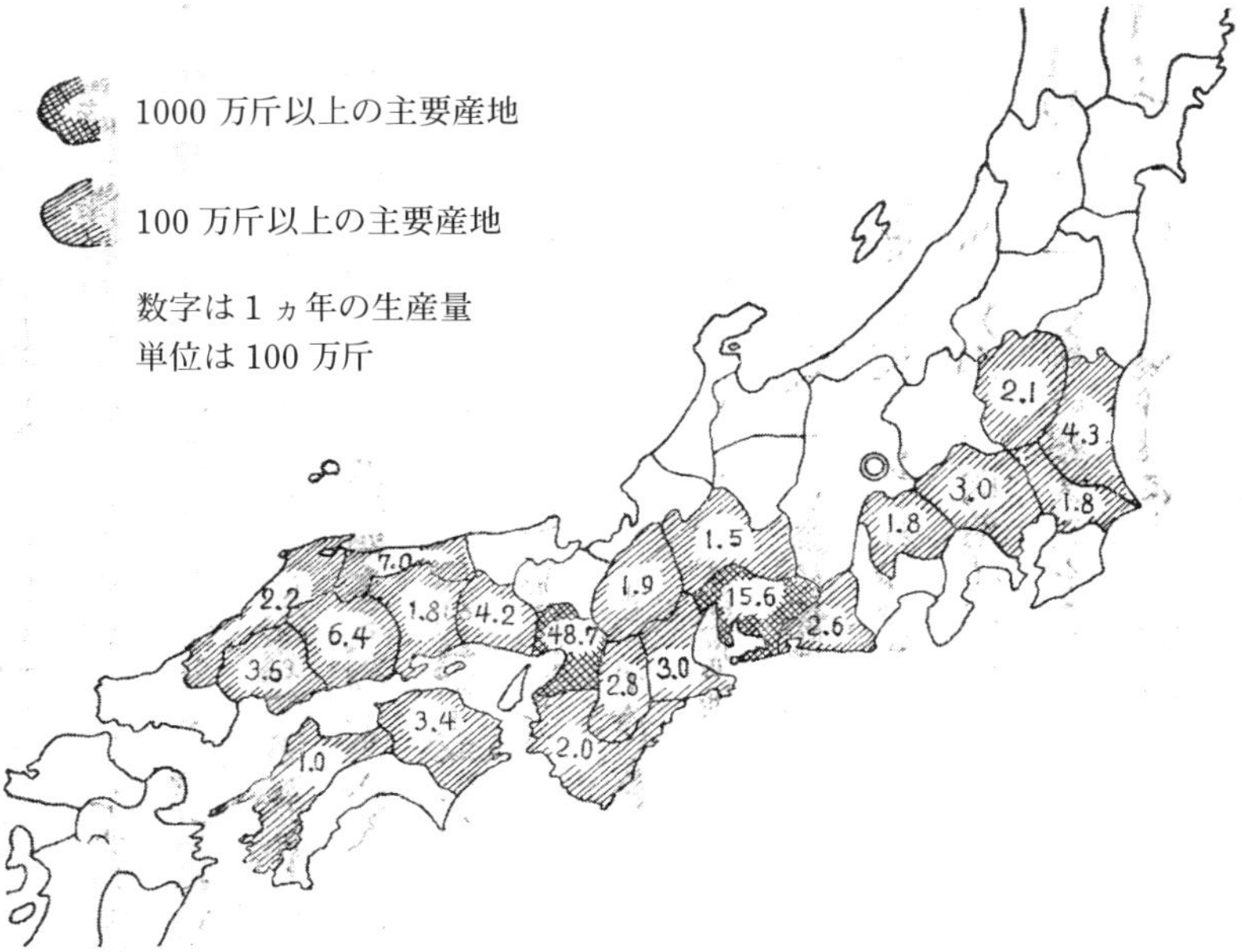

第 7 図　明治 12 年わが国の綿花主要産地分布図

をつらねる主要な交通機関が設けられていたことは、まことに意味の深いことであった。

このような交通機関が諏訪盆地に集まっていたということは、この地域のわが国における位置と周囲の地形とがもたらしたものである。このことは一度この地の地形図を考慮することによって容易に了解し得ることと思う。

ことにこの地域は前述のように気候的要因において冬季野外での労働が制限され、したがって一年間の野外労力分配について非常なる差異があることや、また耕地が格別狭いことが互いに関連してこの地の利を利用させて、綿花関係の商工業を勃興させたものと考えて大きな誤りはなかろうと思う。

以上を要約すると、徳川の末期から明治の初年にかけて、当諏訪の地域、とくにその盆地では、農業のほかに、夏季においては製糸業とそれに関する売買業、冬季においては、綿花関係の諸工業とそれに関する売買業など、すでに商工業的色彩がかなり濃厚であったことはまことに注意すべきことである。そしてその地理的原因として、筆者がその当時における当地域の特殊な位置および地形、気候、交通などを列挙しなければならなかったことは前述のとおりである。

七、横浜開港による大変化

ところで横浜開港以後、綿花経済地理に対するこの諏訪地域の位置もまた非常に変化を受けるようになってきた。すなわち前記林恭三氏所蔵の文書の中には、すでに慶応二年横浜弁天通越前屋惣兵衛から繰綿を買い入れた記録がある。また武居小太郎氏所蔵の文書の中にも、明治二年横浜芝屋清五郎から唐綿を買い入れた記事がある。これと同時に、生糸経済地理上の当地域の位置にもまた変化が生じたことは前記第四項に略述したとおりである。

横浜開港がわが国経済界に一大紀元を画したことはいうまでもない。したがって今日の貿易品中、その東西両横綱とまでなっている二大貿易品〔綿糸と生糸〕を有力な産業としていた当地域の産業に、横浜開港が著しい影響をおよぼしたことはまことに当然なことであり、しかもその影響は綿糸と生糸で相反していたこともまたもちろんである。

八、綿産業の急速な衰退

まず綿花系の側についてみると、明治初年から上諏訪町において機《はた》問屋を始め、その後綿糸問屋となり、数年前まで続けていた藤森喜佐衛氏の談によると、明治の初め（十二〜十三年頃）、すでに天竺〔インド〕糸というものが当諏訪地域にはいってくるようになった。じかにそれを機の原料として使用するほうが、従来のように撚子すなわち篠巻からまず糸を紡ぎ、さらにそれを機にかけるよりも約二倍の工賃（後者では当時一日二銭くらいのものが、前者によれば四銭くらいとなる）が得られるようになった。その結果、この天竺糸の需要がしだいに増加した。とくに明治二十年頃からさらに良質の唐糸というものがはいってくるようになってからは、いっそうその需要が広まった。これに反して撚子からの糸はしだいに減って、ついに同三十年頃にはほとんどその影を認めることができないようになったといわれている。

一方これを前記綿問屋伏見屋宮坂氏について調査すると、第4表のように同家で使用した綿打職工は年々その数を誠少し、明治二十五年には、まったく使用職工一人もなく、その減少曲線は学術上いかにも興味ある経過を表わしている。

第4表　明治初年の使用綿打職工数（宮坂氏調）

年次		職工数
明治	5年	30人
同	10年	29人
同	15年	21人
同	20年	16人
同	25年	0人

ところで前記藤森氏から、さらにその後の当地域の木綿機業の状況をうかがうと、かくして当地綿花工業で勝ち残った同機業も、その後わずか一〇年弱、すなわち明治三十七〜三十八年頃に至っては、当地域の器械製糸業発達の結果、しだいに地方工男工女を募集しつくされ、老人や若齢者のほかは一人として機業職工としてとどまる者がいない状況にまで変わり果てたといわれている（第5表と第8図参照）。当時機業では、大人一日の賃金は一〇銭くらいであったのに、製糸業では約二倍、すなわち明治三十年には平均二一銭、同三十五年には平均一七銭三厘であった（長野県工場課調査による）（なお第一〇項工女賃銭定書参照）。

こうしてその生産費が増加してしだいにその販路が縮小されて

きたのである。しかも当時三遠州〔三河、遠江〕方面に勃興し始めた機械機業の結果、さらに格安な商品が市場に現われるようになってからは、いっそう経営困難となってついに閉業のやむなきに至ったとのことである。

このように綿工業とくに綿打工業の衰退は、当地域の従来の綿商人や綿問屋にも大きな影響をおよぼしたことはいうまでもない。ことに前記佐久と韮崎間の街道が開通して以来、その有力な市場を奪われ、同時に右の市場にもまた当地域同様、天竺糸、唐糸などの輸入錦糸がはいったことであれば、いかに当時の綿商人が不利な位置に陥ったかは十分想像することができる。

このようにして長い歴史をもつ当地域の綿花糸商工業は、はなはだしくその活動の範囲を狭め、わずかに当地域日常の需要に応じる範囲のものだけになったのである。

九、綿産業を土台に生糸産業が急成長

これに反し、生糸の輸出は、その市場が著しく拡張されたため、その需要を増加し、その結果従来の生産地に非常な活況をもたらし、ときには粗製濫造さえみられるようになった（前記生糸改会社の設立された理由もまたここにあった）。

このような状況に乗じ、従来綿商・製糸業などの兼業者も、しだいにもっぱら生糸業へ傾くようになったことはじつに当然なことである。またその経営も最初は、座繰製糸法によったいわゆる真の製造場工業で、しかもその多くはきわめて小規模なものであったことも当然であったが、斉一かつ大量生産の必要に迫られた結果、しだいに各自器械製糸を採用したり共同経営をするようになったりしたものと考えられる。もっとも横浜糸況の好不況によっては明治十年前後においては、一度製糸業に転じた者も

再び綿商業に戻ったりまたさらに製糸業に変ずるというように、その間かなり複雑な経過を示してはいるが、大勢においてはしだいにこの地域が製糸業地に変わっていったことは明らかである。ことに綿打業衰退の結果、当然この地域の労力に余裕を生じたことは、製糸経営上かえって非常に便利であったことはもちろん、また当時のいわゆる器械生糸工業が、器械工業とはいうものの、現在よりもさらにいっそう手工的労働傾向が濃厚で、かつその生産形態もなお製造場工業とでもいうべきものであった。したがって従来の家庭工業や手工業などからの変遷がまことに漸進的であっただけでなく、その規模の大小についても各経営者の資力の許す範囲でかなり自由に計画し得たことはことに好都合であったものと思われる。

今、明治十一年当時のものについてみると、一工場の釜数は最小六から最大一〇〇におよび、その分布状態はおよそ次の表のようであった。

一工場の釜数	該当工場数
10釜まで	49
20釜まで	58
30釜まで	7
40釜まで	5
50釜まで	5
60釜まで	2
70釜まで	0
80釜まで	0
90釜まで	0
100釜まで	2

機械工業とはいえいかにその規模が小さなものであったかを知ることができる。そしてまた経営資金についても明治十四〜十五年当時において、工女一人に対し五〇〜六〇円程度のものであったといわれている（林市十氏報）。

またこれを前記分布図について吟味すると、前記第4図から第6図に至る三枚の分布図が、その大勢においていずれも諏訪盆地に集中し、ことに従来の綿商工業者の多かった下筋方面に濃密であることはきわめて興味ある現象である。

しかもこのような大勢は、ただ従来の断業関係者だけでなく、ついにはほかの職業の者までも、多少はこの経営に向かわせるようになったものとみえる。実際に下諏訪における明治十一年当時の器械製糸業経営者十一名中、その従業前の生業は次の表のようであった。

商業系のもの	5
旅館系のもの	4
士　族	1
純百姓	0
不　明	2

そしてこの商業系の五人中四人までは、いずれもすでに多少生糸商を営んでいた。ただその集落が宿駅であった関係で、その色彩が現われていることはおもしろい現象である。しかしこれを当時当盆地内商業の中心地であった上諏訪についてみると、明治十一年当時の器械製糸経営者は、当町全戸数一五七七に対しわずかに一七戸であるのに、下筋平野村においては、九六八戸に対し五六戸に達している。このことは明らかに前記の推論を裏書きしているものと考えられる。

以上をまとめると、外国貿易開始の結果は、従来のわが国の国内産業の綿および生糸産業に対してまったく反対の影響をおよぼし、その結果各地の斯業関係の産業地域に対して、あるいは積極、あるいは消極の影響をもたらしているが、たまたまその両系の産業を同一地域にもっていた当地域では、綿花系に対する消極的影響は、かえって生糸系に対する積極的影響になり、ますます助長されることになったのである。

しかも当地域ではこの経済界の大変動以前に両系の産業がかなり発達していたことは、前記のように、この地域の各特種の地理的原因にもとづく結果と考えなければならない。

前記平野村矢島和市氏の手記による、その当時のこの業の経営者の一人であった祖父清兵衛氏に関する経歴談の聞き書き、および筆者の直接の聞き書きである明治の初年からこの業に携わりいまなおかくしゃくとして合資岡谷製糸会社の一員として活動されている前記林市十氏の経歴談こそはこの間の事情を知るべき、まことに好個の資料である、今その一節をここに付記することにする。

甲　矢島清兵衛氏経歴談

父清兵衛（談話者の父）四人の子どもあり。長男徳太郎は文政七年申年に、次男菊次郎は文政十年亥年に、三男熊吉は天保元寅年に、四男末吉は天保九年辰年に産れ、翁は其の三男なりき。翁十二歳の春父の使にて今井作左右衛門宅に行き金五両を借用し資本の足となし、篠巻小売商を始め追々稼ぎ出し、偶々嘉永四年隣家増沢善八郎居宅を百七十五両（一九二坪）にて買ひ受くるに至れり。嘉永六丑年徳太郎惣右衛門と改名し分家す、是迄は共々一家睦まじく少しばかりの綿商内〔あきない〕を農事の片手間になし、（三州、遠州、江戸各地をかけ廻りて綿の仕入をなす）、惣右衛門分家後小諸へ綿の卸商内を始む、又兄惣右衛門担当にて安政二年よりは夏の商内として生糸商を始む。熊吉清兵衛と改名し安政三年より生糸商を兼ね、同六年惣右衛門名主役を命ぜられ、其年より清兵衛小諸へ参り惣右衛門は家にありて仕入方及綿打屋の世話等をなし共同にて商内をなす。それより追々繁昌に趣き明治の改正ありて六年名主廃せられ戸長副戸長を置かる。其節惣右衛門副戸長を命ぜらる。

横浜に外国貿易始まりてより惣右衛門清兵衛交る交る年に一両度宛出浜し生糸の売捌をなし居たり。然るに明治九年に至り二百五十円の糸六百円にまで飛揚り忽三百五十円にまで下落せし為め、自宅にては倒底売捌覚束なきにより、手挽糸売残分を持ち、横川中村（註　何れも隣区）の同業者三人と共に横浜に行き売却を了し凡そ元金を得て喜び帰る。此年残糸を持居りたるものは非常なる損失を蒙り破産せしもの少なからず。

横浜より帰りて後中村の俊平宅にて前に横浜へ同行せる四人集り地売より、横浜売の方利益多き故共同荷造をなし出荷せんとの約束成立し其組の名を皇運社と名付け兄惣右衛門社長となる。同十年より生糸を横浜に出荷し惣右衛門は売捌に出浜し翁清兵衛は家にあって荷造万事を司り、十一年より上原の地に五十人繰の製糸場を建築し皇運社の組合員も六十余名に達せり。

次で同十三年には各地に小社の分立を見るに至りしが、翌十四年の大損失は受印の弁済及貸甃等兄弟二人の損四千円余に達し、皇運社なる組合此時に破れて独立す。されどまもなく又小口の高橋氏と共同に矢島社と改め惣右衛門又社長となる、耕地内の同業者又組するものありて矢島社と称し各自営業せり。二十一〜二の両年非常に大利益ありて社員に異議を唱ふるものあり。遂に分裂し、異議者は相謀って他に一社を設け、残れるもの数名にて依然矢島社の基礎を固む。惣右衛門の息清次郎社長となり、社員数名にて確実に経営し横浜問屋の信用を得、問屋にては常に他の製糸家に向ひ矢島社の如くせよと云へる由、事業は小なりと雖も信用は充分なりき。商内の傍常に幾分の田畑を耕し晩年に於ても冬春は山林の見廻をなすを無上の楽となしたり。(下略)

乙　林市十氏経歴談

嘉永三年十月　岡谷村農家に生れ成後もっぱら農業に従事す、されど耕地狭く農のみにては生活困難なれば

明治二年　此年より冬期副業として綿商を兼ね、和田峠を越し小県郡方面へ行商す、然し是も亦利益甚だ少なき業にて困難す、かくして

明治六年　に至る。

明治七年　前記の外に新に四名の工女を雇入座繰糸製造を開始す。

明治一〇年　工女を五名となす、然るに八月中糸況不況に落入急に鍋取器械を拵へ七名にて繰糸せしむ。

明治一一年　製糸場を二階建に改築し鍋取一〇人繰とし、此年より綿商を休業す。

明治一三年　一八人繰とし

明治一五年　二〇人繰とし

明治二二年　二七人繰とし

明治二六年　三七人繰とす

明治三〇年　従来経営の製糸業以外に更に故小口音次郎と共に現在の合資岡谷製糸会社を始め今日に至る。
明治三三年　従来個人経営に係はる三七釜の工場を閉鎖す。

一〇、長期間操業を可能にした夏季の乾燥気候

このようにしてさかんになってきた当地域の製糸業が、その後の発達につれしだいにその規模を拡張してきたことは第8図のようである。またほかではしだいにその就業日数〔繰業日数〕も延長されてきた。

年　次	就業日数
明治　年頃	約　日
15年頃	80日
20年頃	130日
25年頃	160日
30年頃	200日
35年頃	220日
40年頃	250日
大正 5年頃	250日
14年頃	250日

今、上諏訪町平林正邦氏に依頼し、同氏経営の製糸工場の起業以来（明治十二年起業）今日に至る、ごくおおまかな各年の就業日数を調査していただいた。上の表がその結果である。

そもそも就業日数というものは、あるいはその年の好不況により、あるいは各工場の事情により、あるいは組合の規約などにより、その延長・短縮はかなり不定なものであったようであるが、筆者にとって今回の資料としてはこの程度のもので十分である。

そしてまた明治十九年十二月末の諏訪郡役所製糸工場調によると、開場日数は最短四〇日から最長二四〇日にわたり、その間の分布状態は上の表のようである。

開場日数	当該工場
40日～ 80日	6
81日～120日	8
121日～160日	11
161日～200日	46
201日～240日	15

前記平林氏経営のものは、当時諏訪郡内工場の流行数よりはやや短いがほぼそれに近い。また明治二十二年諏訪郡製糸組合において規定された、工女賃銭

定書（矢島和市氏所蔵）についてみると次ページの表のとおりで、そして六月の開業は多くはその月の二十日頃すなわち地元ならびに甲州方面の田植終了後からで、十二月は当時防寒装置が不十分のため遅くもその月の十五日には閉業したものであったという（矢島氏談）。そうしてみるとこれによっても当

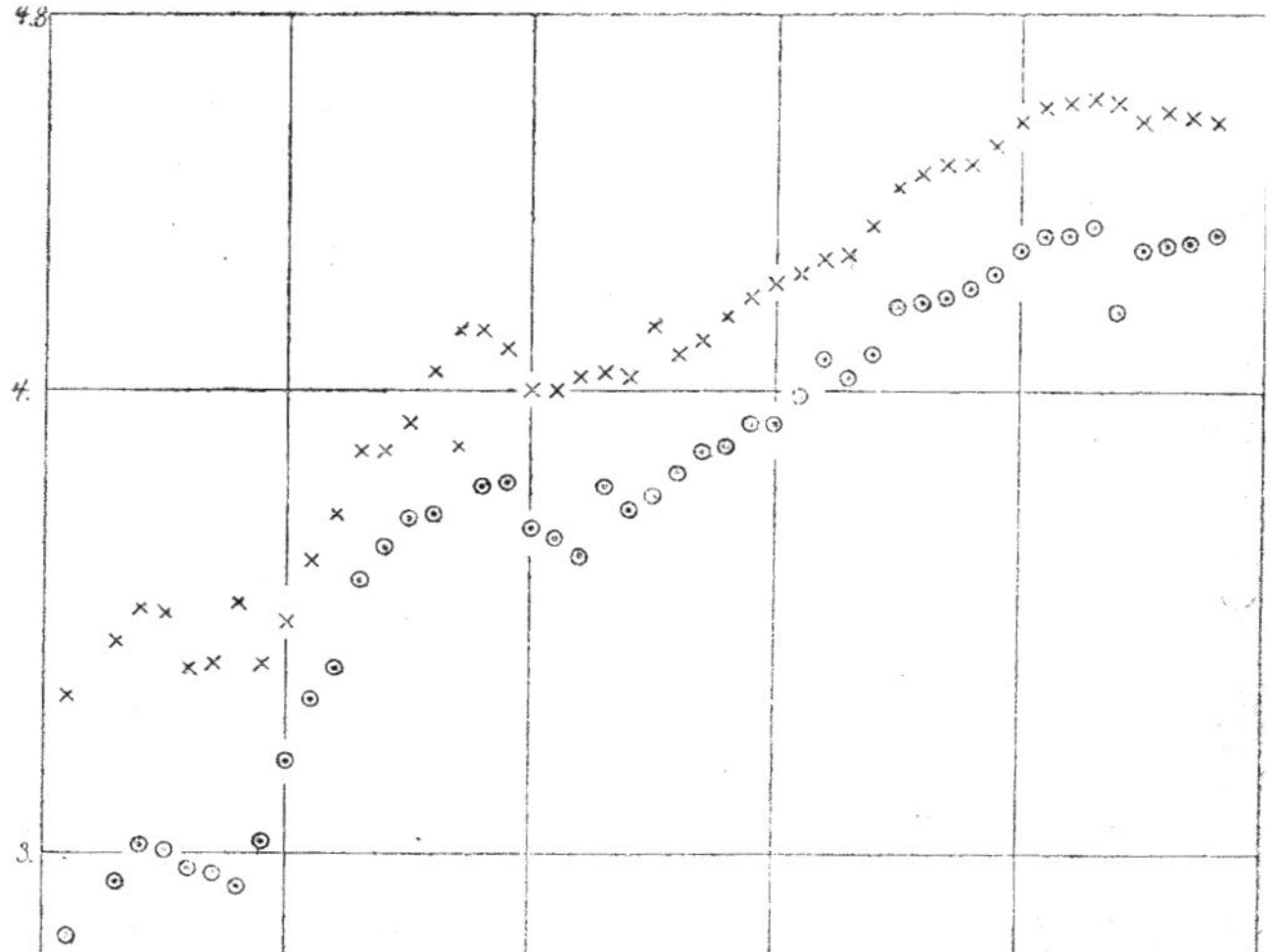

第8図　諏訪郡における製糸釜数の増加

（第8図の資料は主として諏訪郡郡治一班、諏訪郡平野村村治一班、諏訪郡農工商事統計、長野県勧業年報、長野県産業統計年鑑、製糸工場調などの各年度の出版物によってつくったものである）

定

六月開業より十月三十一日迄
製糸一等工女日当　金一三銭
製糸二等工女日当　金一一銭
製糸三等工女日当　金　九銭
十一月一日より十二月迄
製糸一等工女日当　金一〇銭
製糸二等工女日当　金　八銭
製糸三等工女日当　金　六銭
右製糸営業者集議の上決定候條堅く
相守り申可事

明治二十二年

印

時の年間就業日数はおおよそ一七〇～一八〇日ていどのものであったことがわかる。また諏訪製糸同盟事務所の調査による諏訪蚕糸業紀要によれば、大正六年から同十三年までの各年就業日数は最短二二〇日、最長二五七日で、だいたい平林氏の調査と同じである。

明治初年における就業日数八〇日は、ほぼ七月半ばから十二月半ばまでの期間で、前記規定書〔工女賃銭定書〕の前半期に該当するもので、当事の当地域での繭の出盛り期とほぼ一致していたとのことである。したがって就業日数の延長は当然そこに原料貯繭の必要を生じる。しかし当地域の気象は、その貯繭と密接に関係する湿度の点で比較的低く、一度殺蛹した生繭はとくに人工乾燥しなくても、自然の空気乾燥でよく貯繭できたことは、当地での当時の経営者が等しく述べているところである。ことに乾繭技術がまだ幼稚であった当時においては、これは格別にきわめて大切な条件で、まことに得がたい天恵というべきであった。

その乾繭貯蔵にもっとも密接な関係をもっている、七、八、九の三ヵ月、すなわち夏期のわが国中部以東における等湿度線を描いてみると、海岸とくに太平洋岸側で高く内陸側で低いことは当然である。八七度〔%〕の等湿度線は北方の宮古から南下して水戸、銚子を通り、それから西南に向かい伊豆半島の沖をかすめ潮岬のほうへと走っている。日本海岸側では八四～八五度を最高とし、そのうち八四度の線は北方の秋田付近から南下し伏木、福井の方向へ通っている。また八四度の太平洋岸方面の線は、ほぼ前記八七度のものと平行してその内側を通ってはいる。関東平野では著しく内陸側へ湾入し、前橋以西にまでも達しているのが目につく。八一度の線は日本海岸の加茂付近に起こり、西南走して長野の西方に至り、これからその方向を南南東に転じ、当諏訪の西部をかすめてさらに南方の沼津付近にまでおよび、にわかに引き返して千曲川流域に出て、ここから東北へと方向をとり、山形を経て再び加茂にもどり、そこに細長い「く」の字状の閉曲線を描いている。そしてその屈折部に当たる長野付近において湿度がもっとも低く、わずかに七八度を示している。

当諏訪地域内においてはわずかに午前十時の観測値があるだけで、ただちにこれを前記の線と比較することができないのははなはだ遺憾であるが、少なくとも前記八一度の閉曲線中に含まれていることは疑いない。試みにこれを午前十時の観測値でみるため、その七、八、九、三ヵ月間の平年平均をこの地域の周囲の同時刻の湿度と比較すれば次のようである（大正六年長野県気象年報および甲府測候所報告による）。

地方	湿度
長野および篠ノ井	七〇・二
川岸および上諏訪	七一・八
甲府	七一・九
松本および豊科	七三・八
飯田および喬木《たかぎ》	七四・〇
臼田および岩村田	七四・八

これによると、諏訪地域の乾燥度が、中部以東においては前記長野地方の湿度にこそおよばないが、

その他の地方にくらべて優れていることは明らかである。

以上によって筆者はこの地域が往年において、製糸業の発達におよぼした力の一つとして湿度が低いことをあげることができたのである。今日なおこの諏訪地域内各所の製糸工場地区にみられる、高層（四階ないし五階）にしてかつ多窓（第10図写真参照）である特殊な貯繭倉庫は、一つにはこの低湿度という天恵を利用するために建てられたものであったといわれている。

二、台頭期を支えた燃料の薪炭供給地

ここまでは主として諏訪盆地に製糸業が発達した地理的原因の一端を説明したものである。次に筆者は現在におけるその工場分布（第1図参照）が同じ下筋方面の中でも、とくに釜口橋付近からさらにその下流に集合しているというこの地区的分布について考察をすすめたいと思う。そのためには、それ以前の同種分布図についての比較研究がもっとも大切な作業の一つである（第1図～第6図参照）。

第1図から第4図までを比較すると、第3図と第4図、すなわち明治十九年以前のものと、第1図すなわち大正八年当時（諏訪機械製糸釜数がもっとも増加した大正九年に近い）のものとでは、その分布に格段の相違が認められる。そして明治二十六年すなわち第2図には、その移行的状態が表われている。

そしてまたこの動的分布の意義を十分検討するためには、あらかじめ過去における各時期についての、この地域の製糸経営上の経済的関係範囲を明らかにしておく必要がある。第5表はそのごく概要を示したものである。これによって釜数の増加と交通機関の普及とにつれ、関係地域が原料産地から職工出身地、燃料産地へと、しかもほぼこの順序でしだいにその範囲が広がっていき、現在ではすでにこの三要素すべてがほとんど全国的になっていることがわかる。

まずこの燃料が移動力のもっとも弱い点について注意することが大切であろう。しかもこれを生糸生産費に対する薪炭費のおおまかな位置からみてもそういえる。あの矢島社が九〇釜で操業していた時代における薪炭費総額は、明治二十五年には一〇三八円八一銭三厘、同二十六年には八四九円五一銭で、年平均九四四円一六銭余りに当たる。これを当時の総経費六四二七円に比較すると約一四％強に当たり、いかに重要な位置を占めていたかを知ることができる。

資料がやや新しく、往年の状態を知るには、やや不十分の感があるが、さいわい、さきごろこの研究資料調査のさい、明治二十九年当時、伊那大横川川流域御料林から、その薪炭を、当諏訪地域の製糸工場に供給するために設立された諏訪薪炭株式会社の支配人林音蔵氏から、当時この地域の製糸工業とその燃料薪炭とに対する関係について聞くことができた。同氏の談によれば、大横川川御料林から薪炭の供給を受けることについては、すでに明治二十四〜二十五年頃から始まっていたものである。しかしこの諏訪地方の製糸釜数がしだいに増加するにつれて（第8図参照）、付近の薪炭はほとんど焚きつくされ、からくも上伊那・東筑摩方面からその材料の供給を受けていた。ところがこれも品不足のためにますます高価となった。そのため、せっかくの岡谷・川岸での工場の発展も、燃料不足のために、ついに阻害されるのではないかとまで憂慮されたことは、当時の識者からつねに、何回となく聞かされていた。その結果、ついにこれらの識者を動かし、万難を排してようやく大森林の払い下げを受けるようになったものであるとのことである。これによって当地域製糸業者が、台頭期においていかに薪炭需要のために苦心されたか、十分それを知ることができる。

当時この諏訪地域内での薪炭の主要な供給地は、わずかにこの地域の北部に当たる横河川（前記の横川川ではない〔岡谷市を流れる川〕）流域の森林地帯だけであった。そしてその谷口およびその近くの

経済的関係範囲の拡大

燃料およびその産地	交　　通	釜　数
薪炭 付近の山地	中仙道 甲州街道 伊那街道	平均 17 釜
薪炭。付近および隣接伊那，東筑両郡地籍	明治 19 年，鉄道が信越線横川まで開通	24 釜
薪炭 伊那，横川川官林，東筑西南部 石炭 明治 27 年頃から薪炭と併用す	明治 26 年，横川，軽井沢間が開通し信越線全通 同 35 年 12 月篠ノ井線全通	42 釜
石炭 全国	明治 39 年 6 月中央東線全通 同 43 年中央西線全通	150 釜

(例 3)
中山製糸，明治 24 年記憶簿繭買入控による仕入高 15,536 円 68 銭

松本繭………30％
甲州繭………20％
武州繭………19％
地　繭………11％
上田繭………10％
佐久繭………10％

(例 4)
山中製繭，明治 23 年雇入勘定帳による (60 人繰)

諏訪繭………32％
松本繭………28％
上伊那繭……28％
南安曇繭……　7％
その他繭……　5％

(例 7)
中山製糸，明治 26 年工女差引勘定帳（96 人繰）

上伊那繭……36％
甲州繭………26％
松本繭………14％
飛騨繭………　8％
諏訪繭………　7％
その他繭……　9％

(例 8)
明治 42 年製糸工場調べによる (諏訪郡内工場合計)

県内繭………62％
山梨繭………19％
新潟繭………12％
岐阜繭………　2％
富山繭………　2％
その他繭……　4％

表中
松本は東筑摩郡を、上田は小県郡を、他は諏訪郡を意味する

第5表　製糸経営にかかわる

種別 / 年次	原料繭産地	職工出身地
明治11年頃	松本，諏訪 甲州，伊那 佐久，木曽 (例1)	諏訪地方および伊那，筑摩両郡におよぶ
明治19年頃	さらに関東および福島方面が加わる (例2)(例3)	さらに安曇郡が加わる (例4)(例5)
明治26年頃	明治30年頃からさらに愛知，岐阜方面のもの入荷 (例6)	さらに甲州，飛騨が加わる (例7)
大正8年頃	明治40年頃から山陰道方面のものが新宿，品川経由で入荷。全国	中央線開通後はさらに北陸におよび現在は本州中部，関東，奥羽，ときに朝鮮におよぶ(例8)

(例1)
矢島惣右衛門，明治16年以後の大福帳中繭仕入の口座により，16～17両年の合計による2ヵ年の仕入高2,699円07銭

松本繭………42%
地　繭………28%
甲州繭………16%
伊那繭……… 8%
佐久繭……… 5%

(例2)
中山製糸場，明治19年記憶帳中繭買入控による仕入高29,456円65銭

松本繭………33%
地　繭………32%
上州繭………14%
佐久繭………12%
甲州繭……… 8%
伊那繭……… 1%

(例5)
矢島清次郎，明治24年工女手金渡控帳による(人員53)

諏訪繭………36%
下伊那繭……28%
上伊那繭……19%
木曽繭………10%
松本繭……… 6%

(例6)
矢島清次郎，製糸入費及仕入売揚共取調帳中，明治26および28両年の平均による仕入高年32,846円96銭

武州繭………54%
上田繭………17%
佐久繭……… 7%
松本繭……… 5%
地　繭……… 3%
善光寺平繭… 2%
甲州繭……… 2%
土浦繭……… 1%

下流に発達しているのが（第3図参照）、台頭期における製糸工場のもっとも密集している地区であることは注意すべきである。ことに当時、岡谷・川岸方面の製糸業経営者が、ときどき「とうてい今井のものには対抗していけない」〔今井は薪炭供給地の横河川方面の製糸業地区〕という意味の嘆声を漏らしたと聞くがまことに味わうべきである。

しかしさらに分布図をよく検討すると今井・小井川・小口方面の地区への工場集合は、台頭期に初めて起こった現象ではなく、すでに第4図すなわちその揺籃期において明らかにその傾向が現われている。したがってこれをたんに台頭期において、燃料供給の便のために、とくにそこに集中したものと決定することはできない。

そしてこれは第6図、すなわち慶応二《（ママ）》年当時における生糸商人の分布図により、しかもその各部落の平均取扱高を考えることによって、解決できるのではなかろうかと思う。

各部落における商人一人の取扱い平均高の概略をその順序にしたがって列挙してみると、上の表のようになる。やや乱暴な方法かもしれないが、筆者はこれによって明治初年頃における下筋方面の資金分布の大勢を知ろうとしたものである。

下諏訪	……50貫
今　井	……48貫
小井川	……36貫
小　口	……32貫
岡　谷	……24貫
東　堀	……17貫
西山田	……16貫
三　沢	……　9貫
間　下	……　7貫
西　堀	……　4貫

一般機械工業が比較的小資本で経営できたとはいえ、資本が豊富な地区に起こることはまことに当然で、ことに資本移動力の弱い往時においてはなおさらそういえるはずである。しかもこの現象が商人の勢力がしだいに工業生産の方面へ侵入しつつあった、すなわち近世的経済の色彩が現われかけてきた当時のことであってみれば、商業史の上からはまことに当然の一致であったかもしれない。これは要するに、当時資本の多少豊富な地区

に起こった製糸業が、たまたまその付近が横河川流域の森林地帯であったこととあいまって、台頭期からさらに勃興期にまでこの地域の製糸業を進展させてきたものである。したがってこの横河川流域の力を忘れることはできない。ことにそれが比較的小資本時代のことであることを思い合わせるとさらに称讃せざるを得ない。

一二、自然の力が可能にした拡大と集中

ところでそれが勃興期すなわち、明治二十六～二十七年の頃になると、しだいに経済関係地域が拡張され、その結果、各工場の釜数もまたしだいに増加されてきたことは第８図のとおりである。ここで注意すべきは、各工場における釜数が増加した結果、当然その敷地の拡張が必要となってきたことである。すなわちその状況の実際を示すと第６表のとおりである。

付属建物などの有無によって多少の広狭はあるが、だいたい一〇〇釜に対し約一〇〇〇坪内外の敷地が必要である。したがって従来のような個人住宅の一部分などで経営することは不可能となり、どこか適当な空地を求めそこへ新設・移転することが必要となってきた（釜数に対する工場敷地の割合はその後しだいに増加し、諏訪製糸研究会事務所の調査によれば、大正二年当時の経営としては一〇〇釜程度の工場で約一五〇〇坪の敷地を要し、工場法が施行された今後においてはさらに広大な敷地を要するとのことである）。

一方釜数の増加はたんに敷地の問題だけでなく、煮繭・繰糸をはじめ、各種の使用水量もしだいに多量に必要となってきた。丸山製糸水道組合の管理者である清水九郎氏の調査によると、現在では各工場一釜に対し、煮繭・繰糸その他機缶用として約一石、工女雑用・炊事用の水として約一石、計約二石、

第６表　釜数の増加にともなう工場敷地面積の拡張

工　場　名	工地地区	移転年度	当時の釜数	当時の工場敷地面積
矢　島　社	横河川谷口	明治11年	50	約450坪
㈢　組製糸場	天竜河畔	明治25年	50	約800坪
㈮　岡谷製糸会社	天竜河畔	明治30年	440	約4,500坪
㈢　横内製糸場	天竜河畔	明治32年	70	約1,000坪

ほかに夏季などにはさらに多量の水を要するとのことである。これによれば一〇〇釜以上を経営する工場では相当豊富な水量が必要となるわけである。

しかも釜数の増加はたんにそれにとどまらず、さらにもう一方、すなわちその動力方面についても、従来の小規模当時のように、人力やわずかの水力では不可能で、この点においてさらに豊富な水流を必要とすることになった。

要するに経済地域の拡張とともに、広い空地、多くの水量、強い水力、この三者を同時に必要とすることになったのである。しだいに発展してきた、この下筋方面においてこの三者を兼備し、しかもその要求を満足させ得る自然的の地区としては、天竜川の落口、すなわち釜口橋付近とその下流の一部をおいてほかに見出すことはできない。

そもそも往時この地帯は、かの塚間川などの旧扇状地をはじめ、大小数個の扇状地と、そのあいだを流れる前記天竜の河川とによって、その両岸に低い段丘がつくられている。下浜・橋原など二～三の小集落のほか、主要な集落はいずれも諏訪盆地一般の形式にしたがい、山脚すなわち各扇状地の中腹部以上を占居し、その末端すなわち河岸段丘の上では天竜の流れを利用し、水車を設けて灌漑し、多くは水田地として開拓されていたものである。

ところが前記の三つの要求は、従来旧集落内に設けられていた工場を、しだいにこの水田地域へ向かわせるようになり、そこの空地と水量と、さらに従来同様水車によりその水力を利用していたものである。以上の推論は筆者が、器械製糸の揺籃時代からこの地で開業され、その後天竜河畔に工場を移され、現在なお経営しておられる横内亀三郎、橋爪三郎両氏をはじめその他数氏にうかがい、それらの人びとがその他工場を建設された当時の動機を確かめた結果で、まことに疑う余地のないものと信ずる。

しかもさらにこの三要件に加えて、煮繭・繰糸上密接な関係がある水質において、この諏訪湖および天竜川の水質がきわめて適当であったことは、いっそうこの地区の力を偉大ならしめたものである。

ただここで注意しなければならないのはたんに現在の工場分布の状態からただちに直感的に、その水質や水力のために、この地に工場が集まったと考えられているとすれば、それはまったく主と副を逆にとらえているというべきである。筆者はその水質が当地域で産出する生糸の質にどのていどの影響をおよぼしているかをみるため、かつて諏訪製糸研究会事務所において調査された各工場の使用水と、産出された糸格とにもとづいて、縦軸には天竜、諏訪湖、河水、井水、泉水の五つをとり、横軸には最優、羽子板、毬、矢島、八王子、国用の六つをとり、各工場の該当位置に点記して一枚のグラフをつくってみた。ところが不幸にもなんら明瞭な系統を見出すことができなかった。これは水質が糸質を決める唯一の要因でないためか、グラフに系統を表わすまでには有力でないためと思われる。しかし繰糸技術の幼稚であった往時においては水質は相当に有力なものであったことは、当時の経営者からもときどき聞いている。ただその水質を主目的としてこの地を選んだという経営者をいまだ聞かないのである。あるいは揺籃期から台頭期における前記今井、小井川などの製糸地区に対する、横河川薪炭供給地域の関係と類似の意味のものではないだろうか。

ことに昨今、諏訪湖の水面が低下した結果、その水質が悪化し、そのままでは繰糸用として不適当のものとなり、一方、電力普及などの結果、天竜河畔の水車もほとんどその影をひそめるようになった今日では、この地区と製糸工場との関係は、もっぱらその広い敷地とその豊富な水量との二者にあるものとみるべきである。

大正三年に丸山製糸水道が設置され、その揚水程は約二五メートルにおよび、河岸から北方約一キロメートルの間下《ました》部落の入口までも、天竜の水を揚げ得るようになった結果、再び同地区付近にしだいに工場の増加をみるようになったこと、その他各種水道の設置とともに、大工場地区がしだいにその方面にも拡張されつつある傾向（第9図）は、水量との関係を如実に物語るものである。

そして現在、下筋方面のなかで、平野、川岸、湊の三村における全製糸釜数約二万六四〇〇釜のうち諏訪湖と天竜川の水を使用するものは約一万五〇〇〇釜、すなわちその過半数に達し（清水久郎氏調査）、両者のあいだにいかに密接な関連があるかを数量的にも知ることができる。第9図における平野村製糸工場分布図によっても現在その工場がいかにこの地区に密集し、かつそれがいかなる意味をもっているかを察するにかたくはない（さらにこの下流川岸村地籍における分布図を並用すると、いっそうその傾向を明瞭にすることができるが、いずれ他日の機会にゆずり、ここでは陸地測量部の二万五〇〇〇分一の諏訪号および本文第1図とによって、それを補っていただきたい）。

ことにその地区が前記のように旧扇状地であるために、ときに一部壚坶《ろぼ》（砂まじりの土、壌土）によっておおわれているところもあるが、一般に厚い礫層からなる。その地盤が堅固なため前記高層の倉庫などの建設にもまことにふさわしく、したがってこの地区の工場地としての価値をさらに高めているものである。先年の関東大地震のさい、不幸にも当諏訪地域もその烈震区域に含まれていたため、当地区の東端、湖畔近くのデルタ上に建てられた二～三の工場およびその煙突ははなはだしい被害を受けたにもかかわらず、扇状地上に建てられた当地区の他数の工場は、高層な倉庫も高大な煙突もそれほど被害をみせなかった。このことは、当時諏訪地域の地震調査に奔走した筆者に対し、将来この地の工場敷地と扇状地との関係についてきわめて有利な暗示を与えてくれたものであるが、工場地としてのこの地の力

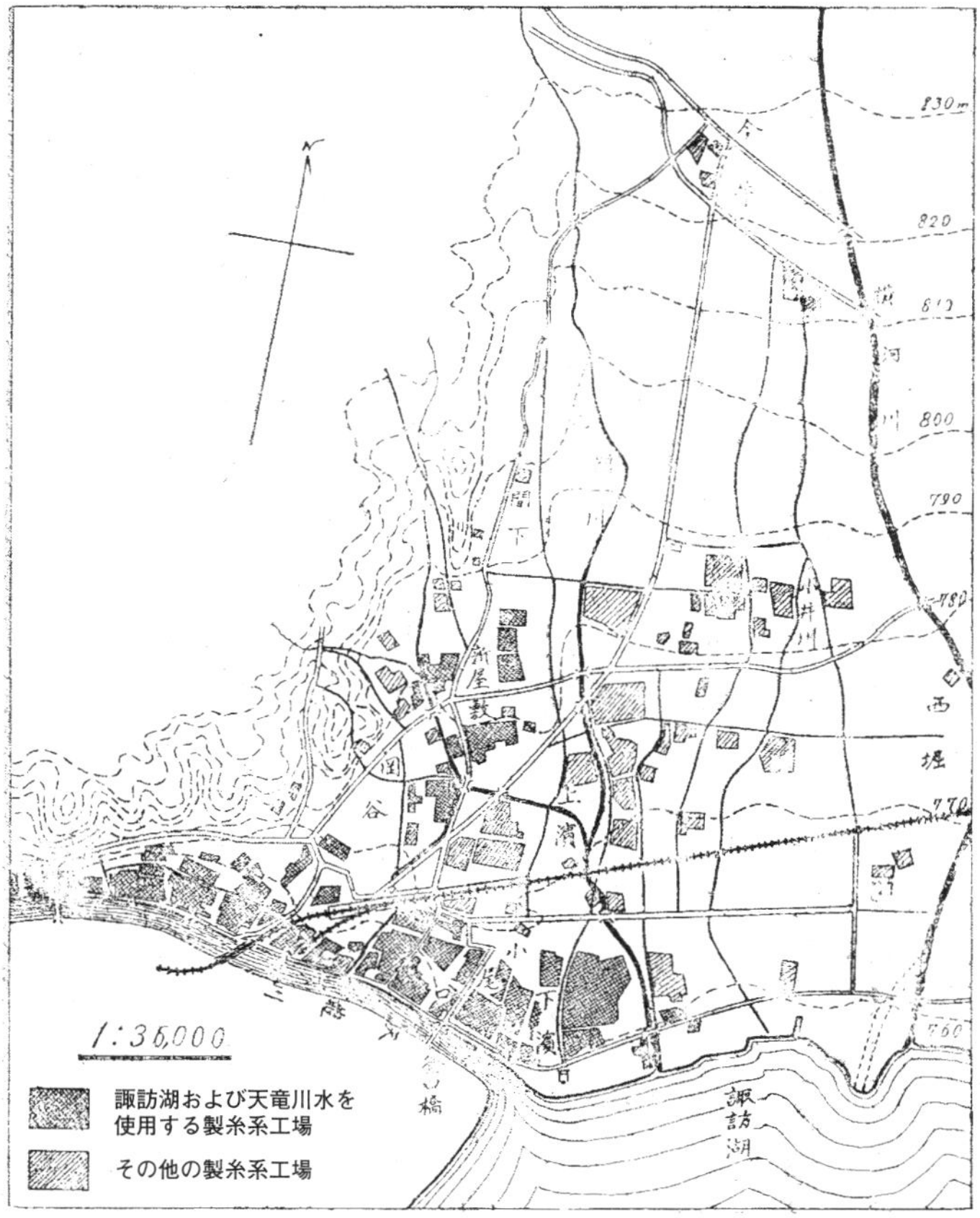

第９図　平野村地籍の製糸系工場分布図

をさらに倍加しているものと考えたい。

これを要するに工業の規模をしだいに拡大すべき時期にさいし、当地域内にこのような、いわゆるあつらえ向きな地区を含んでいたことはじつにこの盆地の地域の力というべきである。

このように各方面の地の利を得て、しだいにこの地区〔天竜川落口周辺〕に集合してきたそれらの工場に対し、移動能力のもっとも弱い薪炭の非常に豊富な供給地として最後まで残されたのが伊那横川川流域である。その供給地に対し、この地区は諏訪地域中でもっとも近く、ことに両地が互いに同一の河系に属し、しかも本流・支流〔天竜川と横川川〕がほとんど協和的合流に近い状態にあったことは、さらにこの両地間との交通を助けた有利なことの一つでなくてはならない。

このようにして製糸経済界の発展につれ、しだいに工場地化してきたこの地区は、その後鉄道中央線が開通し、この地区のほぼ中央に現在の岡谷駅が設けられることになり、ますますこの地区の力を発揮すべき機会を与えられることになった。さらに工場は密集し、ついに現在のように工業都市化するまでに至ったものである〔第10図参照。写真は当地区の東端の釜口橋以東を示したもので、向かって左端の釜口橋と右端近くに見える神社の森とを基準としてみていただきたい。また下の二図を比較することによって倉庫や煙突がほとんど倍加していることもこの地区がしだいに工業地区化してきたことを示しているものである〕。

しかもこのことは下筋方面の工場分布において、一方を岡谷方面に、もう一方を下諏訪方面にとそれぞれ一つの集合地区をつくり、大小二つの工業地区をもつようにさせた有力な原因で、それは一つに鉄道の開通、ことにその停車場の位置によるものと考えて大きな誤りはなかろうと思う。

右の推論に対し筆者はことに、砥川《とがわ》流域の萩倉〔下諏訪町〕において、揺籃期から勃興期までしだい

明治10年頃における釜口橋付近の農業集落

明治40年頃における釜口橋付近の工業集落

大正15年当時における釜口橋付近の工業集落

第10図　諏訪製糸工場の発達

第７表　萩倉での製紙工業の盛衰にかんする質問と回答

質問事項	回答内容
開業前の職業	農業（夏は農業をなし，冬は木材を伐り馬で上諏訪へ出す）
開業年度	明治 12 年頃。
閉業年度	同　41 年。
開業当時の原料供給地	山梨県，信州。信州では上田および佐久が主。和田峠を越して来る。
同　燃料供給地	薪炭を使用し，付近東俣御料林から供給を受ける。
同　工女供給地	40 人繰りで 2/3 は上伊那郡，その他は諏訪郡。
同　生糸輸出先と経路	甲州街道を経て横浜へ出す。
中頃の原料供給地	武州と本県下（1. 諏訪，2. 佐久・小県）千葉県。
同　燃料供給地	明治 35 年頃いくらか石炭を使用。主に西条炭（篠ノ井線）を使用。
同　工女供給地	600 人繰りで 1/3 は上下伊那，次は諏訪，次は小県，山梨。
生糸輸出先と経路	和田峠を越え信越線による。中央線開通後は中央線により横浜へ移送。
萩倉が不便となった理由	中央線開通以後は，山間の僻地のため交通不便にして原料と燃料の運賃が多くかかり，ほかとの競争が不可能となったので下諏訪へ移転した。

に発展してきたこの地の製糸工業の盛衰について、当時当地においてその経営に携った一人である篠遠文弥氏が筆者の質問要項に対し回答されたそのものを第７表に掲げることにする。

この回答を前記五万分の一の諏訪の地図幅とともに熟読することによって、この地の製糸業が原料ならびに燃料の産地、およびそれらの地方との交通機関の関係によって盛衰したことがきわめて明らかに了解できると思う。

しかしさらにその経済活動にたえうる、いやたえうるというよりも、むしろ助長してきたこの地域の特殊な自然を理解しなければならない。とくにそれらの自然を完備していた下筋しかもその下筋方面のなかの主要地区である平野村において、その釜数がその量において諏訪地域の大勢を左右し、したがってその発達曲線上でも互いに並行の状態にあることは当然だが、ことにその台頭期にあたる明治十九年頃からにわかに有勢となったことは、当時の経済地域の拡張にともなっていかにこの地区の前記地理的要因が有力であったかをきわめて明らかに証明するもので、まことに大切なかつ興味ある現象である（第8図参照）。

一三、地域の力、地域の活躍ぶりをみる

以上、筆者はわが国製糸業の中心核的地域としてほとんど製糸業化してきた、この地域と製糸業との関係を吟味し、さらにすすんでこの地域内における製糸業地区と製糸業との関係を究め、この地域が過去においていくたの経済界の変動に対応し、ついに製糸業界においてその中心核的地位を占めるまでになさしめたこの地域の力、すなわちこの地域の活躍ぶりをみようとしたものである（そしてまたほとんど製糸業化しているこの地域のこの業に対する現在ならびに将来については他日さらに稿を改めて高教〔他人の教え〕をあおぐ機会があろうと思う）。記述にあたっては結論よりもそこへいたる経過をいっそう重要視した結果、調査資料の記載にあたってはとくに注意を用いたつもりである。したがって資料の蒐集にさいしては、前記の諸氏をはじめその他多数の方がたの非常なるご助力をあおいだことに感謝しなければならない。

ことにその歴史的資料の所在については主として今井真樹氏、両角守一氏の助力により、またその研究にさいし、燃料に関しては矢島和市氏、水量に関しては武居小太郎氏、湿度に関しては矢崎源蔵氏、林重氏、敷地に関しては横内亀三郎氏、資本に関しては今井登志喜氏など各位の貴重な教示によるものが多い。また写真ならびに図版などの整理にあたっては山岡克己氏、橋本福松氏などの助力をあおいだ

点が少なくない。明記してここに感謝の意を表したいと思う。

——一九二六・九・五——

付録

用語解説
度量衡換算表

揚返し《あげかえ》：生糸の製糸工程の一つで、繭から繰り枠に巻き取った生糸を、大きな六角形の枠（揚枠《あげわく》）に巻き返すこと。

入母屋《いりもや》：屋根の形式の一つ。上部は切妻造りのように二方向に屋根面をもち、下部は寄棟《よせむね》造りのように四方向に屋根面をもっている。

開析盆地：河川によって浸食された盆地のことで、盆地床は平地でなく河岸段丘になっている。浸食が激しく行なわれた場合は峡谷になる。伊那盆地（谷）は開析盆地の典型とされている。

街村《がいそん》：民家や商店が、道路に沿って列状に並んでいる集落。

崖錐《がすい》：崖や急斜面の土砂が崩れ、その下に堆積し形成された半円錐状の地形で、地盤は不安定である。

滑走斜面：河川がカーブしている内側の土地のことで、ゆるやかな傾斜になっている。長い年月の経過とともに河岸段丘が何段にも発達していく。外側は攻撃斜面といい急傾斜になっている。滑走斜面側の流れはゆるやかで、砂礫を堆積して浅瀬になっている。これに対して攻撃斜面側は流れが速く水深も深く、外側ほど深くなっている。

嵌入《かんにゅう》メアンダー（穿入蛇行）：山地や丘陵地で、河川が深い谷をつくりながら蛇行している状態をいう。なお、平野部で洪水のたびに流れを変えるような河川の蛇行をフリーメアンダー（自由蛇行）という。

切妻屋根《きりづまやね》：二方向に葺きおろす形式の屋根のことで、こうした屋根をもつ建物を切妻造りという。これに対して寄棟屋根は、四方向に葺きおろす形式の屋根で、同じく寄棟造りという。

攻撃斜面：滑走斜面の項参照。

洪涵原《こうかんげん》：氾濫原《はんらんげん》のことで、洪水時に河川の水が常にあふれて氾濫する、河川の両岸や三角州、平野など比較的平らで低い土地のこと。

国用製糸《こくようせいし》：製糸には器（機）械製糸、座繰《ざぐり》製糸、玉糸《たまいと》製糸の三つがある。座繰製糸は簡単な繰糸器（座繰器）による製糸で、江戸時代末期ころには、それまでの手繰《てぐ》りにかわって中心的な製糸方法になっていた（口絵4ページ参照）。明治末期に、座繰製糸の一部が製糸業として近代化していくが、それを国用製糸いう。器（機）械製糸の選別で除かれた大量の繭を利用し、改良座繰器（足踏座繰器）を用いて行なわれ、中小規模の製糸業として発展した。器（機）械製糸は規模の大きい器（機）械製糸工場で製糸することで、上繭《じょうけん》を用いて比較的品質のよい均整のとれた糸を生産した。玉糸製造業は、玉繭（くず繭の一種で、二匹の蚕が一緒になってつくった繭）を原料にして太くて節のある玉糸を生産するが、大部分が中小規模である。

コニーデ型：ドイツのカール・シュナイダーによる火山の分類の一つで、成層火山のこと。円錐形の姿が特徴である。ただ、現在ではこの分類では不都合なことが明らかになり、破棄されている。

桟俵《さんだわら》：米俵（わらを編んでつくった米を入れる袋）の両端に当てる、わらを円く編んだふた。

篠巻：種子をとった綿をときほぐし、不純物などを取り除いて細く引き伸ばしてわずかに撚りをかけてつくる粗糸を、円錐形に巻きとったもの。篠巻を紡いだのが綿糸。

重吹除《しぶきよけ》：激しい風雨を避けるために、建物の壁面に接近しかつ並行して、しかもほとんど等大等形に、板やトタンや、時に檜の生垣などで設けられた壁状の付属建物（口絵2ページ参照）。

先行性の谷：先行谷《せんこうこく》のことと思われる。先行谷は、河川の流れを横切って土地が隆起して山地ができるとき、河川が元の流れを維持しようと浸食してできる谷をいう。

卓越風《たくえつふう》：ある地方で、一年とか、ある季節などある一定の期間に吹く、最も頻度が多い風向きの風で、主風とか常風とも呼ばれている。季節風は、ある季節に吹く卓越風である。

たてのぼせ：木造の建物で、二階にまたがって一本の柱で通してつくった建物で、二階建ての場合は、土台から軒桁までを一本の柱で通す。この柱を建登柱《たてのぼせばしら》とか通柱《とおしばしら》という。しかし、本書では一階建てで、柱を梁《はり》まででなく棟木まで伸ばして耐雪構造にしている建物のことをいっている。なお、各階ごとに柱を立てる場合は、御神楽《おかぐら》といい、それに使う柱を管柱《かんばしら》という。

妻入《つまいり》：屋根の棟に対して直角の側を妻、並行する側を平といい、妻に出入り口があるものを妻入という。また、平にある場合は平入という。

天地根元造り《てんちこんげんづくり》：柱を合掌に組み、切妻屋根を地上に伏せた形式の建物で、日本の最も原始的な住居の建築形式として考えられている。

貫《ぬき》：柱と柱、束《つか》（梁と棟木の間や床下などに使われる短い柱）と束の間を横に貫いてつなぐ建築材。

ぬるめ（ヌルメ田）：寒冷地では、雪解け水など冷水をいったんためて温めてから水田に引き込んでいたが、そのための水路や田んぼのこと。写真参照。

破風《はふ》：桁《けた》や母屋の木口《こぐち》を隠して風雨から屋根を保護するため、屋根の妻部分につける板。

梁《はり》：建物の上からの荷重をささえたり、柱と柱をつなぐために水平に架けられる材。

半夏生《はんげしょう》：雑節（二十四節気以外に、季節の変化の目安として設けられた日）の一つ。太陽の黄経が一〇〇度となる日で、夏至から一一日目、太陽暦では七月二日ごろにあたる。

必従谷《ひつじゅうこく》：地表面の最大傾斜方向に沿って流れる川を必従河川といい、それによってつくられた谷をいう。地盤運動にかかわりなく、もとの流路を維持し先行谷をつくる先行河川に

ぬるめ（ヌルメ田）：苗が植わっていない細長い部分

対して、必従河川は地盤運動によって変化した新しい地表面の傾斜にしたがって流れる。本流になることが多い。

平入《ひらいり》：妻入の項参照。

分水嶺：雨が稜線のどちら側に降るかで流れ込む川が変わるが、その境界を分水界、分水線、分水境界などという。山岳では稜線が境界になるので分水嶺と呼ばれている。

フリーメアンダー：かん入メアンダーの項参照。

本棟造り《ほんむねづく》：屋根は、板葺《いたぶ》きで勾配がゆるい切妻造り、出入り口は妻入が特徴で、長野県の中信から南信地方にかけてみられる民家の形式。

曲　家《まがりや》：民家の形式の一つで、平面がL字形に折れている家で、突出部が厩《うまや》となっているもの。岩手県の南部地方に多くみられた。

筵包：筵とは、わらなどで編んだ敷物。包装用にも使われ、ここでは、筵で梱包して輸送したということ。

寄棟屋根《よせむねやね》：切妻屋根の項参照。

琉球包：琉球藺《い》とか七島藺《しちとうい》と呼ばれているい草の一種が栽培され、琉球表《おもて》という畳表がつくられていた。備後表にくらべて品質は落ちるが丈夫であり、包装用にも使われていた。ここでは、琉球表で梱包して輸送したということ。

〈養蚕関係の用語〉

夏秋蚕：養蚕では稚蚕の飼育開始から収繭まで、およそ三十日かかる。養蚕農家は年に数回飼育を繰り返すが、その時期によって春蚕、夏蚕、秋蚕、晩秋蚕、晩々秋蚕と呼ぶ。夏秋蚕は夏の高温・多湿が問題になり、おもに夏冷涼な地域でおこなわれていたが、死んでしまう蚕が多く、作柄が不良になることも多かった。夏秋蚕の安定化は大きな課題だった。

豊作と違作・違蚕：養蚕の成績がよいことを豊作、当たるといい、蚕が死んで繭の収量が低かったり、品質が極端に悪いことを違作とか違蚕という。

【度量衡換算表】

長さ

尺貫法	読み	メートル法	備考
1分	ぶ	3.03mm	10分の1寸
1寸	すん	3.03cm	10分の1尺
1尺	しゃく	30.3cm	1m≒3尺3寸
1間	けん	1.818m	6尺
1町	ちょう	109.08m	60間
1里	り	3.927km	36町

面積

尺貫法	読み	メートル法	備考
1坪＝1歩	つぼ＝ぶ	3.306㎡	
1畝	せ	99.17㎡	30坪，約1a
1反	たん	991.77㎡	300坪，10畝，約10a
1町	ちょう	9,917㎡	10反，約1ha

体積

尺貫法	読み	メートル法	備考
1勺	しゃく	18ml	10分の1合
1合	ごう	180ml	(米150g)
1升	しょう	1.8l	10合，(米1.5kg)
1斗	と	18l	10升，(米15kg)
1俵	ひょう	72l	4斗，(米60kg)
1石	こく	180l	10斗，(米150kg)

質量（重さ）

尺貫法	読み	メートル法	備考
1毛	もう	3.75mg	10分の1厘
1厘	りん	37.5mg	10分の1分
1分	ぶ	0.375g	10分の1匁
1匁	もんめ	3.75g	
1両	りょう	37.5g	10匁
1斤	きん	600g	160匁
1貫	かん	3.75kg	100両，1,000匁

■著者略歴■

三澤　勝衛（みさわ　かつえ）

1885（明治18）年長野県更級郡更府村（現・長野市信更町）の農家に生まれる。

尋常高等小学校卒業後農業に従事しながら勉強し，小学校の代用教員になる。その後検定試験に合格し，地理科教員免許を取得。1920（大正9）年長野県立諏訪中学校（現・長野県諏訪清陵高校）の教諭になり，「自分の目で見て自分の頭で考える」教育の実践と，独自の「風土」の思想を確立し，風土に根ざした地域産業・暮らし・地域づくりに生涯をささげた。太陽黒点の観測・研究者としても国際的に高く評価されている。

1937（昭和12）年8月18日永眠。

【著　書】

『郷土地理の観方─地域性とその認識─』（1931〈昭和6〉年　古今書院），『新地理教育論─地方振興とその教化─』（1937〈昭和12〉年　古今書院），その他120余編の論文を発表。

三澤勝衛著作集　風土の発見と創造

第1巻　地域個性と地域力の探求

2009年2月28日　第1刷発行

著者　三澤　勝衛

発 行 所　社団法人　農山漁村文化協会
郵便番号　107-8668　東京都港区赤坂7丁目6-1
電　　話　03(3585)1141(営業)　03(3585)1147(編集)
F　A　X　03(3589)1387　　振替　00120-3-144478
U　R　L　http://www.ruralnet.or.jp/

ISBN 978-4-540-08204-7　　DTP制作／(株)新制作社
〈検印廃止〉　　印刷所／藤原印刷（株）

Printed in Japan　　製本所／(株)渋谷文泉閣
定価はカバーに表示
落丁・乱丁本はお取り替えいたします。